HEYNE <

Das Buch

1938 gelingt es dem Rechtsanwalt Dr. Walter Zweig, nach Kenia zu emigrieren, und im letzten Moment kann er auch seine Frau Jettel und die fünfjährige Steffi nachholen. Stefanie Zweig hat den Zauber Afrikas nie vergessen können, aber auch nicht die Härte, Not und Hoffnungslosigkeit, die das Leben ihrer Eltern belasteten. Die Großeltern und Tanten, die nicht rechtzeitig aus Deutschland fliehen konnten, hat sie nie wiedergesehen.
Trotz aller Verfolgung kehrt Walter Zweig 1947 in das Land zurück, das er immer noch als Heimat empfindet. Er wird in Frankfurt am Main zum Richter berufen und ein Jahr später Rechtsanwalt. Es ist die Zeit von Trümmern, Hunger und Not, aber auch von Hilfsbereitschaft, Hoffnung und Träumen. Steffi ist nach einem Jahr in Frankfurt so unterernährt, dass sie in die Schweiz geschickt wird. Ihre Gasteltern, deren Kunstsinn und Bilder bestimmen ihr Leben ebenso wie in ihrer Kindheit die Farm am Fuße des Mount Kenya. Ihrem Vater hat sie, der Liebe wegen, nie gestanden, dass ihr Herz in Afrika geblieben ist.
In einem bewegenden Epilog schildert Stefanie Zweig die Zeit von 1948 bis heute. Sie erzählt mit Humor, Distanz und Leidenschaft von Liebe und Schmerz, vom Journalismus, der für sie berufliche Erfüllung wurde, von späten Erfolgen und frühen Erkenntnissen.

Die Autorin

Stefanie Zweig wurde 1932 in Leobschütz (Oberschlesien) geboren. Im Jahr 1938 zwang die Verfolgung der Nationalsozialisten die jüdische Familie zur Flucht nach Kenia. Ihre Romane *Nirgendwo in Afrika* und *Nur die Liebe bleibt* schildern diese Zeit. Nach der Rückkehr 1947 nach Frankfurt, die Stefanie Zweig in dem Roman *Irgendwo in Deutschland* schildert, zog ihre Familie schon bald in das Haus in der Rothschildallee. Stefanie Zweigs Bücher stehen wochenlang auf den Bestsellerlisten, erreichen eine Gesamtauflage von über sieben Millionen Exemplaren und wurden in sechzehn Sprachen übersetzt.

Mehr über Stefanie Zweigs Romane finden Sie am Ende des Buches.

Im Andenken an meine
geliebten Eltern und an meinen
unvergessenen Bruder Max.

1

Geburt eines Kindes

Leobschütz, 19. September 1932

Telegramm von Walter Zweig an seinen Vater Max Zweig, Hotel Zweig, Sohrau, Polen, 19. September

Du bist Großvater. Ein Mädchen. Stefanie Regina erwartet Dich und Liesel. Walter

Telegramm von Walter Zweig an seine Schwiegermutter Ina Perls, Breslau, Goethestrasse 5, 19. September

Steffi ist da. Jettel gesund. Wann kommen Oma und Tanten? Walter

Brief von Walter Zweig an Josef Greschek, Elektrogeschäft Leobschütz, Am Markt, Brief per Bote am 19. September

Lieber Greschek! Ich habe Sie den ganzen Tag nicht telefonisch erreichen können. Meine Tochter ist seit zwei Stunden auf der Welt und will mir nicht glauben, dass die Glühbirne bereits erfunden worden ist. Während meine Frau in den Wehen lag (sehr lange), hat ihr Mann nämlich versucht, einen Kurzschluss zu reparieren. Nun hat das ganze Haus kein Licht, die junge Mutter tobt wie ein Marktweib, der man einen falschen Fuffziger angedreht hat, meine Tochter wird abends nicht im Bett lesen können, die Säuglingsschwester droht mit Kündigung, und der Arzt hat mich den dämlichsten jungen Vater genannt, der ihm in seiner ganzen Laufbahn untergekommen ist.

Können Sie jemanden herschicken oder selbst rüberkommen? Bitte lassen Sie mich durch meinen Bürolehrling, der diesen

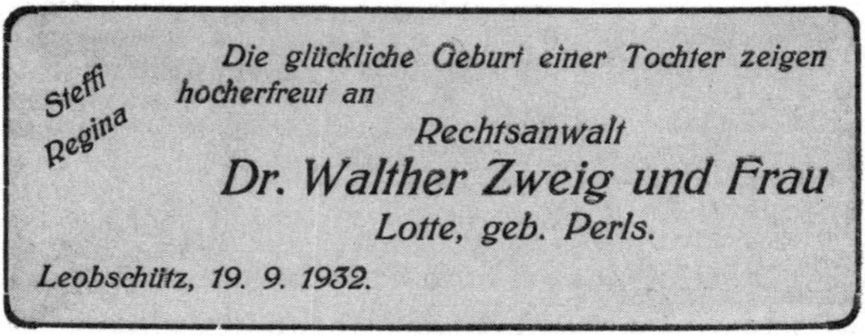
Die glückliche Geburt einer Tochter zeigen hocherfreut an

Steffi Regina

Rechtsanwalt

Dr. Walther Zweig und Frau

Lotte, geb. Perls.

Leobschütz, 19. 9. 1932.

Brief überbringt, wissen, wann Sie wieder Licht in unser Leben bringen und mit mir den ersten Schnaps auf das Wohl meiner Tochter trinken können.
Mit freundschaftlichen Grüßen Dr. Walter Zweig

Brief vom 20. September von Walter Zweig an Fräulein Anna Kotzlik, Hennerwitz

Verehrtes Fräulein Anna, meine Frau ist gestern niedergekommen, also zweieinhalb Wochen früher, als der schlaue Doktor ausgerechnet hat. Mit einem Mädchen. Mutter und Kind sind Gott sei Dank beide gesund. Unsere Tochter heißt Steffi, sie wiegt knapp fünf Pfund, hat keine Haare und – jedenfalls bis jetzt – kein Gramm Verstand. Sie hatte nämlich die Nabelschnur dreimal um den Hals gewickelt, war ganz blau und hat nicht schreien wollen, als sie auf die Welt kam. Die Hebamme hat sie verprügeln müssen, damit sie sich zu Wort meldet. Dr. M. sagt, nur seiner Tüchtigkeit sei es zu verdanken, dass das Kind überhaupt lebe. Schwester Greta behauptet das auch.
Sie, liebe Anna, muss ich bitten, so schnell wie möglich aus Hennerwitz zurückzukommen. Sie wissen ja, wie meine Frau ist, wenn die Dinge nicht so gehen, wie sie geplant worden sind, und der Arzt sagt, sie braucht nach der schweren Geburt viel Ruhe. Bitte entschuldigen Sie mich bei Ihren Eltern. Ich weiß sehr gut, was ich Ihnen antue. Schließlich hat ja Ihre Mutter für den ganzen September fest mit Ihrer Unterstützung gerechnet.

Sobald Sie wieder bei uns sind, packe ich die verdammte Kinderschwester an ihrem albernen Zopf und werfe sie in hohem Bogen aus dem Mansardenfenster. Das freche Luder hat uns zum Freitagabend eine Suppe aus Hühnerknochen gekocht und dann noch dreist gefragt, woher sie habe wissen können, dass der Freitagabend für die Juden etwas Besonderes sei und dass sie dann keine Hühnerknochen essen wollen. Außerdem stopft sie so viel alte Semmel in die Fleischbrotel, dass es einen Hund jammert. Sie stammt aus Norddeutschland. Von Heringshäckerle und Mohnklößen zu Weihnachten hat sie noch nie etwas gehört.

Bitten Sie Ihren werten Herrn Vater in meinem Namen, Ihnen zwei seiner Suppenhühner mitzugeben. Natürlich gegen Bezahlung. Jeder weiß ja, dass er die besten Hühner in ganz Oberschlesien hat, und meine Frau braucht jetzt kräftige Kost. Ihr Mann ebenfalls. Er hat sich so aufgeregt, dass selbst seiner Frau aufgefallen ist, dass er ganz grün im Gesicht war. Wenn das Kind auch ein Mädchen ist, es gefällt uns beiden. Von der Nabelschnur um den Hals merkt man nichts mehr. Steffi kann schon so gut schreien, dass man es auf der anderen Straßenseite hört, aber ich glaube nicht, dass sie zur Oper wird gehen wollen.

Mit herzlichem Gruß Ihr Dr. Walter Zweig

Brief vom 20. September von Walter Zweig an Rechtsanwalt Dr. Siegfried Laska in Ratibor

Verehrter Kollege Laska, in der Aufregung über die Geburt meines ersten Kindes habe ich die Adresse des von Ihnen mir empfohlenen Mohel* verlegt. Ich weiß noch nicht einmal, wie er heißt und ob er überhaupt in Ratibor wohnt. Wären Sie so liebenswürdig, ihm ausrichten zu lassen, dass er seinen Besuch in meinem Haus aus Gründen, die ich nicht zu verantworten

* Der Mohel führt am achten Lebenstag von jüdischen Knaben die Beschneidung durch.

habe, auf unbestimmte Zeit verschieben muss. Meine Frau ist gestern nämlich mit einer Tochter (Stefanie Regina) niedergekommen. Sollten sich für den Mohel schon irgendwelche Kosten ergeben haben, die im Zusammenhang mit meiner Voreiligkeit und seiner präsumtiven Reise nach Leobschütz stehen, komme ich selbstverständlich dafür auf.
Wir drei würden uns sehr freuen, Sie und Ihre charmante Gattin wieder einmal bei uns in Leobschütz begrüßen zu dürfen. Bei dieser Gelegenheit erinnere ich Sie an den Umstand, dass ich Ihnen eine Flasche französischen Rotwein schulde. Bei unserer Wette über den Ausgang der Reichstagswahlen im Juli hatten Sie den großen Sieg der Nazis genau vorausgesehen, während ich Illusionist mich von meiner Zuversicht hatte treiben lassen, die Vernunft und die SPD würden siegen. Welch ein Glück, dass der braune Mob wenigstens nicht allein die Regierung stellen kann.
Mit kollegialen Grüßen Ihr Walter Zweig

Brief vom 21. September von Walter Zweig an die Weinhandlung Friedrich Michalsky in Gleiwitz

Sehr geehrte Herren, mit gleicher Post gehen die von Ihnen am 31. August mir zugesandten fünfzehn Flaschen Wein und die drei Flaschen Sekt an Sie zurück. Sie waren bei meinem Besuch in Ihrem Haus so freundlich, mir die Rücknahme für den Fall zu gestatten, dass meine Frau mit einem Mädchen niederkommen würde. Das ist vor zwei Tagen geschehen. Ich verpflichte mich indes schon heute, zur Hochzeit meiner Tochter Stefanie Regina Zweig sämtliche benötigte alkoholischen Getränke ausschließlich von Ihrer werten Firma zu beziehen.
Die drei Flaschen Kümmel, den Wodka und den Kroatzbeerenlikör habe ich hierbehalten. Schnaps kann ein Mann ja auch trinken, wenn es nichts zu feiern gibt.
Mit nochmaligem Dank für Ihre außergewöhnliche Kulanz
Dr. Walter Zweig, Rechtsanwalt und Notar

Eilbrief vom 25. September von Fräulein Steffi Kohn, Breslau, Poststrasse 4, an Jettel Zweig

Meine liebe Jettel, zur Geburt Deiner Tochter gratuliere ich Dir und dem lieben Walter von ganzem Herzen. Ich wünsche ihr ein langes und glückliches Leben in Zufriedenheit und Wohlstand. Möge sie so schön werden wie Du und so klug, tüchtig und liebenswürdig wie ihr Vater. Möge sie vor allem nie erleben, wie grausam das Leben mit den Träumen und Hoffnungen von Frauen umzugehen vermag.

Dass Du bereits zwei Tage nach der Geburt, die Dich ja sehr angestrengt haben muss, Deine alte Schulfreundin von dem freudigen Ereignis persönlich benachrichtigt hast, hat mich beglückt. Natürlich berührt es mich auch sehr, dass Deine Tochter und ich nun den gleichen Vornamen haben. Gäbe es bei den Juden Patentanten, würde ich die Verpflichtungen, die daraus erwachsen, freudigen Herzens übernehmen. Ein silberner Löffel und ein Schieber mit »unserem« Namen gehen morgen ab.

Ein Mädchen, das eine so glückliche Hand bei der Wahl ihrer Eltern bewiesen hat, wird bestimmt keine neidische alte Jungfer werden, wie es ihre Breslauer Namensschwester geworden ist. Auch das viele Geld, das ich eines Tages erben werde, kann mich nicht darüber hinwegtrösten, dass ich nur die Klagemauer meiner schwierigen Mutter sein darf. Wir haben dieses Jahr schon das dritte Hausmädchen und die zweite Köchin. Mama hat dem Schicksal nie verziehen, dass ihr einziges Kind eine Tochter ist, sie erzählt jedem, der es nicht hören will, dass die Mütter von Söhnen doch viel besser im Leben dastehen als die Mütter von Töchtern.

Obwohl ich Deine beste Freundin bin und nie missgünstig war, habe ich Dir schon in der zweiten Klasse Deine Schönheit und Deinen Charme geneidet. Und später Deinen Mann. Ich lasse ihn, der mich nie hat fühlen lassen, wie unattraktiv und langweilig ich bin, von Herzen grüßen. Ich kann mir vorstellen, wie

Walter und Jettel Zweig im Frühling 1932 in Leobschütz. Sie hatten am 27. Dezember 1931 geheiratet und meine Mutter war sofort schwanger geworden.

glücklich Walter mit der kleinen Steffi ist. Mir fiel immer auf, wie kinderlieb er ist.
Gestern, in der Hutabteilung bei Wertheim, traf ich Deine Mutter. Sie sah blendend aus, hatte gerade eine wunderschöne, handbestickte Ausgehgarnitur für ihr erstes Enkelkind gekauft und ist schier vor Stolz geplatzt. Obwohl es elf Uhr früh war, war Deine Schwester Käthe, die ja gewöhnlich nicht vor dem Mittagbrot ihr Bett zu verlassen pflegt, bei ihr und ebenso hochgestimmt über die Leobschützer Neuigkeiten wie die frisch gebackene Oma. Käthchen – mit einer blauen Schleifenbluse und moderner schwarzer Samtkappe – war bildschön und, wie immer, sehr herzlich. Ich glaube, sie weiß gar nicht, was Eifersucht ist. Übrigens hat mir unsere gemeinsame Freundin Greta Bernstein erzählt, Arno Katschinsky, dessen Vater sich ja mit seinen Immobilien dumm und dämlich verdient, ohne dass er

einen Finger rühren muss, bemüht sich neuerdings um Käthe. Da kann man ihr nur gratulieren. Arno soll ein hochanständiger Kerl sein und trotz seines vielen Geldes ausgesprochen bescheiden. Hauptsache, er kommt nicht zu früh dahinter, dass unser Käthchen noch fauler ist als die Pechmarie, die Frau Holles Bettzeug nicht ausschütteln wollte. Und eine Plaudertasche ist sie auch. Sie hat mir prompt erzählt, dass Dein Mann für Deine Schwester Suse das Schulgeld zahlt, damit sie das Abitur machen kann. Ich weiß nicht, ob das Deiner Mutter recht ist, dass andere das wissen. Von Suse ganz zu schweigen. Bekanntlich ist sie ja ein wenig schwierig.
Es grüßt Dich von Herzen und mit einem ganz ungehörigen, neidischen Seufzer Deine alte (und hoffentlich immer noch beste) Freundin Steffi, der es vorkommt, als wärst Du schon seit Ewigkeiten weg von Breslau. Dabei ist noch kein Jahr seit Eurer Hochzeit vergangen.

Telegramm vom 28. September von Dr. Martin Batschinsky, Breslau, an Walter Zweig

Bravissimo! Ankomme Freitagnachmittag mit Vater, Kalbszungen und Wein. Martin

Brief vom 1. Oktober von Emmy Redlich, Jüdisches Altersheim, Berlin, an Jettel und Walter Zweig

Meine liebe Jettel, mein lieber guter Neffe Walter, ich habe mich so sehr über Eure Geburtsanzeige und Walters persönliche Zeilen gefreut, dass ich sofort Herztropfen nehmen musste. Neuerdings verbieten einem ja die Ärzte auch freudige Aufregungen, und zum ersten Mal habe ich gemerkt, dass sie recht haben. Ich gratuliere Euch beiden zur glücklichen Geburt Eurer Tochter. Dem Kind wünsche ich ein Leben in Gottesfurcht, Vaterlandstreue und Gesundheit. Möge die Kleine so herzensfroh, hilfsbereit, fleißig und tüchtig werden wie ihre Tante Liesel in Sohrau, die ich nie länger als zehn Minuten hintereinander auf einem Stuhl habe sitzen sehen, und möge sie so resolut werden wie ihre Großmutter selig, meine so beklagenswert früh verstorbene Schwester Regina. Von ihr habe ich nie ein Wort der Klage gehört, obwohl doch jeder wusste, dass die Last des Lebens zum allergrößten Teil auf ihren Schultern lag – schon, weil ihr Mann entweder im Krieg seinen Heldenmut beweisen wollte oder in seinem Hotel die Honneurs gemacht hat. Lasst meinen verehrten Schwager in Sohrau bloß nicht diesen Brief sehen. Soweit ich in Erinnerung habe, schätzt er Kritik an seiner Person nicht. Und mich hat er nie geschätzt.

Wie in aller Welt seid Ihr auf den meschuggenen Namen Stefanie verfallen? Der passt nicht gerade gut in eine jüdische Familie. Jedenfalls in eine, die in Deutschland lebt. In Österreich mag das ja anders sein. Wie man an dem bekannten Schriftsteller Stefan Zweig sieht. Der ist zwar jüdisch, aber, wenn Ihr mich fragt, macht er nicht viel Gebrauch davon. Wenigstens habt Ihr Regina als zweiten Vornamen gewählt. Ihre selige Großmutter, der es – durch die Untüchtigkeit der Herren Ärzte – ja nicht vergönnt wurde, ihr erstes Enkelkind zu erleben, wäre hochzufrieden. Sie hat mir immer erzählt, dass sie in der Schule furchtbar unter dem Namen Regina gelitten hat. Ihre Mitschülerinnen und auch viele Lehrer nannten sie Königin Redlich, und ihre Schulhefte wurden mit Kronen und Wappen beschmiert, auf denen entsetzlich vulgäre Sprüche zu lesen waren.

Ganz bestimmt hätte meine geliebte Schwester Euch das gesagt, was ich nun für sie tue: Grämt Euch nicht, dass Euer erstes Kind nicht der Stammhalter geworden ist, den sich ein jeder Vater wünscht. Ihr seid ja beide noch jung und könnt in Ruhe und Geduld abwarten, dass Gott Euch mit einem Sohn segnet. Außerdem haben wir im Krieg erleben müssen, was es für eine Frau bedeutet, Mutter eines Sohnes zu sein und den in einem Alter hergeben zu müssen, in dem sein Leben erst anfängt. Hier im Altersheim sind viele Frauen (alles Witwen), die ihre Söhne an der Front verloren haben. Darüber hinweggekommen ist keine von ihnen. Viele sind so verbittert, dass sie ganz offen darüber sprechen, dass der Kaiser, für den ihre Söhne ihr Leben opferten, kein einziges seiner Kinder im Krieg hat hergeben müssen. Manchmal denke ich, dass der Herrgott es gar nicht so schlecht mit mir gemeint hat, als er bestimmte, dass die kecke kleine Emilie Wilhelmine Redlich, nach der die Buben ganz verrückt waren und die im Alter von elf Jahren beschloss, in die Familie des Grafen von Pless einzuheiraten, eine alte Jungfer werden sollte.

Der kleinen Steffi wünsche ich, sie möge die Worte Krieg, Antisemitismus, Inflation und Arbeitslosigkeit nur aus den Geschichtsbüchern kennenlernen. Und von Herzen wünscht ihr ihre Großtante, dass sie so liebenswürdig wird wie ihre reizende Mutter, deren Besuch bei mir in Berlin ich nie vergessen werde. Möge sie so loyal zu ihren Idealen stehen, wie ihr Vater es immer getan hat. Ich sehe ihn noch heute als fünfjährigen Burschen im Reitanzug vor der Bank seines Vaterhauses sitzen. »In Sohrau leben nur gute Menschen«, hat er gesagt. Und seine Mutter und seine Tante guckten sich an und sagten aus einem Mund »Nebbich«.

Meine oberschlesische Heimat kann ich nie vergessen, obwohl ich das manchmal durchaus will, denn im Alter tun auch die guten Erinnerungen weh. Allerdings bin ich in den Jahren meines Berliner Lebens (es sind jetzt genau fünfundfünfzig, und alles nur wegen einer geplatzten Verlobung) dahintergekommen, dass man in Berlin sehr viel besser einkaufen kann als in Sohrau. In den Mantel und die Gamaschen, die ich für Steffi ausgesucht habe, wird sie schnell hineinwachsen. Gamaschen braucht ein Mädchen ja immer. Das Goldkettchen mit dem Magen David möge sie später in dem Bewusstsein tragen, dass Gott vor allem die Menschen schützt, die ihrem Glauben treu bleiben.

Kommt Ihr nicht mal nach Berlin? Ich weiß, von Leobschütz aus muss das eine Reise zu einem fremden Kontinent sein, aber ich traue mich nicht mehr zu reisen. Die Leute werden immer rücksichtsloser. Sie kommen gar nicht auf die Idee, einer alten Frau den Koffer aus der Bahn zu heben. Trotzdem belästige ich Gott weiter mit Gebeten, er möge dafür sorgen, dass ich Euch wiedersehe.

Dieser Brief ist unverschämt lang geworden, ich sehe Euch schon die Stirn runzeln, weil Ihr wahrhaftig anderes zu tun habt, als Euch mit den Ergüssen einer alten Frau zu beschäftigen, doch mir ist, als ich anfing, an Sohrau und meine Jugend zu denken, das Herz ganz schnell übergelaufen. Verzeiht mir.

In großer Liebe und mit einer innigen Umarmung grüßt Euch von Herzen Eure sehr alte Tante Emmy

Brief vom 15. Oktober von Dr. Max Plaut in Hamburg an Walter Zweig

Mein lieber Walter, nun ist Dein Fräulein Tochter fast einen Monat alt, und Dein ältester Freund schreibt Dir erst heute. Als aber die freudige Nachricht aus Leobschütz in Hamburg eintraf, war ich unterwegs in Berlin. So komme ich erst heute dazu, Dir und der lieben Jettel (der ich noch gesondert schreiben werde) zu gratulieren. Ich tue das von ganzem Herzen. Möge Steffi der lautere Charakter ihres Vaters beschieden sein, den ich immerhin nun achtundzwanzig Jahre kenne, wenn ich auch bei seiner Brit* erst zwei Jahre alt war und laut der Familienchronik dort äußerst unangenehm auffiel – bekanntlich versuchte ich, dem acht Tage alten Knaben unmittelbar vor der Brit Schnaps mit einem Trichter einzuflößen, wofür ich von seinem Großvater Salo eine Ohrfeige verpasst bekam. Für seine Schlagfertigkeit war der Destillateur Salo Zweig ja ebenso berühmt wie für seinen ausgezeichneten Kümmel.

Ich kann mir vorstellen, wie stolz Steffis Eltern und ihre Breslauer Großmutter sind, und ich hoffe sehr, dass ihr Großvater

* Brit Mila ist die Bezeichnung für die Beschneidung.

Mein Großvater Max Zweig mit mir vor seinem Hotel in Sohrau.

in Sohrau es ebenso ist. Gerade er ist ja ein Mann, der die Frauen schätzt, wenn er auch seit jeher Schwierigkeiten hatte, dies denen der eigenen Familie zu zeigen. Deine selige Mutter hat sich oft bei meiner Mutter beklagt, dass es ihren Max drängte, aus fremden Schüsseln zu naschen. Und bei Deiner Schwester Liesel lässt er zu, dass sie sich für das Hotel Zweig und für ihn bis zur Erschöpfung abrackert und ihre besten Jahre in einem Kaff vergeudet. Immerhin ist sie schon fünfundzwanzig, und einen jüdischen Ehemann wird sie in Sohrau nicht finden. Das wäre in der überalterten Gemeinde auch keiner meiner Schwestern gelungen, obwohl sie alle schön, fleißig und fügsam sind. Ich komme vom Thema ab. Dabei wollte ich nur taktvoll anregen, dass Du Deine Tochter umsichtiger und liebevoller behandeln sollst als Dein Vater die seinige. Mit dem Takt ist es wohl nichts geworden, und zum Themaverfehlen hatte ich laut Aus-

kunft meines Vaters, der ja unser beider Lehrer war, eine frühe Neigung. Ihm geht es gut, er lässt seinen Lieblingsschüler ganz herzlich grüßen. Weißt Du eigentlich, dass Vater seit zwei Jahren Leiter des Deutsch-Israelitischen Waisenhauses in Hamburg ist?
Meine Mutter hat, als sie von der Geburt Deiner Tochter erfuhr, sofort gesagt: »Der Walter war dir schon immer einen Schritt voraus. Mut hat er ja immer gehabt.« Meine zwei Doktortitel und dass ich so jung schon so viele Ehrenämter habe, dass ich allgemein als netter Mensch gelte, nicht schlecht verdiene und auch recht gute Aussichten habe, es noch weiter zu bringen auf dem Weg nach oben, interessiert Muttchen nur am Rande. Mit dem Instinkt, für den jüdische Mütter berühmt sind, wittert sie nämlich, dass ich immer noch auf der Suche nach der ultimativen Erfüllung bin. Von der passenden Frau ganz zu schweigen.
In Berlin habe ich mir nicht nur eine fürchterliche Grippe geholt. Ich habe auch endgültig begriffen, dass die Zeit, in der wir leben, wenig Anlass gibt, Gutes von der Zukunft zu erwarten. Nirgends wird die Not der Deutschen so deutlich wie in der Hauptstadt. Immerzu Streiks, überall Junge und Alte mit Schildern um den Hals, die um Arbeit bitten, auf allen Straßen Bettlern, Krüppel, Kinder, denen der Hunger aus den Augen schaut, und braune Horden, die zu jeder Art von Gewalt bereit sind. Betritt dann ein Judenhasser aus Österreich die Bühne und verspricht dem deutschen Volk ein Drittes Reich in Wohlstand und mit Arbeit für alle, während sich die Demokratie ad absurdum führt, ist es weiß Gott nicht damit getan, das Ganze als das Geschwätz eines schnauzbärtigen Parvenü abzutun. Ich jedenfalls glaube nicht, dass der Kerl ebenso schnell verschwinden wird, wie er gekommen ist. Der Rattenfänger von Hameln wird auch ein paar Mal geprobt haben, ehe er die Kinder erfolgreich in den Tod führte.
Jetzt habe ich das Thema leider nicht verfehlt. Wie heißt es doch bei unserem gemeinsamen Freund Cicero: Wir aber, tap-

fere Männer, glauben, unsere Pflicht als Staatsbürger zu erfüllen, wenn wir nur dem tollkühnen Angriff dieses Menschen ausweichen … Ich bin immer wieder erstaunt, wie wenig sich die Welt seitdem verändert hat.
Richte Deiner Tochter aus, sie möge Verständnis dafür aufbringen, dass meine Eltern ihr ein Gebetbuch geschenkt haben, mache ihr klar, dass es uns auch nicht besser gegangen ist in unserer Kindheit. Gib Jettel einen Kuss von mir. Bist du eigentlich immer noch so eifersüchtig wie früher, oder gibt es in Leobschütz keine Versuchungen, die eine schöne junge Frau zu sündigem Tun verführen könnten? Und Du, Walter, bist Du endlich so weit, um zu begreifen, dass weder Sohrau noch Leobschütz Mittelpunkt der Welt sind? Wenn Gott gewollt hätte, dass wir immer zu Hause sitzen, hätte er uns nicht zu Menschen gemacht, sondern zu Schnecken.
Deine Frau weiß das. Erstens ist sie Breslauerin, und zweitens hat sie (das hat mir ihre Mutter bei Eurer Hochzeit erzählt) Hamburger Wurzeln. Vielleicht kann sie dafür sorgen, dass wir uns wiedersehen, ehe wir graue Haare und einen Buckel kriegen. Oder muss ich dazu erst heiraten und Euch zur Hochzeit einladen?
Herzlichst Dein alter Freund Max

Brief vom 27. November von Walter Zweig an seine Schwester Liesel Zweig, Sohrau

Liebe Liesel, am Buß- und Bettag sind mir schon immer die besten Ideen gekommen. Siehe 1912, als ich acht war und aus sämtlichen Taschentüchern meiner sechsjährigen Schwester die Blumen herausgeschnitten habe. Damals habe ich gelernt, was Büßen bedeutet. Diesmal aber habe ich eine wirklich gute Idee. Von Stattlers, die mich in einer beruflichen Angelegenheit angeschrieben haben, erfuhr ich, dass Vater zu Tante Emmy und den Wolfsohns nach Berlin reisen will, was mich besonders freut, weil ich in deren gastfreundlichem Haus die schönsten Ferien meines Kinderlebens verbringen durfte. Hättest Du nicht

Lust, uns in dieser Zeit – es ist ja auch Chanukka – zu besuchen? Erstens könnte Dich meine Tochter, die Du ja bisher nur ein einziges Mal gesehen hast, davon überzeugen, dass sie ein besonders reizendes Kind ist. Und zweitens ist ihr Vater immer noch der Egoist, der er immer gewesen ist. Er setzt darauf, dass es seiner Schwester gelingt, seine Frau ein wenig aufzumuntern, was sie dringend nötig hat und ihr Mann nicht schafft. Jettel leidet weiter an den körperlichen und seelischen Folgen der Geburt; wir hatten eben ein Riesenpech mit dem Arzt.
Zum Glück hat Jettel nicht mitbekommen, dass es an der Universität Breslau zu schweren Übergriffen der Nazis auf ihre jüdischen Kommilitonen gekommen ist und dass die Universität zwei Wochen geschlossen wurde. Erwähne das nur nicht in Deinem Antwortbrief. Hoffentlich fällt er positiv aus. Dein Bruder ist nämlich auch malade. Vorerst nur im Kopf. Er ist überarbeitet und hat Sehnsucht nach Dir.
Dein Walter

Am 1. Dezember schreibt Jettel Zweig an ihre Mutter in Breslau

Meine liebe gute Mutti, gestern hat mir der Arzt die Reise nach Breslau verboten. Noch nicht einmal auf vier Tage wollte er sich einlassen. Du kannst Dir gar nicht vorstellen, wie enttäuscht und traurig ich bin. Ich bin ja seit März nicht mehr aus Leobschütz herausgekommen. Vor allem seit Steffis Geburt habe ich das Gefühl, dass ich es nicht einen Tag länger in diesem Nest aushalten kann, ohne verrückt zu werden. Walter versteht das natürlich nicht. Er hat ja seine ganze Jugend in einem Kuhdorf verbracht, das noch viel kleiner ist als Leobschütz. Soweit ich mitbekomme, gab es in Sohrau in Walters Kindheit überhaupt keine Abwechslung außer dem Pferdewechsel, der ja unmittelbar vor dem Hotel der Familie stattgefunden hat. Mein Schwiegervater strahlt heute noch, wenn er davon erzählt. Ich glaube, es tut ihm leid, dass das Auto inzwischen erfunden wurde.

Sohrau 1933: Liesel Zweig, die Schwester meines Vaters, mit ihrer acht Monate alten Nichte.

Dr. Rother (obwohl er seine Praxis in Ratibor hat, kommt er jetzt noch jeden Mittwoch zu mir) sagt, mit einer Brustentzündung, wie ich sie hatte, und noch dazu mit einer total verschleppten, sei nicht zu spaßen. Und wenn ich mir auf der langen Bahnreise nach Breslau eine Erkältung oder gar eine Grippe holen würde, wäre es mit meiner Genesung ganz vorbei. Wie krank ich wochenlang war, habe ich Dir gar nicht zu schreiben gewagt. Erst recht nicht, weil mein lieber Mann ja immer weiter auf den Arzt hier in Leobschütz bestanden hat. Alle haben den Kopf geschüttelt, aber Du weißt ja, wie Walter ist. Trotz seiner Gutmütigkeit total unbelehrbar. Ich muss zugeben, dass Dr. M. in Leobschütz großes Ansehen genießt, doch er ist kein Frauenarzt, vom Kinderkriegen versteht er so viel wie eine Kuh vom Seiltanzen, doch mein rücksichtsvoller Gatte hat immer weiter auf den Leobschützer Medizinmann bestanden, denn er ist ein

Bundesbruder von ihm und hätte ja gekränkt sein können, wenn wir einen zweiten Arzt hinzugezogen hätten.
Mir ging es von Tag zu Tag schlechter, Walter hat keine Nacht mehr geschlafen und sämtliche Mahlzeiten ausgebrochen, Steffi schrie die Nächte durch, weil sie die Flaschenmilch nicht vertrug. Ich habe nur noch geweint. Schließlich war es unsere energische Anna, die endlich Nägel mit Köpfen gemacht hat. Das werde ich ihr nie vergessen. Anna hat mit Kündigung gedroht, falls Walter nicht auf der Stelle einen zweiten Arzt holt. So ist es unserem treuen Dienstmädchen als Einziger gelungen, den starrsinnigen Dr. Zweig, dem die Gefühle seines Bundesbruders wichtiger waren als die Gesundheit seiner Frau, zur Räson zu bringen. Sämtliche Bekannten empfahlen Dr. Rother aus Ratibor, einen Frauenarzt mit einem ausgezeichneten Ruf und einem wirklich liebevollen Wesen. Er hat sogar Onkel Gustav noch gekannt und sagt, einen besseren Hautarzt habe es in ganz Breslau nicht gegeben. Deine Schwester und die liebe Else wird das freuen, wenn Du ihnen das erzählst. Siehst Du sie eigentlich noch oft, oder ist Else immer noch verbittert, weil ihre Cousine geheiratet hat und sie keinen Mann findet? Was nützt da ein abgeschlossenes Medizinstudium?
Dr. Rother ist noch am gleichen Tag hier angereist. Ihm allein habe ich es zu verdanken, dass ich heute wieder leidlich gesund bin, kurze Spaziergänge machen kann und auch wieder Appetit habe. Du wirst verstehen, dass ich mich nicht über seinen Rat hinwegsetzen kann. Allerdings habe ich Walter klipp und klar erklärt, wenn er mich noch einmal im Leben zu einem Arzt zwingt, nur weil der ein Bundesbruder von ihm ist und wie ein Honigkuchenpferd strahlt, wenn von der Studentenzeit die Rede ist, lasse ich mich auf der Stelle scheiden.
Wie mutlos ich bin, weil ich nun nicht reisen darf, kannst Du Dir ja vorstellen, liebe Mutter. Gerade die Vorweihnachtszeit in Breslau mit den schön geschmückten Geschäften und den Cafés mit dem wunderbaren Gebäck habe ich immer so geliebt.

Dass ich voriges Jahr um diese Zeit noch unverheiratet war und in Breslau zu Hause, kann ich selbst schon nicht mehr glauben. Ich hatte mir in den schönsten Farben ausgemalt, wie es sein würde, mit Dir durch Wertheim zu spazieren und nach Herzenslust einzukaufen, ohne dass mein kleinbürgerlicher Mann nach dem Preis eines jeden Kleidungsstücks fragt und seufzt. Walter ist nämlich besessen von der Idee, dass wir demnächst am Hungertuch nagen werden und dass wir jeden Pfennig für Notzeiten sparen müssen. Es will einfach nicht in seinen Dickschädel, dass eine Frau nach der Schwangerschaft neue Garderobe braucht. Meine Hüte vom vorigen Jahr würden in Breslau noch nicht einmal die Zugehfrauen tragen, ohne sich zu genieren. Ich muss oft daran denken, wie Du früher gesagt hast, dass die Welt ganz anders aussehen würde, wenn die Männer die Kinder kriegen müssten. Erst jetzt verstehe ich richtig, wie Du das gemeint hast.

Am besten, ich vergesse auch, was Theater ist und wie schön das Leben für eine junge Frau sein kann, wenn sie in einer Großstadt lebt. Selbst im Kino kommt man in Leobschütz nicht auf seine Kosten. Die Filme sind oft so alt, dass man sie in Breslau schon vergessen haben dürfte, und der Ton ist eine wahre Zumutung. Die Schauspieler klingen alle, als hätten sie Halsentzündung, und die kann man sich dann auch selbst holen, weil es im Kino so miserabel geheizt ist.

Es bleiben, wenn einem die Decke nicht auf den Kopf fallen soll, also nur die Einladungen bei unseren jüdischen Freunden. Die nichtjüdischen Bekannten sind zwar alle sehr freundlich und hilfsbereit, aber auch recht reserviert. Unsere Gastgeberinnen, fast immer ältere Damen, geben sich eine rührende Mühe mit mir, sie überbieten einander mit ihren Backkünsten (allerdings kann keine einen so guten Käsekuchen backen wie meine Mutter), drücken und küssen Steffi so lange, bis sie wie am Spieß schreit, und haben für jede Lebenssituation einen Patentrat. Viele von den Frauen machen mir allerdings Angst. Sie wei-

sen mich immerzu darauf hin, dass Steffi nicht so schnell zunimmt, wie es ihre eigenen Kinder getan haben, und reden in meiner Anwesenheit viel zu oft davon, dass es ein großer Nachteil für ein Kind ist, wenn eine Mutter es nicht stillen kann. Der liebe Dr. Rother muss mich immerzu beruhigen. Er sagt, das gleicht sich bis zum ersten Lebensjahr fast immer aus, ein Kind muss sich nicht kugelrund essen, um gesund zu sein.
Die hiesigen jüdischen Männer gefallen mir – die meisten sind Akademiker oder gut verdienende Kaufleute. Leider reden sie immerzu über Politik. Walter ist überhaupt nicht zu bremsen, sobald das Thema auf die Nazis kommt. Ich habe immer gedacht, das würde besser werden, nachdem die Nazis bei den Reichstagswahlen im November so viele Stimmen verloren haben, obwohl sie den Mund so voll genommen hatten, aber seitdem hat die wackere Leobschützer Männerrunde richtig losgelegt. Ich könnte schreien, wenn sie sich an Hindenburg, Schleicher und Papen festbeißen. Neuerdings auch immer mehr an Hitler.
Ich komme ganz vom Thema ab, wenn ich nur an die politischen Diskussionen denke, die man über sich ergehen lassen muss, dabei beschäftigt mich eine ganz andere Frage. Wie wäre es, wenn Du und Suse in ihren Weihnachtsferien nach Leobschütz kommen würdet? Schließlich hat meine kleine Schwester ihre Nichte noch kein einziges Mal gesehen. Wir drei könnten es uns hier schön gemütlich machen – wenigstens das kann man in Leobschütz. Zu Chanukka wird auch Walters Schwester Liesel aus Sohrau kommen. Ich freue mich. Ich habe sie sehr gern und sie mich auch. Das spürt man. Liesel hat eine ruhige Art und reagiert überhaupt nicht, wenn ihr hitzköpfiger Bruder aus dem Nichts einen Streit anfängt. Sie hat mir erzählt, er sei schon als Kind so wählerisch mit dem Essen gewesen. Wenn es ihm bei seiner Mutter nicht geschmeckt hat, ist er zum Vater ins Hotel gelaufen und hat sich Krautrouladen und Apfel im Schlafrock bestellt. Er war noch so klein, dass er auf Büchern

sitzen musste, damit er an den Tisch herankam. Hoffentlich geht Steffi nicht nach ihm.
Ich verspreche, mich kein einziges Mal mit meiner Schwester Suse zu streiten, wenn Ihr kommt. Herr Greschek, Walters bester Mandant, dem ein großes Geschäft für Lampen und elektrischen Bedarf gehört, hat nicht nur ein gutes Herz. Er hat auch ein Auto und hat versprochen, uns herumzufahren, wenn Ihr kommt. Wenn Anna sonntags nicht freihat und also Steffi versorgen kann, macht er mit Walter und mir Ausflüge über die Grenze zum Kaffeetrinken in die Tschechei. Da ist nicht nur der Kuchen wunderbar und der Kaffee ein Genuss, die Klöße und die Wiener Schnitzel sind noch viel besser als die von Frau Kohns hoch gelobter böhmischer Köchin. Neulich waren wir im Kabarett. Ich war auf einen Schlag ein ganz neuer Mensch.
Ihr werdet staunen, wenn Ihr Steffi seht. Sie scheint täglich zu wachsen und weiß schon genau, was sie will. Keine Handschuhe, sich die Mütze vom Kopf reißen und ja nicht zu lange im Kinderwagen liegen. Da trommelt sie wie eine Besessene gegen die Wände. Schnuller lehnt sie zum Glück ab und nuckelt am Daumen. Ihre Augen glänzen, sobald ihr Vater auf der Bildfläche erscheint.
Ich warte sehnsüchtig auf Antwort. Bitte, bitte positiv! Für heute lasse ich Käthe und Suse von Herzen grüßen. Dich, liebe Mutter, küsse ich innig und mit allergrößter Hoffnung, dass wir uns bald in die Arme schließen können.
Deine treue Tochter Jettel

ZUSATZ VON WALTER

Geliebte Ina! Der Wahrheit die Ehre. Meine Tochter strahlt auch, wenn sie ihre Mutter sieht. Sie freut sich mit allem und jedem. Ich glaube, sie hält das Leben für ein Kinderspiel. Als sie gestern bei mir in der Kanzlei war, hat sie sich in Herrn Kowalsky verguckt. Er ist Ofensetzer und Quartalssäufer und hat ein Verfahren am Hals, weil er seine Frau so schwer verprügelt hat,

dass sie zwei Wochen ins Krankenhaus musste. Spaß beiseite: Es wäre wirklich herrlich, wenn Du und Suse in ihren Weihnachtsferien kommen könntet. Jettel hat eine schwere Zeit hinter sich. Es wird ihr guttun, sich bei ihrer Mutter auszuweinen. Ihr Mann ist ein ungehobelter, egoistischer, langweiliger Bursche, der sich von seinem entzückenden Frauchen nicht von der Vorstellung abbringen lässt, dass ein junger Anwalt, der sich eine Existenz aufbauen muss, in seine Kanzlei gehört und nicht auf Reisen. Im Übrigen hat er nie Apfel im Schlafrock bestellt, sondern Hefeklöße mit Backpflaumen, Zucker und Zimt. Wusstest Du, dass er ganz vernarrt in seine Schwiegermutter ist?
In Hoffnung auf ein baldiges Wiedersehen Dein Walter

POSTKARTE VON INA PERLS, BRESLAU, DEN 15. DEZEMBER, AN WALTER UND JETTEL

Meine Lieben, soeben habe ich unsere Fahrkarten abgeholt. So Gott will, werden wir uns am 19. sehen. Suschen ist total aufgeregt. Man könnte meinen, sie sei sechs und nicht sechzehn. Ihr Weihnachtszeugnis war wieder mal ausgezeichnet. Sie sagt, das ist sie ihrem Schwager, der das Schulgeld bezahlt, schuldig. Ich habe für Jettel den englischen Königskuchen gebacken, den sie so gern isst, Walter bekommt sein geliebtes Leberhäckerle. Hoffentlich ist Eure gute Anna nicht so schnell beleidigt wie unsere Trude. Seit ihrer Verlobung mit einem Polizisten ist sie recht unleidlich geworden. Tausend Küsse. Mutter

BRIEF VON FRAU ROSA KAMMER, LEOBSCHÜTZ, DEN 22. DEZEMBER, AN WALTER ZWEIG

Sehr geehrter Herr Dr. Zweig, dieses schwierige Jahr soll nicht zu Ende gehen, ohne dass ich mich, auch im Namen meiner Kinder, für Ihre Loyalität und Ihre Freundschaft, die ich als eine so beglückend aufrichtige empfinde, von Herzen bedanke. Ich rede hier wahrhaftig nicht von Ihren so angenehm pünktlich eintreffenden Zahlungen aus dem Versorgungsvertrag mit

meinem verstorbenen Mann. Immer wieder empfinde ich es als einen Glücksfall, dass Sie es waren, der die traditionsreiche Praxis Kammer übernommen hat. Wo immer ich hinkomme, singt man Ihr Loblied und preist Ihre Tüchtigkeit und Ihre Menschenfreundlichkeit.
Der Brief, den Sie mir nun am ersten Todestag meines Mannes schrieben, wird für immer einen Platz in meinem Herzen haben. Meine Tochter Elisabeth war sehr gerührt, dass Sie an Ihren Geburtstag dachten.
Vor ein paar Tagen traf ich Ihre bezaubernde Frau mit der Kleinen. Möge Gott Ihre kleine Familie segnen. Mir ist bewusst, dass in Ihrem Glauben Weihnachten kein Tag von Bedeutung ist, aber es drängt mich trotzdem, in diesem Brief des Danks Ihnen friedvolle Tage zu wünschen. Möge für uns alle 1933 ein Jahr werden, das den Pessimismus der Kleingläubigen Lügen straft.
In großer Verbundenheit Ihre Rosa Kammer

2
Im Schwebezustand
Leobschütz im Jahr 1933

Am 4. Januar 1933 schreibt Jettel Zweig an ihre Freundin Steffi Kohn in Breslau

Meine treue Steffi! Vielen, vielen Dank für Deine guten Wünsche zum neuen Jahr. Ich erwidere sie von ganzem Herzen. Möge das Jahr 1933, in dem wir ja beide fünfundzwanzig und eigentlich schon ein bisschen betagt werden, Dir in jeder Beziehung Glück bringen. Deiner lieben Mutter wünsche ich, dass sie endlich wieder gesund wird.

Hoffentlich habt Ihr Silvester genießen können. Wenn man Einladungen annimmt, weiß man das ja leider erst hinterher. Wir waren bei sehr netten Leuten eingeladen. Er ist Kaufmann (aber sehr gebildet) und hat in Gleiwitz ein sehr gut gehendes Stoffgeschäft gehabt, sich jedoch mit seiner Frau (vier erwachsene Kinder) für seinen Lebensabend nach Leobschütz zurückgezogen, weil den beiden Gleiwitz zu groß war. Du kannst Dir denken, welche Mühe ich hatte, mir das Lachen zu verbeißen, als er das erzählte. Wir waren zehn Gäste. Eine Tochter mit einer langen Nase und einem entzückenden Baby, die in Hannover lebt und den ganzen Abend ihren Mann nicht erwähnt hat, fand ich besonders nett. Sie hat ein Jahr bei einer Tante in Nizza gelebt und mir den Mund ganz wässerig gemacht. Ich glaube, ich werde nie weiter reisen als bis nach Breslau und Sohrau. Ich habe ja einen Mann geheiratet, der Reisen für Luxus und Sünde hält.

Es gab Punsch und rosa Sekt, der wie ganz feiner Himbeersaft schmeckte, französischen Lachs, eine Hasenpastete mit einer

scharfen englischen Soße – Walter hat so zugelangt, dass es allen auffiel –, gefüllte Enteneier (nicht mein Fall, sie schmeckten wie Gummi mit Mostrich), und statt der Mohnklöße, die wir ja alle erwartet hatten, kam eine Charlotte Russe aus Löffelbiskuits, bayerischer Creme, Vanille, Eigelb und Zucker auf den Tisch. Sie hätte es mit jedem Pariser Nobelrestaurant aufnehmen können. Der Hausherr, der mir sehr charmant den Hof machte, hatte aus Berlin Schallplatten mitgebracht – darunter herrliche Aufnahmen von Friedrich Hollaender und Paul Abraham. Die Jazzplatten, auf die er besonders stolz war, fanden allerdings bei kaum einem Beifall. Wenn du mich fragst, ist Jazz nichts für Silvester. Die Leute kommen heutzutage wirklich auf merkwürdige Ideen. Mein burgunderrotes Samtkleid mit einem tiefen Ausschnitt wurde von allen bewundert – besonders von den Männern, hat mir Walter auf dem Nachhauseweg vorgeworfen. Er ist immer noch schrecklich eifersüchtig und sieht bei jeder Gelegenheit Gespenster. Leider tut er das nicht nur in Bezug auf eventuelle Rivalen, die es in diesem Nest gar nicht gibt. Er hat allen die Silvesterstimmung gründlich vermiest. »Mir ist nicht zum Feiern zumute«, hat er gesagt und nach dem Essen die ganze Nacht mit finsterster Miene am Radio gehockt. Mein Mann ist der geborene Schwarzseher, musst Du wissen. Was die Nazis in Berlin mit uns in Leobschütz zu tun haben, kann er mir trotz seiner vielen klugen Reden nicht erklären.
Übrigens habe ich vorige Woche eine Einladung nach Berlin bekommen. Ich würde sie liebend gern annehmen. Nicht weil ich für Walters alte Tante Emmy schwärme, die im jüdischen Altersheim lebt und für jede Lebenslage einen guten Rat parat hat, aber ich habe gelesen, dass Gustaf Gründgens den Mephisto spielt und Werner Krauß den Faust. Leider kann ich immer noch nicht vergessen, wie gern ich als junges Mädchen ins Theater gegangen bin und was Du und ich dort alles erlebt haben. Walter sagt, für Theater brauche ich nirgendwohin zu reisen. Es gebe in ganz Deutschland Theater.

Unsere Steffi macht uns viel Freude. Wir haben beide längst vergessen, dass wir uns einen Sohn wünschten. Sie wird von Tag zu Tag verständiger. Walter behauptet, sie kann schon Papa sagen. In die schöne Stoffpuppe, die Du ihr zu Chanukka geschickt hast, ist sie ganz vernarrt. Leider kommt meine Tochter mit sehr wenig Schlaf aus, sie hat in ihrem Leben noch keine Nacht durchgeschlafen und sorgt an den meisten Tagen auch dafür, dass ich nicht zu meinem geliebten Mittagsschlaf komme.
Bitte notiere unsere neue Adresse: Lindenstraße 22. Wir ziehen nächste Woche endlich um. Wenigstens da habe ich mich durchsetzen können. Walter hätte bis zum jüngsten Tag in der zu kleinen Wohnung mit der Aussicht auf den Friedhof gehockt. Ich hab mich bei jedem Blick aus dem Fenster gegruselt, immer wieder ist mir ein verwachsener Zwerg begegnet, der mir während der Schwangerschaft schreckliche Angst machte. Ich glaubte, er würde mir das Kind in meinem Bauch verhexen, und wollte, dass ihn Walter verjagt, doch mein tapferer Mann hat sich geweigert. »So etwas kann einen in Teufels Küche bringen«, hat er gesagt.
Noch mal alles Gute für Dich und gute Besserung für Deine liebe Mutter. Grüße unsere gemeinsamen Freundinnen.
Deine Jettel

Postkarte vom 27. Januar von Jettel an ihre Mutter

Meine geliebte Mutti! Geh bloß bei der Kälte nicht mehr als nötig aus dem Haus und iss selbst tüchtig von Deiner berühmten Hühnersuppe. Alle hier sagen, Hühnersuppe sei der beste Schutz vor Erkältungen. Unsere Anna nimmt Liebstöckel und Lorbeer und kocht sogar die Füße aus (darf Walter nicht sehen). Ich habe gerade im Radio gehört, dass in Breslau minus zweiunddreißig Grad gemessen wurden. Steffi Kohns Mutter liegt schon seit zwei Wochen mit einer bösen Grippe zu Bett. In Leobschütz haben wir »nur« dreißig Grad, dafür allerdings oft einen sehr

scharfen Ostwind, der einem durch Mark und Bein geht. Zum Glück vertrage ich die Kälte gut. Das muss ich auch, denn ich habe einen Mann, der sagt, eine gute Haltung ersetzt einen Pelzmantel. Er wärmt sich am liebsten mit Schnaps und sagt, dazu wäre er als Enkel eines Schnapsdestillateurs moralisch verpflichtet. Steffi und ich schicken Euch dreien ganz heiße Küsse.
Deine Tochter Jettel

Walter Zweig am 5. Februar an seinen Vater in Sohrau

Mein lieber Vater! Seit Hitler Reichskanzler geworden ist, habe ich noch weniger Hoffnung als vorher, dass es sich bei den Nazis bloß um Eintagsfliegen handelt. Damit Du Dir ein Bild von dem derzeit in Deutschland herrschenden Ton machen kannst, habe ich eigens für Dich den »Völkischen Beobachter« vom 31. Januar gekauft. Dabei setze ich voraus, dass solche Trouvaillen im glücklichen Sohrau nicht aufzutreiben sind. Auch die Karikatur »Brautführung«, in der von Papen und Alfred Hugenberg eine verängstigte Germania unserem neuen Herrn Reichskanzler zuführen, lege ich Dir bei. Die Satire entstammt der Schweizer Zeitschrift »Nebelspalter«. Glückliche Schweizer, die ihren Mund aufmachen können, wann immer ihnen danach ist! Ich hingegen gebe die Post an Dich in Jägerndorf auf, also in der freien Tschechei.

Hier wollen nämlich die Gerüchte nicht verstummen, dass die Nazis ganz raffinierte Mittel haben, um unbemerkt die Post der Bürger zu kontrollieren. Das glaube ich zwar nicht, denn Deutschland ist ja immer noch ein Rechtsstaat, aber Vorsicht hat noch keinem geschadet. Schon gar nicht in unsicheren Zeiten. »Besser vorgesehen als nachbereut«, hat Mutter immer gesagt, wenn ich mit zerrissener Hose heimkam. Und weil dies ein Brief ist, der von einem Briefkasten in einem freien Land in ein ebenso freies Land geht, noch dies: Wenn es zu weiteren Auswüchsen seitens der Nazis kommt (ich lese nur noch von Drohungen, Terror und Ausschreitungen), schicke ich, bis sich die

Lage hier beruhigt, Jettel mit Steffi nach Sohrau. Jettel hat sich zu meiner Überraschung, ohne dass ich sie drängen musste, einverstanden erklärt. Ich telegrafiere dann »Bestellte Lieferung unterwegs«. Wer hätte gedacht, dass wir guten, vaterlandstreuen Deutschen je Polen als einen sicheren Hafen empfinden könnten!

Gruß an Liesel und Stattlers und an das appetitliche Zimmermädchen mit dem großen Busen, das meinem Freund Greschek bei seinem Besuch so gut gefallen hat. Er ist jetzt mein Postillon und fährt diesen Brief extra nach Jägerndorf. Seine Grete, eine äußerst gelungene Mischung aus Haushälterin, Verkäuferin in seinem Laden und, wenn Du mich fragst, Bettgenossin, hat uns zu Weihnachten wunderbar selbst eingemachte Senfgurken und von ihr selbst ausgelassenes Gänsefett geschenkt.

Es umarmt Dich Dein Sohn Walter, der leider so gar nichts vom Schneid seines Vaters und dem Gottvertrauen seiner Mutter geerbt hat.

Brief von Suse Perls in Breslau an ihren Schwager Walter in Leobschütz, 12. Februar

Mein bester (und einziger!) Schwager, obwohl Du ein so viel beschäftigter Mann bist und den Kopf voller Sorgen hast, wie mir Mutter gerade wieder erzählt hat, hast Du meinen Geburtstag nicht vergessen. Ich war sprachlos und sehr glücklich, als ich das Päckchen auf meinem Geburtstagstisch fand. Ich danke Dir sehr für das wirklich fesselnde Buch von Hans Fallada. So richtig vorstellen kann ich mir, wie Ihr beide »Kleiner Mann – was nun?« während Jettels Schwangerschaft gelesen habt. Und wenn ich auch noch nicht viel von der Welt weiß, so bin ich doch schon weit genug, dass ich die Bezugspunkte zwischen Falladas sympathischem Paar und Euch aufspüren kann. Noch mehr als das Buch hat mich Dein lieber Brief gerührt. Mir war, als würde mir der Vater, den ich mit vier Jahren verlor und an den ich mich so gut wie gar nicht erinnern kann, zum Geburtstag gratu-

lieren. Mutter sagt, ihr gehe es oft genauso. Du wärest für sie der Sohn, den sie sich immer gewünscht hat (sehr schmeichelhaft für uns drei Schwestern).
Ich bin weiterhin hochzufrieden, dass ich dank Deiner Großzügigkeit in die hoch angesehene Augustaschule gehen kann, und ich verspreche Dir, dass Du das Geld, das Du heute in mich steckst, nie bereuen wirst. Mir sagt später keiner: »Lass Dir Dein Schulgeld zurückgeben!« Vielleicht kann ich nach dem Abi sogar ein Stipendium ergattern und studieren (Germanistik), und mit den Büchern, die ich zu schreiben beabsichtige, werde ich natürlich weltberühmt und überall geehrt. Begleitest Du mich nach Stockholm, wenn ich den Nobelpreis für Literatur bekomme?
Hast Du schon mal von der Familie Sckeyde hier in Breslau gehört? Es sind steinreiche Leute (Fabrik für Kugellager oder so was Ähnliches), und ich habe den festen Eindruck, dass der Sohn Günter sich für mich interessiert, was durchaus gegenseitig ist. Ich habe ihn auf einem Hausball bei einer Mitschülerin kennengelernt, die ansonsten wenig Notiz von mir nimmt und mir immer antisemitisch angehaucht vorkam, aber sie braucht ganz dringend eine Freundin, bei der sie in Latein und Mathe abschreiben kann, und die Kombination findet sie nur bei mir. Antisemitisch angehaucht erscheinen mir neuerdings auch einige meiner Lehrer und Lehrerinnen, doch Mutter sagt, das wäre nur meine schreckliche Überempfindlichkeit. Der Mathelehrer kommt neuerdings in Reitstiefeln zum Unterricht und redet noch viel mehr als früher von seinen Erlebnissen an der Front, und die Französischlehrerin hat mich vorige Woche ziemlich anzüglich gefragt, ob ich wirklich vorhabe, Abitur zu machen. Auch gefällt ihr meine Aussprache nicht mehr, obwohl sie die seit der Quarta gelobt hat. Plötzlich hat Mademoiselle auch aufgehört, mit uns über Emile Zola zu sprechen, für den sie so geschwärmt hat. Wahrscheinlich hat sie eben erst erfahren, dass ihr Schwarm Zola für den diffamierten jüdischen Hauptmann

Dreyfus eingetreten ist und nach seinem Anklage »J'accuse …!« aus Frankreich fliehen musste, um der Verhaftung zu entgehen. Ein entsprechender Artikel war erst vor einigen Tagen in einer Literaturzeitung zu lesen.
Gib meiner glücklichen Schwester, die ich glühend um ihre süße Tochter beneide, einen Kuss von mir.
Dich umarmt sehr innig Deine ewig dankbare Schwägerin Suse

Am 1. März schreibt Walter Zweig an Suse Perls in Breslau
Liebe Suse, lass Deine Finger von Herrn Sckeyde beziehungsweise sorge dafür, dass er seine Finger von Dir lässt. Ich kann mir nämlich nicht vorstellen, dass eine jüdische Schwiegertochter seinem Vater genehm sein würde. Ich gehöre nicht zu den Feingeistern, die allzeit ein Gedicht parat haben, das sie bei Bedarf zitieren können, aber diese Zeilen von Theodor Storm haben immer einen großen Eindruck auf mich gemacht:

Wo zum Weib du nicht die Tochter
Wagen würdest zu begehren,
Halte dich zu wert, um gastlich
In dem Hause zu verkehren.

Auf Frauen, die mit Leuten verkehren, zu denen sie nicht passen, trifft das genauso zu. Übrigens ist es nur die halbe Wahrheit, wenn behauptet wird, dass jüdische Männer unschuldige christliche Mädchen verführen und ins Unglück stürzen. Nichtjüdische Männer sind durchaus willens – und fähig! – jüdische Frauen zu verführen. Da hat sich seit Goethe nichts in Deutschland geändert: Ein Fräulein Mutter wird zwar nicht mehr zum Tode verurteilt (höchstens mit Blicken und in Gedanken), aber sie bleibt ein gefallenes Mädchen.
Ein so hübsches Mädchen, wie Du es bist, sollte zusehen, dass sie auf den Beinen bleibt. Am besten sie geht, wie in den südlichen Ländern, nur in Begleitung aus. Noch besser: Sie bleibt zu

Hause, strickt Strümpfe und lernt kochen. Richte das Deiner Mutter aus. Sag ihr auch, sie soll lieber zusehen, dass sie den guten Arno Katschinsky, von dem ich nur Gutes höre und der für Deine älteste Schwester wahrhaftig ein Gottesgeschenk wäre, fester ans Haus bindet. Bei mir ist ihr das ja schon mit Bratkartoffeln und der selbst gemachten Kalbssülze gelungen.
Sehr herzlich Dein Walter, dem leider niemand beizeiten beigebracht hat, wie ein Mann ein Blatt vor den Mund nimmt.

Aus dem Gesuch des Rechtsanwalts und Notars Dr. Walter Zweig in Leobschütz an den Reichskommissar für das Preussische Justizministerium in Berlin, 3. April 1933
Zeitungsnachrichten zufolge ist beabsichtigt, einen Numerus clausus auch für bereits zugelassene Rechtsanwälte jüdischer Konfession herbeizuführen. Da ich zu diesen Rechtsanwälten gehöre, bitte ich hierdurch, meine Zulassung beim Amtsgericht Leobschütz auch für die Zukunft aufrechtzuerhalten.

Schreiben an den Reichskommissar für das Preussische Justizministerium vom 7. April 1933
Unter Bezugnahme auf mein Gesuch um Aufrechterhaltung meiner Zulassung als Rechtsanwalt beim Amtsgericht Leobschütz vom 3. April 1933 zeige ich an, dass ich mich rückhaltlos hinter die heutige Regierung stelle. W. Zweig, Rechtsanwalt

Aus dem Brief vom 8. April des Hoteliers Max Zweig, Sohrau, an den Justizminister in Berlin
Mein Sohn, Dr. Walter Zweig, gehört zu den durch die letzten Maßnahmen betroffenen jüdischen Rechtsanwälten und Notaren. Als junger Gymnasiast durfte er seiner deutschen Gesinnung wegen zwei Jahre lang seine Vaterstadt Sohrau O/S, heute zu Polen gehörig, nicht betreten. Meine Frau ist infolge der durch polnische Aufständische erlittenen Aufregungen gestorben. Mein Schwager, der Kaufmann Erich Bock in Bralin, ist im

Jahre 1919 infolge seines Eintretens für das Deutschtum standrechtlich erschossen worden. Ich selbst habe durch meine treudeutsche Einstellung meine Existenz restlos verloren, sodass ich heute ausnahmslos auf die Unterstützung meines Sohns angewiesen bin.

Postkarte vom 10. April von Anna Kotzlik an ihre Mutter in Hennerwitz

Mein liebes, gutes Muttchen! Sei nicht traurig, aber ich kann Ostern nun doch nicht kommen. Hier werde ich mehr gebraucht als bei uns zu Hause. Der Herr Doktor hat eine schlimme Magengeschichte, kann kaum etwas bei sich behalten und braucht besonderes Essen. Auch die Frau Doktor ist sehr nervös und kann sich nicht richtig um die Kleine kümmern. Ich hoffe, Ihr versteht, dass ich meine Pflicht tun muss und allen dreien beistehen will. Ostern werde ich hier in die Kirche gehen. Sie ist sehr schön geschmückt, und der Pfarrer ist immer sehr freundlich zu mir.
Hochachtungsvoll Eure gehorsame Tochter Anna

Schreiben von Dr. Zweig an den Reichskommissar für das Preussische Justizministerium vom 11. April 1933

Unter Bezugnahme auf mein Gesuch vom 3. April 1933 bitte ich um Mitteilung, ob eine persönliche Vorsprache meinerseits erwünscht ist. Gleichzeitig bitte ich, noch folgende Gründe nachtragen zu dürfen: Sofern meine Zulassung als Rechtsanwalt beim Amtsgericht Leobschütz aufgehoben werden würde, ist es für mich vollkommen unmöglich, die Familie des verstorbenen Herrn Justizrats Kammer weiter zu unterhalten, wozu ich, wie ich in meinem Gesuch vom 3. April ausgeführt habe, vertraglich verpflichtet bin. Frau Justizrat Kammer ist in den denkbar ungünstigsten Vermögensverhältnissen zurückgeblieben. Sie ist vollkommen auf die durch mich zu zahlende Rente angewiesen.

1933: Meine geliebte Kinderfrau Anna Kotzlik mit mir. Sie blieb bei meiner Familie bis zu unserem letzten Tag in Leobschütz.

Ich selbst bin gleichfalls vollkommen mittellos und habe lediglich aus den Erträgnissen meiner Praxis meinen und meiner Familie Unterhalt bestritten.
Dr. W. Zweig, Rechtsanwalt

Brief von Martin Batschinsky aus Breslau, 14. April, an Walter Zweig

Lieber alter Walter, ich wollte Dir schon unmittelbar nach dem 1. April schreiben. Da hatte ich mehr Bedürfnis als je in meinem Leben, mich an Deiner Freundesschulter auszuweinen, aber ich habe mich zu nichts aufraffen können und kann es eigentlich immer noch nicht richtig. An diesem Sonnabend, den keiner von uns je wird vergessen können, hat Gott dem Teufel das Du angeboten, und nicht allein mir dürfte klar geworden sein, dass der sogenannte Boykott-Tag nicht ein mieser April-

scherz war und auch nicht eine einmalige Provokation, sondern die neudeutsche Wirklichkeit, von der wir alle heute nicht wissen, was morgen aus ihr werden wird.
Keiner von meinen jüdischen Kollegen zweifelt noch einen Deut, dass unsere Tage als Anwalt gezählt sind und dass man uns selbstverständlich auch das Notariat nehmen wird, nehmen muss, um glaubwürdig zu bleiben. An meinem Praxisschild klebt seit zwei Tagen ein Hetzblatt mit dem Text »Meidet jüdische Ärzte und Anwälte«. Und was mache ich? Hole ich Schwamm und Seife, beiße die Zähne zusammen, schrubbe die Wand ab und gehe zur Polizei, um Anzeige gegen unbekannt zu erstatten? Das wäre ja die einzige Reaktion, die man von einem Mann erwarten kann, der noch seine fünf Sinne beisammen und alle Tassen im Schrank hat, aber ich bin wie gelähmt und wage mich nicht aus der Wohnung. Dem Kollegen Panofsky, an den Du Dich ja durch unsere gemeinsame Zeit beim Repetitor Wendriner erinnern wirst und den wir beide als knallhart und total unsensibel empfunden haben, haben sie, obwohl es ja laut der NSDAP ein »organisierter Boykott« ohne Scherben oder Gewalt sein sollte, was ja im Ausland übel aufgefallen wäre, die ganze Praxis zerschlagen. Die angrenzende Wohnung gleich dazu. Seine Frau liegt seitdem im Krankenhaus, und er sieht auch aus, als wäre er schon tot.
Vielleicht hast Du auch den Bericht gelesen, dass ein jüdischer Anwalt in Kiel, der auf einen SS-Mann geschossen haben soll, von der »empörten Volksmenge« durch zahlreiche Pistolenschüsse ermordet wurde. Das Opfer war bereits in Polizeihaft. »Gott schütze uns vor der Volksstimme«, sagt mein Vater immer, aber ich Idiot habe neunundzwanzig Lebensjahre gebraucht, um dahinterzukommen, was er meint.
Wahrscheinlich kriegst Du von all der Misere in Leobschütz viel weniger mit als unsereiner hier in Breslau. In der Provinz dürfte Deutschland ja noch nicht erwacht sein. Ich (und bestimmt auch Du) habe schon überlegt, ob unsere geliebte ober-

schlesische Heimat nicht eine Sonderstellung durch das Genfer Minderheitenschutzabkommen genießen könnte. Wenn das Abkommen von 1922 auch zum Schutz der Minderheiten in den oberschlesischen Abstimmungsgebieten gedacht war, könnte es ja sein, dass es nun auch auf die Juden in Oberschlesien Anwendung finden muss.
Damit Du Dich mit mir ein bisschen wundern kannst über das, was in manchen jüdischen Köpfen vorgeht, lege ich Dir einen Ausschnitt aus der »Jüdischen Rundschau« bei, ein viel gelesenes und angesehenes Organ der Zionisten. Dort hat der Chefredakteur Robert Weltsch unter der Überschrift »Tragt ihn mit Stolz, den gelben Fleck« erklärt, »der 1. April in Deutschland könne ein Tag des jüdischen Erwachens und der jüdischen Wiedergeburt sein«. Hat Gott irgendwelche Empfehlungen herausgegeben, wie die Juden mit den Einfältigen und Illusionisten in ihrer Gemeinschaft umzugehen haben? Mir dreht sich immer noch der Magen um, wenn ich an den Artikel denke. In einem hat der gute Herr W. allerdings goldrecht: Hitler erinnert uns jeden Tag daran, dass wir Juden sind. Viele von uns hatten das ja vergessen. Ich auch. Hätte mein Vater nicht so beherzt – und wütend! – eingegriffen, hätte ich weiter um ein Fräulein namens Adelheid gefreit, der ich mich nie zu sagen traute, dass ich jüdisch bin. Und ich traute mich nie, meinem Freund Walter von Fräulein Adelheid zu erzählen.
Halt mich auf dem Laufenden, wie es Dir ergeht. In Zeiten, wie sie jetzt auf uns niedergekommen sind, zählt der Mensch jede Freundeshand. Du darfst alles tun, nur Dir weder Hoffnungen noch Illusionen machen, dass für uns in absehbarer Zeit die Sonne wieder scheint. Gib Jettel und Steffi einen Kuss von mir.
Dein besorgter und niedergeschlagener Freund Martin

PS Was macht Liesel? Ich würde sie gern mal wiedersehen. Meine drei Sohrauer Besuche zählen zu den Dingen, die mir keiner nehmen kann.

Schreiben von Rechtsanwalt Dr. Walter Zweig vom 24. April an den Preussischen Justizminister in Berlin

Ich bitte, über mein Gesuch so bald wie möglich entscheiden zu wollen, da eine Verlängerung des Schwebezustands die vollkommene Vernichtung meiner Existenz bedeutet und mir selbst im Fall einer Wiederzulassung auch die Möglichkeit nimmt, eine neue Existenz als Anwalt in Leobschütz zu begründen, da ich nicht die Mittel habe, diese Zeit durchzuhalten.
Ergebenst Dr. W. Zweig

Am 25. April überreicht Rechtsanwalt Dr. Zweig dem Preussischen Justizminister eine Bescheinigung des Deutschen Volksbunds in Katowice, die die deutsche Gesinnung seines Vaters Max Zweig in Żory (Sohrau) zum Thema hat

Herr Max Zweig hat sich auch in schwerster Zeit immer frei und offen zum Deutschtum bekannt. Er und seine verstorbene Ehefrau waren als Deutsche während der Aufstände in der Abstimmungszeit schwerster Bedrängnis und Gefahr ausgesetzt. Herr Max Zweig, der von 1915 bis 1918 zum Heeresdienst einberufen war, genießt in den Kreisen der deutschen Bevölkerung den besten Ruf als deutscher Mann von aufrichtigem und ehrliebendem Charakter.

Der Preussische Justizminister in Berlin an Herrn Rechtsanwalt Dr. Walter Zweig in Leobschütz vom 5. Mai 1933

Es wird hiermit auf Grund der Allgemeinen Verfügung ein Vertretungsverbot für Sie erlassen.
Im Auftrage, gez. Dr. Freisler

Mitteilung des Preussischen Justizministeriums in Berlin an den Oberlandesgerichtspräsidenten in Breslau vom 18. Mai

Die Zulassung des Rechtsanwalts und Notars Walter Zweig in Leobschütz zur Rechtsanwaltschaft bei dem Amtsgericht daselbst wird gemäß §1 Abs. 1 über die Zulassung zur Rechtsanwaltschaft vom 7. April 1933 zurückgenommen, weil er nicht arischer Abstammung ist.
Ich ersuche, hiernach das Weitere zu veranlassen, auch dem Vorstand der Anwaltskammer in Breslau eine entsprechende Mitteilung zu machen. Hiermit sehe ich die Eingabe des Rechtsanwalts Dr. Zweig vom 11. d. Mts. als erledigt an.

Brief von Dr. Walter Zweig an die Witwe des Justizrats Hugo Kammer, beide Leobschütz, 24. Mai

Sehr geehrte gnädige Frau, mir ist es ein Bedürfnis, Ihnen persönlich und umgehend davon Kenntnis zu geben, dass ich laut Schreiben des Oberlandesgerichtspräsidenten in Breslau vom 18. Mai nicht mehr als Rechtsanwalt und Notar zugelassen bin. Der Brief ging soeben bei mir ein. Seien Sie versichert, verehrte Frau Justizrat, dass ich Ihretwegen besonders bestürzt bin.
Was Ihre Versorgung und die von Ihrer Tochter Elisabeth betrifft, deren Gesundheit es ihr ja nicht gestattet, für ihren eigenen Unterhalt aufzukommen, mache ich mir die allergrößten Sorgen. Mich bekümmert ebenso der Gedanke an Ihre beiden anderen Töchter und Ihren Sohn, der ja mitten im Studium ist. Zum gegenwärtigen Zeitpunkt bin ich noch nicht einmal in der Lage, Ihnen auch nur einen Vorschlag zu machen, der Ihre wirtschaftliche Situation verbessern könnte.
Mir bleibt nur, Ihnen für Ihr Verständnis, das ich bei jeder Begegnung mit Ihnen und in Ihrem gastfreundlichen Haus stets zu spüren bekam, zu danken. Grollen Sie Ihrem verehrten Gatten nicht, dass er sich einen Sozius mit einer Konfession aussuchte, die sich nun als die falsche und politisch nicht mehr genehme entpuppt hat. Diese Entwicklung war bei Vertragsab-

schluss wahrhaftig nicht abzusehen. Herr Justizrat glaubte Sie mit Recht bestens versorgt. Wie wir alle, konnte er sich eine Zukunft nicht vorstellen, in der ich Sie um Ihretwillen nicht mehr persönlich aufzusuchen wage.
Ihr treu ergebener Dr. Walter Zweig

Telegramm vom 24. Mai von Walter Zweig an seinen Vater in Sohrau

Greschek kommt morgen mit bestellter Lieferung. Walter

Brief von Jettel in Sohrau an ihren Mann in Leobschütz, 26. Mai

Mein lieber Walter, wie Du ja von Greschek auch selbst hören wirst, wenn er zurück in Leobschütz ist, sind wir gut in Sohrau gelandet. Die Fahrt hierher war zwar lang, aber längst nicht so beschwerlich, wie ich befürchtet hatte. Das Auto ist ja sehr bequem, und mir hat es wirklich gutgetan, endlich mal aus L. herauszukommen. Steffi hat die meiste Zeit geschlafen. Grete Greschek hat uns drei Thermosflaschen mit wunderbar starkem Kaffee mitgegeben und einen Berg von Schnitten, belegt mit saftigem Eierhäckerle, teurem Schweizer Käse und der guten Leberwurst, die sie von ihren Leuten aus Bauerwitz bekommt. Du wärst auf Deine Kosten gekommen. Ich bin froh, dass Greschek über Himmelfahrt hiergeblieben ist (die Kellnerin mit dem Riesenbusen gefällt ihm immer noch). Er kann dann meinen Brief an Dich mitnehmen. Da schreibt es sich ganz anders. Nach der Unruhe der letzten Tage und unserer überstürzten Abfahrt aus L. tut mir die Ruhe von Sohrau sehr gut. Dass man keine einzige Hakenkreuzfahne sieht und dass die Leute alle so freundlich zu uns sind, erst recht! Das Wetter ist herrlich, sämtliche Bäume sind grün, die Veilchen blühen. Ich sitze, während ich diesen Brief schreibe, auf der Bank vor dem Hotel, und die Leute, die vorbeikommen, wissen alle, wer ich bin, und erzählen mir, dass sie Dich schon als Kind gekannt haben und wie beliebt Du immer warst. Steffis Kinderwagen steht unter einem Riesenbaum. Eine Schar von barfüßigen Kindern ist um sie herum, die alle Namen haben, die auf »a« enden. Auch sie wird zu »Stefka«, was ihr zu gefallen scheint, denn sie lacht mehr als zu Hause und gurgelt vor sich hin. Man sagt ja, dass Kinder die Unruhe und den Kummer ihrer Eltern spüren, und Kummer hat es bei uns ja in den letzten Wochen genug gegeben. Gerade sitzen wieder zwei junge Kätzchen in ihrem Kinderwagen (frag mich nicht, wo die immerzu herkommen, sie sind plötzlich da). Beim ersten Mal hatte ich furchtbare Angst, sie würden das Kind kratzen oder gar ersticken, wenn es schläft, aber Deine Schwester hat mich ausgelacht. Liesel sagt, dass Katzen Kinder ersticken, wäre eine typische Vorstellung von meschuggenen Großstädtern und in Sohrau seit Jahrhunderten nicht vorgekommen.

Obwohl es ja sonst heißt, Schwägerinnen können sich nicht ausstehen und würden sich am liebsten gegenseitig die Augen auskratzen, finde ich Liesel eine ganz entzückende Person. Sie ist warmherzig, bescheiden, unglaublich fleißig und außerdem so selbstlos, wie ihr Bruder nie werden wird. Du hast mir nie erzählt, dass sie so gut nähen kann. Sie will mir ein Kleid machen (im Juni, ausgerechnet an meinem Geburtstag, sind wir nämlich zu einem Sommerfest bei den jungen Miczulskys eingeladen), und ich wünsche mir doch schon so lange ein grünes Kleid mit verrutschter Taille, wie sie heute modern ist. Übrigens hat mir Liesel schon am ersten Abend gestanden, dass Martin Batschinsky sie nicht ganz kaltlässt. Soll ich sie warnen, dass er der größte Egoist unter Gottes Sonne ist, oder sagst Du wieder einmal, das würde mich nichts angehen?

Dein Vater ist reizend zu mir. Durch und durch Kavalier! Und er ist so stolz auf sein Enkelkind, als wäre unsere Steffi ein Junge. Man merkt ihm an, dass er was von Frauen versteht und auch, dass er das Leben kennt. Vielleicht, weil er so lange im Krieg war. Er sagt selbst, der Krieg prägt den Mann. Leider mer-

ke ich ihm an, dass er sich um Dich noch viel größere Sorgen macht als um sich selbst.
Du täuschst Dich wieder einmal gründlich! Ich habe durchaus kapiert, was es mit den Nazis auf sich hat und was das für uns bedeutet. Im Gegensatz zu Dir hat sich Dein Vater nämlich die Mühe gemacht, mir auch die Dinge zu erklären, über die Du nicht sprechen willst. Von meinem Schwiegervater habe ich jedenfalls kein einziges Mal zu hören bekommen: »Das verstehst du nicht.« Du hast mir ja noch nicht einmal erzählt, dass die Nazis die Bücher von jüdischen Schriftstellern verbrannt haben – auch von denen, die keine Juden sind, aber gegen den Krieg und für die Freiheit. Wie Remarque und unser geliebter Hans Fallada. Oder hast Du das selbst nicht gewusst? Du bist ja nie ein großer Leser gewesen.
Leider kann ich mir nicht vorstellen, was ein Anwalt macht, der nicht mehr Anwalt sein darf. Arbeitslosigkeit war ja in meinem Leben nie ein Problem. Mein Vater war selbstständiger Kaufmann und hat immer glänzend verdient. Wäre er nicht so früh verstorben, hätte ich eine ganz andere Mitgift bekommen als von meiner Mutter, die Suse ernähren muss und zum großen Teil Käthe.
Ich hoffe, Anna sorgt gut für Dich und sieht zu, dass Du ordentlich angezogen bist, wenn Du aus dem Haus gehst. Meine Mutter sagt immer, man darf sich alles nehmen lassen, nur nicht den Stolz. Du brauchst jetzt nahrhaftes Essen, um alles durchzustehen, und vergiss nicht, dass Du keine Mayonnaise verträgst. Und keine Heringe im Kartoffelsalat! Sobald unsere Bekannten mitbekommen, dass Du Strohwitwer bist, laden sie Dich bestimmt dauernd zum Essen ein.
Vater meint, Du solltest mal nach Breslau fahren und Dich mit anderen jüdischen Anwälten beraten. Da könntest Du auch mal bei Martin Batschinsky auf den Busch klopfen, wie er über Liesel denkt. Was machst Du abends? Sorg Dich nicht um uns, aber denk jede Nacht an mich. Und das Kind.
Es schickt Dir einen dicken Kuss Deine Jettel

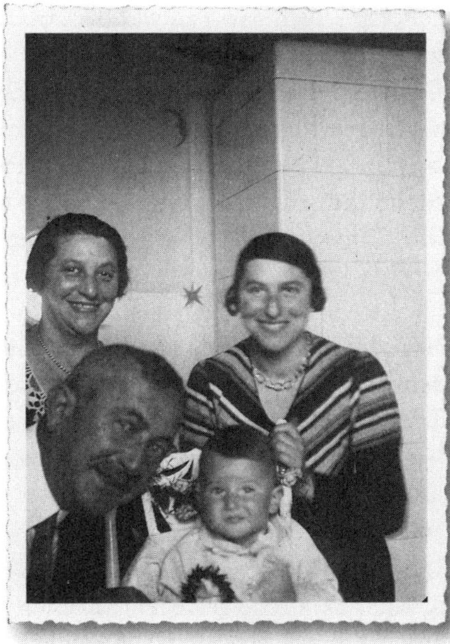

19. September 1933: Das bin ich an meinem 1. Geburtstag mit Lorbeerkränzchen auf der Brust. Links Großvater Max, dahinter Ina Perls und in der gestreiften Bluse Mutter Jettel.

Jettel an ihre Mutter in Breslau, 27. Mai

Geliebte Mutti, heute nur ein kurzes Briefchen. Die Post geht gleich ab, und ich will Dir nur Bescheid geben, dass es uns gut in Sohrau geht. Sehr gut. Die Kinder reißen sich darum, Steffi herumzufahren. Allerdings glaube ich, am meisten lockt sie der schöne weiße Kinderwagen mit den hohen Rädern. Meine Schwägerin Liesel, mit der ich mich besonders gut verstehe, will mir zum Geburtstag ein Kleid nähen. Könntest Du mir einen entenhalsgrünen Georgette besorgen? Den wünsche ich mir schon seit Ewigkeiten. Es kann auch Taft sein, aber Georgette trägt sich besser im Sommer. Jede Verkäuferin kann Dir sagen, wie viel Stoff man für ein Kleid braucht. Es hängt von der Breite ab. Solltest Du an Walter schreiben, erwähne nichts vom Stoff. Bestimmt sagt er, jetzt sei nicht die Zeit, an Garderobe zu denken. Also reicht es, wenn er mich in dem neuen Kleid sieht.

Ich frage mich sowieso, was die Politik mit einem neuen Kleid zu meinem Geburtstag zu tun hat.
Grüß Käthe und Suse. Sie sollen Dich nicht ärgern. Bitte grüß auch unsere treue Trude. Ich bin so froh, dass sie bei Dir geblieben ist und nicht zu Dr. Bornstein gewechselt hat, der versuchte, sie nach fünfzehn Jahren von uns wegzulocken, obwohl Du und Käthe doch Patientinnen bei ihm seid.
Sei tausendmal umarmt von Deiner Tochter Jettel

Brief vom 27. Mai von Frau Justizrat Kammer an Dr. Zweig, beide Leobschütz, überbracht per Botin

Sehr geehrter Herr Dr. Zweig, soeben erfahre ich, dass Sie Strohwitwer sind. Würden Sie mir und meinen Töchtern die Freude machen, am morgigen Sonntag mit uns zu Mittag zu essen? Auch mein Sohn wird da sein.
Ich weiß, dass es nicht im Sinne meines geliebten Mannes wäre, würde ich mir von einem gottlosen Gefreiten aus Österreich vorschreiben lassen, wen ich in meinem Haus empfangen darf und wen nicht.
Mit freundschaftlichem und sehr verbundenem Gruß Ihre Rosa Kammer

Am 29. Mai schreibt Walter an Jettel in Sohrau

Meine geliebte Jettel! Tu mir einen ganz großen Gefallen: Betrüge mich nicht mit meinem eigenen Vater. Das kommt, soweit ich mich erinnere, bei Schiller in seinem »Don Carlos« vor und würde zu Komplikationen führen, denen ich in meinem gegenwärtigen Zustand nicht gewachsen wäre. Wirf mir bitte auch nicht allzu streng vor, dass ich nicht im Krieg war und folglich an der Front nicht die Lebenserfahrung habe sammeln können, die Du bei Vater zu Recht witterst. Ich habe gleich bei Kriegsausbruch der deutschen Heeresstelle in Rybnik meine glühende Bereitschaft signalisiert, das Vaterland zu verteidigen, doch sie haben mich ohne Begründung als dienstuntauglich ab-

gelehnt. Heute vermute ich, das rührte daher, dass ich im August 1914 noch nicht ganz zehn Jahre alt war. Entscheidend dafür, dass ich Deutschland ausschließlich mit Gebeten habe dienen können, ist auch der Umstand, dass der Krieg nur vier Jahre gedauert hat.
Meinem Magen geht es viel besser. Anna gibt sich rührende Mühe mit mir. Sie hat schon wieder ihren angesagten Besuch zu Hause verschoben. Ich fürchte, am Ende werden ihre Eltern uns übel nehmen, dass sie eine hochanständige Tochter haben. Übrigens schläft sie, während Ihr weg seid, bei Grescheks in der Mansarde. Zu meiner Schande muss ich gestehen, erst Greschek hat mich darauf gebracht, dass unter den gegenwärtigen Umständen ein jüdischer Mann seine Nächte nicht mit einem jungen, rassereinen deutschen Mädchen verbringen sollte. Anna hat gesagt, sie lasse sich von keinem vorschreiben, was sie zu tun und zu lassen hat, aber ich habe darauf bestanden, dass sie für die Dauer Deiner Abwesenheit zu Grescheks zieht. Wenn ich nur wüsste, wie lange diese Dauer dauert, wäre mir wohler.
Dass Du Dich so gut mit meiner Schwester verstehst, freut mich sehr, aber nutze Liesel nicht aus. Das tut jeder. Ihr Vater und ihr Bruder eingeschlossen.
Gestern war ich bei Frau K. eingeladen. Sämtliche Kinder waren da. Ihr Sohn hat sich besonders viel Mühe gegeben, mir das Gefühl zu geben, dass ich ein willkommener Gast und kein verfemter Ausgestoßener bin. Es gab einen ausgezeichneten Schmorbraten mit jungen Karotten und französischen Kartoffelbällchen, warmes Rhabarberkompott mit feiner Vanillesoße, ein Pinkelwasser, das die Tochter der Gastgeberin für Maibowle hielt, und die ganze Zeit und von allen Anwesenden den Beweis, dass Zivilcourage und Anstand in Deutschland nicht ausgestorben sind.
Ein Kuss voller Sehnsucht für Euch beide Dein Walter

PS Bitte richte Vater aus, dass ich wahrscheinlich im Juni nach Breslau fahren werde.

Telegramm von Walter Zweig an seine Frau in Sohrau, 15. Juni

Vertretungsverbot aufgehoben. Ankomme Sonnabend in Sohrau. Walter

Brief von Dr. Max Plaut aus Hamburg an seinen Freund Dr. Zweig in Leobschütz, 3. September

Lieber Walter! Zu Deinem Geburtstag gratuliere ich Dir von Herzen. Alles könnte ich vergessen, nur nicht, dass mein bester Freund am 5. September Geburtstag hat. Bekanntlich wurde Dein vierter Geburtstag vom Sohrauer Stadtblatt gemeldet. Das hat mir einen unauslöschlichen Eindruck gemacht, schon, weil meine Mutter mir voraussagte, ich würde es im Leben nie so weit bringen wie Du. Damals war ich sechs und gelb vor Neid. Im Pferdestall Deines Vaters hast Du mir erzählt, wie Du dem alten Hunold die öffentliche Gratulation in seiner Zeitung offenbar für eine Flasche doppelt gebrannten Korn abgeschwatzt hast. Die hattest Du aus dem großväterlichen Keller entwendet. Damals waren wir intensiv mit unseren Plänen beschäftigt, nach Afrika auszuwandern. Heute frage ich mich, weshalb nur Kinder gute Ideen haben. Ich komme gerade von einer Informationstour durch das Reich zurück, war in Dessau, wo sie soeben das Bauhaus aufgelöst haben, und habe in Bayreuth erfahren, dass die Wagner-Festspiele künftig »Nationale Weihespiele« heißen werden. Im Konzentrationslager Oranienburg bei Berlin sitzen immer mehr sogenannte politische Häftlinge ein, unter ihnen Friedrich Ebert, der Sohn des ersten deutschen Reichspräsidenten, Franz Künstler, der prominente Berliner SPD-Mann, und ein ganzer Haufen führender Rundfunkleute. Vielleicht drang es auch bis Leobschütz, dass der jüdische Philosoph Theodor Lessing, den ich persönlich kannte, vor drei Tagen in Marienbad erschossen wurde. Die tödlichen Schüsse trafen ihn im Schlaf, die Täter konnten nach Deutschland fliehen und sollen von Göring mit achtzigtausend Mark entlohnt werden. In

München haben sie einen jüdischen Anwalt, der sich wegen erlittener Misshandlungen an die Polizei wandte, kahl geschoren und in Unterhosen mit einem Schild um den Hals durch die Straßen gejagt, auf dem zu lesen war »Ich werde nie wieder um Schutz bitten bei der Polizei«. In vielen Städten, in die ich kam, fand ich an jüdischen Geschäften den Hinweis »Wegen Preiswuchers geschlossen. Geschäftsinhaber in Schutzhaft in Dachau«. Viele Städte (große und kleine) folgen dem Beispiel von Nürnberg und verbieten Juden den Zutritt in die öffentlichen Bäder. Auf Norderney stehen im Kurhaus Schilder mit dem Text »Eine deutsche Frau tanzt nicht mit einem Juden«.
Warum ich dies alles aufzähle, und noch dazu in einem Geburtstagsbrief? Seitdem ich nämlich erfuhr, dass das Genfer Minderheitenschutzabkommen in Oberschlesien Anwendung findet, habe ich Angst um Dich. Ich kann mir nämlich genau vorstellen, wie erleichtert Du warst, als nach relativ kurzer Zeit feststand, dass Du Deine Praxis nicht schließen musst und sogar das Notariat behalten darfst, aber verschließe bloß nicht die Augen vor der Wirklichkeit. Wiege Dich um Himmels willen nicht in falscher Sicherheit. Das barmherzige Gesetz läuft meines Wissens nur bis 1937.
Du hast immer dazu geneigt, Dir Illusionen zu machen. Mein Vater, mit dem ich derzeit viel über Dich spreche, sagt, Du wärst außerstande, an das Böse im Menschen zu glauben. Auch wenn es Dir schwerfällt, lerne um Deiner Familie willen um. Dir und den Deinen alles Gute – auch für die anstehenden hohen Feiertage Massel und Broche. Das wünscht Dir von Herzen Dein alter Freund Max, dem es nicht leichtgefallen ist, diesen Brief zu schreiben.

Aus einem Brief von Dr. Walter Zweig an Dr. Max Plaut in Hamburg

Lieber Max! So ein Brief, wie Du ihn geschrieben hast, kann nur von einem Freund kommen, wie Du einer bist. Ich bin sehr

bewegt. Nur zur Klarstellung: Ich sehe jeden Tag der Wirklichkeit ins Auge und gebe keinen Pfifferling mehr auf das Gute im Menschen. Leider glaube ich aber immer noch an Deutschland. Ich bin überzeugt, dass der Schrecken nicht andauern wird. Man muss nur die Geduld haben, ihn auszusitzen, und wir sollten Gott nicht verübeln, dass seine Entscheidungen derzeit nicht nachvollziehbar sind.
Dein Walter

3
Der Würfel fällt

Leobschütz und Breslau, 1937

Am 20. August schreibt Walter Zweig aus Leobschütz an Siegfried Batschinsky in Hindenburg

Lieber Herr Batschinsky, verargen Sie mir nicht, wenn ich mich heute in großer Sorge an Sie wende. Gestern kam der dritte Brief, den ich in einem Zeitraum von vier Wochen an Martin geschrieben habe, mit dem Vermerk »nicht zustellbar« an mich zurück. Das ängstigt mich umso mehr, weil Ihr Sohn und ich im letzten halben Jahr in enger Verbindung miteinander standen und er nie irgendwelche Umzugspläne erwähnte. Martin hatte vor, die hohen Feiertage bei uns in Leobschütz zu verbringen – er hat immer gesagt, bei uns in der Synagoge wäre es gemütlicher als in Breslau. Außerdem macht er meiner Tochter den Hof. Sie feiert in vierzehn Tagen ihren fünften Geburtstag und erwidert seine Gefühle aufs Innigste.
Für eine rasche Antwort wären meine Frau und ich Ihnen aus den bekannten Gründen äußerst verbunden. Mit freundschaftlichem Gruß Ihr Walter Zweig, der immer noch mit großer Rührung an die Osterferien denkt, die er als Zehnjähriger bei Ihnen und Martin in Hindenburg verbrachte.

Am 5. September schreibt Walter Zweig an Vater und Schwester in Sohrau

Meine Lieben! Seit dem 30. August ist Euer Sohn und Bruder weder Anwalt noch Notar. Die amtliche Bestätigung meiner endgültigen Löschung erreichte mich am vergangenen Freitag.

Ich war gerade im Begriff, aufs Gericht zu gehen. Meine Mandanten – ein Ehepaar aus Bauerwitz, das seit meinen ersten Leobschützer Tagen zu meiner Klientel gehörte – saßen mit einer Stiege Äpfeln und einem Topf Zwiebelschmalz im Wartezimmer und waren, als ich ihnen klarzumachen versuchte, weshalb ich an dem Tag und nie wieder für sie auftreten würde, noch aufgeregter als ich. Die Frau hat sich immerzu bekreuzigt, und ich habe sie stumm angestarrt und beneidet. Erstens um ihre Glaubensfestigkeit und zweitens, weil ihr Gott nicht in Misskredit geraten ist. Jedenfalls nicht offiziell.
Warum ich Euch erst heute schreibe? Die beiden Tage, die seit der Zustellung der Löschung verstrichen sind, habe ich gebraucht, um endlich zu begreifen, was ich seit 1933 befürchtet habe und partout nicht wahrhaben wollte. Zum ersten Mal seit vier Jahren laufe ich ohne Scheuklappen herum, und jeden Tag begreife ich ein Stück mehr, was ich mir, nein, uns allen angetan habe. Ich schäme mich unendlich. Der kluge, immer vorausschauende Walter Zweig, von dessen Mut und Entschlossenheit im Abstimmungskampf die Sohrauer heute noch zu berichten wissen, hat so lange seinen Schwachkopf in den Sand gesteckt, dass er nie mehr erhobenen Hauptes durchs Leben schreiten wird. Es war Feigheit und Frevel, auch nur ein Quäntchen Hoffnung zuzulassen, die Dinge würden wieder ins Lot kommen. Jedem von uns musste klar sein, dass die Nazis zuschlagen würden, sobald das Genfer Abkommen auslief, das die oberschlesischen Juden bis jetzt vor dem Terror und den Schikanen im übrigen Reich geschützt hat und das dafür sorgte, dass in Oberschlesien jüdische Anwälte weiter arbeiten durften und bereits entlassene Beamte wieder eingestellt werden mussten. Ich hatte weder den Verstand noch die Courage, mich der Wirklichkeit zu stellen. Das werde ich mir nie verzeihen, und ich vermute stark, Gott wird es auch nicht tun. Ob er Sündern, die sich öffentlich zu ihren Illusionen bekennen, wenigstens Strafmilderung zukommen lässt? Gibt es bei den Juden über-

haupt einen Jüngsten Tag, oder rechnet der Allmächtige uns beim Strafmaß die Hölle an, in der wir zu Lebzeiten schmoren? Selbst im Moment des Geschehens hatte ich nicht die Kraft, mich Jettel anzuvertrauen. Sie hat erst gemerkt, was los war, als ich am Schabbesabend mit dem Kidduschbecher in der Hand dastand und so gezittert habe, dass der ganze Wein aufs Tischtuch schwappte. In der Nacht, als wir beide schlaflos und wie betäubt dalagen, hat sie mir erzählt, dass ich kreidebleich gewesen bin. Am tiefsten hätten sie meine Tränen getroffen. Offenbar ist sie bisher davon ausgegangen, Männer könnten nicht weinen. Deutsche Männer schon gar nicht.
Wir geben uns alle erdenkbare Mühe, dass Steffi nichts mitbekommt, doch das klappt nicht. Kinder haben einen sechsten Sinn für Katastrophen, und der ist bei Steffi besonders gut entwickelt. Wir stehen dauernd zwischen Entsetzen und Angst. Heute an meinem Geburtstag haben wir sie nicht aus dem Haus gelassen. Beim Frühstück streckte sie ihrer Puppe die Zunge raus und zischte: »Ich hasse Hitler.« Wir wurden beide kreidebleich. Ich nehme an, Steffi hat das von unserer Anna, aber die schwört bei ihren sämtlichen Heiligen, dass sie einem fünfjährigen Kind so etwas nie sagen würde.
Wir haben Anna gesagt, dass wir sie nicht mehr werden bezahlen können und dass sie sich rasch eine Stellung bei Leuten suchen muss, die nicht vogelfrei sind, aber davon will sie nichts hören. »Die Anna Kotzlik lässt sich von keinem befehlen, bei wem sie in Dienste geht«, hat sie gesagt. »Steffi braucht mich jetzt.«
Unsere Tochter wird noch auf ganz andere Dinge verzichten müssen als auf ihre geliebte Kinderfrau. Wir werden umgehend umziehen müssen, die Miete für das Haus im Asternweg kann ich ja nicht mehr aufbringen. Einem Arbeitslosen ohne Zukunft kommt ein ganzes Haus mit Waschküche und Garten auch nicht zu. In meiner Lage erscheint mir allerdings selbst eine Zweizimmerwohnung mit Klo auf dem Flur als Hochstapelei.

Mir ist klar, dass es weder in Leobschütz noch irgendwo sonst Verwendung für einen ausgedienten Juristen geben wird, der zwei linke Hände hat und der ebenso wenig zum Kaufmann wie zum Fensterputzer taugt. Zum Winkeladvokaten eignet er sich auch nur bedingt. Ganz abgesehen davon, dass sich meine ehemaligen Kollegen, die jetzt schon die Straßenseite wechseln, damit sie mich nicht grüßen müssen, sich bestimmt nicht einen jüdischen Winkeladvokaten halten werden. Dann schon lieber einen arischen Hund!
Im ersten Schock habe ich erwogen, Jettel und Steffi, wie 1933, zu Euch nach Sohrau zu schicken und mich ohne unmittelbare Sorgen um sie nach einer Möglichkeit umzusehen, wie ich sie künftig werde ernähren können. Aber das wäre nur eine Problemverschiebung. Die Ereignisse haben mir bewiesen, dass mein geliebtes Vaterland mich und die Meinen verstoßen hat. Ob wir »nur« verstoßen werden? Die Berichte über das, was seit 1933 geschieht, sind mehr als beunruhigend, und seit das Minderheitenschutzabkommen ausgelaufen ist, holt unser Schlesierland die bisher versäumte Gelegenheit mit einem Eifer nach, auf den keiner von uns gefasst war.
Bisher habe ich mich geweigert, überhaupt nur an Auswanderung zu denken. Aber schon weil das Thema jedes Gespräch unter Gleichgesinnten beherrscht, kann ich mich nicht länger taub und tot stellen, obwohl mir eine Emigration weder klug noch richtig erscheint. Wie soll ein Jurist im Exil je zu einer neuen Existenz kommen? Noch dazu einer, der auf einem Humanistischen Gymnasium war und keine lebende Sprache spricht? Heinrich Heine konnte wenigstens dichten. Kurt Tucholsky hat, wie man hört, in Schweden das Problem durch Selbstmord gelöst. Verzeiht mir, dass ich mich so gehen lasse. Ihr habt es wahrhaftig nicht verdient, als Klagemauer missbraucht zu werden, doch kam es mir darauf an, dass Ihr als Erste von den Veränderungen in unserem Leben erfahrt. Es wäre stark untertrieben zu sagen, ich sei besorgt. Es umarmt Euch Euer Walter

PS Fast hätte ich vergessen, für das Geburtstagspaket mit dem wunderbaren Mohnkuchen, Liesels Senfgurken, die ein Gedicht sind, und der entzückenden Bluse für Steffi zu danken. Trotz meines Zustands habe ich mich sehr gefreut, und jeder Tropfen Freude zählt heute doppelt.

Brief an Jettel Zweig von Walburga Czylipski, Hutmacherin in Ratibor, vom 8. September

Sehr geehrte Frau Dr. Zweig! Der von Ihnen am 18. August d. J. bei mir in Auftrag gegebene grüne Hut mit Stirnschleier und Satinband ist gestern fertiggestellt worden. Ich erbitte Benachrichtigung, ob Sie den Hut persönlich abzuholen beabsichtigen oder ob derselbe Ihnen postalisch zugestellt werden soll. Ich danke Ihnen nochmals für Ihr Vertrauen in meine Arbeit und hoffe sehr, Sie bald wieder in meinem Hause begrüßen zu dürfen. Ich habe Ihnen ein Seidentuch zurückgelegt, das farblich genau zu Ihrem Hut passen würde. Selbstverständlich ohne eine Verpflichtung Ihrerseits.
Mit dem Ausdruck vorzüglicher Hochachtung Ihre Walburga Czylipski

Aus dem Brief, den Max Zweig am 10. September an seinen Sohn Walter in Leobschütz schreibt

Gerade Du, mein Sohn, solltest wissen, dass Klagen und Selbstmitleid vergeudete Zeit und Mühe sind. Immerhin hast Du seit frühester Jugend mitbekommen, wie die Existenz Deines Vaters vor die Hunde geht, weil er ein unbelehrbarer deutscher Patriot ist und sich geweigert hat, für Polen zu optieren. Dass ich nun in Sohrau als deutscher Nazi und als dreckiger Jude gebrandmarkt werde und dass gewisse Leute mit mir reden, wie sie es früher aus Angst vor Gottes Zorn nicht mit dem Dorftrottel getan hätten, ist allerdings neu.
Hier sind sämtliche Freunde und Bekannte überzeugt, dass es für Juden auf lange Zeit keine Existenzmöglichkeit in Deutsch-

land mehr geben wird. Das heißt natürlich nicht, dass ich Dir zur Auswanderung nach Polen rate. Tiefer in die Scheiße könntest Du ja gar nicht greifen! Nur kann ich mir beim besten Willen nicht vorstellen, dass eine Zweizimmerwohnung in Leobschütz irgendeines Deiner Probleme lösen würde. Sieh der Wirklichkeit endlich ins Auge und mach Dir klar, dass das Unglück nicht nur Dich getroffen hat.
Erinnerst du Dich an Heini Weyl in Breslau? An den sympathischen Mann mit dem wunderbaren Humor und der hübschen Ehefrau? Kurz vor Deiner Hochzeit hast Du ihn mit mir besucht. Heini und Du habt Euch sofort blendend verstanden. Er hatte damals ein großes und gut gehendes, von seinem Großvater gegründetes Textilgeschäft mitten in der Stadt. Deine Mutter und später Liesel haben fast die ganze Wäsche fürs Hotel bei ihm gekauft und waren immer hochzufrieden. Ich habe selten einen Menschen erlebt, der seine Arbeit so geliebt hat wie er und der so erfolgreich war. Seine Kundschaft kam trotz aller Boykottaufrufe und Bedrohungen bis zuletzt zu ihm.
Vor einem halben Jahr hat er die Lebensarbeit und das Herzblut von drei Generationen verkaufen müssen, natürlich zu einem Spottpreis. Das schrieb er mir im Frühsommer. Zufällig traf ich vor zwei Wochen in einer Gastwirtschaft in Rybnik, in die ich selten gehe, weil der Wirt seine Schnitzel zu Tode klopft, einen Neffen von ihm. Der junge Mann, ein Vertreter für Hotelbedarf, der bald keiner mehr sein wird, hat mir erzählt, dass sein Onkel auswandern will. Sehr bald sogar. Wenn ich richtig verstanden habe, warten Heini und seine Frau Ruth nur noch auf die entsprechenden Zustimmungsbescheide von Ländern, bei denen sie sich um die Einwanderung beworben haben. Es war die Rede von Uruguay und Mexiko. Und irgendeinem Inselstaat, von dem ich mein Lebtag noch nie gehört habe.
Das alles erscheint mir zwar mächtig weit, und ich bezweifle auch, dass die Aussichten für Geschäfte mit feiner Bettwäsche und Leinentischdecken dort gut sind, aber Du solltest trotzdem

sehen, dass Du mit Weyl Verbindung aufnimmst. Ich bin sicher, er erinnert sich an Dich. Meiner Meinung nach wäre es am besten, Du fährst nach Breslau und redest persönlich mit ihm. Selbst wenn er Dir zu nichts raten kann, was für Dich von Nutzen ist, wird es Dir guttun, mit einem Schicksalsgenossen zu reden. Eine Anregung, wohin ein Mensch überhaupt emigrieren kann, wäre ja in Deiner Lage schon ein Gewinn.
Mir blutet das Herz, wenn ich lese, was ich bisher geschrieben habe. Ich kenne keinen, der so an seinem Zuhause hängt wie Du. Wie musste Dir Deine selige Mutter zureden, ehe Du Dich damit abgefunden hast, dass Du nach dem vierten Schuljahr nicht weiter in Sohrau zur Schule gehen konntest und nach Pless musstest. Noch heute sehe ich Dich auf der Mauer vor unserem Hotel sitzen und gegen Deine Tränen kämpfen. Ich weiß das so genau, weil der Krieg gerade ausgebrochen war und ich bereits in Uniform war. Damals habe ich Dir einen neuen Sattel und ein Luftgewehr versprochen, wenn Du in Pless der Familie Ehre machst.
Diesmal kann ich Dir nichts versprechen, und für gescheite Ratschläge tauge ich schon lange nicht mehr. Ich kann nur beten, dass Du bei notwendig werdenden Entscheidungen den Mut haben wirst, zu dem Dich Deine Eltern erzogen haben. Mut scheint mir das Einzige zu sein, was das Schicksal den Juden in Deutschland noch gelassen hat.
Es umarmt Dich innig Dein Vater

Brief vom 18. September an Walter Zweig von Siegfried Batschinsky in Hindenburg

Mein lieber Walter Zweig! Es hat mir sehr, sehr gutgetan, von Ihnen zu hören. Dass ich Ihren besorgten Brief erst heute beantworte, hat leider einen Grund. Ich war nach einem sechs Monate langen Aufenthalt in Buchenwald, der mir sehr viel Kraft abverlangt hat, drei Wochen im Krankenhaus in Gleiwitz. Der Abschied von meinem Sohn, den ich zwar lange erwartet

habe, der aber dann doch sehr plötzlich kam, gab meinem angegriffenen Herzen den Rest. Noch schwerer zu ertragen war die Ungewissheit, die diesem Abschied folgte.
Vor drei Tagen erhielt ich nun einen Brief von Martin aus Prag. Er hat eine Anstellung in einer Frühstückspension gefunden. Seine Fähigkeiten als Jurist sind dabei zwar nicht gefragt, doch er darf in einer Gesindekammer wohnen, bekommt täglich eine warme Mahlzeit und hofft, schon den kommenden Sommer in einem warmen Klima zu verbringen. Ich hoffe mit ihm. Martin hat immer Haltung gezeigt und die Kraft gehabt, sich den Anforderungen des Lebens zu stellen.
Er hat eigens darum gebeten, dass ich Ihnen Bescheid gebe. Vielleicht haben Sie Gelegenheit, mir über Ihre Pläne zu berichten. Es würde mich schon in Erinnerung an die alten Tage sehr freuen.
Ihr Siegfried Batschinsky

Brief vom 20. September von Ina Perls in Breslau an ihre Tochter Jettel in Leobschütz

Meine liebe Jettel! Ich bin überglücklich, dass Ihr nach Breslau kommen wollt – auch wenn der Anlass so traurig ist. Ich kann immer noch nicht ganz fassen, was geschehen ist. Es ist natürlich jammerschade für mich, dass Ihr Steffi bei Anna lassen werdet, aber ich verstehe sehr gut, dass Ihr sie so weit wie möglich von den gegenwärtigen Aufregungen fernhalten wollt. Gestern, an ihrem Geburtstag, habe ich den ganzen Tag an sie gedacht. Die Puppe, die ich ihr gekauft habe, wartet in Breslau auf sie. Ich habe bis zum Schluss gehofft, ich könnte nach Leobschütz kommen. Es ist das erste Mal in fünf Jahren, dass ich sie an ihrem Geburtstag nicht in die Arme nehmen kann.
Ich bringe Euch in Suses Zimmer unter. Das habe ich nicht vermietet, obwohl ich das Geld dringend brauche, aber ein Fremder im Zimmer meines Nesthäkchens erscheint mir der endgültige Bruch mit der guten Zeit. Suse ist ja nun ein halbes

Leobschütz, Asternweg:
Ich im Winter 1937.

Jahr in London, sie nennt sich Sue, hat immer noch furchtbares Heimweh und schreibt Briefe, die mir große Sorgen machen. Dabei war sie es, die weg wollte, nachdem sich alle Deine Befürchtungen, lieber Walter, in Bezug auf einen gewissen Herrn S. bewahrheitet haben. Sein Vater hat sich für ihn aus dem Leben meiner Tochter verabschiedet. Mit einem sechszeiligen Brief. Das hat sie am meisten getroffen.
Es gibt zu Eurem Empfang Rindsrouladen mit Rotkraut und den Bratkartoffeln, die Walter so gern isst, dazu den Quarkkuchen mit Rumrosinen, wie ihn unsere Rosa immer gebacken hat. Obwohl ich in dem Alter bin, in dem Juden ein Dienstmädchen haben dürfen, musste ich mich nach zwanzig Jahren von Rosa trennen. Ihre Familie bedrängte sie so sehr, dass sie mir schließlich gekündigt hat. Wir haben beide wie Schlosshunde geweint. Mir fällt es schwer, vollkommen ohne Hilfe zu

Käthe Perls, die älteste der drei Schwestern. Dieses Foto schickte sie uns im Jahr 1941 nach Ol' Joro Orok.

sein, aber wie sagte Dein seliger Vater immer: Die Zeit regelt alles. Leider selten zum Guten.
Ich darf nur noch an jüdische Mieter vermieten, die aber können natürlich nicht das bezahlen, was ich früher bekam. Zudem warten die meisten auf ihre Auswanderungspapiere, und man weiß bei ihrem Einzug nie, wie lange sie bleiben werden. Meine Tochter Käthe wartet auf einen Märchenprinzen, sie steht nicht vor dem Mittagessen auf und schickt ihre alte Mutter zum Einkaufen und in den Keller, um Kohlen zu holen. Doch ich habe es nie geschafft, meinen Töchtern böse zu sein. Und Käthe ist trotz all ihrer Fehler eine herzensgute Person.
Meine Gedanken sind ständig bei Euch dreien. Gib Steffi einen dicken Kuss von mir. Der mit ganz viel Sehnsucht und den vielen Seufzern ist für Dich. Drücke Walter in meinem Namen.
Deine bekümmerte Mutter

Telegramm vom 23. September von Suse Perls aus London an ihre Mutter in Breslau

Arriving October 1. Letter following. Love Sue

Am 30. September schreibt Walter Zweig aus Breslau an seinen Vater in Sohrau

Mein lieber Vater! Dein Rat, mich an Heini Weyl zu wenden, war Gold wert. Ich werde Dir auf immer dankbar sein, dass Du mich am Kreuzweg meines Lebens bei der Hand genommen und in die einzig mögliche Richtung geschoben hast. Heini hat sich so viel Mühe mit mir gegeben, als wäre ich sein Sohn – dabei ist er nur zwei Jahre älter als ich. Aber um Jahrzehnte klüger. Er ist ein ganz schlauer Fuchs, der allzeit mit offenen Augen durchs Leben geht und der nicht wie ein aus der Bahn geworfener Jurist um die Ecke denkt. Er hat mir nicht nur klargemacht, dass Auswanderung der einzige Ausweg für die deutschen Juden ist, sondern auch, dass Frankreich, Holland, Belgien, England und was es sonst noch in Europa gibt, nicht mehr infrage kommen. Italien auch nur bedingt. Die meisten Länder nehmen nur in Ausnahmefällen Immigranten auf (welche wusste er selbst nicht). Der Osten steht ja ohnehin nicht zur Debatte und für mich schon gar nicht. Palästina wird durch die Engländer versperrt. Die USA, das klassische Einwanderland, fällt für die Familie Zweig aus einem aberwitzigen Grund aus: Da ich in einem Gebiet geboren bin, das heute zu Polen gehört, gelte ich für Herrn Roosevelt und seine Einwanderungsbeamten als Pole und stehe auf der »polnischen Quote«. Die ist derzeit erschöpft. Ich vermute, die Amerikaner würden auch Chopin und die Gräfin Walewska, Napoleons schöne Geliebte, nicht ins Land lassen, wenn sie ins Exil müssten.

Heini und Ruth wandern nach Kenia aus. Als er mir das erzählte, sagte ich spontan: »Gut, ich auch.« Dann fragte ich, ohne dass mir das Groteske an meiner Frage überhaupt aufging: »Wo ist denn Kenia?« Heini sagte erst »Afrika« und dann »Ost«. Er zeigte mir ein Bild vom Haus eines Bahnbeamten in der Hauptstadt Nairobi – ganz feudal, mit einem riesigen Garten, Palmen und einem baumlangen Neger in einem bodenlangen weißen Hemd davor. Neben ihm ein Hund, größer als Bismarcks beide Doggen zusammen. Das Foto stammte aus einer englischen Illustrierten.

Ich habe mir ausgerechnet, wenn schon ein Bahnbeamter so pompös wohnt und täglich einen Hund in der Größe eines Kalbs satt bekommt, dann findet vielleicht ein ehemaliger Rechtsanwalt auch ein Dach über dem Kopf und bekommt, wenn Gott es gut mit ihm meint, Frau und Kind satt. Einen Neger vor der Haustür braucht er ja nicht, um glücklich zu sein. Allerdings hat Heini umgehend meine Hoffnungen gedämpft. Er sagte, Bahnbeamte weißer Hautfarbe seien in englischen Kolonien (Kenia ist eine) große Tiere und verdienten ein Vermögen.

Das Beste an Kenia ist allerdings dies: Die dortigen Behörden verlangen pro Einwanderungserlaubnis nur fünfzig englische Pfund. Das ist wohl das niedrigste Kopfgeld, das es derzeit irgendwo auf der Welt gibt. Shanghai soll allerdings eine noch größere Mezzie sein, doch von den Lebensbedingungen und dem Klima dort hört man nichts Gutes. Schicksalsgenossen, die es nach Kenia geschafft haben – bei vielen handelt es sich um ehemalige Akademiker aus dem Westen Deutschlands, denen ja bereits 1933 die Existenz genommen wurde –, berichten, dass die Frauen der Emigranten rasch eine Stellung finden. Meistens als Kindermädchen bei reichen Engländern sowohl auf den Farmen als auch in Nairobi oder in den Nachbarländern Uganda und Tanganjika (bis zum Versailler Vertrag eine deutsche Kolonie). Ich habe sofort überlegt, ob das nicht auch etwas für Liesel wäre und wie ich das meiner Schwester schmackhaft machen kann. Du siehst, kaum hat ihr Bruder den ersten vernünftigen Entschluss seit vier Jahren gefasst, wird er zum Heilsbringer.

Inzwischen habe ich für uns drei – wiederum mit Heinis Hilfe und unermüdlicher Geduld – alle notwendigen Anträge einge-

reicht. Übrigens auch für Uruguay, falls das mit Kenia nicht klappt. Montevideo ist auch entsprechend »billig«, nur die Reise ist weiter und teurer. Kenia wäre mir auch aus einem weiteren Grund angenehm. Wenigstens Jettel hat auf der Schule ein bisschen Englisch gelernt. Sie war laut Eigenauskunft der Liebling ihrer Englischlehrerin. Ich wette, sie könnte sich in Nairobi sogar einen Hut kaufen, aber, wenn ich endlich mal Glück im Leben habe, wird es dort kein Hutgeschäft geben. Spanisch für Uruguay können wir beide nicht, aber wir haben uns schon mal zwei Lehrbücher beschafft: »Tausend Worte Spanisch« und »Tausend Worte Englisch«.
Sonst haben wir beide keinen blassen Schimmer, wie man sich auf eine Auswanderung vorbereitet. Geschweige denn, wie man einem fünfjährigen Kind klarmacht, dass nichts so bleiben wird, wie es war, dass Esel nur im Märchen Goldstücke kacken und dass Papa der letzte Nebbich ist und kein Geld mehr haben wird, um seiner Tochter Schuhe zu kaufen. Aber wenigstens hat sich dieser Nebbich gefangen. Er ist nicht mehr das hypnotisierte Kaninchen, das er seit seiner Löschung war, sondern wieder ein Mann, der das Wort Verantwortung kennt. Jetzt, wo der Würfel gefallen ist, wird mir kotzübel, wenn ich in den Spiegel sehe. Das wird lange so bleiben.
Ich möchte am liebsten allein auswandern und mich, während ich Jettel und Steffi in guten Händen bei ihrer Mutter weiß, in Ruhe nach den Möglichkeiten umsehen, die ich habe. Natürlich ist Jettel dagegen. Sie droht mir, falls ich in die Emigration vorausfahre, die fürchterlichsten Konsequenzen an – von Scheidung bis zu Kindesentzug, Gattenmord und Suizid. Sie hat sogar ihren Onkel, den bekannten Rechtsanwalt Eugen Bandmann, in dessen Kanzlei sie vor unserer Hochzeit tätig war, zur Hilfe geholt. Ich habe bei ihm als Referendar meine Anwaltsstation gemacht, damals bezeichnete er mich als den größten in Breslau lebenden Idioten und riet seiner Nichte, in die er immer noch ganz vernarrt ist, mir den Laufpass zu geben. Jetzt

nennt er mich einen Verbrecher, der Frau und Kind im Stich lassen will.
Wenigstens in einem Punkt sind sich meine Frau und ich einig: Wir werden so schnell wie möglich alles in Leobschütz auflösen und die Zeit bis zur Auswanderung bei meiner Schwiegermutter in Breslau wohnen. Es gibt so viele Dinge zu regeln, die man von Leobschütz aus nicht regeln kann. Außerdem zerreißt mich der Gedanke, wie sich meine ehemaligen Mitbürger um meine Möbel balgen und meine Leiche fleddern, während ich noch am Leben bin.
Mein guter Greschek hat versprochen, alles zu verkaufen, was sich verkaufen lässt. Das ist eine große Sorge weniger. Niemand, der seine Sinne beisammen hat, käme auf die Idee, Greschek übers Ohr zu hauen. Er muss nicht befürchten, dass andere aus seiner Notlage Kapital ziehen, und ist der festen Überzeugung, dass für mich noch einiges abfällt. Wir brauchen ja jeden Pfennig. Allein die Schiffspassagen kosten ein Vermögen.
Ich schreibe Dir wieder, sobald ich zu Hause bin. (Als ob ich noch ein Zuhause hätte, aber noch kann ich mir das Wort nicht abgewöhnen.) Ich weiß, wie dieser Brief Dich und Liesel erschrecken wird, aber sosehr ich auch gegrübelt habe, mir fiel keine schonende Art ein, um meinem Vater und meiner Schwester beizubringen, dass wir sehr bald und für eine nicht absehbare Zeit durch Weltmeere getrennt sein werden. Man darf sich heute nicht mehr schämen, wenn einem die Worte fehlen. Das lerne ich jeden Tag aufs Neue.
Es umarmt Euch beide Euer Walter

PS Wenn Ihr an Steffi schreibt – sie genießt die Sohrauer Briefe sehr –, erwähnt bitte nichts von Afrika und der Schiffsreise. Wir haben Angst, dass sie den falschen Leuten und zur falschen Zeit von unseren Plänen erzählt.

Brief vom 3. Oktober von Walter Zweig aus Leobschütz an Suse Perls in Breslau

Meine liebe Suse! Wie Du bestimmt von Deiner Mutter erfahren haben wirst, sind wir dabei, unseren Haushalt (und unser Leben) in Leobschütz aufzulösen und uns bei Euch in Breslau auf unsere Auswanderung vorzubereiten – Montevideo oder Kenia (Ostafrika), je nach Bescheid von den jeweiligen Konsulaten. Ich hoffe, Du hast Dich bis zu unserem Eintreffen damit abgefunden, dass Dein bisher durch Gewohnheitsrecht verbriefter Anspruch auf eine ungestörte Nachtruhe ab dann hinfällig sein wird. Deine Nichte ist durch die Unruhe im Leben Ihrer Eltern so verstört, dass sie jede Nacht weinend aufwacht. Jettel und ich fürchten uns immer mehr vor dem Tag, an dem sich Steffi von Anna wird trennen müssen. Abschied und Endgültigkeit haben in ihrem bisherigen Leben nur eine Rolle gespielt, als ihr bei einem Spaziergang mit ihrer Mutter eine kleine schwarze Plüschkatze abhandenkam, der sie ihr Intimleben anzuvertrauen pflegte.

Ich bin immer noch entsetzt, dass Du nicht in London geblieben bist. So viele Juden in Deutschland bemühen sich um Auswanderungspapiere, und Du kommst zurück in ein Land, in dem wir Aussätzige geworden sind, die vor dem Nichts stehen. Oder hattest Du vergessen, was 1935 in Nürnberg beschlossen worden ist oder was in dem Brief stand, der auf einen Schlag Deine große Liebe beendete? Dass Du Dich von Deinen Arbeitgebern in London schlecht behandelt gefühlt hast und sie Dich gar des Diebstahls beschuldigt haben, hätte Dich nicht zu einer solchen Kurzschlusshandlung verleiten dürfen. Gekränkten Stolz und Selbstmitleid können wir uns nicht mehr leisten. Wer unser teures Vaterland hat verlassen dürfen, muss Gott dafür danken und dort bleiben, wo er ist.

Ich schreibe Dir nicht, um Dir Vorwürfe zu machen, wozu ich im Übrigen gar nicht legitimiert bin. Ich möchte Dir nur Deine Lage klarmachen. Das könnte ich freilich persönlich tun, sobald Jettel, Steffi und ich endgültig nach Breslau kommen, was in etwa drei bis vier Wochen sein dürfte. Ich will aber nicht Deine Mutter mit dem Thema konfrontieren und sie noch mehr aufregen, als sie es ohnehin schon ist.

BRIEF UNTERBROCHEN UND AM 6. OKTOBER FORTGESETZT

Ich musste den Brief zwei Tage liegen lassen. Ein Anwalt, der keiner mehr ist, hat wesentlich mehr zu tun als einer, der seinen Beruf ausüben darf. Außerdem hat mich die Nachricht außer Gefecht gesetzt, dass das Warschauer Polytechnikum als erste Universität in Polen in den Hörsälen getrennte Sitzbereiche für nichtjüdische und jüdische Studenten eingeführt hat. Ebenso erregend sind die vielen Berichte von den antisemitischen Ausschreitungen in Polen – von der Häme, mit der deutsche Journalisten darüber schreiben, ganz zu schweigen. Bisher habe ich mich an den Gedanken geklammert, dass Vater und Liesel sicher in Polen sind. Nun getrau ich mich noch nicht einmal zu sagen »relativ sicher«.
Sobald ich in Breslau bin, werde ich Dir bei erster sich bietender Gelegenheit einen gewissen Max Klein vorstellen. Ich bin ihm zwar erst vor vier Wochen zum ersten Mal begegnet und das ganz zufällig, doch ich hatte das Gefühl, wir würden uns schon ein Leben lang kennen. Wir alle müssen ja in neuen Dimensionen denken lernen und in anderen Zeitläufen rechnen als bisher. Max Klein, von jedermann Mackie genannt, ist ein hochanständiger, liebenswürdiger, humorvoller und meiner Meinung nach auch ein sehr tüchtiger Mensch. Er war jahrelang bei der HAPAG, und die hat ihn noch gehalten, als sie bereits sämtlichen Juden gekündigt hatte. Nun plant Mackie, in die Vereinigten Staaten auszuwandern. Sein Bruder ist schon da, und eine Cousine des Vaters ist bereit, die notwendige Bürgschaft zu übernehmen. Mackie spricht leidlich gut Englisch, worum ich ihn glühend beneide, und gut Französisch. Leider spricht er kaum Deutsch, er verständigt sich mittels eines Dia-

lekts, wie er in Baden üblich ist, denn er stammt aus Waldorf, einem kleinen Ort bei Heidelberg. Jettel behauptet, er nuschle und sie könne ihn überhaupt nicht verstehen. Die vier Komplimente, die er ihr in einem Zeitraum von fünfundzwanzig Minuten gemacht hat, hat sie allerdings glänzend verstanden.
Scherz beiseite: Die meisten Papiere für Amerika hat Mackie zusammen. Derweil schaut er sich nach einer passenden, schnell entschlossenen Braut um. Das gibt er sympathisch ungeniert zu. Wie ich nämlich durch meine Beschäftigung mit dem Thema Auswanderung weiß (ich kenne ja kein anderes mehr), lassen die Vereinigten Staaten ungern Einzelpersonen an ihre Fleischtöpfe. Verheiratete Paare haben weit bessere Chancen auf ein Visum und das, was ein Mensch alles braucht, um ins Land der unbegrenzten Möglichkeiten zu gelangen. Nach Meinung von Herrn Roosevelt und dessen Beratern ist es von Vorteil, wenn Emigranten sich gegenseitig eine Stütze sind, füreinander sorgen und ihrer neuen Heimat nicht zur Last fallen.
Nach allem, was ich in Breslau gehört und besprochen habe, solltest auch Du Dich ab sofort um Auswanderung bemühen. Komme mir nicht mit Deinem wunden Herz und dass Du Dich in den Armen Deiner Mutter erholen musst. Ein jüdisches Mädchen, egal ob arm, ob reich, hat nicht mehr die Zeit, seine Wunden in Ruhe zu lecken.
Ich setze da auf Deinen Verstand, den ich immer bewundert habe, und kann nur hoffen, dass Du klug genug sein wirst, Dir wenigstens Gelegenheit zu geben, einen Mann kennenzulernen, der für Deine Zukunft entscheidend sein könnte. Gute Partien werden bei uns nicht mehr im Himmel geschlossen, sondern auf gepackten Koffern. Ein Mann mit Verbindungen zu Amerika ist im Jahr 1937 eine bessere Partie als vor den Nazis sämtliche Rothschilds zusammen. Denen würde es derzeit noch nicht einmal etwas nützen, wenn sie sich rechtzeitig hätten taufen lassen.

Du solltest keinem von diesem Brief erzählen. Schon gar nicht Deiner Schwester Jettel. Bekanntlich neigt sie auch dann zur Eifersucht, wenn es um Dinge geht, die sie nicht betreffen. Derzeit steht meine Gattin vor der schwierigen Entscheidung, ob sie, wenn wir erst in Breslau sind, wie Ruth Weyl einen Kurs in Hundepflege buchen soll oder einen in Buchbinderei. Von der Empfehlung des Hilfsvereins für jüdische Auswanderer an ehemalige Stenotypistinnen, die Stenographie der jeweilig nötig werdenden Landessprache zu erlernen und die Heimat mit einer Schreibmaschine zu verlassen, mag die ehemalige Anwaltsgehilfin leider nichts wissen. Dabei hat sie Angst vor Hunden, und bis vor drei Wochen hat sie auch nicht gewusst, dass Bücher gebunden werden. Wenn man doch nur ein einziges Mal wie früher lachen könnte!
Einen Kuss von Deinem besorgten Schwager Walter, der lange überlegt hat, ob er sich überhaupt in Dein Leben einmischen darf. Aber wer, wenn nicht ich? Außerdem darf man nicht mehr zimperlich sein, wenn es um die essenziellen Dinge des Lebens geht. Wir tun heute vieles, woran wir früher noch nicht mal im Traum gedacht hätten.

Brief von Dr. Walter Zweig an Rosa Kammer vom 7. November, überbracht von Anna Kotzlik

Sehr verehrte gnädige Frau! An meinem letzten Tag in Leobschütz sind meine Gedanken bei Ihnen und den Ihren. Für das, was Sie für meine Familie und mich getan haben, stehe ich tief in Ihrer Schuld. Meine Dankbarkeit lässt sich nicht in Worte fassen.
Auf der Polizeidienststelle hat mir der zuständige Beamte, der mich überraschend wohlwollend behandelt hat, noch einmal bestätigt, dass ich die Stadt nicht hätte verlassen dürfen, wenn Ihre Verzichtserklärung auf sämtliche Ansprüche, die Sie und Ihre Kinder an mich haben, nicht vorgelegen hätte. Es kommt ja hierbei nicht darauf an, dass bei einem gelöschten Anwalt nichts

mehr zu holen ist. Es zählt nur, dass Sie die Verzichtserklärung geleistet haben und mir dadurch die Auswanderung ermöglichen. Ich verlasse das schöne Leobschütz, die Stadt, in die ich mit so vielen Hoffnungen gekommen bin und in der meine Tochter geboren wurde, mit wundem Herzen. Als Ihr verehrter Gatte mich in seine Praxis aufnahm und ich nur dank des Versorgungsvertrags, den er mit mir abschloss, in so jungen Jahren die Bestellung zum Notar erhielt, hat er nach bestem Wissen und Gewissen gehandelt. Der Gedanke, dass seine Vorsorge und Fürsorglichkeit Ihnen nun nichts mehr nützen, belastet mich genauso sehr wie meine eigene unbestimmte Zukunft. Sie stehen heute ebenso mittellos da wie der Mann, der Ihnen Ihren Lebensabend hätte sichern sollen. Und sind doch so großzügig gewesen, so menschlich und nobel.
Das Erste, was mir in Leobschütz auffiel, war der Umstand, dass das katholische Gotteshaus, die evangelische Kirche und die Synagoge nebeneinanderstehen. Heute senke ich beschämt den Kopf. Der Traum von Brüderlichkeit und Toleranz war naiv und töricht. Wir bemühen uns, nach Kenia in Ostafrika auszuwandern. Das wissen hier bisher nur zwei: der Elektrohändler Greschek, ohne dessen Freundschaft, Loyalität und Prozessfreudigkeit ich die Praxis gar nicht all die Jahre hätte halten können. Auch unsere gute Anna, die Ihnen morgen – aus den bekannten Gründen in den Zeiten der Angst – diesen Brief überbringen wird, kennt unsere Pläne. Sollten Sie Anna, die durch die Ereignisse ja selbst aus der Bahn geworfen wird, zu einer Stellung bei Menschen verhelfen können, die so denken wie Sie, würden Sie ein gutes Werk tun.
Ich kann mir nicht vorstellen, dass ich Sie und Ihre Kinder im Leben noch einmal wiedersehen darf, jedoch habe ich noch nicht gelernt, das Wort Hoffnung aus meinem Bewusstsein zu streichen. Eine besondere Empfehlung an Fräulein Elisabeth. Bewegt und mit Hochachtung im ursprünglichsten Sinn des Wortes drücke ich Ihre Hand.
Ihr Dr. Walter Zweig

Am 22. November schreibt Jettel Zweig aus Breslau an Josef Greschek in Leobschütz

Lieber Herr Greschek, mein Mann hat mir zwar verboten, Sie zu belästigen, aber ich glaube, Sie werden verstehen, weshalb ich es tue. Unter den Sachen, die wir Ihnen zum Verkauf in Leobschütz zurückließen, befindet sich ein Puppenjunge (Marke Schildkröt, ungefähr fünfzig Zentimeter groß, Matrosenuniform und Schildmütze mit der Aufschrift »Tirpitz«). Steffi, die immer noch unter den Aufregungen des Umzugs leidet, fragt jeden Tag nach ihrer Puppe. Wenn sie die wiederhätte, wäre das bestimmt eine große Freude für sie. Und ein großer Trost. Wir haben nicht gewusst, wie sehr sie ausgerechnet an dieser Puppe hängt, und ließen Moritz zurück, weil er uns für das Auswanderungsgepäck zu groß und zu sperrig war. Ich vermisse auch eine zartgrüne Seidenbluse mit passendem Schal. Vielleicht findet Grete beides unter den Sachen, sie soll sich jedoch nicht zu sehr plagen. Ich bin unendlich dankbar für Gretes Hilfe beim Packen. Ohne Grete hätte ich die letzten Tage in Leobschütz gar nicht überstanden. Machen Sie sich nicht die Mühe, uns die Sachen zu schicken. Sie werden in den nächsten Tagen eine Einladung von meiner Mutter nach Breslau erhalten. Ich hoffe sehr, dass Sie kommen können. Schon um meines Mannes willen. Ihm geht es nicht gut.
Mit herzlichen Grüßen Ihre Jettel Zweig

Undatierter Brief von Martin Batschinsky aus Prag, nachgeschickt aus Leobschütz nach Breslau

Lieber Walter, das Prager Klima bekommt mir nicht. Morgen reise ich ab. Ein guter Freund schrieb mir vom Kap der Guten Hoffnung. Vielleicht kennst Du es. Ich schrieb meinem Vater von meinen Plänen, doch habe ich nicht das rechte Vertrauen in die tschechische Post. Deshalb bitte ich Dich, dass Du ihm von unserer Korrespondenz berichtest. Er ist immer noch in Hindenburg. Leider. Ich wüsste ihn lieber in einer größeren

Januar 1938: Das letzte Familienfoto aus Breslau, ehe mein Vater sich in Genua nach Kenia einschiffte.

Stadt. Die halte ich für sicherer als die kleinen. Ich bin in den letzten beiden Jahren um zehn Jahre gealtert, hier hielt ich mich meistens auf dem jüdischen Friedhof auf und beneidete die Toten um ihre Ruhe.
Ich hoffe, Ihr drei seid gesund. Und reisefreudig. Gott ist nur noch mit denen, die bereit sind, Neuland anzusteuern. Verzeih mir meine Melancholie. Früher hielt ich Melancholiker für meschugge und mich für unverwundbar. Wie man sich doch täuschen kann.
Es umarmt Dich Dein alter Freund Martin

PS Grüße Deine Schwester und erzähl ihr von diesem Brief. Es ist ja nun nicht mehr zu dem Wiedersehen gekommen, das wir uns beide vorgestellt haben.

Brief von Max Klein an Suse Perls, beide Breslau, 26. November

Verehrtes Fräulein Perls! Ich werfe diesen Brief direkt in Ihren Hausbriefkasten, reicht doch die Zeit nicht für den üblichen Postweg. Ich würde Sie gern für den morgigen Sonnabend zu einer kleinen Abschiedsfeier bei einem ehemaligen Kollegen einladen. Er fährt am 1. Dezember von Hamburg nach Bolivien ab und wir (drei Herren, zwei Damen, ein Kanarienvogel) wollen noch einmal zusammenkommen und so tun, als würden die Vögel auch für uns singen. Vielleicht ergibt sich die Gelegenheit, Ihnen zu erzählen, dass ich Sie entzückend finde. Ich hole Sie morgen um halb sechs ab. Wenn Ihnen das nicht genehm ist, schicken Sie Ihre niedliche kleine Nichte mit einem Besen in der Hand zur Tür. Vor Frauen mit Besen nehme ich sofort Reißaus.
Mit hoffnungsvollem Gruß Ihr Max Klein

Brief von Ina Perls in Breslau an Max Zweig in Sohrau, 6. Dezember

Lieber Max, ich möchte Dich und Liesel über Weihnachten und Silvester nach Breslau einladen. Ihr braucht Euch keine Sorgen zu machen, dass mir das zu viel Arbeit macht, denn ich kann Euch wunderbar unterbringen. Gestern traf ich nämlich die Schwester von Ruth Weyl. Weyls sind vorige Woche abgefahren, sie hockt nun allein in deren Wohnung und ist sehr mutlos. Es würde ihr bestimmt guttun, mit Menschen zu reden, denen sie vertrauen kann. So wie es aussieht, dürfte Walter ja früher auswandern, als wir alle dachten. Ich könnte mir vorstellen, dass es ihm leichterfallen würde, von Euch in Breslau Abschied zu nehmen als in seinem Vaterhaus. Gib mir schnell Bescheid – einen positiven, bitte.
In Verbundenheit Deine Ina

4

Leb wohl, Vaterland! Jambo Bwana!

Breslau, Genua, Nairobi, Rongai, 1938

Am Abend des 3. Januar überreicht Ina Perls ihrer Tochter Jettel einen Brief von Walter, der an diesem Montag nach Genua abgefahren ist

Meine geliebte Jettel, Du sollst diesen Brief erst nach meiner Abreise lesen, deshalb habe ich ihn Deiner Mutter übergeben. Sie stimmt mit mir überein, dass Briefe auf dem Kopfkissen entweder zur falschen Zeit oder von den falschen Leuten gefunden werden. Sollten Mackies Berechnungen stimmen, was sie bisher ja immer getan haben, die Deutsche Reichsbahn pünktlich sein und kein deutscher Zollbeamter an der Grenze zu Österreich zu einem letzten Schlag gegen mich ausgeholt haben, werde ich, so Gott will, in Südtirol (Italien) zum Zugfenster hinausschauen, wenn Du liest, dass ich Dich trotz der hässlichen Streitereien der vergangenen Monate so liebe wie an meinem neunzehnten Geburtstag. Zur Erinnerung: Es hat am 5. September 1923 junge Hunde geregnet, wir standen vor Wertheim, Du hattest Dir soeben einen grünen Gürtel gekauft und warst bester Stimmung. Ich ebenso, denn ich hatte Dir soeben meine Liebe gestanden, und Du hast so unerwartet positiv reagiert, dass ich, wie Du mir später erzählt hast, kreidebleich geworden bin. Wir waren uns beide einig, dass keine Macht der Welt uns je würde trennen können. Am Abend gab es bei Deiner Mutter Kartoffelsalat, gepökelte Rinderbrust mit Kräuterremoulade

und selbst eingelegten Senfgurken und die Rumtorte, von der ich vier Stücke aß. Du hast Dich schrecklich geniert. Deine Schwester Suse hat in der Nase gepopelt.
Heute erscheint mir das so unwirklich, dass mir die Tränen kommen, wenn ich daran denke. Ins feindliche Leben, das Schiller zum Dichten veranlasste, ziehe ich mit gebrochenem Herzen und dem Schmerz der Verbannten. Dich lasse ich verzweifelt und unversöhnt zurück. Bei allem, was uns bleibt, flehe ich Dich an, zweifele nicht an mir und schon gar nicht an meiner Liebe. Wir müssen uns gegenseitig vertrauen, wenn wir das, was uns getroffen hat, und das, was vor uns liegt, überstehen wollen. Wir müssen am gleichen Strang ziehen und dürfen uns weder Illusionen machen noch Ansprüche ans Leben stellen.
Ich weiß, wie schwer das alles ist. Ich bin ein cholerischer, rechthaberischer und ungehobelter Hitzkopf. Du sagst grundsätzlich, was Du denkst und was Du willst, und leider neigst Du oft dazu, das zu wollen, was nicht zu haben ist. Das ist eine hochgefährliche Kombination. Schon in unserer Verlobungszeit begriff ich, dass es Selbstmord ist, Deine Temperamentsausbrüche mit gleicher Münze zu beantworten. Ebenso gut kann man versuchen, einen Eimer Wasser über einen tätigen Vulkan auszukippen. Gerade deshalb werde ich mir nie verzeihen, dass wir die kurze Zeit, die uns nach dem Abschied aus Leobschütz blieb, mit hirnverbrannten, frevelhaften Schlafzimmerkämpfen vertan haben.
Mir ist klar, weshalb Du nicht gewollt hast, dass ich zunächst allein auswandere, doch ich kann nicht gegen mein Gewissen handeln. Und dieses Gewissen drängt mich, in Kenia zunächst eine Basis für unser künftiges Leben zu schaffen und Euch erst dann nachzuholen, wenn ich eine Stellung gefunden habe und wir alle ein Dach über dem Kopf haben. Wahrscheinlich wird es aus getrocknetem Gras und hart gewordener Kuhscheiße sein und zum Himmel stinken. Die Bilder von den afrikanischen Hütten, die Heini Weyl mir zeigte, lassen das vermuten.

Nur wenn ich Dich und Steffi gut in Breslau aufgehoben weiß, kann ich die Ängste der Auswanderung ertragen und die Aufgaben übernehmen, die ich übernehmen muss. Ich bin fest entschlossen zu vergessen, wer ich war, was ich gelernt habe und was ich kann. Ich werde Gott für jede Stellung danken, die man mir anbietet. Auch wenn Du derzeit überzeugt bist, dass Gott nichts mit uns zu tun haben will, sollten wir Tag und Nacht beten, dass sich irgendwo eine mitleidige Seele findet, die bereit ist, mich anzustellen. Wobei mir klar ist, dass ein Jurist, der kein Wort der Landessprache spricht und der nie körperlich gearbeitet hat, sich in einem Land, das von der Landwirtschaft lebt, weder Hoffnungen machen kann noch Ansprüche stellen darf. Hauptsache ich bin bei Eurer Ankunft so weit, dass ich für Euch sorgen kann und wir beide das Gefühl haben, dass Gott es wieder gut mit uns meint.
Ich verspreche Dir, ich werde keine Chance ungenutzt lassen, um Fuß zu fassen in einem Land, von dem ich im Augenblick nur weiß, dass die Menschen dort schwarz sind. Auf dem Schiff werde ich jede freie Minute nutzen, um Englisch zu lernen; vielleicht gibt es irgendwo sogar einen Atlas, und ich bekomme noch vor der Landung heraus, wo Nairobi (die Hauptstadt) ist und wie man von Mombasa aus dorthin kommt. Der Kapitän weiß das bestimmt, aber bei meinem Massel wird er sich nicht mit wandernden Juden abgeben wollen. Die »Tausend Worte Englisch« habe ich mitgenommen. Du hast ja Deinen Englischkurs und lernst, worum ich Dich sehr beneide, die Aussprache gleich mit.
Dies sollte ein richtiger Liebesbrief werden – einer, den eine Frau ein Leben lang in ihrem Nähkästchen aufbewahrt, aber ich habe nicht die geringste Übung im Schreiben von Liebesbriefen. Seit dem ersten Tag in unserem gemeinsamen Leben sind wir ja nie voneinander getrennt gewesen. Wie soll da ein Mann lernen, Liebesbriefe zu schreiben? Noch dazu, wenn er trotz sämtlicher Tritte in den Hintern, die ihm sein Vaterland ver-

passt hat, lieber das BGB liest als einen Roman. Obwohl das BGB mir in Afrika nichts nutzen dürfte, habe ich es gestern doch in den Koffer gesteckt. Zu meinem Gebetbuch, das mir in meinem bisherigen Leben auch nicht übermäßig viel genutzt hat, das ich jedoch nie allein zurücklassen würde.
Ich habe Greschek gebeten, nach Deiner Abfahrt den Erlös unserer Leobschützer Habe, den er nicht mehr mit Dir abrechnen kann, Deiner Mutter zukommen zu lassen. Wenn Du nicht mehr da bist, kann sie die Annahme ja nicht mehr verweigern. Obwohl ihre wirtschaftliche Situation verzweifelt ist und obgleich sie weiß, dass ich das weiß, hat sie sich geweigert, in den ganzen Monaten unseres Breslauer Aufenthaltes auch nur einen Pfennig von mir anzunehmen.
Unten gebe ich Dir vorsichtshalber noch einmal die Adresse der Ussukuma an. Sie soll ein Schiff mit Tradition sein. Nebbich! Was nutzt einem Nebenmenschen wie mir Tradition? Gutes Essen wäre mir lieber. Mackie sagt, fast alle Schiffe der Deutschen Afrika-Linien nehmen in Port Sudan Post auf. Bis wir dort sind, weiß ich vielleicht, wo das überhaupt ist. Wer hätte je gedacht, dass ich, der als kleiner Junge Sohrau für den Nabel der Welt hielt und das Hotel meines Vaters für eine sichere Burg, mich auf meine alten Tage mit Port Sudan würde beschäftigen müssen?
Hoffentlich löchert Dich Steffi nicht zu sehr, wo ich bin – aber es ihr vorerst nicht zu sagen, ist ein Schutz für uns alle. Gib ihr einen Kuss von mir. Sag ihr, er sei vom Mann im Mond. Neuerdings hält sie den ja über alles, was sie bewegt, so gründlich auf dem Laufenden, dass ihr Vater eifersüchtig werden könnte, aber wahrscheinlich hat sie erkannt, dass man sich im Leben nur auf die verlassen kann, die nicht von dieser Welt sind.
Für Dich einen Kuss in Liebe Dein alter Walter

Brief aus Genua vom 5. Januar von Walter Zweig an Dr. Max Plaut in Hamburg

Mein lieber Max! In den letzten vier Wochen überstürzten sich in Breslau die Ereignisse in einem solchen Maß, dass ich noch nicht einmal von meinen Freunden habe Abschied nehmen können. Ich bin froh, dass ich wenigstens Dir rechtzeitig von meinen Plänen schrieb, und so wird Dich ein Brief aus Genua ja kaum verwundern. Gibt es eigentlich überhaupt noch irgendetwas, das uns verwundert?

Gestern kam ich hier nach langer, herzklopfender Reise mit dem Zug an. Meine Verzweiflung beim Abschied von Jettel und Steffi wünsche ich keinem. Na sagen wir, kaum einem. In Genua wird mir auf Schritt und Tritt klar, dass Kolumbus es wesentlich besser hatte als ich. Erstens hat er seine Heimat aus freien Stücken verlassen, und zweitens bestand für ihn im Überlebensfall die Möglichkeit zur Rückkehr. So Gott will, geht es morgen weiter. Mein Schwager in spe (er wird – so hoffen wir alle – Jettels jüngste Schwester heiraten) kennt sich durch die langen Jahre bei der HAPAG in der Welt so gut aus wie ich in Sohrau. Er hat mir empfohlen, mir den hiesigen Friedhof anzuschauen, was ich auch prompt getan habe. Die Gräber sind prachtvoller als bei uns die Synagogen, und der Gedanke, dass die reichen Toten, die sich so schön und standesgemäß haben beerdigen lassen, so gar nichts von dieser Pracht haben, entspricht genau meiner Stimmung.

Ich habe Jettel gebeten, mit Dir Kontakt zu halten, vor allem wenn es so weit ist, dass sie mir folgen kann. Sie ist verständlicherweise sehr unglücklich, dass ich allein auswandere. Es würde ihr bestimmt guttun, wenn Du ihr schreiben würdest. Sie hält große Stücke auf Dich und hat mir mehr als einmal vorgehalten, dass Du nie Deine Frau zurücklassen würdest. Für einen unverheirateten Mann ist das meiner Meinung nach allerdings eine leichte Übung. So Gott will, wird sie ja von Hamburg losfahren.

Gott schütze Dich und sämtliche Plauts. Drücke Deine Mutter von mir. Seitdem ich denken kann, seid Ihr mir alle Familie gewesen.
In Freundschaft Dein Walter

Brief vom 5. Januar von Walter Zweig an seine Schwester Liesel in Sohrau

Meine liebe, gute Liesel! Ich hatte ganz fest vor, Dich vor Euerm Breslauer Besuch um ein Säckchen Erde vom Grab unserer Mutter zu bitten, dann habe ich es doch nicht getan. Ich fand, dass wir alle schon mitgenommen genug waren, und wollte nicht auch noch von Gräbern reden. Doch hier in Genua, wo ich mir bereits vorkomme, als wäre ich in ein tiefes Loch gestoßen worden, sehe ich die Dinge in einem anderen Licht. Ein Stück Heimat, und sei es auch nur ein Häufchen Graberde, würde mir sehr viel bedeuten. Ich hoffe, die Reise nach Gleiwitz und dann der Weg zum Friedhof machen Dir nicht den Kummer, den ich Dir ursprünglich nicht zumuten wollte. Es wäre gut, wenn Du Jettel die Erde nicht in einem verschlossenen oder gar versiegelten Behälter schickst. Ich könnte mir nach allem, was ich in Breslau hörte, vorstellen, dass das Ärger beim Zoll gibt, wenn Jettel so weit ist, mir zu folgen. Wenn Gott ausnahmsweise ein Mal mit uns ist, wird das hoffentlich schneller der Fall sein, als wir alle derzeit zu hoffen wagen.
Eigentlich müsste ich die Zeit nutzen und mir Genua wenigstens ein kleines bisschen anschauen. Es ist ja wohl das letzte Stück Europa, das ich für lange Zeit sehen werde. Wahrscheinlich für immer. Aber ich bin blind für alles, was es zu sehen gibt, und Europa ist mir auch gleichgültig. Ich denke die ganze Zeit nur an den Abschied von Jettel und Steffi und quäle mich mit der Frage, ob ich richtig handle. Der Gedanke, Vater und Dich in Sohrau zu wissen, ist mir ebenso unerträglich. Mir ist, als hätten wir tausend Dinge sagen müssen, die nun auf immer ungesagt bleiben. Ich flehe Euch an, haltet das Leben nicht für

Liesel Zweig als junges Mädchen. Mit ihrem Vater gelang ihr noch die Flucht aus Polen. In Russland fielen die beiden den Deutschen in die Hände.

sicher in Polen und denkt beide auch an Auswanderung. Heute darf keiner mehr sagen, er wäre dazu zu alt. Ich weiß, wovon ich rede. Ich habe genug Zeit vertrödelt. Der große Schlag für Polen kann schon morgen kommen.

Umarme Vater für mich. Dir den dicksten Brudergruß, den ich Dir je gab, Dein Walter

Brief ohne Anrede vom Privatkindergarten Sonnenschein in Breslau, bei Jettel Zweig am 12. Januar eingegangen

Wir beziehen uns auf Ihren unangekündigten Besuch in unserem Haus, in dem Sie um Aufnahme Ihrer Tochter Stefanie Regina in unserem Privatkindergarten nachsuchten. Heute wurden wir von dritter Seite informiert, dass es sich im Falle Ihrer Tochter um ein undeutsches Kind handelt. Wir empfinden den von Ihnen geäußerten Wunsch um Aufnahme in einem nach

nationalsozialistischen Grundsätzen und Zielvorstellungen geführten Institut als bewusste Provokation und sind empört, dass Sie uns die mosaische Konfessions- und Rassenzughörigkeit Ihrer Familie verschwiegen haben. Entsprechende Schritte nach Gesprächen mit den Eltern der uns anvertrauten Kinder behalten wir uns ausdrücklich vor. Heil Hitler!
Gez. Lieselotte Obermeier, Leiterin

Brief von Steffi Kohn vom 13. Januar an Jettel Zweig, beide Breslau

Liebe Jettel! Wundere Dich nicht, dass ich Dir schreibe, obgleich wir ja jetzt praktisch wieder Nachbarinnen sind, aber Mutter und ich haben kein Telefon mehr. Ihr höchstwahrscheinlich auch nicht. Also müssen wir uns ja wieder Briefe schreiben. Wie einst im Mai. Nur ist das Briefpapier nicht mehr rosa. Und Hoffnung ein leeres Wort.

Anlass für diesen Brief: Ännchen R., Friederike, das Sprachgenie, Fräulein Dr. Wiedemanns Liebling Fanny V., Suschen P. und meine Wenigkeit wollen am Sonntag, dem 23. Januar, bei mir zusammenkommen. Natürlich möchten wir Dich dabeihaben, umso mehr, weil Gerüchte wissen wollen, dass Dir eine große Reise ins Haus steht, die uns alle natürlich sehr bewegt. Reisepläne, wenn auch überschaubare, hegen auch Friederike, deren Mann schon in Meran (Italien, aber deutschsprachig) lebt, seitdem er seine Kinderarztpraxis hat aufgeben müssen, sowie Ännchen. Ihr Zwillingsbruder Heinrich (früher Anwalt) hat sie dazu überredet, endlich Nägeln mit Köpfen zu machen. Heinrich lebt seit zwei Jahren mit seiner Frau und den drei Kindern in Holland und hat in Rotterdam einen Export-Importhandel, von dem viel Gutes berichtet wird. Er war immer einer der Mutigen.

Auch Mutter und ich sind einer größeren Reise nicht mehr abgeneigt, doch dürfte es einige Zeit dauern, ehe sich die Dinge konkretisieren. Es hat sich nämlich herausgestellt, dass Mutter

zwei Cousinen zweiten Grades in Pittsburgh (USA) hat. Ich habe bis vor einem Jahr nie etwas von ihnen gehört, doch der Briefwechsel ist ermutigend. Hoffentlich hast Du nicht mehr so eine Abneigung vor Abschiedsstimmungen wie früher. Sie gehören ja heute zum jüdischen Leben wie die Matze zu Pessach. Natürlich ist Deine Schwester Suse herzlich zu unserem kleinen Klassentreffen eingeladen. Allerdings habe ich gehört, sie wäre hoch beschäftigt mit Plänen, ihren Familienstand zu verändern. Wir waren alle total überrascht. Mein gutes Muttchen machte mir prompt die alten Vorwürfe – ich wäre ein Blaustrumpf, der die besten Jahre seines Lebens verschleudert hätte. Dabei ist sie es, die mich so unsicher und zögerlich gemacht hat. Sie wurde immer sofort unpässlich, wenn mich ein Mann nur anschaute. Und obwohl die Männer heute ganz andere Sorgen haben, hat sie immer noch große Angst, ich könnte anfangen zu leben und sie allein zurücklassen.
Zum Schluss: Ich weiß ja, wie scheu meine kleine Namensschwester ist, aber ich sage es trotzdem: Ich würde mich riesig freuen, wenn Du sie mitbringst. Hier wartet immer noch ein Matrosenjunge auf sie. Ich lag ja zu Chanukka mit Grippe im Bett und wollte ihr doch die Puppe persönlich übergeben. Es erbittet, weil Mutter mich jetzt schon drängt, wie viel Kuchen sie für den 23. backen soll, eine schnelle Antwort
Deine alte Freundin Steffi

Brief von Jettel Zweig vom 15. Januar an ihren Mann auf der Ussukuma

Mein lieber Walter! Mackie ist eingefallen, dass die Ussukuma Post schon in Port Said aufnehmen könnte. Er sagt, Port Said ist noch vor Port Sudan. Also schreibe ich Dir heute schon und warte nicht erst auf einen Brief von Dir. Ich habe mich trotz meines Kummers und der großen Sorgen, die ich ja jetzt ganz allein tragen muss, sehr über Deinen Abschiedsbrief gefreut. Er zeigt mir, dass Du Dir die Entscheidung, die mich nun so hart trifft und die auch die meisten unserer Bekannten missbilligen, wirklich nicht leicht gemacht hast. Das ist zumindest ein Trost für mich. Wenn auch ein kleiner. Ich stimme vollkommen mit Dir überein, dass wir jetzt beide an einem Strang ziehen müssen. Aber müssten wir nicht an ein und demselben Ort sein, um das zu tun? Ich gebe mir große Mühe, den Kopf nicht hängen zu lassen, auf Schritt und Tritt wird man jedoch daran erinnert, dass nichts mehr ist, wie es war, und immerzu kommt man sich wie ein Mensch zweiter Klasse vor und ist verdammt hilflos.

Weil Steffi über Ohrenschmerzen klagte und ich sofort an ihre Mittelohrentzündung in Leobschütz dachte, wollte ich mit ihr zu unserem alten Kinderarzt Dr. Wegener. Er hat ja alle drei von uns Perls-Mädels behandelt. Wir hatten ihn alle sehr gern und er uns auch. Seine Sprechstundenhilfe, Fräulein Blaumann, hat mich auch sofort erkannt, doch sie hat ganz fürchterlich herumgedruckst, als ich darum bat, mit dem Kind gleich dableiben zu dürfen. Plötzlich ist sie wie ein aufgescheuchtes Huhn zum Doktor ins Behandlungszimmer gelaufen – und sofort zurückgekommen, allerdings mit krebsrotem Gesicht und der Botschaft, dass der Herr Doktor keine neuen Patienten mehr aufnehmen kann. Die ganze Sache schien ihr genauso peinlich wie mir. Zu allem Übel hat Steffi auch noch so laut geflüstert, dass sie es prompt hörte: »Mag die Frau keine kranken Kinder?«

Inzwischen waren wir bei einem Dr. Lewinsky, der sich sehr viel Mühe gab und Steffi wegen ihrer Tapferkeit lobte, obwohl sie bei der Untersuchung so gellend schrie, als würde man sie am Spieß braten. Zum Schluss hat er ihr eine kleine schwarze Stoffkatze geschenkt und mir eine so große Flasche Ohrentropfen, dass wir auf Jahre versorgt sein dürften. Dr. Lewinsky ist einer von uns. Er soll eine Riesenpraxis gehabt haben. Jetzt muss er sich Krankenbehandler nennen und darf auch nur jüdische Patienten behandeln. Ich habe gehört, bei den Zahnärzten ist es genauso. Da können die Rechtsanwälte ja fast dankbar sein, dass es sie überhaupt nicht mehr gibt.

Steffi geht es unberufen wieder gut. Obwohl wir uns hüten, Dinge vor ihr zu besprechen, die sie nicht hören soll, spricht sie ständig im Flüsterton, was mich ganz wahnsinnig macht. Wenn jedoch Flüstern angebracht wäre, spricht sie so laut und deutlich, dass man sie noch zwei Straßen weiter hören kann. Auf dem Weg zu Dr. L. mussten wir die Straßenbahn nehmen, und ausgerechnet dort erklärte sie ihrem kleinen Plüschaffen Fips, den Mackie ihr am Tag Deiner Abreise kaufte und ohne den sie keinen Schritt mehr aus dem Haus geht, jüdische Affen dürften in Breslau nicht auf Bänken sitzen. Ich hatte nur noch das Bedürfnis, in den Boden zu versinken, doch zum Glück haben alle Leute (selbst zwei Männer in SA-Uniform und der Schaffner) so getan, als hätten sie nichts mitbekommen. Manchmal sind die Menschen anständiger, als man denkt. Jedenfalls einige.

Mit der Einkaufsliste, die wir in den letzten beiden Wochen zusammengestellt haben, als wir noch unsere Sorgen teilen konnten, komme ich ganz gut voran. Den Fleischwolf, die Wolldecken, einen Vorrat an Unterwäsche in drei Größen, der mindestens drei Jahre reichen dürfte, wenn Steffi nicht allzu schnell wächst, und das Holzkohlebügeleisen habe ich bereits gekauft. Wusstest Du, dass man zu einem Holzkohlebügeleisen Holzkohle braucht? Ich hoffe, wenigstens die gibt es in Afrika. Herr Dr. Langer kam vorgestern zu Mutter zum Kaffeetrinken. Du kennst ihn bestimmt auch noch aus Deiner Studentenzeit. Er hat ja Mutter lange den Hof gemacht, schreckte dann jedoch davor zurück, eine Witwe mit drei Töchtern zu heiraten. Auf einem Gut in Niederschlesien (er macht ein großes Geheimnis daraus, wo es ist) bereitet er jüdische Jugendliche auf ein Leben in landwirtschaftlichen Berufen vor (ich glaube in Palästina). Er sagt, in Kenia wachse kein Mohn, Butter könne man auch mit einer Gabel schlagen und ein Messer an jedem größeren Stein wetzen. Also habe ich die Mohnmühle wieder gestrichen, ebenso das Gerät zur Butterzubereitung und auch den Wetzstein,

den ich ja gleich nicht kaufen wollte und den Deine Schwester so wichtig fand.
Für das Geld, das durch meine rechtzeitigen Erkundigungen frei wurde, habe ich mir in einem von Dr. Langer empfohlenen und bestens beleumundeten Geschäft für Auswanderungsbedarf, in dem man mich sehr gut behandelte, ein wunderschönes weißes Leinenkleid mit einem roten Wildledergürtel gekauft. Die Verkäuferin sagte, Leinen sei besonders tropentauglich. Da ich ja nichts für ein Buttergerät ausgeben musste, das wir wahrscheinlich nie benutzt hätten und das mir recht überteuert schien, habe ich mir noch die zum Kleid passenden Schuhe geleistet. Mit roten Riemchen (passend zum Gürtel). Sie werden sogar Dir gefallen. Wir waren uns ja einig, dass es auch für einen Auswanderer wichtig ist, auf seine äußere Erscheinung zu achten. Die Tropenhelme sehen furchtbar aus, aber jeder hier ist überzeugt, dass man in Afrika so einen Helm braucht, wenn man nicht am ersten Tag schon einen Sonnenstich bekommen will. In meinem sehe ich aus, als wollte ich in den Burenkrieg ziehen. Den von Steffi habe ich versteckt, damit sie keine Fragen stellt. Wenn Neugierde weh täte, würde sie den ganzen Tag schreien.
Ich muss mich beeilen und schnell zum Briefkasten laufen. Sonst schaffen wir Port Said nicht. Leider stand neulich ein Junge aus dem Nachbarhaus, den ich schon als Baby kannte, am Briefkasten. Als ich gerade eine Postkarte an Greschek einstecken wollte, brüllte er aus Leibeskräften: »Der Briefkasten ist nicht für Juden.« Ich bin sofort weggelaufen und habe es erst zwei Stunden später noch einmal versucht. Gib Acht auf Deinen empfindlichen Magen. In den letzten Wochen hat er Dir doch sehr übel mitgespielt. Bei den Preisen, die die Ussukuma nimmt, müsste sie doch Kümmeltee für Notfälle haben. Der hat Dir immer gut geholfen.
In Liebe Deine treue Jettel

PS Vor zwei Tagen traf ich meinen alten Verehrer Dr. Silbermann, auf den Du immer so eifersüchtig warst. Er stand vor Wertheim, sah aus wie Braunbier mit Spucke und geht im April nach Holland. Er hat mir so schöne Komplimente gemacht wie in alten Zeiten. Ich kam mir ganz jung vor und war richtig fröhlich. Dann ging ich nach Hause und habe den ganzen Nachmittag nur geweint und Gespenster gesehen. Ich dachte schon, ich sei schwanger, aber zum Glück kam am nächsten Tag die Entwarnung. Steffi hat noch immer nicht nach Anna gefragt. Wenn die Gute das wüsste, würde sie sich mit Recht furchtbar grämen. Kinder sind wirklich komisch.

Am 25. Januar, an Bord der Ussukuma, schreibt Walter Zweig an seinen Vater in Sohrau

Mein geliebter Vater! Morgen erreichen wir, so Gott will, Port Sudan, und ich will Euch wenigstens noch einmal von Bord schreiben. Bin ich erst in Kenia, weiß ich ja noch nicht einmal, wie ich an eine Briefmarke komme, geschweige denn, was ein Brief kostet. Wie Du siehst, habe ich es zu einer Schreibmaschine gebracht. Einer meiner beiden Schlafgenossen, ein Viehhändler aus Bayern, der auf dem Weg nach Tanganjika ist, wo er eine Farm zu pachten beabsichtigt, hat seine Reiseschreibmaschine gegen die silbernen Manschettenknöpfe eingetauscht, die mir Tante Emmy zur Hochzeit geschenkt hat. Wir fühlen uns beide reich beschenkt. Ihn drängt es nicht danach, sich schriftlich zu äußern, und mich nicht nach silbernen Manschettenknöpfen, die mich permanent an ein Leben erinnern, das ich zu vergessen versuche. Vorerst leider ohne Erfolg.
Mir tut es kein bisschen leid, dass ich mein neues Leben in einer Dreibettkabine ansteuere. Der Viehhändler ist ein gutmütiger, hilfsbereiter Kerl, der sehr detailliert (leider auf Bayerisch) von allen möglichen Krankheiten erzählt, die Kühe, Zuchtbullen, Schafe und Hühner befallen können. Wer weiß, ob das nicht eine Schicksalsfügung ist.

Der dritte Mann ist ein Grieche. Von ihm habe ich eine neue Patience gelernt, die mir bereits viele trübe Stunden verkürzt hat. Außerdem hat er mir endgültig klargemacht, dass das Vermögen, das Du für meine Erziehung auf einem humanistischen Gymnasium ausgegeben hast, rein für die Katz war. Als ich ihm nämlich den Anfang der »Ilias« zitierte, um ihm eine Freude zu machen, hat er mich ganz erschrocken angestarrt, seinen Kopf geschüttelt wie ein nasser Hund und seine Schnapsflasche geholt. Schon in der Quarta hatte ich die leise Vermutung, dass in Griechenland niemand Altgriechisch spricht.
Ihr werdet Euch vorstellen, dass ich an den üblichen Schiffslustbarkeiten nicht teilnehme. Selbst die Äquatortaufe habe ich mir geschenkt. Dafür stopfe ich mich beim Essen so voll, dass mir jeden Tag übel ist, aber ich zweifle sehr, dass ich in diesem Leben noch einmal ein Filet mit glaciertem Rosenkohl oder Fasanenbrüstchen auf Sauerkraut bekomme. Ohne die Speisekarte zu konsultieren, wüsste ich oft nicht, was ich esse, aber es schmeckt wunderbar.
Was die Auswanderer mir erzählen, sauge ich ein wie ein Dürstender das Wasser, wobei ich jeden beneide, der nicht Jura studiert hat. Auf der Ussukuma scheine ich der einzige Unglücksrabe zu sein. Sieht man von einem pensionierten Oberlandesgerichtsrat aus Hamburg ab, den seine Frau immer noch »Professorchen« nennt. Ein Automechaniker aus dem Ruhrgebiet nennt sich Ingenieur, ein Pelzhändler mit Frau lässt sich von keinem den Glauben nehmen, dass sich Pelze besonders gut in Kenia verkaufen. Ein Berliner Antiquar will in Durban (Südafrika) ein Boardinghouse (Pension) eröffnen. Seine Frau ist schon dort. Er reist mit Geschirr und drei antiquarisch wertvollen Kochbüchern nach, die der Aufmerksamkeit des Zolls entgingen.
Ich habe mich mit einer entzückenden jungen Mainzerin angefreundet. Sie kann genauso gut lispeln wie ich und behauptet, gerade durch das Lispeln wären wir prädestiniert, schnell Englisch zu lernen. Ihr Vater war Bürgermeister in einem kleinen

Ort an der Mosel, den ich mir nicht merken kann. Er will seinen Bruder, der seit der Entlassung aus Dachau im Rollstuhl sitzt, nicht allein zurücklassen. Meine neue Freundin wird in Mombasa von einem Mitglied der Jüdischen Gemeinde abgeholt und hat mir befohlen, mich nach der Landung an ihre Fersen zu heften. In fünf Tagen soll es so weit sein.
Macht Euch keine Sorgen um mich, denkt ausschließlich an Euch selbst. Trenne Dich vom Hotel, auch wenn Du weit unter Wert verkaufen musst. Jeder, der hier Besitz hatte, hat es getan. Gib Liesel einen Kuss von mir und sei umarmt von Deinem Sohn Walter

Am 30. Januar telegrafiert Walter Zweig aus Mombasa nach Breslau
Arrived safely. Going to Nairobi. Letter following. Walter

Am 4. Februar schreibt er aus Rongai an seine Frau in Breslau
Meine liebe Jettel! Hol Dir erst mal ein Taschentuch und setz Dich ganz ruhig hin. Du brauchst jetzt gute Nerven. So Gott will, werden wir uns sehr bald wiedersehen. Jedenfalls viel früher, als wir je zu hoffen wagten, denn es ist ein Wunder geschehen. An meinem ersten Schabbes in Nairobi war ich zusammen mit Walter Süßkind bei einer Familie Rubens eingeladen. Süßkind ist schon zwei Jahre im Land, spricht besser Englisch, als ich es je tun werde, hat mich vom Bahnhof abgeholt, als ich aus Mombasa ankam (ich habe noch nicht herausbekommen, woher er von mir wusste), und ist ein Engel. Die Familie Rubens lebt schon seit fünfzig Jahren in Kenia, ist sehr reich und kümmert sich um Refugees (das sind wir und heißt Flüchtlinge auf Englisch), wenn sie frisch ins Land kommen. Der alte Rubens ist Vorsitzender der Jüdischen Gemeinde Nairobi. Alle waren außer sich, als herauskam, dass Du und Steffi noch in Deutschland seid. Wie ich später erfuhr, hat mich der Vater (es gibt fünf erwachsene Söhne) schrecklich beschimpft, aber ich konnte ihn

ja nicht verstehen. Du kannst Dir gar nicht vorstellen, wie lange es gedauert hat, ehe ich kapierte, dass die Gemeinde für Dich und Steffi die hundert Pfund, die die Einwanderungsbehörden von Kenia verlangen, vorstrecken will. Mich hat man sofort auf eine Farm verfrachtet, damit wir drei erst mal eine Unterkunft haben und ich etwas verdienen kann.
Das heißt, Ihr müsst so schnell wie möglich abfahren. Dieser Satz ist der wichtigste im ganzen Brief. Jeder Tag, den Du mit dem Kind in Breslau bleibst, ist verloren. Geh sofort zu Karl Silberstein. Er hat die größten Erfahrungen mit Auswanderern und wird Dich zu dem Mann vom Deutschen Reisebüro bringen, der schon so anständig zu mir war, und der wird Dir sagen, wie Du am schnellsten an Schiffskarten kommst. Es ist ganz egal, was es für ein Schiff ist und wie lange es unterwegs sein wird. Hauptsache, Ihr seid erst an Bord und auf See. Dann können wir alle wieder ruhig schlafen. Du musst Dich auch sofort mit der Firma Danziger wegen unserer Kisten in Verbindung setzen. Du weißt, wir haben noch eine leer gelassen für Dinge, die uns einfallen. Sehr wichtig ist ein Eisschrank für die Tropen. Wenn der Platz für den Eisschrank nicht ausreicht, dann lass das Rosenthalgeschirr wieder auspacken. Wir werden es wohl in diesem Leben nicht mehr brauchen und haben uns schon von ganz anderen Dingen trennen müssen als von Tellern mit Blümchenmuster.
Wir brauchen auch unbedingt eine Petromaxlampe. Sieh zu, dass sie Dir ein paar zusätzliche Strümpfe mitgeben. Sonst haben wir die Lampe und sitzen trotzdem im Dunkeln. Auf der Farm, auf der ich gelandet bin, gibt es kein elektrisches Licht. Kaufe auch zwei Moskitonetze. Wenn das Geld reicht, drei. Rongai gilt zwar nicht als ausgesprochene Malariagegend, aber man weiß ja nicht, wo wir noch landen werden. Steffi braucht Gummistiefel und Manchesterhosen (Du auch).
Von mir will ich heute nur kurz berichten. Sonst schwirrt Dir auch der Kopf. Rongai liegt ungefähr tausend Meter hoch, ist

aber sehr heiß. Die Abende sind sehr kalt (nimm also Wollsachen mit). Auf der Farm wächst hauptsächlich Mais, doch habe ich noch nicht herausgefunden, was ich mit ihm machen soll. Außerdem gibt es fünfhundert Kühe und jede Menge Hühner. Für Milch, Butter und Eier ist also gesorgt. Sieh zu, dass Du ein Backrezept für Brot mitbringst. Das, was der Boy bäckt, sieht aus wie Matze und schmeckt noch schlechter. Setzei kann er wunderbar. Rührei gar nicht. Und wenn er weiche Eier kocht, singt er ein ganz bestimmtes Lied. Leider ist das Lied zu lang, und die Eier werden immer hart.
Ja, ich habe schon einen eigenen Boy. Er ist groß, natürlich schwarz (bitte mach Steffi klar, dass nicht alle Menschen weiß sind) und heißt Owuor. Er lacht sehr viel, was mir in meiner gegenwärtigen Unruhe guttut, und nennt mich Bwana. Das heißt Herr, gilt aber nur für weiße Männer. Morgens ruft er »Jambo« (Guten Tag), und wenn er abends in seine Hütte geht, sagt er »Kwaheri« (Auf Wiedersehen). Du siehst, ich fange schon an, Suaheli zu lernen.
Boys sind hier die Diener, aber es heißt gar nichts, wenn man einen Boy hat. Auf einer Farm hat man so viel Personal, wie man will. Du kannst also Deine Sorgen um ein Dienstmädchen sofort einstellen. Es leben hier sehr viele Menschen. Ich beneide sie, weil sie nicht wissen, was in der Welt geschieht und weil sie ihr Auskommen haben. Im nächsten Brief erzähle ich Dir mehr von Süßkind. Er wohnt auf der Nachbarfarm (etwa achtzig Kilometer entfernt), fährt heute nach Nairobi und nimmt meinen Brief mit. Da gewinnen wir mindestens eine Woche. Ein reger Briefwechsel ist für uns jetzt sehr wichtig. Nummeriere Deine Briefe und schreib mir genau, auf welchen Du antwortest. Sonst kommt unser Leben noch mehr durcheinander, als es eh schon ist. Schreib, sobald Du kannst, an Vater und Liesel und nimm ihnen die Angst um uns alle. Mein Herz zerspringt bei dem Gedanken, dass ich vielleicht schon sehr bald Dich und das Kind in die Arme nehmen kann. Und es wird schwer,

wenn ich daran denke, dass dieser Brief Deiner Mutter sehr weh tun wird. Sie war immer eine großartige Frau. Ich weiß, dass sie Dich und ihr Enkelkind lieber in Afrika als in Breslau wissen wird.
Ich kann mir denken, in welche Aufregung Dich mein Brief stürzen wird, aber Du musst jetzt stark sein. Für uns alle. Gib Steffi einen Kuss von mir und verpimple sie nicht. Arme Leute können sich keinen Arzt leisten.
Es umarmt Dich voller Sehnsucht Dein alter Walter

Brief von Suse Klein an ihren Schwager Walter in Rongai, Breslau, den 26. März

Mein lieber Walter! Vor acht Tagen und fünf Stunden haben Mackie und ich geheiratet, vorgestern ist er aus Hamburg, wohin ich ihn begleitet habe, auf der St. Louis nach den USA abgefahren. Ich höre Dich sagen: Die Suse Perls hat immer zu Übertreibungen geneigt, aber diesmal war ich es nicht, die den Ton angab. Vielleicht gibt es im Himmel doch einen, der uns beschützt und leitet. Jedenfalls scheint er einige wenige von uns unter seine Fittiche zu nehmen.
Ich bin überglücklich. Und über alle Maßen traurig. Das Glück verdanke ich allein Dir, der Du auf Deine energische Art dafür gesorgt hast, dass Mackie und ich uns kennenlernten, und dies zu einem Zeitpunkt, an dem ich fest entschlossen war, mich für den Rest meiner Tage in meinen Kummer zu vergraben. Meine Traurigkeit geht auf das Konto einer Zeit, die Liebespaare auseinanderreißt, wie einst Romeo und Julia auseinandergerissen wurden. Wie lange Mackie und ich warten müssen, bis wir uns wieder in die Arme nehmen dürfen, wissen wir nicht. Wir können nur hoffen und beten. Böswillige Neider behaupten freilich, ich hätte ihn nur geheiratet, weil er für mich die Fahrkarte nach Amerika bedeutet. Und wenn es tausend Mal so wäre, ich würde mich dessen nicht schämen. Die Zeit macht uns zu dem, was wir sind, doch ich liebe ihn wirklich und von Herzen. Und er liebt

mich. Über dieses Wunder werden wir unser ganzes Leben lang staunen. Jetzt bete ich, dass es Mackie gelingt, mich schnell nachkommen zu lassen, und dass es mir gelingt, an eine Fahrkarte zu kommen. Steffi, die unsere kleine Hochzeit sehr genossen hat, weil auf Vorschlag des Bräutigams ihre Puppe und ihr Affe eigene Einladungen bekamen, hilft mir beim Beten. Auch Jettel ist voller Verständnis, was ich umso mehr anerkenne, weil sie den Kopf voller Sorgen hat und jeder Brief von Dir neue Aufregungen bringt. In den letzten Monaten haben Jettel und ich uns so gut verstanden wie nie zuvor im Leben. Wir können über alles miteinander reden, nur nicht, wie es sein wird, wenn Mutter und Käthe allein hier zurückbleiben. Von Mackie soll ich Dir ausrichten, er habe Deine Adresse im Gepäck und lasse von sich hören, sobald er selbst eine feste Adresse habe. Wäre es nur so weit.
Für das, was ich Dir zu sagen habe, fehlen mir die Worte. Ich kann immer noch nicht fassen, dass wir Kontinente voneinander getrennt sind, doch wir müssen fest daran glauben, dass wir uns wiedersehen.
Es umarmt Dich Deine Schwägerin Suse

Brief von Walter an Jettel, geschrieben am 4. April in Rongai

Meine geliebte Jettel! Heute kam Dein Brief mit der so sehnsuchtsvoll erwarteten guten Nachricht. Süßkind hat ihn von der Bahnstation mitgebracht und ist natürlich schrecklich erschrocken, als ich in Tränen ausgebrochen bin. Stell Dir vor, dann hat der lange Lulatsch von einem Mann mitgeweint. Das ist das Gute, wenn man ein Refugee und kein deutscher Mann mehr ist. Man braucht sich seiner Tränen nicht zu schämen.
Wie lang wird mir die Zeit bis Juni werden, bis Ihr an Bord geht. Wenn ich mich richtig erinnere, ist die Adolph Woermann ein Luxusschiff und fährt rund um Afrika. Das heißt, Ihr werdet länger unterwegs sein als ich mit der Ussukuma. Versuche, die Zeit so gut wie möglich zu genießen. Ich habe mich auf

der Reise zu sehr verkrochen, und es war doch die letzte Gelegenheit, mit Menschen zu reden.
Es ist wichtig, dass Du Deine Sinne beisammen hältst und zusiehst, dass die Kisten mit Euch reisen können. Nicht, weil wir die Dinge so nötig brauchen, doch habe ich von Leuten gehört, die sich vor einem Jahr ihr Auswanderungsgut haben nachschicken lassen und heute noch darauf warten. Ich fürchte, Du hast nicht verstanden, wie wichtig ein Eisschrank ist. In den Tropen braucht man den so nötig wie das tägliche Brot. Du solltest Dich noch einmal bemühen, einen zu finden. Süßkind, der ja das Auto von seinem Chef benutzen darf, könnte uns Fleisch aus Nakuru mitbringen. Ohne Eisschrank ist es jedoch innerhalb eines Tages verdorben.
Das Abendkleid hättest Du nicht kaufen sollen. Hier wirst Du keine Gelegenheit haben, es zu tragen. Du bist nämlich gewaltig im Irrtum, wenn Du glaubst, Leute wie Rubens würden Dich zu ihren Gesellschaften einladen. Erstens besteht eine gewaltige Kluft zwischen den alteingesessenen reichen Juden und uns mittellosen Refugees, und zweitens wohnt die Familie Rubens in Nairobi, und das ist weiter entfernt von Rongai als Breslau von Sohrau.
Erzähl Steffi von mir. Ob sie ihren Papa noch erkennt? Was mag das Kind von den Dingen mitbekommen? Am besten, Du sprichst erst auf dem Schiff mit ihr. Da macht es nichts, wenn sie was ausplappert. Mach Du nicht zu viele Abschiedsbesuche. Sie brechen nur das Herz. Mein Vater wird auch dafür Verständnis haben, wenn Ihr nicht noch einmal nach Sohrau fahrt. Es wird ihm sogar recht sein. Und gib Deiner Mutter und Deinen Schwestern einen Kuss von mir. Es wird schlimm für alle werden, wenn der Tag der Trennung kommt. Manche Gedanken kann man gar nicht zu Ende denken.
Eine innige Umarmung Dein alter Walter

5

Der Mann aus Gilgil

Rongai, 1938

Aus einem Brief von Walter Zweig in Rongai an Vater und Schwester in Sohrau, 1. Mai

Gestern kam Euer Brief mit Nelkensamen, Sauerkrautrezept und den neuesten Sohrauer Nachrichten hier an. Wenn ich doch nur in Worte fassen könnte, was so ein Brief bedeutet. Ich komme mir vor wie der kleine Junge, dem Du, lieber Vater, von der Front geschrieben hast. In jedem Brief war von Mut und Vaterlandstreue die Rede. Nur kam damals keiner von uns auf den Gedanken, dass man den meisten Mut braucht, wenn man kein Vaterland mehr hat.

Ich mache mir noch größere Sorgen um Euch als zuvor, seitdem Hitler die Österreicher heim ins Reich geholt hat. Wer weiß, ob er nicht ein ähnliches Glück für die Tschechen vorgesehen hat. Und was wird aus Polen? Ich habe mir immer vorgestellt, ich könnte etwas für Euch tun, wenn ich erst in Afrika bin. Aber natürlich habe ich nie geahnt, dass man im zwanzigsten Jahrhundert Menschen nur auf Kost und Logis anstellt. Bis Jettel und Steffi hier sind, ist nicht an eine Veränderung zu denken. Auch danach wird es schwer sein, eine Stellung zu finden, bei der es zu Eiern, Butter und Milch noch ein Gehalt gibt.

Setzt Euch wenigstens mit einer jüdischen Stelle in Verbindung, die Auswanderer berät. Dafür lohnt sich auch die Reise nach Breslau. Da könntet Ihr Steffi und Jettel noch einmal sehen. Vor allem, lieber Vater, mach Dir keine Illusionen mehr. Unser Deutschland ist tot. Es hat unsere Liebe mit Füßen getreten. Ich

reiße es mir jeden Tag aufs Neue aus dem Herzen. Nur unser Schlesierland will nicht weichen. Wilhelm Kulas würde hier große Karriere machen. Mechaniker nennen sich Ingenieure und finden schnell Arbeit. Wenn ich jedoch behaupten würde, ich sei zu Hause Justizminister gewesen, würde mich das auch keinen Schritt weiterbringen. Dafür habe ich meinem Boy Owuor beigebracht, »Ich hab' mein Herz in Heidelberg verloren« zu singen. Wenn einer so viel Mühe mit jedem Wort hat wie er, dauert das Lied genau viereinhalb Minuten und eignet sich wunderbar als Eieruhr. Meine weichen Eier schmecken jetzt wie zu Hause. Ihr seht, ich habe auch meine kleinen Erfolge. Schade, dass die größeren so lange auf sich warten lassen.
Voller Hoffnung, dass sich bei Euch doch etwas tun wird, umarmt Euch mit sehr viel Sehnsucht Euer Walter

Telegramm aus Hamburg von Ina Perls an Walter Zweig, Rongai, 10. Juni

Jettel und Steffi heute abgefahren. Ina

Am 14. Juni schreibt Jettel an Bord der Adolph Woermann an Walter in Rongai

Brief Nummer 1

Mein lieber Walter! Ich schreibe Dir schon am vierten Tag der Reise, doch morgen legt die Adolph Woermann, so Gott will, in Southampton an. Da muss ich mich mit dem Schreiben beeilen. Vor allem will ich Dir die Angst um uns nehmen. Ich weiß nicht, ob und wann das Telegramm, das Mutter aus Hamburg abschicken wollte, Dich in Rongai erreicht. Ein reizender junger Regisseur aus Köln, den sie aus dem Theater geprügelt haben und der mit seiner alten Mutter unterwegs nach Südafrika ist, hat gesagt, in Afrika übermittelt man Telegramme durch Buschtrommeln. Vielleicht wollte er mich nur auf den Arm nehmen. Das hat er schon ein paarmal getan. Du hast keinen Grund, eifersüchtig zu werden. Mir steht der Kopf weiß Gott

nicht nach Flirts und Liebesabenteuern, außerdem passt Steffi wie ein Schießhund auf mich auf. Sie weicht keinen Schritt von meiner Seite und weigert sich sogar, am Kinderprogramm teilzunehmen, obgleich die sich hier große Mühe mit den Kindern geben. Ein Fest jagt das andere. Es macht sich eben doch bemerkbar, dass sie mit ihren fünfeinhalb Jahren nie mit Kindern zusammen gewesen ist. Sie rennt sofort weg, wenn ein Kind sie anspricht. Fragt sie ein Erwachsener etwas, druckst sie rum, als könnte sie nicht bis drei zählen. Ich bin mal gespannt, was sie in Tanger macht. Da sollen die Leute ja alle schwarz sein.
Du hast ganz richtig gelesen. Mutter hat uns nach Hamburg begleitet. Es war ein herzzerreißender Abschied, obgleich wir beide wegen des Kindes versucht haben, uns so wenig wie möglich anmerken zu lassen. Trotzdem hat Steffi in der ersten Nacht auf der Adolph Woermann schrecklich geweint und immer wieder nach ihrer Oma gefragt. Und nach Suse, die sie nach Mackies Abfahrt Babyfrau nannte und von der sie sich unter Schluchzen trennte. Mein ganzes Leben werde ich nicht vergessen, wie meine Mutter am Kai stand und mit ihrem weißen Schal gewinkt hat, bis sie nur noch ein winziger Punkt war. Was ich in diesem Moment empfunden habe, werde ich Deutschland nie verzeihen.
Vergessen werde ich auch nicht die Hamburger Zollbeamtin mit der schnarrenden Stimme und den bösen Augen. Sie hat darauf bestanden, dass ich mich bei der Kontrolle vom Kabinengepäck splitternackt vor dem Kind ausziehe. Steffi war ganz blass, sie zuckte immerzu zusammen und schniefte schrecklich, doch sie hat kein Wort gesagt. Zum Schluss hat sie sogar gemerkt, dass ich beim Anziehen vor lauter Nervosität meinen Büstenhalter hatte liegen lassen.
Ich war wirklich froh über Deinen Rat, nichts von irgendjemandem mitzunehmen. Wer weiß, was Steffi und mir geschehen wäre, wenn ich in Breslau nicht so energisch gewesen wäre. Fräulein Habermann, eine Freundin von Mutter, die mir nie so

richtig koscher war, wollte mir durchaus Münzen für ihren Bruder andrehen. Er ist nach Tanganjika geraten, und wir hätten auch noch zur Post rennen müssen.
Sehr froh bin ich, dass ich mich nicht an Deinen Rat gehalten habe, eine Dreibettkabine zu nehmen. Einem verschreckten Kind, das durch die dauernden Veränderungen in seinem Leben noch viel ängstlicher geworden ist, als es ohnehin war, hätte ich wahrhaftig keine fremde Schlafgenossin zumuten können. Wenigstens bekommt Steffi nicht mit, wie ich bei den Mahlzeiten leide. Mir gegenüber im Speisesaal (die beiden Plätze am Sechsertisch wurden mir vom Chefsteward zugewiesen) hängt ein großes Hitlerbild. Neben mir sitzt eine Frau unbestimmbaren Alters, die nur Dirndl trägt und genauso aussieht wie die Frau des Kreisleiters in Leobschütz. Sobald sie sich zu Tisch setzt, faltet sie die Hände, als wollte sie beten, und trompetet in den Saal: »Wie bin ich doch berufen, dass ich gegenüber unserem geliebten Führer sitzen darf.« Steffi fragt mich jedes Mal – zum Glück in dem Flüsterton, der uns allen so an die Nieren ging: »Ist die Frau krank?« Ich zittere immer, dass die Nazinde das hört und auf mich losgeht.
Du wirst Dir vorstellen können, dass mir der Brocken im Hals stecken bleibt, obwohl das Essen wirklich gut ist. Es gibt jeden Tag mindestens drei Sorten Eis, herrlich frische Erdbeeren und Ananas, an die ich mich bisher noch nicht herangewagt habe. Ist mir zu gelb. Gestern bekam ich noch nicht mal die Schwarzwälder Kirschtorte runter, die ich doch so gern esse. Die Dirndlhexe (sie macht mit ihrem Mann, der ein Pantoffelheld wie aus dem Bilderbuch ist und das Trumm nur »Spatzi« nennt, natürlich die ganze Tour »Rund um Afrika«) erzählte von ihrem »Riesenmassel«. In Nürnberg, wo sie wohnen, haben sie »für ein Appel und ein Ei ein großes Textilgeschäft von einem Juden an Land gezogen«. Wie kommt denn so ein Pack an jüdische Ausdrücke?
Zurück zu uns. Wir waren drei Tage vor der Abfahrt der Adolph Woermann in Hamburg und haben sämtliche Verwandte von

Mutter besucht, die noch im Land sind. Natürlich gab es überall Tränen. Steffi hat prompt gefragt, ob alle Menschen in Hamburg weinen. Onkel Thomas und Tante Frieda haben Dir das Buch »Afrika – dunkel lockende Welt« von Tania Blixen (eine Dänin, die jahrelang in Kenia gelebt hat) gekauft. In die Widmung schrieben sie »Unserem geliebten Neffen Walter«. Da siehst Du mal wieder, dass Papier geduldig ist. Der gute Onkel Thomas hat vor unserer Heirat mir dauernd in den Ohren gelegen, ich solle »lieber Geld heiraten als einen Doktortitel«. Als ob man die Wahl hätte! Ich fand es trotzdem hochanständig von ihm, dass er Dir so ein teures Buch gekauft hat, obwohl er jetzt kaum noch was hat. Er läuft täglich zu seiner ehemaligen Apotheke und macht sich das Herz schwer.
Am letzten Abend waren wir zum Essen bei Plauts. Es war ein Erlebnis. Dein Freund Max hat sogar unseretwegen eine beabsichtigte Reise verschoben. Ich war ganz gerührt, erst Recht, als seine Mutter zum Abschied Steffi gesegnet hat. Wusstest Du, dass es bei frommen Juden üblich ist, die Kinder zu segnen? Steffi haben sie sehr elegante Lackschuhe geschenkt und drei Bögen Ausschneidepuppen, die ihr natürlich viel besser gefallen als die Schuhe. Außerdem eine Strickliesel. Nebbich, von mir wird sie nicht lernen können, wie man so was benutzt. Ich hab's zu Mutters Ärger schon als Kind nicht gekonnt.
In Hamburg habe ich mir nichts mehr gekauft. Meine Stimmung war einfach nicht danach, obgleich es wahrhaftig vieles gibt, das ich noch gebraucht hätte. Weil ich nirgends den Eisschrank bekommen habe, von dem Du dauernd schriebst, habe ich mir auf Mutters Zureden in Breslau doch noch ein Abendkleid gekauft (aus blauer Seide mit großen schwarzen Rosen und unglaublich preiswert). Es wird Dir bestimmt gefallen. Wir können doch nicht plötzlich so tun, als wären wir alte Leute und hätten keine Bedürfnisse mehr. Ich werde doch in sechs Tagen erst dreißig. Vielleicht gehe ich zur Äquatortaufe. Der Schiffsoffizier hat mir erzählt, die wäre auf der Adolph Woer-

mann immer besonders lustig. Er zeigte mir auf der Karte, wo der Äquator überhaupt ist. Unmittelbar in Kenia. Wusstest Du das?
Hier auf dem Schiff reden alle von dem französischen Dampfer Lafayette, der im Mai im Hafen von Le Havre ausgebrannt ist. Ein Heizer hatte einen Brenner fallen lassen, und in nur vier Stunden ist das ganze Schiff ausgebrannt. Einer der Offiziere auf der Adolph Woermann, ein fescher Rheinländer, der sich überhaupt nicht darum schert, ob er mit den jüdischen Frauen flirtet oder mit den anderen, sagte mir, so etwas wäre auf einem deutschen Schiff ganz unmöglich.
Für die Emigranten an Bord (viele fahren nach Südafrika, aber immerhin zehn nach Kenia) ist Gesprächsthema Nummer eins die Emigration von einem gewissen Sigmund Freud. Der ist zweiundachtzig Jahre alt und entkam aus Wien mit Frau und erwachsener Tochter zwei Tage nach dem Einmarsch der deutschen Truppen in Österreich. Als Nervenarzt soll er weltberühmt sein. Ich jedenfalls habe noch nie etwas von ihm gehört und Du wahrscheinlich auch nicht. Wir hatten ja in Breslau genug jüdische Nervenärzte. Von denen dürften allerdings nur diejenigen noch da sein, die jetzt selbst einen Nervenarzt brauchen.
Ich nehme an, in Rongai hast Du auch nicht erfahren, dass der Schriftsteller Carl von Ossietzky, der mutige Nazigegner, für den Du Dich doch immer so interessiert hast und der 1936 den Friedensnobelpreis nicht annehmen durfte, im Alter von nur 48 Jahren gestorben ist. Der arme Kerl hat ja drei Jahre lang im Konzentrationslager gesessen und jahrelang Tuberkulose gehabt.
Mein Freund aus Köln hat ganz recht. Hier auf dem Schiff können wir endlich unsere Briefe ohne Angst schreiben. Natürlich nur, wenn sie nicht nach Deutschland gehen. Bei dem Brief an Mutter musste ich mir jedes Wort dreimal überlegen. Ich glaube, wir legen als nächstes in Nizza an, aber das ist für Dich zu knapp, um mir zu schreiben. Alle sagen, Tanger sei sicherer.

Was macht Dein Magen? Achte auf Deinen empfindlichen Hals. Gibt es in Rongai auch einen Bäcker und Fleischer oder nur Kühe und Hühner? Wie kommst Du an meine Post, wie redest Du mit Owuor und wie mit Deinem Chef? Bestimmt spricht der nur Englisch. Die Engländer sollen doch so furchtbar sprachunbegabt sein. Unsere Englischlehrerin hat noch nach Jahren »die Tisch« und »das Mensch« gesagt.
Es gibt so vieles, was mich beschäftigt. Oft bin ich ganz mutlos. Es sind einfach zu viele Probleme für einen einzigen Kopf. Schreib uns, so schnell Du kannst.
Von Steffi einen Kuss und einen ganz großen von Deiner treuen
Jettel

Aus einem Brief von Walter an Jettel, Rongai, 2. Juli

… Lass Dir keine grauen Haare wachsen, weil Du nun doch nicht den Eisschrank gekauft hast. Wir legen Fleisch und Butter einfach in Dein neues Abendkleid und hängen das Ganze in der prallen Sonne in den Wind. So kühlt man hier wirklich Lebensmittel, wenn auch nicht in Seidenstoffen, aber wir können es ja versuchen. Dann hast Du das Gefühl, dass so ein Abendkleid wenigstens zu etwas nütze ist.
Ich glaube, Owuor freut sich, dass Ihr kommt. Mit mir war er drei Tage lang böse. Als ich nämlich endlich genug Suaheli gelernt hatte, um ganze Sätze zu bilden, habe ich ihm verraten, dass ich nicht jeden Tag den gleichen Pudding essen will. Das hat ihn vollkommen aus der Fassung gebracht. Immer wieder warf er mir vor, dass ich seinen Pudding schon am ersten Tag gelobt hätte. Dabei ahmte er meine schmatzenden Geräusche von unserer ersten Puddingbegegnung nach und sah mich höhnisch an. Ich stand wie ein begossener Pudel da und wusste natürlich nicht, was Abwechslung auf Suaheli heißt, falls es das Wort überhaupt gibt. Es dauert sehr lange, ehe man die Mentalität der Menschen hier versteht, aber sie sind sehr liebenswert und bestimmt auch klug. Vor allem kämen sie nie auf die Idee,

Menschen einzusperren oder sie aus dem Land zu jagen. Ihnen ist es auch egal, ob wir Juden oder Refugees sind oder unglücklicherweise gleich beides. An guten Tagen glaube ich, dass ich mich an dieses Land gewöhnen könnte. Vielleicht haben die Schwarzen eine Medizin (heißt hier Daua) gegen Erinnerungen. Ich zähle nicht mehr die Wochen, sondern die Tage und Stunden, bis wir uns wiedersehen, und komme mir dabei vor wie der Bräutigam vor der Hochzeitsnacht.
Sei innigst umarmt von Deinem alten Walter

PS Vielleicht gelingt es Dir, auf dem Schiff eine deutsche Zeitung zu ergattern. Seit der Ussukuma habe ich keine deutsche Zeitung mehr gesehen und bin völlig ausgehungert nach meiner Muttersprache. Und nach Zeitungen! Hier gibt es nur den »East African Standard«. Erstens kommt er nicht nach Rongai, zweitens erscheint er in Englisch. Selbst wenn ich ihn hätte, könnte ich ihn also nicht lesen. Zum Glück funktioniert das Radio, das Vater als Abschiedsgeschenk von Stattlers nach Breslau brachte, unglaublich gut. Sogar Goebbels redet mit mir.

Am 14. Juli schreibt Jettel auf der Adolph Woermann aus Port Sudan an Walter

Brief Nummer 3

Mein lieber Walter! Ich hoffe, Du hast meine Postkarte aus Nizza und meinen Brief (Nummer 2) aus Tanger erhalten. Vielleicht lohnt es sich nicht mehr zu schreiben, aber ich dachte, Du wirst Dich freuen, wenn Du hörst, dass Steffi nicht die geringste Angst vor den Schwarzen hatte. Um an Land zu kommen, mussten wir in kleine Boote überwechseln (nicht sehr angenehm). Steffi wurde von einem pechschwarzen Riesen mit einem roten Bommelhut getragen und war ganz entzückt. Sie wollte sich gar nicht von ihm trennen. Alle, die erlebt haben, wie scheu sie ist und dass sie selbst vor Kindern in ihrem Alter wegläuft, haben gestaunt. Mein Kölner Freund sagt, in ihr ste-

cke eine Schauspielerin. Er war ja Regisseur und hat ein Gefühl für Begabungen. Leider ist seine alte Mutter im Roten Meer todkrank geworden. Er war völlig aufgelöst. Ich auch, denn Steffi hatte zu gleicher Zeit von einem Tag auf den anderen vierzig Fieber und war vollkommen apathisch – sie hatte darauf bestanden, mittags um zwei Uhr im Kinderschwimmbad zu planschen. Ich war gleich dagegen, aber ich habe mich nicht durchsetzen können, und prompt hat es sie erwischt. Um diese Zeit ist die Hitze ja am schlimmsten. Der Schiffsarzt hat sowohl zu meinem Freund als auch zu mir gesagt: »Kein Grund, sich aufzuregen. Im Roten Meer stirbt immer einer. Neuerdings erwischt es komischerweise meistens einen vom auserwählten Volk.« Der Kerl muss gewusst haben, dass wir jüdisch sind. So gemein, wie der gegrinst hat. Du kannst Dir vorstellen, wie uns zumute war. Obgleich er für Steffi lediglich kalte Umschläge und Gebete empfahl, ist sie überraschend schnell wieder gesund geworden. Seitdem isst sie viel besser. Sogar Dinge, die sie nicht kennt. Sie schwärmt für eine gelbe Frucht, die Mango heißt und fürchterliche Flecken macht, doch die Leute sagen, Mango sei das gesündeste Obst überhaupt. Ich finde, es riecht wie Benzin und schmeckt entsprechend. Den Suezkanal hat sie sehr genossen. An den Kamelen konnte sie sich gar nicht satt sehen. Auch der alten Frau aus Köln geht es Gott sei Dank wieder besser. Mutter und Sohn haben ja noch einen gewaltigen Weg vor sich. Südafrika scheint wirklich am Ende der Welt zu liegen. Ich bin froh, dass ich gleich für Kenia war.
Leider werden wir einen Tag später als angekündigt in Mombasa anlegen. Hier hat sich eine Tragödie abgespielt. Steffi war den ersten Tag wieder auf, ich wollte es mir endlich auf Deck gemütlich machen und »Afrika – dunkel lockende Welt« lesen, aber auf der fünften Seite war schon Schluss. Erst kam ein ganz starker Wind auf, und prompt hat er Steffis teuren weißen Hut weggeweht. Sie will ja nie, dass ich ihr die Bändel unter dem Kinn binde, die das verhindert hätten. Eine Stunde später – der

Steward war gerade mit der Fleischbrühe auf dem Sonnendeck – erfuhren wird, dass ein Mann über Bord gesprungen war. Ich habe ihn gekannt. Er saß beim Essen am Nachbartisch, und wir haben uns oft im Café unterhalten. Er kannte sogar Sohrau und unser Hotel, war verwitwet und hatte in Berlin ein Antiquitätengeschäft. Das hat sich sein Teilhaber direkt nach den Olympischen Spielen geholt. Er hat ein Jahr in Buchenwald gesessen und musste binnen zwei Wochen nach seiner Entlassung aus Deutschland weg. Zunächst flüchtete er nach Prag und war nun unterwegs zu Tochter und Schwiegersohn in Pretoria (Südafrika). Er freute sich riesig auf seine drei Enkel, war immer guter Dinge und hat gern Witze erzählt, meistens über die Nazis. Wir haben uns kaputtgelacht. Dass er in dem Moment, da er alles hinter sich hatte, den Lebensmut verlor, hat uns alle tief bewegt und deprimiert. Nur Steffi nicht. Sie ist überzeugt, ihr Hut ist nur vom Kopf geflogen, damit der alte Mann mit einer Kopfbedeckung bei Gott erscheinen und am Schabbes gleich mitbeten kann. Kinder sind wirklich zu beneiden. Sie bauen sich eine eigene Welt. Woher Steffi wohl ihre Fantasie hat? Von Dir bestimmt nicht.
Wir mussten einen Tag nach dem Mann suchen, was ich ziemlich albern finde. Nach einem Tag schwimmt ja so ein alter Mann nicht im Meer herum und wartet darauf, dass man ihn rausfischt. Das Seerecht schreibt das Umdrehen vor. Ich will mich heute kurz fassen. Deine Tochter besteht darauf, mir einen Brief an Dich zu diktieren, und ist schon ganz aufgeregt. Den Floh hat ihr die alte Frau aus Köln ins Ohr gesetzt. Ich bin gespannt, ob es Dir gelingt, uns in Mombasa abzuholen, oder ob wir uns erst in Nairobi wiedersehen. Mir fällt das Warten von Tag zu Tag schwerer.
Es umarmt Dich Deine treue Jettel

PS Das Naziweib an meinem Tisch hat ihre gerechte Strafe bekommen. Obwohl das Meer so ruhig ist wie eine Badewanne, ist sie seit vier Tagen seekrank, kotzt selbst Tee und Zwieback aus und erscheint nicht mehr zu den Mahlzeiten. Seitdem probiert ihr Mann, mit mir zu flirten, aber ich gucke durch ihn durch.

Brief von Steffi an ihren Vater, nach Diktat am 14. Juli von Jettel aufgeschrieben

Lieber Papa! Wir sind nicht mehr in Breslau. Mein Affe heißt Fips. Meine Matrosenpuppe heißt Mackie. Mamas Freund heißt Paul. Er hat mir eine Taschenlampe geschenkt. Damit kann ich die Nacht hell machen und böse Träume verjagen. Wir sind in einem Boot aus Glas gefahren und haben viele bunte Fische gesehen. Paul sagt, sie gehören alle Gott. Mein weißer Hut ist im Himmel. In Afrika ist die Reise zu Ende. Dann bekommst Du einen Kuss von mir.
Ich bin Deine Tochter Steffi

Brief von Jettel Zweig in Rongai an Thelma Gordon in Nairobi, 1. August

Liebe Frau Gordon! Mein Mann und ich wollen uns noch einmal für Ihre Gastfreundschaft bedanken. Sie haben uns bei unserer Ankunft in Nairobi so herzlich empfangen, als wären wir Verwandtschaft. Ohne Sie und Ihren Mann wären wir alle verloren gewesen. Mein Mann findet ja in Nairobi noch nicht mal zum Bahnhof. Nach den Aufregungen in Mombasa wegen der verlorenen Kiste, der langen Bahnreise nach Nairobi und Steffis Ohrenschmerzen war ich wirklich mit meinen Nerven am Ende. Herr Süßkind hat mir erzählt, dass Sie immer den Refugees beistehen, wenn sie neu ins Land kommen. Wir alle sind Ihnen von Herzen dankbar. Auch dass Sie uns zu Dr. Piakofsky geschickt haben, hat uns sehr geholfen.
Ich versuche, mich auf der Farm einzurichten, aber noch klappt das nicht so gut. Ich kann ja erst ein paar Brocken Suaheli. Der Boy lacht, sobald ich den Mund aufmache. Steffi ist schon viel

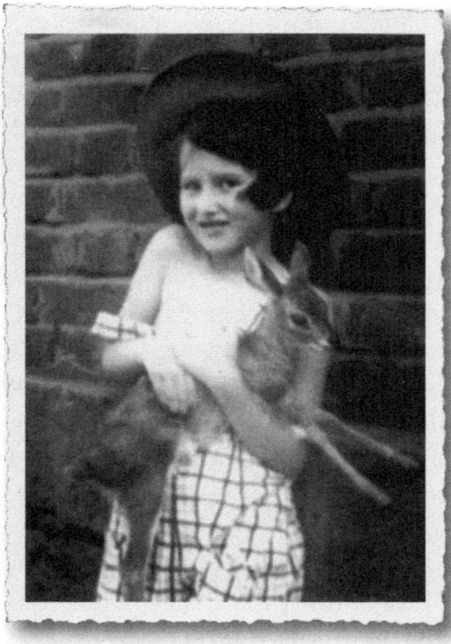

Am ersten Tag auf der Farm in Rongai brachte mir Owuor eine junge Gazelle. Wir nannten sie Suahara.

weiter. Sie setzt uns jeden Tag in Erstaunen. Zu Hause hat sie gebrüllt, wenn ein Hund nur in ihre Nähe kam, hier hat sie kein bisschen Angst vor den Tieren auf der Farm. Unser Owuor hat ihr einen Hund geschenkt, mit dem sie stundenlang unter einem Baum sitzt, und eine Gazelle, für die mein Mann einen Stall bauen musste. Für nächste Woche sind zwei Ärzte angekündigt. Alle auf der Farm müssen geimpft werden, aber wir haben nicht verstanden, gegen was. Mein Mann wünscht sich zu den hohen Feiertagen einen Barches, aber ich habe keine Ahnung, wie man den macht. Ich habe ja schon Schwierigkeiten, einen Zopf aus Haar zu flechten, geschweige denn einen aus Hefeteig. Haben Sie vielleicht ein Rezept? Aber nur, wenn Ihnen das nicht zu viel Mühe macht.
Mit freundlichen Grüßen Ihre Jettel Zweig

Brief vom 1. August von Walter Zweig in Rongai an Dr. Hans Piakofsky in Nairobi

Lieber Hans! Im Namen meiner Frau und Deiner noch schreibunkundigen Patientin möchte ich mich noch einmal für Deine spontane Hilfe bedanken. Nicht nur, dass Du Dir Zeit für uns genommen hast. Du hast uns den Mut gemacht, den wir so dringend nötig haben. Ich kann immer noch nicht fassen, dass ich bei meinem ersten Arztbesuch in diesem Land auf einen Bundesbruder gestoßen bin. Frau Gordon konnte nicht ahnen, was sie für uns tat, als sie uns zu Dir schickte. Es ist weiß Gott leichter, ein Kind mit Ohrenschmerzen zu einem Hautarzt zu bringen, der mit einem in seiner Muttersprache redet, als zu einem englisch sprechenden Ohrenarzt, der uns nicht verstanden und wahrscheinlich auch gar nicht mit uns geredet hätte. Bezahlen hätten wir ihn auch nicht können.

Meine Tochter ist wieder gesund. Allerdings ist sie überzeugt, Du hättest sie mit der blauen Kugel kuriert, die Du ihr zum Abschied geschenkt hast. Mir tut es gut, an Dich zu denken. Nicht nur, dass Du vorgegeben hast, Du hättest das Wort Honorar noch nie in Deinem Leben gehört. Du hast mir das unter Bundesbrüdern übliche Du angeboten und mir so ein Stück von der Würde zurückgegeben, die ich für immer verloren glaubte. Das bewegt mich am meisten.

Ich werde mich in diesem Leben nicht mehr revanchieren können. Ein gewesener Rechtsanwalt kann sich für erwiesene Wohltaten nicht mit fachlichen Beratungen erkenntlich zeigen.

Mit bundesbrüderlichen Grüßen Dein Walter

Brief von Andrew Morrison aus Nairobi an seinen Farmmanager Walter Zweig in Rongai, geschrieben am 13. August. Original in Englisch

Sehr geehrter Herr Zweig! Bei meinem letzten Besuch in Rongai habe ich festgestellt, dass Sie Ihre Frau und Ihre Tochter auf meine Farm geholt haben. Ich weise Sie noch einmal darauf

hin, dass Sie lediglich berechtigt sind, die Produkte meiner Tiere zu konsumieren. Mein Vieh hat Ihnen nicht als Nahrung zu dienen, Hühner dürfen nur geschlachtet werden, wenn ich auf der Farm bin und Ihr Boy für mich kocht. Auch meine Ochsen sind nicht für private Zwecke einzusetzen.
Die Einrichtung des Farmhauses, das Geschirr und die Bücher stehen Ihnen, wie bei Ihrer Einstellung festgelegt, weiterhin zur Verfügung. Ich hoffe, Sie wissen, dass es dieses Jahr ungewöhnlich viele Heuschrecken gibt, und haben entsprechende Vorsorge getroffen.
Mit Hochachtung Andrew Morrison

Brief von Jettel in Rongai an ihre Mutter in Breslau, 14. August

Brief 2 aus Afrika

Meine geliebte Mutter, liebe Käthe, liebe Suse, mein Brief zu Rosch haschanah hätte viel früher aus Rongai abgehen müssen, aber durch die Ereignisse der letzten beiden Wochen werden Euch meine guten Wünsche zum neuen Jahr bestimmt nicht mehr rechtzeitig erreichen. Vielleicht könntet Ihr aber wenigstens noch vor Jom Kippur lesen, dass ich Euch von Herzen die Wendung zum Guten wünsche. Was mein Herz bewegt, bleibt mir in der Kehle stecken. Ach, wie herrlich war es doch früher, als wir zu Rosch haschanah nur Barches, Äpfel und Honig auf den Tisch zu stellen brauchten und uns ein »süßes Jahr« wünschten. Und unsere Gäste brachten Blumen mit und Konfekt und tranken auf die Hausfrau. Oft habe ich das Gefühl, das hätte ich alles nur geträumt.
Hier hat sich so viel ereignet, dass an Schreiben gar nicht zu denken war. Erst hatten wir mörderische Bienen unter dem Haus. Es steht zwar auf Holzfüßen, damit keine Tiere herein können, aber das klappt überhaupt nicht. Letzte Woche hat unser Koch Owuor eine Schlange im sogenannten Schlafzimmer erlegt. Die Bienen hier sind ganz anders als zu Hause. Es sind

riesige, angriffslustige, giftige Viecher, die durch die Kleider stechen und in die Haare gehen. Ich hatte ein Gesicht wie ein Luftballon, Walter wurde in sein kostbarstes Teil getroffen und hatte tagelang furchtbare Schmerzen. Besonders, wenn er aufs Klo musste. Ich habe richtig mitgelitten. Er hat sich immer noch nicht richtig erholt. Das Ganze war wahrscheinlich zu schnell nach der Malaria, die er hatte, ehe ich hier ankam. Er hat mindestens zehn Pfund abgenommen. Wenn nicht mehr!

Zum Glück wurde Steffi bis auf zwei Stiche, die noch nicht einmal anschwollen, verschont. Unser Owuor hat uns schließlich gerettet. Er ließ eimerweise heißes Wasser unter das Haus kippen, was ja gar nicht so leicht ist, weil die Bienen wie angeleimt am Holz kleben und das Wasser nach oben gelangen muss. Dann war endlich Ruhe. Gestern hat mir Walter erzählt, als er das erste Mal wieder ohne Schmerzen pinkeln konnte, hat er einen Segensspruch gesagt, der sonst bei Tisch gebetet wird. Das Klo ist ein Plumpsklo wie auf dem Dorf, stinkt zum Himmel, ist immer von riesengroßen Fliegen umlagert und ist dreihundert Meter vom Haus entfernt. Nachts braucht man eine Lampe, um hinzukommen, bei Durchfall schafft man es nicht. Durchfälle hat man hier dauernd, obwohl wir nur abgekochtes Wasser trinken. Die Küche ist übrigens auch nicht im Haus, sondern in einem Holzschuppen, der ungefähr hundert Meter vom Hauptgebäude entfernt ist. Feuer im Herd kann nur unser Owuor machen. Das Holz ist meistens feucht. Wenn es raucht, sieht es aus wie in einer Waschküche.

Kaum hatten wir die Bienen überstanden, kam hier ein Lastauto mit einem Arzt und drei Krankenschwestern vorgefahren. Die ganze Farm musste geimpft werden. Gegen Pest. Der Arzt war ganz reizend. Er hat für uns das englische Wort »Plague« im Lexikon gesucht und konnte sich gar nicht sattsehen an unseren goldenen Mokkatassen. Walter und ich sind schon zwei Stunden nach der Impfung angeschwollen. Wir sahen aus, als wür-

den wir jede Minute platzen. Am Abend hatten wir hohes Fieber und am nächsten Morgen eiternde Stellen am ganzen Körper. Wir waren beide überzeugt, wir müssten sterben. Erst nach einer Woche fing es an, uns besserzugehen.
Steffi ist überhaupt nichts geschehen. Die Zeit, in der wir uns nicht um sie kümmern konnten, hat sie genutzt, um von den Menschen auf der Farm Suaheli zu lernen. Meiner Meinung nach spricht sie bereits fließend. Der Viehhirt, ein alter Mann, der nur eine Decke um die Hüften trägt, die nichts von dem verdeckt, was ein sechsjähriges Mädchen nicht zu sehen braucht, hat ihr die Namen aller zweihundert Kühe beigebracht. Und er kann jetzt, ohne zu stottern, Sohrau, Breslau und Greschek sagen. So hat Walter die Kälbchen genannt, die geboren wurden, seitdem er auf der Farm ist.
Leider lernt Steffi zum Verplatzen nicht lesen. Obwohl ich mich bis zur Erschöpfung abstrampele, verwechselt sie immerzu die Buchstaben B und D und schreibt sie auch verkehrt herum. Unser Freund Süßkind, der jeden Freitag kommt, um mit uns Schabbes zu feiern, sagt, ich solle mir keine Sorgen machen. Wenn sie erst in die Schule kommt, wo ja nur Englisch gesprochen wird, hat sie nichts davon, wenn sie Deutsch lesen kann. Ob sie allerdings je in die Schule kommt, wissen die Götter. Hier gibt es keine Schulpflicht, und die Schulen kosten ein Vermögen. Wegen der großen Entfernungen sind es fast immer Internate. Das für uns nächstliegende ist in Nakuru und kostet fünf Pfund im Monat, aber Walter verdient keinen Cent. Er ist ja auf Kost und Logis angestellt. Das bisschen Geld, das wir mitbringen konnten, ist fast aufgebraucht. Auch die Schuluniformen, die die Kinder haben müssen, sollen schrecklich teuer sein. Im Moment bin ich allerdings nicht so traurig, dass wir Steffi nicht in die Schule schicken können. Nach den vielen Trennungen, die sie dieses Jahr erlebt hat, würde es für sie doch sehr schwer sein, wenn sie sich von den Eltern trennen müsste und in einer Umgebung landete, wo sie kein Wort versteht.

Hier auf der Farm erscheint sie uns so glücklich wie in ihrem ganzen Leben nicht. Wenn wir sehen, wie sie auf die Menschen zurennt (die Schwarzen sind unglaublich kinderlieb und immer fröhlich) und vor keinem Tier mehr Angst hat, vergessen wir für Momente sogar, wie unglücklich wir sind. Wenn die Frauen mit den nackten Brüsten und den Bananenstauden auf dem Rücken auf die Farm kommen, lacht sie mit ihnen, als hätte sie nie etwas anderes getan.

Ihr werdet Euch sicherlich wundern, dass meine Briefe so lang sind, wo ich doch früher so schreibfaul war. Aber hier auf der Farm kann man nichts anderes tun als Briefe schreiben und Radio hören. Leider findet Walter nicht immer einen deutschen Sender, englische Sendungen verstehen wir überhaupt nicht. Die Bücher von unserem Chef sind alle englisch. Wir reißen uns um das Zeitungspapier, in das unsere Sachen verpackt waren. Walter hat ein Spielbrett gebastelt. Auf der einen Seite ist Mensch-ärger-dich-nicht, auf der anderen Mühle.

Wir sprechen jeden Tag von Euch, aber was mich bewegt, kann ich nicht schreiben, ohne dass mir sofort die Tränen kommen. Ich hoffe, es ist endlich Nachricht von Mackie gekommen. Möge Gott Euch schützen.

Es drückt Euch alle drei Eure Jettel

Brief vom 25. August von Dr. Oscar Hahn in Gilgil an Walter Zweig in Rongai

Lieber Walter Zweig! Sei nicht erstaunt über die vertrauliche Anrede. Lies nur weiter. Vor drei Tagen war ich in Nairobi und habe von Dr. Piakofsky erfahren, dass Du KCer bist. Wir beide sind also Bundesbrüder. Als der Ältere von uns beiden fühle ich mich aktiv legitimiert, Dir das Du anzubieten. Falls Du soeben vermutet hast, dass auch ich Jurist war, so irrst Du nicht. Zum Glück erinnere ich mich aber nur gelegentlich an mein erstes Leben. Ich war in Frankfurt am Main (meiner Geburtsstadt) Rechtsanwalt und Notar, wurde so schnell gelöscht, wie die Nazis dies bei einem Kriegsteilnehmer (Eisernes Kreuz) konnten, und bin seit 1936 in Kenia. Meine Frau Lilly (eine Neu Isenburgerin) und ich betreiben eine Farm in Gilgil. Die Göttin der Landwirtschaft – Demeter, wenn ich mich recht erinnere – war uns von Anfang an wohlgesinnt. Lilly, die ihren ersten Vertrag als Soubrette gerade in der Tasche hatte und die nun den Menschen auf der Farm vorsingt, die meilenweit mit Kind und Kegel herbeiströmen, um sie »Die ganze Welt ist himmelblau« singen zu hören, ist für mich das achte Weltwunder. Ihr gelingt alles, was sie anfasst. Ihr Englisch ist fast ohne Akzent, sie schneidert ihre Kleider selbst und hat einen Vorrat deutscher Dichtung im Kopf. Sie verwöhnt die Kühe, die mehr Milch geben als andere, mit Mozartarien und Walzern. Ihren Mann verwöhnt sie mit allem, was ein Männerherz begehren kann. Wir haben Freude am Leben und ein ebenso gastliches Haus wie in der Heimat, die uns einen Tritt verpasst hat. Bei uns gibt es sogar gefilte Fisch (wir haben einen Fischteich auf der Farm) und roten Kren – die Zauberfee hat eine Pflanze gezüchtet, die fast so schmeckt wie Meerrettich. Aus gutem Grund heißt unsere Farm »Arkadia«. Meine sechzehnjährige Tochter ist in Nairobi auf der High School und wird leider zu Rosch haschanah und Jom Kippur nicht bei uns sein. Das macht uns das Herz schwer. Lilly und ich würden uns sehr freuen, alle drei Zweigs zu den Feiertagen bei uns zu haben. Wir wollten auch Walter Süßkind einladen; er hätte Euch mitbringen können, doch er fährt zu Rosch haschanah zu seinem Bruder, aber ich hole Euch gern ab. Gilgil und Rongai sind zwar ziemlich weit voneinander entfernt, aber Du hast bestimmt schon bemerkt, dass Entfernungen in diesem Land keinen davon abhalten, eine Reise zu tun. Mein Wagen ist groß, Lillys Picknickbrote jede Sünde wert. Bringe ruhig Deinen Boy mit. Falls Ihr eine Aja für die Kleine habt, die natürlich auch. Unser Hausboy Manjala ist nämlich sehr standesbewusst. Er verachtet Europäer, die ohne Personal reisen.

Wenn ich nichts mehr von Dir höre, stehe ich am 7. September im Laufe des Tages vor der Tür. Solltest Du schon eine Einladung haben und wir unser Kennenlernen verschieben müssen, sag Süßkind Bescheid. Der kommt noch vor den Feiertagen bei uns vorbei. Übrigens haben wir genug Gäste, um ein Minjen* zusammenzubekommen. Wir können also davon ausgehen, dass unsere Gebete wenigstens bei dem Allmächtigen ankommen.
Mit vielen erwartungsvollen und neugierigen Grüßen Dein Oscar Hahn – für seine Freunde OHA

Brief und Paket von Ina Perls an Steffi, eingetroffen in Rongai am 30. September

Mein geliebtes Steffilein! Wahrscheinlich kommt das Paket erst nach Deinem Geburtstag an, aber »Villa D-Zug« kannst Du ja das ganze Jahr lesen. Den Schal habe ich für Deinen Matrosenjungen Mackie gestrickt. Er braucht es warm, wenn der Wind bläst. Den kleinen blauen Elefanten hat Dir Tante Suse gehäkelt. Er heißt Jumbo, soll Dich nachts beschützen und wird Dir erzählen, wie es uns geht. Die roten und weißen Knöpfe sind von Tante Käthe. Wenn Deine Mama sie auffädelt, hast Du eine schöne Kette. Die Zigaretten und die Postkarten von Breslau sind für Deinen Papa. Er hat ja auch Geburtstag. Die Granatbrosche bekommt Deine Mama. Sie hat zwar nicht Geburtstag, hat aber die Brosche schon bewundert, als sie so alt war wie Du. Kannst Du Dich noch an uns erinnern? In Breslau ist es sehr kalt geworden.
Gib Deinen Eltern einen Kuss von mir. Du bekommst den allergrößten! Deine Oma

* Die Mindestzahl von zehn Männern, die für einen jüdischen Gottesdienst gebraucht werden.

Brief an Max Zweig in Sohrau von seinem Sohn Walter in Rongai, 30. Oktober

Lieber Vater! Ich bin in allergrößter Sorge, seitdem ich erfahren habe, dass in Deutschland die Pässe von Juden mit einem J gekennzeichnet werden. Erzählt hat mir dies ein ehemaliger Zahnarzt aus Leipzig, dessen Schwester soeben in die Schweiz hat flüchten können. Also wird es stimmen.

Natürlich kann Hitler in Polen nichts ausrichten, aber das schreckliche »noch nicht« nimmt mir jede Hoffnung, auf die Zukunft zu setzen. Hier sieht jeder die Lage schwarz. Wir haben Rosch haschanah und Jom Kippur bei einem Bundesbruder von mir verbracht, der uns spontan einlud, als er von mir erfuhr. Zum Teil fühlte ich mich im siebten Himmel. Mein Gastgeber (früher Anwalt in Frankfurt) hat eine wunderschöne Farm und konnte sämtliche Möbel, Bilder und Geschirr von zu Hause mitbringen. Er und seine Frau sind hochkultivierte Menschen und die großzügigsten Gastgeber, die ich je erlebt habe. Ich hätte nie zu hoffen gewagt, dass mir solche Menschen in Afrika begegnen könnten. Und doch war ich sehr niedergeschlagen. Abends saßen wir vor dem Kamin, und in allen Augen flackerte die Angst um die Zurückgebliebenen. Die Berichte aus Deutschland waren zum Schaudern.

Greif nach jedem Strohhalm, solange es noch Strohhalme gibt. Warst Du bei der Auswandererberatung in Breslau? Ich flehe Dich um Liesels willen an. Mit zweiunddreißig hat der Mensch ein Recht auf Leben. Ich kann den Gedanken nicht ertragen, dass ich hier nichts für Euch tun kann.

Es umarmt Dich in großer Unruhe Dein Sohn Walter, der sich seiner Tränen schon lange nicht mehr schämt.

Schreiben am 10. November von Walter Zweig an Walter Süsskind, überbracht per Boten

Lieber Süßkind! Es ist sechs Uhr früh. Der Schweizer Sender meldet soeben, dass in Deutschland in der Nacht sämtliche

Synagogen gebrannt haben. Geschäfte und Wohnungen von Juden wurden gestürmt, Menschen zusammengeschlagen. Ich war so aufgeregt, dass ich den Anlass nicht mitbekommen habe. Weißt Du etwas? Bekommst Du den Schweizer Sender überhaupt rein? Ich vermute, brennende Synagogen werden die East African Broadcasting Company nicht so interessieren wie der derzeit ungewöhnliche Regen in Nyeri.
Kimani, der sich ja bei meiner Malaria als ein exzellenter Marathonläufer bewährt hat, müsste laut Eigenauskunft noch vor Sonnenuntergang bei Dir eintreffen.
Dein Walter

6

ALS DIE HOFFNUNG STARB

Rongai, 1938 und 1939

BRIEF VON JOSEF GRESCHEK AUS LEOBSCHÜTZ AN WALTER ZWEIG IN RONGAI, AUFGEGEBEN IN KATTOWITZ, POLEN, AM 1. DEZEMBER 1938

Lieber Herr Dr. Zweig, in Leobschütz erzählen die Leute, Sie sind von einem Löwen gefressen worden, und ein Neger hat die Frau Doktor mit der Keule erschlagen. Ich und Grete haben das nie geglaubt, aber immer, wenn wir von Ihnen gesprochen haben, ist uns kalt geworden. Jetzt habe ich endlich Nägel mit Köpfen gemacht und bin von einem Tag auf den anderen zu Ihrem Herrn Vater gefahren. Er ist ja nicht mehr in Sohrau, sondern in Kattowitz. Von ihm habe ich erfahren, dass Sie alle drei gesund sind. Nur so arm, dass Sie Ihre Tochter nicht zur Schule schicken können. Das wird Ihnen bestimmt viel Kummer machen, aber ich finde das nicht so schlimm. Frauen machen immer ihren Weg, auch wenn sie nicht schreiben und lesen können. Hauptsache, sie können rechnen, lassen sich beim Einkaufen nicht übers Ohr hauen und haben keinen Buckel. Das hat schon meine Mutter gesagt.

Ihr Vater sagt, Sie haben für Afrika den falschen Beruf. Wenn Sie mich fragen, erklärt das längst nicht alles. Gott hat in ganz Deutschland die Juden verstoßen. In den großen Städten soll es ganz schlimm sein, aber ich finde es in Leobschütz schon schlimm genug. Die schöne Synagoge zwischen den beiden Kirchen, die Ihnen immer so gut gefallen hat, haben die Nazis am 9. November niedergebrannt. Wie eine Scheune, die man nicht mehr braucht. Den Rauch konnte man tagelang riechen,

die Steine liegen heute noch da. Ich bin nie fromm gewesen, doch eines Tages wird es sich bitter rächen, dass die Nazis Hand an ein Gotteshaus gelegt haben. Ich hab auch nicht gehört, dass einer von den Leobschützer Pfarrern was über die Sünde an der Synagoge gesagt hat.
Von den Juden in L. sieht man kaum noch einen. Nur ab und zu die Bacharachs und ein Ehepaar, das ich vorher nur vom Sehen gekannt habe. Den jungen, freundlichen Mann, den alle nur Blumenmax nannten, weil er immer eine Blume im Knopfloch trug und im Sommer weiße Kniestrümpfe mit Bommeln, haben sie morgens um sechs abgeholt und in ein KZ gesteckt. Der arme Kerl war ja nicht nur jüdisch, sondern auch schwul. Das ist für die Nazis ein doppeltes Fressen. Ich weiß noch, wie Sie ihn in meiner Gegenwart nach dem Röhm-Putsch gewarnt haben. Da haben ja die braunen Schweine gezeigt, was sie von Schwulen halten.
Wenn es dunkel ist, legt meine Grete den Juden oft was zu essen vor die Tür, aber nie Schinken, das hat sie ja von Ihnen gelernt. Die armen Teufel haben von Tag zu Tag mehr Schwierigkeiten beim Einkaufen. Geschäftsleute, die früher vor ihren jüdischen Kunden gebuckelt haben, damit sie nur das Beste und Teuerste kaufen, beschimpfen sie jetzt mit ganz ordinären Worten und behandeln sie wie den letzten Dreck. Mir juckt immer die Hand, wenn ich das miterlebe, doch habe ich Grete hoch und heilig versprechen müssen, dass ich keinem eine klebe.
Ich hoffe, Sie sind nicht enttäuscht, wenn Sie die polnische Briefmarke sehen und der Brief nicht von Ihrem Vater ist, sondern von mir. Erst hier in Polen ist mir klar geworden, dass ich schreiben kann, was ich will, und keine Angst haben brauche, dass die falschen Leute den Brief lesen und ich im Gefängnis lande, ehe ich bis drei zählen kann. In Deutschland ist es lebensgefährlich, die Wahrheit zu sagen. Ich habe dort Angst, überhaupt an Sie zu schreiben. Ein Briefumschlag nach Afrika würde bei der Post sogar einem Blinden auffallen, und Ihren

Namen kennt man ja in Leobschütz noch. Ich bekomme jedes Mal Magenschmerzen, wenn ich daran denke, dass ich Ihnen nicht schreiben kann. Ich habe auch mit Frau Kammer darüber gesprochen. Grete geht einmal die Woche, um ihr im Haushalt zu helfen, aber sie nimmt nichts dafür. Frau Kammer hat ja nichts mehr, seitdem Sie nicht mehr da sind. Sie hat gemeint, Sie werden das bestimmt verstehen, dass ich mich nie melde. Sie wird sich am meisten freuen, wenn sie hört, dass die Geschichte mit dem Löwen nur dummes Gerede ist. Ihrer Anna werde ich das natürlich auch sofort erzählen. Die hat sich aus Leobschütz fortgemacht. Nachdem Sie weg waren, haben sie viele Leute als Judenschlampe beschimpft. Da ist sie zurück nach Hause und geht jetzt Ihrer Mutter in Hennerwitz zur Hand. Recht hat sie. Ihr Vater hat ja genug. Seine Tochter hat es nicht nötig, sich in Leobschütz beschimpfen zu lassen. Ich besuche ihn oft, denn er schenkt mir Wurst für die Juden. In Leobschütz würde das ja sofort auffallen, wenn ich für zwei Leute so viel Wurst kaufe. Noch dazu, wo Grete so klapperdünn ist, dass es einen Hund jammert.
Ihr Vater denkt, Kattowitz sei sicherer für ihn und Fräulein Liesel als Sohrau. Er hofft, hier sein Leben wieder in den Griff zu bekommen. Er hat immer viel Mut gehabt, doch es geht beiden sehr schlecht. Für das Hotel hat er keinen Pfennig bekommen. Er weiß noch nicht mal, wer sich das Haus und das Grundstück unter den Nagel gerissen hat. Er sagt, er und Fräulein Liesel versuchen, zu Ihnen nach Afrika rüberzumachen, aber in seinen Augen steht, dass er keine Hoffnung hat. Er ist sehr stolz auf Sie und hat mir erzählt, dass die Frau Doktor schon einen Koch hat, Sie alle in einem eigenen Haus wohnen und dreißig Bananen auf einmal kaufen. Hier sind Bananen und alles, was aus dem Ausland kommt, kaum noch zu haben. Überall steht: »Esst deutsches Obst«.
Von Ihnen hat mir Ihr Vater ein Bild in kurzen Hosen und mit einem Tropenhelm gezeigt. Ich habe es zweimal angucken müs-

sen, bis ich Sie erkannt habe. Sie sind viel dünner als in Leobschütz, aber Ihre Schwester hat gesagt, zu essen haben Sie immer genug. Sie haben nur so dünne Arme und Beine, weil Sie seit der Auswanderung schon zweimal sehr krank gewesen sind. Geben Sie bloß acht auf sich. In Afrika ist schon mancher gestorben, nur, weil er vergessen hat, sich die Hände zu waschen. Ich will vor Weihnachten auch noch nach Breslau fahren. Frau Ina ist so gastfreundschaftlich zu mir gewesen, als ich da war. Sie hat es verdient, dass ich nach ihr gucke. Und nach den beiden Töchtern. Ich weiß sowieso nicht, wie drei Menschen satt werden, wenn keiner von ihnen auch nur einen Pfennig verdient. Da schäme ich mich richtig, dass ich so viel verdiene. Mein Geschäft läuft wie geschmiert. Die Leute haben alle Angst, dass das Geld wertlos wird, wenn es Krieg gibt. Außerdem bauen sie ihre Keller zu Wohnstuben aus und brauchen elektrische Leitungen, Glühbirnen, einfache Lampen, Taschenlampen, Stecker und Kocher. Wenn sie mit einem reden, tun sie natürlich alle so, als hätten sie das Wort Krieg nie gehört. Sie labern von guten Zeiten und reden sich selbst ein, dass die vielen Autobahnen, die gebaut worden sind, für die Sonntagsfahrten sein werden – mit dem KdF-Wagen, den unser geliebter Führer ihnen versprochen hat. Jetzt hätten Sie bestimmt »Nebbich« gesagt.
Ich kann das Wort zu keinem mehr sagen. Grete hat es ja nie gelernt. Wenn ich nur mal einen einzigen Tag bei Ihnen sein könnte und wir so miteinander reden könnten, wie wir das früher getan haben, würde ich jeden Sonntag Führers Eintopf essen, ohne den Kerl zur Hölle zu wünschen. Unsere Reise nach Prag erscheint mir, als wäre sie nie gewesen. Und wenn ich daran denke, dass niemand sagen kann, ob wir uns in diesem Leben je wiedersehen werden, möchte ich mir am liebsten einen Strick kaufen, aber das kann ich ja wegen Grete nicht. Sie hat doch niemanden außer mir.
Mein ganzes Leben habe ich nicht einen so langen Brief geschrieben. Ich habe den ganzen Nachmittag dazu gebraucht,

aber die Schmerzen in der Hand haben sich gelohnt. Mir war die ganze Zeit, als hörte ich Ihre Stimme. Ich habe gar nicht gewusst, dass es so etwas gibt. Bisher habe ich immer nur Rechnungen geschrieben und zu Weihnachten eine Karte an meine Eltern in Branitz.
Es grüßt Sie hochachtungsvoll Ihr treuer Freund Josef Greschek

Am 2. Januar schreibt Walter Zweig, Rongai, an Heini Weyl in Nairobi

Lieber Heini! Für 1939 wünsche ich Dir und Deiner lieben Frau alles Gute. Möge Euch beiden alles so gut gelingen, wie es bisher der Fall war. Von Eurem Boardinghouse höre ich nur Erfreuliches. Ihr könnt mit Recht stolz auf Euren Optimismus und Eure Tüchtigkeit sein. Ich habe gehört, Du hast Dir sogar einen englischen Vornamen zugelegt und heißt jetzt Henry. Das will mir noch nicht in die Feder, aber ich verpflichte mich zu üben.
Dass das Jahr 1939 für mich so weitergeht, wie 1938 abgeschlossen hat, bezweifele ich nicht. In Rongai toben die Buschfeuer am laufenden Band, was ich als Symbol für die Zukunft empfinde. An manchen Tagen ist der Himmel blutrot. Auch ist das Hinscheiden der vierzigsten Kuh zu vermelden, seitdem ich auf die Farm gekommen bin, sowie eine augenscheinlich unheilbare Augenkrankheit bei den Hühnern. Bei seinem letzten Besuch hat mich Mr Morrison, mein Chef, »a bloody fool« genannt. Laut Lexikon scheint es sich um eine Beschimpfung zu handeln, die in meinem früheren Leben zu einer Beleidigungsklage gereicht hätte. Mr Morrisons Direktheit dürfte darauf hindeuten, dass meine Tage in Rongai gezählt sind. Meine finanziellen Reserven sind es auf alle Fälle. Mit meiner Zuversicht steht es auch nicht zum Besten.
Hättest Du Bedarf an unserem Rosenthalservice? Zwölf Personen, Blümchenmuster, viele Extraschüsseln und zwei Gemüseplatten, jederzeitige Nachkaufgarantie. Die dürfte allerdings ausschließlich für Heimat Nummer eins gelten. Das Service war

ein Hochzeitsgeschenk von Jettels Hamburger Verwandten, aber wir sind uns ausnahmsweise mal einig: Es würde bestimmt besser in Dein Boardinghouse passen als zu einer Familie, in der es nur traurige Erinnerungen erweckt und die außerdem einen Boy hat, der die Pracht nicht so zu würdigen weiß, wie es sich die Firma Rosenthal vorgestellt hat. Beim ersten Mal hat Owuor versucht, die Blümchen mit kalter Asche wegzuschrubben.
Geniere Dich nicht, mich offen wissen zu lassen, was Du denkst und wie viel Dir das Service wert wäre. Ein Mann in meiner Lage kann sich den Luxus eines komplizierten Seelenlebens nicht leisten. Ich muss zusehen, dass ich wenigstens genug Geld habe, um uns drei ein Dach über dem Kopf zu sichern, wenn ich hier die Stellung verliere und wir von der Farm müssen. Vielleicht kann ich in Nairobi doch etwas finden. Dann könnten wir Steffi als Tagesschülerin anmelden und brauchten kein teures Internat. Du siehst, auch ein Nebbich hat Träume.
Nun zum erfreulichen Teil. Von dem, was zu Silvester hier geschah, werde ich noch Ewigkeiten zehren. Am Abend des 30. Dezember, um fünf Minuten nach Mitternacht, meldeten mein Hund, der sich gewöhnlich nie um seinen Schlaf bringen lässt, und Owuor, der für Abwechslung allzeit bereit ist, seine und unsere Nachtruhe zu opfern, ein unbekanntes Objekt. Es stand dampfend auf Mr Morrisons geheiligtem Kiesweg und entpuppte sich als ein ziemlich verbeulter Ford mit eingedrückter rechter Tür. Aus dem Wagen entstieg Dr. Fritz Manasse, ein guter Freund aus meiner Breslauer Studentenzeit, der auch auf unserer Hochzeit war. Er hat seine Anwaltspraxis viel früher aufgeben müssen als ich in Oberschlesien, ist nach Südafrika emigriert, wo er drei Jahre gelebt hat, ohne glücklich zu werden, und war nun auf dem Weg nach Palästina. Dort dürfte er sehr viel glücklicher werden. In Tel Aviv erwartet ihn nämlich Fräulein Dr. Käthe Loewy, die ich auch gut kenne. Sie stammt aus Schlesien und ist eine Juristin, der man, bis Hitler ihr das Ge-

genteil bewies, eine ganz steile Karriere voraussagte. Mit Manasse waren Dr. Groag und Frau. Er hat als Versicherungsfachmann in Hamburg offenbar bombig verdient und sich, wie Dr. Manasse, sein neues Leben in Südafrika leichter vorgestellt, als es dann war. Nun will er es mit Kenia versuchen.
Silvester hat uns Owuor, der ja Besuch jeder Hautfarbe als Himmelsgeschenk empfindet, »Ich hab mein Herz in Heidelberg verloren« vorgesungen. Unsere Gäste haben so gejubelt, dass er ihnen noch »Frau Wirtin hatte ein' Lakai« als Zugabe spendierte, obwohl ich ihm das Lied gerade erst beigebracht habe. Jettel verliebte sich in Dr. Groag, der ihr so schöne Komplimente machte, wie mir in diesem Leben nicht mehr einfallen dürften. Ich stellte mit Verblüffung fest, dass ich 1939 erst fünfunddreißig Jahre alt werde. Vor Hitler standen einem Mann in diesem Alter sämtliche Türen offen. Und sämtliche Frauenherzen.
Meine Gäste rückten mit drei Flaschen französischem Wein an und bestanden darauf, das ganze Trio zu köpfen. Schon nach der ersten Flasche waren sich alle einig, dass 1939 kein friedvolles Jahr werden wird. Es gab gebratenes Hähnchen mit dem Reis, den wir seit Monaten für eine besondere Gelegenheit gehortet hatten, weil es vermessen ist, mit Nachschub zu rechnen. Kartoffeln verirren sich schon gar nicht nach Rongai. Die, die ich neulich der alten Frau abkaufte, die uns regelmäßig mit Bananen beliefert, entpuppten sich als Süßkartoffeln. Das erfuhren wir allerdings erst, als Süßkind beim Schabbesessen die Diagnose stellte.
Wie Dir vielleicht noch von Eurem Besuch in Erinnerung ist, hat mir mein Chef verboten, sein Federvieh zu schlachten. Als Ihr in Rongai wart, sind zwei Hühner Owuor vor die Füße gelaufen und tot umgefallen. Diesmal sind laut Owuors absolut glaubhaft erscheinender Aussage gleich vier Hähnchen zwei Tage vor Silvester mit elenden Krämpfen verschieden. Das hat uns unser taktvoller Koch allerdings erst post festum verraten.

Ol' Joro Orok, 1941: Alle sechs Monate beglückte uns die Spanielhündin Beauty mit Nachwuchs.

Da keiner von uns irgendwelche Beschwerden hatte, gehe ich davon aus, dass der Mensch durchaus unbeschadet krepierte Hühner essen kann. Steffi durfte so lange aufbleiben, wie sie wollte, und hält sich seitdem für erwachsen. Tatsächlich verschlief sie die Jahreswende vor dem Kamin. Unser Hund Rummler diente ihr als Unterlage. Somit dürfte meine Tochter der erste Mensch sein, der ein furzendes, auf Körpertemperatur aufgewärmtes Kissen besitzt, das zum Himmel stinkt und zudem der tägliche Beweis ist, dass Afrika an meiner überängstlichen Tochter ein wahres Wunder vollbracht hat. Sie, die schon brüllte, wenn sie einen Rehpinscher auf der Straße sah, hat vor keinem Tier mehr Angst. Von unserem Viehhirten hat sie die wäscheschonende Gewohnheit übernommen, ihr Gesicht mit den Schwänzen von den Kühen zu reinigen. Übrigens ist der Namensgeber unseres Hundes der Kreisleiter in Leobschütz.

Ich genese jedes Mal von meinem Heimweh, wenn ich »Rummler, du Mistvieh« rufe.
Weil ich so ins Tratschen geraten bin wie die Sohrauer Marktfrauen, liegt es im Bereich des Möglichen, dass Du meine Anfrage wegen des Geschirrs vergessen könntest. Ich erlaube mir, nochmals auf das Thema hinzuweisen, und hoffe sehr, dass es Dich nicht in Verlegenheit bringt. Du musst Dir einfach vergegenwärtigen, dass Du es mit einem Mann zu tun hast, der seinen Stolz endgültig weggepackt hat. Er hat ihn in seine Anwaltsrobe gehüllt.
Wie kommt Ihr eigentlich an Gäste für das Boardinghouse? Wo kommen die vielen Möbel und das Geschirr her, die für eine Pension nötig sind? Das alles interessiert mich sehr. Obwohl ich ja aus dem Hotelgewerbe stamme und auch lernwillig bin und anspruchslos in meinen Gehaltsvorstellungen, wirst Du mich ja leider nicht als Kofferträger einstellen können. In diesem vertrackten Land gilt ja körperliche Arbeit für einen Europäer als standeswidrig.
Mein Vater und Liesel scheinen nun doch an Auswanderung zu denken, aber jetzt ist es weiß Gott zu spät. In der ganzen Welt hängen ja die Schilder »Juden unerwünscht«. Vaters Bemühungen und dass er endlich nach Breslau gereist ist, um sich bei der Auswandererstelle beraten zu lassen, zeigen mir, dass in Deutschland und auch in Polen alles noch viel schlimmer sein muss, als wir uns hier vorstellen. Meine Schwiegermutter und Käthe haben offenbar resigniert. Das Wort Auswanderung kommt in keinem ihrer Briefe vor. Aber wenigstens die Mitteilung, dass Suse, Jettels jüngste Schwester, endlich alle Papiere für Amerika beisammen hat und nun auf Schiffspassage hofft.
Entschuldige den melancholischen Schluss, aber bei mir führen leider alle Weg in die Verzweiflung. Grüße Deine Frau herzlich von mir, auch von Jettel und Steffi.
Dein Walter

Brief vom 14. Januar von Heini Weyl, Nairobi, an Walter Zweig in Rongai

Lieber Walter! Nein, ich werde Dein Rosenthalservice nicht kaufen. Ruth und ich müssten uns in Grund und Boden schämen, wenn wir Eure momentane Notlage ausnutzen und Euch das Wenige abknöpfen würden, das Dir geblieben ist.

Und mach Dir um Himmels willen keine Sorgen, wenn Du tatsächlich weg aus Rongai musst. Mein Boardinghouse geht zwar gut, doch ein Zimmer halte ich immer und aus Prinzip für meine Freunde frei. Es ist ein großer Raum mit zwei Betten, in dem sich bequem noch ein Feldbett aufstellen lässt. Wenn nötig, sogar zwei. Dort könntet Ihr drei so lange wohnen, bis Du eine neue Stellung findest. Hauptsache, Du kannst Dich in Ruhe nach was Passendem umsehen und musst Dich nicht aus Existenzangst wieder darauf einlassen, dass Dich im zwanzigsten Jahrhundert ein mieser Sklavenhändler auf Kost und Logis einstellt.

Weyl's Boardinghouse wird Dich selbstverständlich nichts kosten. Ich kann mich nämlich bestens erinnern, dass ich mindestens dreimal in Zweigs Hotel in Sohrau übernachtet und mich dort kugelrund gegessen habe, doch ich kann mich nicht erinnern, dass Dein Vater nur ein einziges Mal das Geld angenommen hat, zu dem ich ihn und Deine Schwester mit Engelszungen zu überreden versuchte. Dabei stand es schon damals schlecht um das Hotel.

Dass man das Gute, das einem getan wurde, mit Gutem vergilt, hat mir meine selige Mutter beigebracht, als ich fünf Jahre alt war. Da wollte ich einem neunjährigen Nachbarsjungen, der mich und meinen Holzroller in letzter Minute vor einer feindlichen Übermacht in Sicherheit brachte, nicht die drei Glasmurmeln schenken, die er sich als Retterlohn erbeten hatte. Übrigens war der heldenhafte Streiter für Gerechtigkeit der Erste, den ich in SA-Uniform gesehen habe. Unmittelbar nach der Machtergreifung entwickelte er die Angewohnheit, meine Mut-

ter anzurempeln. Sie ging damals schon am Stock und hat schlecht gesehen.
Du fragst, woher ich meine Gäste bekomme. Ganz einfach. Ich lese sie am Bahnhof auf. So wie es früher die Hotelpagen von den feinen Etablissements getan haben. Wenn Schiffe aus Deutschland angekommen sind, sitzen in den Zügen von Mombasa nach Nairobi immer Emigranten. Neuerdings sind es nicht nur Deutsche, sondern auch Österreicher, Tschechen und Polen, und es sind nicht mehr einzelne Männer, sondern ganze Familien, die hier ankommen. Manche Leute sind so alt, dass man sie früher noch nicht einmal allein von Breslau nach Liegnitz hätte fahren lassen. Die Neueinwanderer sind entweder auf dem Weg ins Hochland, oder irgendjemand hat ihnen weisgemacht, sie würden eine Stellung in Nairobi finden. Auf jeden Fall sind sie alle mit den Nerven am Ende und sehen erbärmlich aus. Sie klammern sich an mich, brechen in Tränen aus, wenn sie mich Deutsch reden hören, und sind so froh, dass sie überhaupt irgendwo unterkommen können, dass ich sie kaum davon abhalten kann, vor mir auf die Knie zu fallen.
Ich geniere mich schrecklich, wenn man mich als Wohltäter feiert. Dabei habe ich nur mehr Glück gehabt als andere. Ich würde wahrhaftig lieber in Breslau in meinem Geschäft sitzen und über Bettwäsche, Tischdecken und Bilanzen nachdenken und am Sonntagnachmittag Mohnkuchen essen und abends Kartoffelsalat mit Würstchen. Und dazu hätte ich einen Mostrich, der wie Mostrich schmeckt, und nicht einen »Mustard«, der wie Durchfall aussieht und ganz abscheulich schmeckt.
Die meisten Möbel und auch viel Geschirr kaufe ich billig den britischen Kolonialbeamten ab, die nach England zurückkehren. Das gibt meinem Boardinghouse ein englisches Flair, das allgemein bewundert wird. Besonders von Leuten, die noch kein Wort Englisch können. Zudem hat eine gute Fee dafür gesorgt, dass wir aus Breslau genug Haushaltswäsche mitnahmen, um zwei Pensionen einzurichten. Ruth und ich reden oft darü-

ber, wie das gekommen ist, doch wer kann schon im Nachhinein sagen, warum er bei der Auswanderung das eine getan und das andere gelassen hat. Wir haben beispielsweise kein einziges Familienfoto mitgenommen, dafür drei Alben mit Postkarten von Wilhelm Zwo. Es hieß, in Tanganjika kann man ein Vermögen mit Sachen aus der Kaiserzeit machen. Nur habe ich in Breslau nicht gewusst, dass Tanganjika nicht eine Stadt in Kenia ist, sondern das Nachbarland. Dort schätzt man die Deutschen immer noch und erzählt, wie ich immer wieder höre, fürchterlichen Unsinn aus der Kaiserzeit.

Neuerdings gibt es bei uns auch Abendessen. Die Küche meiner Frau ist ein Riesenerfolg. Ihre Liebenswürdigkeit und gute Laune erst recht. Ruth ist es sogar gelungen, Sauerkraut einzulegen, aber wenn wir es auf den Tisch brachten, haben die Leute Rotz und Wasser geheult. Da haben wir es wieder sein lassen. Gemüse auf englische Art – rein ins Wasser und wieder raus – servieren wir nicht. Es verirrt sich sowieso kein Engländer in unser Emigrantennest. Es sei denn, er will uns seine Wohnzimmereinrichtung verkaufen.

Mach Dir bloß keine Sorgen, ob Ihr bei dem antisemitischen Patentekel in Rongai bleiben könnt oder nicht. Meine Kinderfrau hat immer gesagt, jeder Topf findet seinen Deckel. Ich erlebe täglich, dass das stimmt. Allerdings muss man nach den Deckeln heute länger suchen als früher.

In diesem Sinne und mit herzlichen Grüßen an die Deinigen
Dein Heini

Brief vom 19. März von Suse Klein, an Bord der Milwaukee, an Schwester und Schwager in Rongai

Meine liebe Jettel, lieber guter Walter, geliebtes Steffilein! Ein dreifaches Hurra! Ich bin wieder ein Mensch, ich brauche mich vor keinem mehr zu fürchten. Seit drei Tagen bin ich an Bord der Milwaukee. Meine sämtlichen Taschentücher habe ich durchgeweint, und trotzdem bin ich so glücklich, dass ich jeden

auf diesem Schiff angrinse. Auf mich wartet die Freiheitsstatue mit ihrer Fackel und – noch wichtiger – Mackie mit seiner Güte und seinem Verständnis. Drei Tage nach der Hochzeit habe ich mich von meinem Mann trennen müssen und ihn fast ein Jahr nicht gesehen. Ich könnte den ganzen Tag singen, wenn ich daran denke, dass die Qual nun vorbei ist. Lasse ich jedoch die Vergangenheit nur für einen Moment in mein Leben, sehe ich in Breslau die Synagogen brennen und blutüberströmte Menschen aus ihren geschändeten Wohnungen auf die Straße torkeln. Drei Tage muss ich nur zurückschauen, schon steht Mutter weinend am Bahnhof. Ich bin im Begriff, nach Bremen abzufahren. Keiner von uns wagt es, ein Wort zu sagen, und wir spüren beide, dass wir uns nie wiedersehen werden. Ich habe darauf bestanden, dass sie mich nicht zum Schiff begleitet. Ob das immer so bleiben wird, dass wir die Bilder von dem, was uns Leben war, nicht aus dem Kopf bekommen? Das wäre eine Strafe, die noch nicht einmal der ärgste Feind verdient.
Selbst in Amerika hat mein Mann noch gute Beziehungen zu seiner alten Firma. Wenn er mich nicht von Boston aus zu den richtigen Leuten in Breslau dirigiert hätte, hätte ich bestimmt noch keine Schiffskarte. So ging zum Schluss alles so schnell, dass ich kaum zur Besinnung kam, und jetzt noch habe ich eine panische Angst, dass ich morgens aufwache und in Breslau gefangen bin. Übrigens ist Mackie in einer Firma untergekommen, in der ihm seine Englischkenntnisse nutzen. Er hat mir schon zigmal geschrieben, was er dort macht, aber ganz kapiert habe ich es nicht. Man kann sich die Zustände in einem fremden Land eben nicht vorstellen.
Die Zustände in Breslau werdet Ihr Euch schon gar nicht vorstellen können. Natürlich habe ich ebenso wenig gewagt wie Mutter, Euch davon zu schreiben. Seit dem 1. Januar dieses Jahres müssen die jüdischen Frauen ja den Zwangsnamen Sara tragen und die Männer Israel. Seitdem ist alles noch viel schlimmer geworden. Die Juden leben in ständiger Angst und kennen

nur noch ein Thema: Auswanderung. Die Alten stehen nun allein da. Kaum einer begreift, was geschieht. Sie erzählen ständig, wie gut es ihnen unter dem Kaiser ging und wie judenfreundlich er war. Nebbich, kann ich da nur sagen.
Mindestens zweimal die Woche erscheint bei Mutter ein Mann von der Stadt, misst schweigend die Räume aus und macht ihr auf sehr unmissverständliche Weise klar, dass ihre Zeit in der Goethestraße abläuft. Neulich brachte der Kerl einen Mann in Straßenbahneruniform mit einer hochschwangeren Frau und drei Kindern mit. Die Kinder begannen sofort, in sämtlichen Schubladen herumzukramen, die Eltern interessierten sich am meisten für unser Silber. Zum Abschied nahm der Vater die zwei Schabbesleuchter von Großmutter mit. »Auf Vorschuss«, sagte der Mann von der Stadt und lachte hämisch. Keiner von uns wagte, etwas zu sagen. Es war klar, dass man den Leuten bereits Zusagen auf unsere Wohnung gemacht hat. Mögen unsere Schabbesleuchter sie niederbrennen!
Einige von unseren Bekannten sind bereits aus ihren Wohnungen hinausgeschmissen worden und hocken nun in winzigen Räumen, in denen sie auch kochen müssen. Das Klo ist auf der Treppe. Man spricht davon, dass »Judenghettos« in der Stadt errichtet werden sollen. Mackie bemüht sich, in der Jüdischen Gemeinde von Boston Leute aufzutreiben, die zu einem Affidavit für Mutter und Käthe bereit wären, doch wir machen uns wenig Hoffnung. Er ist ja erst kurz im Land und kann noch nicht mal die Armen von den Reichen unterscheiden. Seine Eltern hocken noch im Badischen. Sein Bruder hat sich die Hacken abgelaufen und die Hände wund geschrieben, damit sie zu Auswanderungspapieren kommen. Bisher ohne Erfolg.
Die Milwaukee ist kein amerikanisches Schiff, wie der Name suggeriert, sondern das Schwesterschiff der St. Louis, auf der Mackie war. Allerdings scheinen die Nazis auf den Auswanderschiffen keine so große Rolle zu spielen wie auf den Vergnügungsdampfern, die rund um Afrika fahren. Zwar haben wir

vorn die Hakenkreuzfahne, doch so gut wie kein Hitler-Bild in den Räumen. Die Offiziere, Kellner und das Kabinenpersonal sagen »Guten Morgen« und nicht »Heil Hitler!«. Das tut gut. An Bord sind sehr viele jüdische Auswanderer. Ich habe in drei Tagen mehr Schreckliches zu hören bekommen als in den sämtlichen dreiundzwanzig Jahren meines Lebens. Von einer Berlinerin mit zwei kleinen Kindern ist der Mann drei Wochen vor der Abfahrt des Schiffes gestorben (er war zwei Jahre in Buchenwald und wurde erst unmittelbar vor der Auswanderung entlassen). Sie hat Glück, dass die Familie da schon Einwanderungspapiere und Schiffskarten hatte. Sonst hätte es wahrscheinlich mit der Auswanderung gar nicht geklappt. Die USA nehmen ja aus Angst, die Menschen könnten ihnen zur Last fallen, nicht gern unverheiratete Leute auf. Dann bestimmt auch keine Witwen mit kleinen Kindern.
Ich hatte vor, Euch ausschließlich von meiner Erleichterung und dem wunderbaren Essen auf der Milwaukee zu schreiben, aber mit dem Ausblenden des Traurigen und Schrecklichen klappt es noch nicht. Dabei sagt jeder, dass es lebenswichtig ist, vergessen zu lernen. Verzeiht mir, dass ich noch eine Anfängerin bin. Ich melde mich, sobald ich eine feste Adresse habe. Ein regelmäßiger Briefwechsel ist ja das Einzige, was uns geblieben ist.
Es drückt Euch alle ganz innig Eure Suse
PS Steffi sollte unbedingt stricken lernen. Ihr könnt Euch gar nicht vorstellen, wie viele bange Stunden ich mir mit Stricken erträglich gemacht habe.

Am 20. März schreibt Walter Zweig, Rongai, an Oscar Hahn in Gilgil

Lieber Oha! Zu den Dingen, die ich beim Verlassen meines Vaterlandes vergessen habe mitzunehmen, zählt eine Pessach-Haggadah*. Vergangenes Jahr hatte ich kein Bedürfnis, mich an

* Eine aus vielen Quellen zusammengestellte Erzählung vom Auszug der Kinder Israels aus Ägypten, die an den ersten zwei Abenden des Pessachfestes gelesen wird.

die Befreiung aus der ägyptischen Knechtschaft zu erinnern. Jettel und Steffi saßen ja noch in Breslau. Dieses Jahr würde ich jedoch Pessach gern wieder so feiern, wie die Familie Zweig immer gefeiert hat – liberal, aber traditionell und bewusst. Steffi hat schon mit vier Jahren Ma Nischtana* gesagt, aber leider war sie damals nicht auf unsere Emigration eingestellt und hat den Text nicht auswendig gelernt. Hast du vielleicht eine Haggadah für uns? Wenn nicht, wird sich Gott mit dem begnügen müssen, was in meinem Gedächtnis lagert. Ich war als Schüler zwei Jahre bei einem Rabbiner in Hirschberg in Pension. Leider ist davon so gut wie nichts geblieben, was mich sehr beschämt.
Frage an Lilly: Wenn man die Hefe beim Brotbacken weglässt, wird aus dem Teig Matze, oder hat man den Juden auch in dieser Beziehung etwas weisgemacht?
Was nehmt Ihr als Bitterkraut?**
Du siehst, wenn man keine Sorgen hat, macht man sich welche, aber mir liegt viel daran, dass meine Tochter beizeiten weiß, wohin sie gehört.
Es dankt für Eure Mühe Dein Walter

Brief vom 5. April, Walter Zweig an die Jüdische Gemeinde in Nairobi. Original, ins Englische übersetzt von Lilly Hahn

Sehr geehrte Herren, heute erhielt ich Ihr Paket mit Matze, Pessachkuchen und Wein. Ich kann in keiner Sprache ausdrücken, wie dankbar ich Ihnen bin. Mit Ihrem Pessachpaket und der Einladung nach Nairobi, um in der Gemeinde den ersten Sederabend zu feiern, haben Sie meiner Familie und mir das niederdrückende Gefühl genommen, dass wir Ausgestoßene sind und keine Heimat mehr haben.

---

* Die Worte, mit denen die vier immer gleich bleibenden Fragen beginnen, die das jüngste Mitglied am Tisch an den ersten beiden Pessachabenden stellt.

** Zu Pessach werden zur Erinnerung an die bitteren Zeiten, die die Kinder Israels in Ägypten erlitten, bittere Kräuter gegessen.

Leider können wir Ihre ehrenvolle Einladung nicht annehmen. Wir haben kein Auto und können also nicht fort aus Rongai. Seien Sie jedoch versichert, dass wir das Fest in diesem Jahr mit besonderer Dankbarkeit begehen werden.
Mit ergebenen Grüßen, auch im Namen meiner Frau, Walter Zweig

Brief von Walter Zweig, Rongai, an Harold Painfold in Thika, 15. April. Originalbrief, ins Englische übersetzt von Lilly Hahn, Gilgil

Sehr geehrter Herr Painfold! Unter Bezugnahme auf Ihre Anzeige im »East African Standard« vom 12. April erlaube ich mir, mich um die Stellung als Manager auf Ihrer Farm zu bewerben. Ich bin seit fünfzehn Monaten in gleicher Position auf der Morrison-Farm in Rongai angestellt und befinde mich im ungekündigten Zustand. Nun möchte ich meine Kenntnisse in der Landwirtschaft erweitern. Ihre Kaffeefarm interessiert mich besonders. Ich würde Sie gern davon überzeugen, dass ich alle an mich gestellten Aufgaben mit dem Fleiß und dem großen Engagement erledigen werde, die alle, die in Kenia eine neue Heimat gefunden haben, diesem Land schulden.
Ich bin 1904 in Deutschland geboren, bin verheiratet und habe eine sechsjährige Tochter. Als Jude musste ich Deutschland verlassen. Dort war ich Rechtsanwalt. Im Februar 1938 kam ich nach Kenia. Ich bemühe mich, so schnell wie möglich Englisch zu lernen. Suaheli beherrsche ich bereits so gut, dass ich mich ohne Schwierigkeiten mit dem Personal auf der Farm verständigen kann.
Ich bitte Sie, mein Gehalt nach Ihrem Ermessen zu bestimmen. Ihrer Antwort sehe ich mit großer Hoffnung entgegen.
Hochachtungsvoll Walter Zweig

Brief vom 24. April von Harold Painfold aus Thika an Walter Zweig in Rongai. Original in Englisch, übersetzt von Walter Süsskind

Sehr geehrter Herr Zweig! Ich plane für die nahe Zukunft eine Heimatreise und will während meiner Abwesenheit meine Farm nicht in den Händen eines unerfahrenen Managers zurücklassen. Zudem erscheint es mir ein zu großes Wagnis, in diesen unsicheren Zeiten Arbeitskräfte einzustellen, die nicht in diesem Land geboren sind. Ich bin sicher, dass Sie für meine Bedenken Verständnis haben.

Harold Painfold

Am 12. Mai schreibt Max Zweig aus Katowice in Polen an das Britische Kolonialministerium in London. Der in Englisch verfasste Brief wurde nie beantwortet. Er befand sich in den Personalakten Dr. Walter Zweigs des Hessischen Justizministeriums

Ihre Exzellenz! Ich erlaube mir, folgende Bitte an Sie zu richten: Mein Sohn, ein ehemaliger Rechtsanwalt und Notar in Leobschütz, Oberschlesien, hat als Jude sein Heimatland verlassen müssen. Er ist im Februar 1938 nach Kenia emigriert. Da er zum gegenwärtigen Zeitpunkt nicht darum nachsuchen darf, dass ich zu ihm komme, erbitte ich von Eurer Exzellenz ein Visum für Kenia, ohne dass ich dort eine Geldsumme hinterlegen muss. Ich bin ein einsamer Mann, der von Ihrer Exzellenz Hilfe erbittet, damit er zu seinem einzigen Sohn ziehen kann. Der ist in der Lage, für meinen Lebensunterhalt zu sorgen.

Meine persönlichen Daten: Max Zweig; Kaufmann, geboren 18.8.1875 in Żory, Polen. Früher Oberschlesien in Deutschland. Staatsangehörigkeit: polnisch.

Ich erbitte von Ihrer Exzellenz eine rasche Antwort.

Max Zweig

Brief von Walter Zweig an Frau Helene Groag in Nairobi vom 31. Mai

Liebe Leni! Heute früh geschah wieder eines der vielen Wunder, mit denen uns Afrika so beglückt. Der Schambaboy Kimani trug an seinem rechten Handgelenk das goldene Schlangenarmband, das Du zu Silvester getragen und bei Deiner Abfahrt vermisst hast. Nach Kimanis unvereidigt gebliebener Aussage wickelte sich das Armband um sein Handgelenk, während er schlief. Beim Erwachen hielt er die Schlange für lebendig und wagte nicht, sie zu entfernen.

Da ich Kimani mein Leben verdanke (bei meiner Malaria lief er so schnell zu Süßkinds Farm, dass ich rechtzeitig an Chinin kam) scheute ich mich, inquisitorische Fragen zu stellen, die er als beleidigend hätte empfinden können. Stattdessen half ich ihm, die Schlange, die sich an seinem Arm festgebissen hatte, zu befreien. Er bat, der schönen Memsahib aus Nairobi auszurichten, er freue sich, dass das Tier wieder nach Hause kann. Ich vertraue den Schmuck Walter Süßkind an, der morgen bei mir die Post abholen kommt und anschließend nach Nairobi will.

Habt Ihr was von Manasse gehört? Noah hat wenigstens zum Zeichen, dass er die Strapazen überstanden hat, eine Taube ausgeschickt. Hoffentlich gehen für Euch die Dinge in Nairobi so, wie Ihr sie Euch vorgestellt habt. Jettel und ich reden immer noch von Eurem Silvesterbesuch. Seitdem haben wir außer Süßkind und meinem Chef, der das Reden mit mir eingestellt hat, keinen Menschen mit weißer Hautfarbe gesehen. Jettel lässt herzlich grüßen. Steffi hat unter einem Riesenbaum einen Literatursalon gegründet. Sie erzählt den Leuten auf der Farm Märchen. Brüderchen und Schwesterchen sind derzeit Favorit, doch bisher sind alle Versuche fehlgeschlagen, ihre Gazelle in einen Menschen umzuwandeln.

Herzlichst Walter Z.

Undatierte Postkarte von Ina Perls an ihre Enkelin in Rongai, angekommen am 30. Juni

Meine liebe, kleine Steffi. Auch wenn Du erst im September Geburtstag hast, wünsche ich Dir heute schon alles Gute. Dein Papa sagt ja immer, der kluge Mann baut vor. Das gilt auch für Frauen. Nächste Woche ziehen Deine Oma und Tante Käthe um. Das bringt viel Aufregung in unser Leben. Die neue Wohnung hat nur ein Zimmer. Ich werde also keine Mühe mit dem Aufräumen haben. Zum Glück brauchen wir uns keine Sorgen um unsere Möbel und um unser Silber zu machen. Auch nicht um unsere Pelzmäntel und die Bilder. Unsere Nachbarn in der Goethestraße waren sofort bereit, alles zu übernehmen. Für uns ist nur wichtig, dass wir sämtliche Fotos von Dir und Deiner Mami in die neue Wohnung mitnehmen dürfen.
Ich drücke Dich ganz fest an mich. Leb wohl.
Deine Oma

Am 1. September um 10.15 Uhr läuft Kimani mit einem Brief von Walter Zweig zu Walter Süsskind

Lieber Süßkind! Um sieben Uhr heute früh meinte ich von der BBC zu hören, dass die Deutschen in Polen einmarschiert sind. Mir schien, es war die Rede von Danzig, doch meine Englischkenntnisse reichen nicht aus, um die Lage zu erfassen. Die Batterie hat die Strapazen nicht überstanden. Das Radio ist soeben verstummt. Nun weiß ich nicht, ob wir uns, wie ich vermute, im Krieg befinden. Was wird aus uns? Immerhin wären wir im Kriegsfall feindliche Ausländer. Ich bin sehr beunruhigt und warte voller Bangen auf Deine Antwort.
Dein Walter

7

Kwaheri Rongai!

Nairobi und Ol' Joro Orok, 1939

Am 18. September schreibt Walter Zweig aus dem Internment Camp Ngong an Jettel und Steffi. Die Frauen und Kinder der Internierten sind bei Kriegsausbruch von den Farmen im Hochland in das luxuriöse Norfolkhotel in Nairobi gebracht worden

Meine liebe Jettel! Ich hoffe inständig, dass Ihr Euch keine allzu großen Sorgen gemacht habt. Es war ja in unserer Lebensplanung nicht vorgesehen, dass ich auf einem Lastwagen der East African Army in einer roten Staubwolke entschwinde und nichts mehr von mir hören lasse. Jedoch haben wir erst heute erfahren, wer von den jüdischen Frauen wo interniert ist. Viele sind zwar genau wie Du in Nairobi, allerdings im New Stanley Hotel einquartiert. Von einem sehr sympathischen Captain, der sich bedauerlicherweise nur in seiner Muttersprache verständlich machen kann, wurde uns zugesichert, dass unsere Post nicht über London ins Norfolk befördert wird, sondern mit Armeefahrzeugen. Der Landweg ist derzeit am sichersten, wie das Beispiel des unglückseligen britischen Flugzeugträgers Courageous erst gestern gezeigt hat, der ja binnen zwanzig Minuten von einem deutschen U-Boot versenkt wurde. Das hat uns alle mächtig aufgewühlt.

Ich bin glücklich, Euch im Norfolk zu wissen. Zwar ist es in unserer gegenwärtigen Situation von untergeordneter Bedeutung, dass das Norfolk das beste und teuerste Hotel im Land ist (Auskunft Oha). Es dürfte uns auf die Dauer aber zugutekommen, dass Nairobi und der Ngong, wo ich und die meisten anderen jüdischen Männer festgehalten werden, recht nahe beieinander liegen – zumindest für afrikanische Maßstäbe. Am Ende spricht sich bei der East African Army herum, dass es Britanniens Siegeschancen nicht schmälern würde, wenn sie bei den »enemy aliens« für gelegentliche Familienzusammenführungen sorgte.

Laut Aussage von Oha, Süßkind und Heini Weyl hat mein Humor die Umsiedlung aus Rongai ebenso gut überstanden wie mein Appetit. Außer Euch fehlt es mir hier tatsächlich an nichts. Gestern gab es zum Sonntagsfrühstück Würstchen mit Speck und Bratkartoffeln (nennen sie Chips) und mittags unglaublich fettes Hammelfleisch. Dazu ein Gemüse, das von einigen als Lauch, von der Mehrheit jedoch als Kraut definiert wurde und genauso schmeckte, wie es aussah (wie Kotze) und einen warmen Pudding. Doch ich bin immer noch so ausgehungert von der fleischlosen und kartoffellosen Zeit in Rongai, dass ich alles verschlinge, was man mir vorsetzt. Sogar die Pfefferminzsauce, die es zum Hammelbraten gab.

Noch mehr als meinen ständig vollen Bauch genieße ich die Erlösung aus der Einsamkeit und mit ihr das Beisammensein mit Menschen, die alle im gleichen Boot sitzen wie ich. Jeder hat einen ganzen Roman erlebt und nie einen, der gut endet. Das Radio läuft ständig. Zum Glück ist immer einer zur Stelle, der genug Englisch kann, um die Nachrichten zu verstehen und zu übersetzen. Den deutschen Sender brauche ich hier gar nicht erst zu suchen. Der würde mich ja sofort als Spion und Nazi entlarven.

Verdächtig sind wir natürlich alle. Für die Engländer sind wir Deutsche; es interessiert sie keinen Deut, was Hitler mit den Juden macht und weshalb wir genau wie sie für die deutsche Niederlage beten. Bestens heraus sind die Österreicher. Sie wurden als »friendly aliens« eingestuft und sind inzwischen selbst der Meinung, Österreich hätte sich beim Einmarsch der Deutschen verbissen gegen Hitler gewehrt. Ein groteskes Erlebnis hatte ich am Freitag. Wir wurden einzeln über unsere Vergangenheit befragt. Ein Dolmetscher war vorgeschrieben – sehr zum Ärger derjenigen, die fest überzeugt sind, dass das, was sie reden, Englisch ist. Bei meiner Vernehmung sah mich der Offizier wohlwollend an, als ich ihm erklärte, wo Sohrau ist, und notierte »Polish«. Das heißt nicht nur Schuhwichse, sondern auch polnisch. Wer hätte je gedacht, dass ich die polnische Staatsangehörigkeit als Auszeichnung empfinden würde. Ich unterließ auch den Hinweis, dass Sohrau in meinem Geburtsjahr zum Deutschen Reich gehört hat, und kam mir prompt wie ein Hochstapler vor.

Einige von uns haben von ihren Chefs die Kündigung erhalten. Es ist bestimmt auch nur eine Frage der Zeit, bis Morrison mir mitteilt, dass er seinen Kühen und Hühnern nicht einen jüdischen Farmmanager zumuten kann. Ich mache mir große Sorgen. Steffi würde dann wieder eine Trennung von Menschen, die sie liebt, verkraften müssen.

Jeder Tag, den mich die Army hierbehält und uns dreien Kost und Logis bietet, ist ein Gewinn. Mach Dir um Himmels willen keine Sorgen, wenn Du zu hören bekommst, dass einige von den Internierten nach Südafrika geschickt werden sollen. Zunächst ist nur an Ledige unter vierzig gedacht. Drei Sechzigjährige sind bereits entlassen worden. Sie werden nun wieder für sich selbst sorgen müssen und sonntags keine Würstchen mehr bekommen. Männer mit eigenen Farmen sollen bevorzugt entlassen werden, damit die Farmen nicht unversorgt bleiben. Oha, der ja zu diesem Kreis gehört, hat versprochen, mir zu helfen, wenn wir in Not geraten. Ohne ihn wüsste ich noch nicht mal, worauf ich hoffen und wofür ich beten soll. Er hat mir äußerst energisch den Kopf gewaschen, als ich ihm erzählte, dass ich die Hoffnung aufgegeben habe, Vater und Liesel je wiederzusehen. Du bist nicht nur Sohn, hat er gesagt. Du bist auch Vater.

Ich kann es gar nicht abwarten, von Euch zu hören, und werde morgen an Steffis Geburtstag immerzu an Euch denken. Und Gott danken, dass wir keine Angst mehr umeinander zu haben brauchen. Die Engländer haben seit dem Burenkrieg, als sie Frauen und Kinder in Lagern unterbrachten, in denen Unzählige den Hungertod starben, doch Entscheidendes dazugelernt. Jetzt sitzen Du und Steffi in einem Luxushotel, aus dem die ursprünglichen Gäste wegen der »fucking Jews« hinausgeworfen worden sind. Ich lerne hier täglich einen neuen Fluch. Ob das bei der Arbeitsplatzsuche nützlich ist?
Ein einstiger Journalist, der immer noch so viel von sich hält, dass er alles glaubt, was aus seinem Mund kommt, hat behauptet, das Rote Kreuz werde dafür sorgen, dass die Juden, die nicht aus Deutschland herausgekommen sind, Kontakt zu ihren Verwandten halten können. Seine Eltern sind noch in Hamburg und sein Bruder in Buchenwald. In der Lage hat ein jeder das Recht auf Hoffnung.
Lass es Dir so gutgehen, wie Du nur kannst. Mach Dir klar, dass die Internierungszeit die einzige Gelegenheit für uns ist, wieder unter Menschen zu sein und mitzubekommen, was die Welt bewegt. Wir spielen hier viel Skat. Mit Steinchen als Geld. Ich spiele immer noch so schlecht wie früher und genauso gern. Nachts liege ich auf meinem Feldbett, schaue in den afrikanischen Sternenhimmel und freue mich an dem Gedanken, dass Du mich in einem Frauenlager nicht betrügen wirst.
Ein inniger Kuss Dein alter Walter

Meine liebe Steffi! Es ist das erste Mal, dass ich an Deinem Geburtstag nicht bei Dir sein kann. Sei nicht traurig. Sobald es geht, holen wir den Geburtstag nach. Hier im Ngong sind wunderschöne blaue Vögel mit glänzenden Flügeln. Auf den Berghängen weiden Zebras und Gnus. Nachts hört man die Hyänen. Viele Tiere sehen wie kleine braune Hasen aus. Man nennt sie Klippschliefer. Jemand hat mir erzählt, dass sie mit den Elefanten verwandt sind. Du siehst, auch Erwachsene lügen. Mach es ihnen nicht nach. Ich hoffe, Du findest eine Freundin im Norfolk. Am besten wäre eine, die schon lesen kann und es Dir beibringt. Lesen ist im Leben genauso wichtig wie ein gewaschener Hals und Pudding. Pass gut auf die Mama auf und vergiss nicht, abends den lieben Gott zu bitten, dass er uns nicht vergisst. Er hat so viel zu tun, dass das schon mal geschehen kann. Einen ganz dicken Geburtstagskuss schickt Dir Dein Papa, der Dich sehr liebt.

Am 20. September schreibt Jettel Zweig im Norfolk an ihren Mann im Internment Camp Ngong

Lieber Walter! Dein langer Brief hat mich sehr, sehr gefreut. Die Frauen hier waren alle ganz neidisch. Ich war mit die Einzige, die Post bekommen hat, und dann so einen langen Brief! Nun sagen alle, dass Du mich sehr lieben musst. Ich streite das natürlich nicht ab, auch wenn Du es mir nie sagst. Weil Du Dich so schnell ans Schreiben gemacht hast, will ich Gleiches mit Gleichem vergelten. Außerdem geht die Post für den Ngong immer mittwochs ab. Sagt der Manager. Alle finden ihn unausstehlich. Er meckert immerzu an den Kindern herum und hat Angst um seine Rosen und die großen Glasvasen in der Halle, aber für mich hat er bisher nur freundliche Worte gehabt. Er hat mir sogar gesagt, ich spreche sehr gut Englisch. Zum Glück stand Frau Kunzmann, die schon drei Jahre im Land ist und wirklich Englisch kann, neben mir. Ich hätte gar nicht kapiert, was er von mir wollte. Die Kunzmann (Blaustrumpf mit Zopffrisur und dicken Beinen) behauptet, er habe ein Auge auf mich geworfen.

Das Norfolk ist das schönste Hotel, das ich je gesehen habe. Die Zimmer sind sehr groß. Meins hat ein riesiges rosa Waschbecken und ein breites Doppelbett mit Seidenkissen und zitronengelber Bettwäsche, die Steffi so gut gefällt, dass sie auf Mittagsschlaf besteht, außerdem eine hochelegante Spiegeltoilette, einen Schreibtisch und eine Chaiselongue mit zwei geblümten Sesseln. Auf dem Tisch steht immer eine Vase mit frischen gelben Rosen. Meine neue Freundin, Frau Conrad, sagt, man habe vergessen, dem Personal klarzumachen, dass wir »enemy aliens« sind. Die Boys und die Ajas, die eigens für die Babys und Krabbelkinder abgestellt sind, behandeln uns, als wären wir englische Ladys. Sie singen so fröhliche Lieder, dass wir manchmal total vergessen, weshalb wir hier sind.

Das Essen ist großartig. Am ersten Abend gab es Hummer. Er sah wunderbar aus und war so kunstvoll dekoriert wie im Kino, doch keine von den Frauen hat ihn essen wollen. Sie sagten, Hummer sei nicht koscher. Da habe ich mich natürlich nicht getraut, als Einzige zuzugreifen. Wusstest Du das vom Hummer? Wahrscheinlich. Du weißt ja immer alles. In Sohrau seid Ihr ja nicht so liberal gewesen wie wir in Breslau. Meine Mutter sagt immer, wenn Gott nicht gewollt hat, dass ich Lachsschinken esse, hätte er ja keine Schweine zu schaffen brauchen. Nebbich, sie hat für ihr Leben gern Lachsschinken gegessen und ihn immer aus einer besonders teuren Fleischerei geholt. Ich muss jeden Morgen daran denken, wenn es zum Frühstück Spiegeleier mit Bacon (schmeckt wie verbranntes Holz) gibt.

Abends werden Schallplatten aufgelegt. »My Bonnie is Over the Ocean« und »Keep the Home Fires Burning« kann ich schon auswendig. Und natürlich »God Save the King« und »We're Going to Hang out the Washing on the Siegfried Line«. Wir singen immer mit. Dabei lernt man besser Englisch als in den albernen Sprachkursen, die die Leute mit Konjunktiv und unregelmäßigen Verben schikanieren. Zu den Kindern kam ein Zauberer mit weißen Kaninchen, die rosa Schleifen um den Hals hatten, an denen kleine Glöckchen hingen. Alle waren begeistert. Frau Conrad, die in Berlin eine eigene Bar hatte und ein Riesenmundwerk hat und es auch gebraucht, sagt oft: »Wenn die Engländer ihre Feinde so behandeln, was stellen sie erst mit ihren Freunden an? Die müssen ja den Krieg verlieren.«

Zu meinem Glück hat besagte Elsa Conrad einen Narren an mir gefressen. Wen sie nicht mag, der kann gleich einpacken. Sie trägt immer einen roten Turban um den Kopf und hat durchgesetzt, dass man ihr das Frühstück auf dem Zimmer serviert. Die gute Elsa ist nicht jüdisch, hatte jedoch in Berlin viele jüdische Freunde. Sie hat zwei Jahre im Zuchthaus gesessen, weil sie ein Naziweib, das auf die Juden schimpfte, am Kragen gepackt, wüst beschimpft und aus ihrer Bar geschmissen hat. Ich kann mir das gut vorstellen. Ich hätte nie den Mut zu so etwas gehabt. Bei den Nazis schon gar nicht. Die haben sie regelrecht aus Deutschland abgeschoben. Erst war sie in Tanganjika als Kindermädchen (Nurse heißt das hier), wollte aber durchaus nicht dort interniert werden. In Tanganjika gibt es ja viele Deutsche, die nicht Juden sind, und Elsa behauptet, die sind alle glühende Hitler-Anhänger. Sie hat gesagt, mit Nazis würde sie selbst dann nicht einsitzen, wenn es der König von England persönlich befohlen hätte. Das muss Eindruck gemacht haben. Ihr Chef und seine Frau haben sie persönlich ins Norfolk gefahren. In einem hocheleganten Auto, in dem nicht nur ihre vielen Koffer Platz hatten, sondern auch zwei riesige weiße Hunde, die wie Kälber aussahen. Sie hatten schönere Lederhalsbänder als wir Gürtel.
Lilly Hahn und Frau Gordon sind im New Stanley. Das bedauere ich sehr. Sie sind ja beide so gut zu uns gewesen, und es ist immer ein großes Vergnügen, wenn Lilly aus ihrem Leben in der großen Welt erzählt. Die meisten Frauen hier sind enorm hilfsbereit. Die Älteren kümmern sich auf eine mütterliche Art, die mir ein Gefühl von Wärme gibt, das ich schon gar nicht mehr kenne, um uns Jüngere. Ganz meschugge sind sie auf die Kinder und Babys. Viele sind durch die Emigration von ihren eigenen Kindern und Enkeln getrennt worden. Die Kinder konnten noch nach Amerika auswandern, aber die Eltern nicht mehr nachkommen lassen. Die sitzen jetzt hier, können kein Wort Englisch und müssen sich noch freuen, dass sie es nach

Kenia geschafft haben. Sie erzählen ständig, wie gut es ihnen in Deutschland ging, und wenn sie glauben, dass es keiner sieht, weinen sie, dass es einem das Herz zerreißt. Natürlich muss ich da an Mutter und Käthe denken, aber auch an Deinen Vater und Liesel. Da fragt man sich wahrhaftig, wozu Gott den Menschen ein Gedächtnis gibt. Heutzutage ist ein Gedächtnis so überflüssig wie ein Kropf.
Geradezu überboten haben sich alle, als sie von Steffis siebtem Geburtstag erfuhren. Selbst zu Hause ist sie nicht so verwöhnt worden wie hier. Ihre Augen glänzen immer noch. Frau Sadler, mit deren Tochter Inge sie sich anzufreunden beginnt, häkelte ihr ein kleines Reh aus blauer Wolle. Unsere empfindsame Tochter bricht nämlich immer noch in Tränen aus, sobald sie von Rongai und ihrer Gazelle spricht. Frau Sedlacek (sie kennt Sohrau und natürlich auch Zweigs Hotel) trennte extra eine alte Strickjacke auf und strickte aus der Wolle eine reizende Puppe mit Zöpfen und einer gestreiften Bettdecke. Ein achtjähriger Junge, der Heinz heißt, bei jedem Wort rot anläuft und schrecklich stottert, hat ihr seine Mundharmonika geschenkt. Obwohl sie ja so unmusikalisch ist, dass es einen Hund jammert, hat sie das Geschenk besonders gefreut. Besonders großzügig war Frau Bär. Sie kommt aus Nürnberg, und die Nazis haben ihrem Mann, einem Studienrat, ein Verfahren wegen Rassenschande mit dem Dienstmädchen angehängt. Er hat ein ganzes Jahr in Dachau gesessen und ist seitdem blind auf einem Auge. Ihre drei Töchter, entzückende, sehr ernste Mädels, gehen hier in Nairobi zur Schule. Die Mutter schenkte Steffi zwei wirklich gut erhaltene weiße Blusen, die ihre jüngste Tochter noch gut hätte tragen können. Die Blusen passen zu den meisten Schuluniformen im Land – es sei denn, wir landen in Eldoret. Das Internat dort ist eine Burenschule, die Mädchen tragen Khakiuniformen. Die Prachtblusen sind Steffi zum Glück jetzt noch eine Spur zu groß. Hoffentlich gelingt es uns, unsere Tochter einzuschulen, ehe sie zu klein sind. Frau Bär sagt übrigens, die

Jüdische Gemeinde in Nairobi hilft den Leuten, die sich das Schulgeld nicht leisten können, doch ich höre Dich schon sagen: »Die Gemeinde hat genug für uns getan, als sie uns das Leben gerettet hat.« Dabei hat die Gemeinde ja nur für Steffi und mich bezahlt.
Die kleine Inge malte Steffi einen Hund, der Rummler darstellen soll, ihre Tante schrieb in seinem Namen einen Brief. Das machte den größten Eindruck auf unser Geburtstagskind. Die Sadlers – zwei Schwestern und eine Schwägerin, die Männer sind auch im Ngong – kommen aus Weiden in der Oberpfalz. Inge ist drei Monate älter als Steffi, aber größer und stärker und kein bisschen schüchtern. Sie hat eine sehr niedliche Cousine von vier Jahren, um die sie sich wie eine Mutter sorgt. In den ersten Tagen dachte Steffi, sie lerne von Inge Englisch, doch leider entpuppte sich Inges Englisch als Bayrisch. Du kannst Dir vorstellen, wie alle hier gelacht haben! Jetzt sagt Steffi statt »Guten Morgen« »Grüß Gott« und träumt von einer schwarzen Strickjacke mit silbernen Knöpfen, wie Inge sie hat. Nebbich! Vielleicht erinnerst Du Dich, dass Steffi auch mal so eine Berchtesgadener Jacke hatte, aber dann hieß es doch, Juden dürfen keine Dirndl mehr tragen, und Anna hat die Jacke mit nach Hennerwitz genommen. Sie würde Steffi heute noch passen.
Sadlers kamen erst 1939 aus Deutschland heraus. Das bedeutet, dass Inge die furchtbare Scherbennacht vom 9. November 1938 mitgemacht hat. In ihr Elternhaus und in das Geschäft ihrer Eltern flogen Steine. Die Ware (Kleider und Stoffe) landete auf der Straße, das Bettchen der kleinen Cousine war ein Meer aus Glassplittern, Mauern und Fenster wurden mit Hakenkreuzen und Judensternen beschmiert. Inges Vater und ihre beiden Onkel kamen ins KZ und erst kurz vor der Auswanderung wieder frei. Das alles hat Inge unserer Steffi vor drei Tagen erzählt und so ausführlich, dass wir ihr nichts mehr werden erklären müssen. Ich hoffe nur, Du entwickelst nicht wieder Deinen albernen Gerechtigkeitsfimmel, denn jetzt sagt Steffi bei jeder Gele-

genheit: »Ich hasse die Deutschen«, und immer sagt eine von den Frauen: »Recht hast Du, mein Kind.«
Eben klingelt es zum Nachmittagstee (wunderbare Kekse und ganz dünne Sandwiches, die mit Gurken belegt sind und wie nasse Pappe schmecken). Außerdem wird die Post gleich abgeholt. Wenn der Brief nicht fertig ist, war alle meine Mühe umsonst. Da kennt der Manager keine Gnade. Sobald Dein nächster Brief hier eintrifft, schreibe ich Dir wieder. Schreiben ist so gut für die Nerven wie Baldrian. Das habe ich schon in Breslau gemerkt. Einen Sack voller Küsse von uns beiden.
Deine treue Jettel, die mehr an Dich denkt als Du ahnst

Brief vom 26. September von Andrew Morrison, Nairobi, an Walter Zweig, Internment Camp Ngong. Übersetzt aus dem Englischen

Sehr geehrter Herr Zweig! Hiermit kündige ich Ihnen die Managerstelle auf meiner Farm in Rongai. Somit endet auch Ihr Wohnrecht in meinem Farmhaus. Ihre Sachen müssen spätestens zwei Wochen nach Ihrer Entlassung aus dem Internment Camp aus dem Haus geräumt sein. Danach werden sie auf Ihre Kosten in Nairobi untergestellt. Achten Sie darauf, dass Sie nichts mitnehmen, was Ihnen nicht gehört. Meine Ochsen sind nicht für Ihre persönlichen Bedürfnisse einzusetzen.
Dieser Kündigung liegen nicht Ihre mangelhaften Leistungen in Rongai zugrunde. Ich erachte es vielmehr als patriotische Pflicht, meine Farm und meine Angestellten nicht einem Ausländer anzuvertrauen, mit dem sich mein Land im Kriegszustand befindet. Sie werden verstehen, dass ich Ihnen unter den gegenwärtigen Umständen kein Zeugnis für Ihre Tätigkeit in Rongai ausstelle.
Hochachtungsvoll Andrew Morrison

Brief vom 27. September von Mirjam Sedlacek, Norfolk Hotel, an Walter Zweig im Ngong

Sehr geehrter Herr Dr. Zweig! Ihre liebenswürdige Frau macht mir Mut, Ihnen zu schreiben. Es ist sonst nicht meine Art, fremden Menschen meine Sorgen zuzumuten, doch wissen Sie bestimmt selbst, wie sehr man sich an den kleinsten Strohhalm klammert, wenn man in Angst um seine Lieben ist. Als ich hörte, dass Sie aus Sohrau stammen und dass Ihrem Herrn Vater Zweigs Hotel gehört hat, das ich von früher her kenne, hat sich ein Funken Hoffnung in mir geregt. Ich wage nicht, ihn zu unterdrücken. Ich suche meinen zweiundfünfzigjährigen Zwillingsbruder Samuel, genannt Samy, Rosenstock. Er ist Witwer und hatte in unserer Heimatstadt Pirmasens ein gut gehendes und angesehenes Schuhgeschäft, das er schon 1934 ohne Entschädigung und natürlich ohne irgendeinen schriftlichen Beweis über den Vorgang seinem Partner überlassen musste. Der war seit der Sexta sein bester Freund, was ihn allerdings nicht davon abhielt, den Umstand auszunutzen, dass mein siebzigjähriger Vater gerade wegen Unterschlagung angeklagt war. Vater starb noch vor der Urteilsverkündung, meine Mutter nahm sich drei Wochen später das Leben.

Obwohl mein Bruder die Möglichkeit gehabt hätte, Anfang 1938 mit mir, meinem Mann und meinem Sohn (sie sind auch im Ngong und würden sich bestimmt freuen, wenn Sie ihnen von diesem Brief erzählen) nach Kenia auszuwandern, tat er sich schwer bei dem Gedanken, Europa zu verlassen. Er fuhr – zu Erkundigungszwecken, wie er sagte und was wir alle nicht verstanden – nach Polen. Zwei Mal hat er aus Warschau geschrieben und einmal aus Lodz. Dann kam eine Postkarte aus Sohrau (Żory). Ab da verliert sich seine Spur. Samy und ich standen uns so nahe, wie Zwillinge das eben tun. Er empfand meinen Mann als Bruder und liebte unsere beiden Söhne so, als wären sie seine Kinder. Es könnte sein, dass Sie, verehrter Herr Dr. Zweig, bei einem Besuch in Ihrer Heimatstadt meinem Bru-

der begegnet sind – oder wenigstens seinem Namen. Nur aus dieser vagen Hoffnung heraus belästige ich Sie mit meiner Vergangenheit. Als hätte nicht jeder von uns seinen eigenen Schmerz und Wunden, die in diesem Leben nicht mehr verheilen werden!
Mein Mann, mein zwanzigjähriger Sohn Paul und ich leben auf einer eigenen kleinen Farm in der Nähe vom Naivashasee (Vieh, Geflügel und Gemüse, das in dieser Gegend ja besonders gut gedeiht und angeblich eine große Zukunft vor sich hat). Ich verdiene mit bestickten Gürteln und selbst gestrickten Pullovern dazu, die mir ein Kleidergeschäft in Nairobi abnimmt. Der Besitzer ist Engländer und scheint besonders früh gelernt zu haben, wie man Menschen ausnutzt. Trotzdem geht es uns wirtschaftlich besser als vielen von unseren Schicksalsgenossen, aber keiner von uns kommt darüber weg, dass mein ältester Sohn Heinrich, der heute vierundzwanzig wäre und Medizin studiert hat, 1936 nach Buchenwald verbracht wurde. Ein Jahr später wurde uns mitgeteilt, er sei an seiner angeborenen Herzschwäche verstorben und wäre aus »hygienischen Gründen umgehend« eingeäschert worden. Heinrich war sein Leben lang kerngesund. Er war der beste Läufer in seiner Klasse und ein begeisterter Tennisspieler. Unser Paul kann den Tod seines Bruders nicht verwinden. Die beiden standen einander genauso nah wie ich und mein Bruder, der ja nun Anlass dieses Briefs ist.
Ihre kleine Tochter macht mir große Freude. Sie erinnert mich an die Zeit, als meine Jungs klein waren und wir das Wort Entsetzen nicht kannten. Die Familie Zweig ist uns jederzeit willkommen. Wir haben ein Auto – falls es nicht konfisziert wird, weil wir ja nun »enemy aliens« sind – und könnten Ihnen den Naivashasee zeigen. Die Vogelwelt dort ist einmalig, und mir ist schon aufgefallen, dass Steffi sich sehr für die Natur interessiert, was in ihrem Alter recht ungewöhnlich ist. Meine Einladung kommt von Herzen. Ich habe nämlich gelernt, man muss rasch zugreifen, wenn man Freunde wittert.

Bitte verzeihen Sie mir, wenn ich bei Ihnen Wunden aufgerissen haben sollte.
Hochachtungsvoll Ihre Mirjam Sedlacek

Am 16. Oktober schreibt Oscar Hahn, Internment Camp Ngong, an George W. Gibson, Essigfabrikant in Nairobi. Brief ins Englische übersetzt von seiner Frau Lilly

Lieber Mr. Gibson! Im »East African Standard« vom Wochenende lese ich soeben, dass Sie einen Manager für Ihre Farm in Ol' Joro Orok suchen. Ich erlaube mir, mich im Namen von Mr Walter Zweig zu bewerben. Zwar ist er derzeit noch, wie auch ich, im Internment Camp Ngong, wo die Männer festgehalten werden, die nicht die britische Staatsangehörigkeit besitzen. Laut Auskunft der Leitung beginnt man jedoch in spätestens zwei Wochen mit Entlassungen. Als erste werden die Männer entlassen, die ihre eigenen Farmen bewirtschaften müssen.
Ich verwende mich für Mr Zweig, weil ich mehrfach Gelegenheit hatte, mich von seinem Fleiß, seinem Lerneifer und seiner Ehrlichkeit zu überzeugen. Er ist fünfunddreißig Jahre alt, wurde von Hitler aus Deutschland vertrieben und war bisher in Rongai auf der Morrison-Farm angestellt. Ihm wurde bei Kriegsausbruch gekündigt. Nun weiß er nicht, wo er nach der Entlassung aus Camp Ngong mit seiner Frau und seiner siebenjährigen Tochter unterkommen soll.
Unser Verhältnis zueinander gebietet Aufrichtigkeit: Zweig war, wie ich, in Deutschland Rechtsanwalt. Folglich tut er sich schwer mit Viehzucht und der Hühnerwirtschaft. Ich bin aber überzeugt, Ihre Holz- und Pyrethrumfarm wäre bei ihm in den besten Händen. Die Deutschen haben seit jeher eine Affinität zu Wald, Bäumen und Holz gehabt, und, wie ich aus Erfahrung weiß, ist es bei gutem Willen nicht schwer, sich mit dem Anbau von Pyrethrum vertraut zu machen. Da Ol' Joro Orok zudem gut erreichbar von Gilgil aus ist und ich eine nagelneue Autobatterie habe, könnte ich ihm jederzeit zur Seite stehen, wenn

er Rat braucht. Zweig geht äußerst geschickt mit Personal um. Obwohl er erst ein Jahr im Land ist, kann er heute schon besser Suaheli als ich. Seine Frau und die kleine Tochter ebenso. Er wird gewiss die Menschen auf der Farm zu Ihrer Zufriedenheit medizinisch versorgen. Er hat einen Doktortitel.
Verzeihen Sie mir, Mr Gibson, dass ich mir erlaube, in Zweigs Namen mit Ihnen Kontakt aufzunehmen, aber ich wollte meinem Freund keine Hoffnungen machen, die dann zerrinnen. So zwang ich mich, mir zu vergegenwärtigen, dass Sie mir nach Ihrem schweren Unfall in Gilgil und meiner Hilfe, die ich als eine Selbstverständlichkeit empfinde und empfand, Ihre Unterstützung in Notfällen zugesagt haben. Für mich ist ein Freund, der nicht weiß, wie er seine Familie ernähren soll, ein solcher Notfall. Ich verstehe aber völlig, wenn ich in dieser Angelegenheit nichts mehr von Ihnen höre. Mir ist klar, dass Ihr großzügiges Hilfsangebot auf mich beschränkt und nicht für eine ganze Glaubensgemeinschaft gedacht war. Sehr bedrückt bin ich – und alle meine Schicksalsgenossen – über das Schicksal der Royal Oak. Ausgerechnet in unserem eigenen Stützpunkt Scapa Flow. Verflucht sei das deutsche U-Boot, das die Royal Oak versenkt hat.
Wenn wir erst zurück auf unserer Farm sind, würden meine Frau und ich uns sehr freuen, Sie wieder einmal bei uns zu sehen. Die Schlaglöcher auf der Hauptstraße sind größtenteils zugeschüttet, unsere Rosen, die Ihnen bei Ihren Besuchen so gut gefielen, werden immer prächtiger, unser Bulle tut seine Pflicht mit Lust. Auch die Kühe und Kälber gedeihen gut. Meine Frau verzaubert sie mit Mozart.
Sehen Sie es mir nach, dass ich so viel von Ihrer Zeit beansprucht habe, doch die Sache mit meinem Freund Zweig liegt mir sehr am Herzen. Ich weiß allzu gut, wie es in Kenia Menschen ergeht, die in Deutschland Jura studiert haben und hier vor dem Nichts stehen.
Ihr immer ergebener Oscar Hahn

PS Selbstverständlich würde Mr Zweig es Ihnen überlassen, sein Gehalt zu bestimmen.

AM 4. NOVEMBER SCHREIBT WALTER ZWEIG IM NGONG AN JETTEL IM NORFOLK HOTEL

Meine liebe Jettel! Erschrick nicht! So viel wie in diesem Brief habe ich Dir seit der Auswanderung nicht mehr mitzuteilen gehabt. Doch das Positive überwiegt. Du musst nur wieder mal mein Wort dafür nehmen, dass sich die Dinge zum Guten gewendet haben. Zwar hat mir Morrison gekündigt, was ich Dir nicht zu schreiben wagte. Als Patriot widerstrebt es ihm, sein Scheißvieh und seine krepierenden Hühner weiterhin einem feindlichen Ausländer anzuvertrauen. Es heißt also Kwaheri Rongai. Es tut mir weh, dass wir nicht zusammen sind, um das Steffi klarzumachen. Sie hat sich ja dort so wohlgefühlt wie nirgendwo sonst in ihrem Leben.

Trotzdem müssen wir dankbar sein. Dein Mann hat eine neue Stellung. Das kam so: Oha hat in der Zeitung gelesen, dass ein gewisser Mr Gibson, der hier in Nairobi eine Essigfabrikation hat, für seine Farm in Ol' Joro Orok einen Manager sucht. Ohne mir ein Wort zu sagen, hat sich Oha für mich beworben und damit eine ganze Lawine von Wundern losgetreten. Oha kennt Gibson persönlich. Der hatte in unmittelbarer Nähe der Hahn'schen Farm einen schweren Autounfall; die tüchtige Lilly hat nicht nur in null Komma nichts einen Arzt aufgetrieben, von dem Gibson bis heute nicht weiß, dass er in Wien Tierarzt war, sondern auch einen indischen Mechaniker, der das Auto so gut zusammenflickte wie der Tierarzt den Halter. Aus Dankbarkeit versprach Gibson, Oha zu helfen, wann immer er Hilfe brauche. Dieses im Lande bestimmt einmalige Angebot von einem Briten an einen »bloody refugee« hat Oha nun für mich verwendet. Was ich immer noch nicht fassen kann: Gibson hat postwendend zugesagt, mich nach meiner Entlassung als Farmmanager einzustellen, obgleich ihm Oha reinen Wein in Bezug

Noch vor dem Wohnhaus auf der Farm in Ol' Joro Orok wurde der Schuppen für die Werkzeuge, die Paraffinlampen und den Pflug gebaut.

auf meine Fähigkeiten eingeschenkt hat. Gestern traf Gibsons Brief hier ein. Seitdem habe ich vor Aufregung außer Kaffee nichts mehr zu mir nehmen können. Ich bin rund um die Uhr damit beschäftigt, Gott um Verzeihung zu bitten, dass ich seit Morrisons Kündigung noch mehr an ihm zweifelte als vorher.
Ol' Joro Orok liegt dreitausend Meter hoch in den sogenannten White Highlands am Fuße des Mount Kenya (der schneebedeckte Berg ist auf jeder Butterpackung abgebildet). Das Allerbeste: Auf der Gibsonfarm gibt es kein Vieh, nur die zwanzig Ochsen, die zu Transportzwecken nötig sind, und drei Kühe als Milchlieferantinnen. Wahrscheinlich werden wir uns ein paar Hühner anschaffen müssen. Hoffentlich bekommt ihnen die Bergluft besser als die Schwüle von Rongai. Auf der Farm wachsen ausschließlich Flachs und Pyrethrum (sieht aus wie Gänseblümchen und wird zu Insektenvertilgungsmittel verarbeitet,

was jetzt von besonderer Bedeutung ist, weil keine Importe mehr aus England hereinkommen). Zudem betreibt Gibson Holzwirtschaft. Ich bin froh, dass ich schon eine Zeder von einem Zebra unterscheiden kann. Im Übrigen gehe ich davon aus, dass es nicht standesgemäß für einen Europäer ist, den Bäumen, die zu fällen sind, persönlich an die Wurzeln zu gehen. Die Menschen von Ol' Joro Orok sind vom Stamm der Kikuyu. Die gelten als die Klügsten im Lande. Mir war allerdings Owuor klug genug. Er ist leider Luo und wird bestimmt nicht wieder zu uns stoßen. Ob man je lernt, von denen, die einem nahestehen, Abschied zu nehmen, ohne dass das Herz zerspringt?
Haus, Küche und Klo müssen erst gebaut werden, doch wo Gott nimmt, gibt er auch. Sogar uns. Auf der Farm arbeitet ein indischer Schreiner. Bestimmt freut er sich, wenn ich ihm freie Hand lasse und mich nicht in seine Planungen einmische. Bis unser Haus ein Dach hat, seid Du und Steffi besser in Nairobi aufgehoben. Heini Weyl hat uns ja versprochen, wir könnten jederzeit in seinem Boardinghouse Unterschlupf finden. Hoffentlich gehört er zu der Minderheit, die weiß, was ein Versprechen ist. Auch Herr Gordon sagte mir, er und seine Frau könnten Dich und Steffi aufnehmen, bis ich Euch nach Ol' Joro Orok hole.
Ich halte es für das Beste, allein nach Rongai zu fahren. Wenn Steffi erst Owuor und die Gazelle wiedersieht, wird der Abschied für sie doppelt schmerzlich sein. Vielleicht gelingt es mir, wenigstens Rummler nach Ol' Joro Orok zu übersiedeln. Oha wird mich nach Rongai fahren, wenn wir hier entlassen werden, und dann nach Ol' Joro Orok bringen. Wenn es so weit ist, holt er Euch in Nairobi ab. Es will mir nicht in den Kopf, dass es noch so gute Menschen gibt.
Von Süßkind, unserem Schutzengel, werden wir uns allerdings trennen müssen. Seine Farm und Ol' Joro Orok sind Welten voneinander entfernt. Dafür sind wir relativ nahe an Gilgil, bei

Oha und Lilly. Die Schule, die für Steffi infrage kommt, ist in Nakuru – die näher gelegenen sind Privatschulen, die wir uns nicht leisten könnten und die im Übrigen keine Ausländer (lies: Juden!) aufnehmen würden.
Jetzt kommt das Allerbeste: Mr Gibson ist Hahns so dankbar für ihre Hilfe bei seinem Unfall, dass er sogar bereit ist, mir ein Gehalt zu zahlen. Und dies, obwohl er weiß, dass ich Anwalt gewesen bin und somit ein Vollidiot. Sechs Pfund im Monat hat er mir zugesagt. Ich bin fast sicher, dass damit ein Schulbesuch zu finanzieren ist. Wenn wir Glück haben, können wir uns auch noch ein Kilo Mehl kaufen.
Angst habe ich vor dem Moment, in dem die Schule Wirklichkeit wird. Du solltest Steffi jetzt schon darauf vorbereiten, dass ihre Schule ein Internat ist und sie drei Monate lang von uns getrennt sein wird. Versuch gar nicht erst, sie zu schonen. Wir können es uns nicht mehr leisten, die Wirklichkeit schönzureden und unsere Kinder zu verhätscheln. Weder körperlich noch seelisch. Hauptsache, Steffi begreift, dass wir uns von ihr trennen, weil wir sie lieben.
Du, meine geliebte Jettel, musst Dir klarmachen, dass wir in Rongai nichts aufgeben, was Heimat hätte werden können. Wir werden nirgendwo mehr eine Heimat haben. Vergiss das Wort. Uns brachte es nur Leid.
Der Brief von Frau Sedlacek ist mir sehr nahegegangen. Ich werde ihr schreiben, sobald ich Wiedersehen mit meiner Schreibmaschine feiere. Allerdings sollte Frau S. sobald wie möglich erfahren, dass ich nichts von ihrem Bruder weiß. Falsche Hoffnungen sind noch schlimmer als Hoffnungslosigkeit und Verzweiflung.
Trotz aller Zukunftsängste bin ich zufrieden mit dem Lauf der Dinge; ich flehe Dich an, es auch zu sein. Danken wir dem Schicksal, dass wir uns das Dach über dem Kopf, das wir brauchen, selbst bauen dürfen. Den Kindern Israels ging es nach der Flucht aus Ägypten wesentlich schlechter. Sie haben

vierzig Jahre lang in die Sterne gucken müssen. Deshalb feiern wir Sukkot.
Ich habe große Sehnsucht nach Euch und umarme Dich ganz zärtlich.
Dein alter Walter

Am 5. Dezember schreibt Walter Zweig, Ol' Joro Orok, an seine Frau in Nairobi

Meine liebe Jettel! Du kannst Deinen Ärger, dass Heini Weyl immer die Sardinen halbiert, die er als Vorspeise anbietet, sofort einstellen. Unser Haus ist so gut wie fertig, die Küche (hundert Meter vom Haus entfernt) hat ein Fenster, damit es nicht so raucht wie in Rongai. Dein Mann hat nach Anleitung von Mr Kinghorn von der Nachbarfarm, den Du kennenlernen musst, um zu glauben, dass es ihn gibt, einen Steinofen zum Brotbacken gebaut. Wir haben – mein bester Einfall seit meiner Löschung als Anwalt – nicht ein Klosett, sondern drei. Alle mit einem bayerischen Herzen in der Tür und das dritte mit einem extrakleinen Sitz für Steffi. Wir können uns also jederzeit Durchfall leisten und sogar gleichzeitig kacken. Die Klosetts waren der schwierigste Teil der Planung. Jivan, der indische Fundi (heißt Schreiner auf Suaheli) hat sich geweigert, sich am Bau der Anlage zu beteiligen. Für ihn ist es undenkbar, zweimal an der gleichen Stelle zu scheißen. Er geht dazu immer in den Wald. Mit einer Flasche Wasser, um sich sofort die Hände waschen zu können. Ich dachte zuerst, es wäre Gin. Seine Verdauung nimmt allerdings jedes Mal mehr Zeit in Anspruch, denn er muss ja immer weiter in den Wald hineinlaufen. Jivan ist ganz reizend. Er kann Englisch, aber wir verständigen uns natürlich auf Suaheli. Er scheint auch zu wissen, was ein Jude ist. Bereits am zweiten Tag unseres gemeinsamen Weges hat er einen sechszackigen Stern in den Sand gemalt. Sein Brot heißt Chapati, er brät es am offenen Feuer. Es schmeckt wie warme Matze. Steffi wird begeistert sein. Auch die Boys wollten mir

bei den Klosetts zunächst nicht helfen, dann gründete ich einen Männerchor und erklärte, nur Chormitglieder dürften die Gruben ausheben und die Herzen in die Türen schneiden. Jetzt gibt es zwölf Männer in Ol' Joro Orok, die »Gaudeamus igitur« singen.
Oha will Euch am 15. abholen und gleich herbringen. Mach Dich darauf gefasst, dass ein Teil der Straße im wahrsten Sinne des Wortes zum Kotzen ist. Hoffentlich kommt dieser Brief rechtzeitig genug an, damit Du in Ruhe packen kannst. Das, was in Rongai war, ist ja schon hier. Für Steffi habe ich eine neue Gazelle ergattert. Du siehst, ich habe auch meine Erfolge. Oha hat noch aus dem Ngong in meinem Namen einen Brief an die Schule in Nakuru geschrieben, doch bisher kam keine Antwort.
Es umarmt Euch voller Ungeduld Dein alter Walter

Brief von der Nakuru Government School vom 7. Dezember an Walter Zweig in Ol' Joro Orok. Aus dem Englischen übersetzt von Lilly Hahn

Sehr geehrter Herr Zweig! Obwohl wir schon sehr viele nichtbritische Kinder in unserer Schule haben, sind wir bereit, auch Ihre Tochter Steffi aufzunehmen. Die Einführung der Schulpflicht zwingt uns dazu, Ausnahmen zu machen. Das neue Semester beginnt am 15. Januar 1940. Die Schulgebühr beträgt fünf Pfund im Monat. Sie verfällt, sollte ein Schulverweis nötig werden.
Zur Schuluniform: Vorgeschrieben sind zwei marineblaue Trägerröcke, zwei weiße Blusen, zwei Paar blaue Kniestrümpfe, zwei Paar feste Lederschuhe (dunkel) und ein blauer Filzhut, ebenso weiße Shorts, weiße Turnschuhe für den Sport, ein Badeanzug mit Badekappe und ein weißes Kirchenkleid. Schulkrawatte und Hutband sind durch uns zu beziehen. Ein Blazer mit Schulwappen ist nicht obligatorisch, jedoch empfehlenswert. Ebenso ein Hockeyschläger. Für die Freizeit sind zwei Baum-

wollkleider nötig. Eine kleine Puppe (wahlweise ein kleines Plüschtier) und ein Buch dürfen mitgebracht werden. Das Taschengeld (zehn Shilling pro Semester) ist bei der Hausmutter abzuliefern. Medikamente und Stärkungsmittel von zu Hause werden nur bei Vorlage eines ärztlichen Attestes verabreicht.
Hochachtungsvoll Harry Whidett, Headmaster

8

Nur zwanzig Worte

Ol' Joro Orok im Jahr 1941

Am 10. Januar schreibt Jettel in Ol' Joro Orok an ihre Schwester Suse in New York

Meine liebe Suse! Mein lieber Mackie! Wir haben uns so über Eure Neujahrspost gefreut, als hätten wir in der Lotterie gewonnen. Ich konnte gar nicht mehr aufhören zu weinen, auch Walter hatte Tränen in den Augen. Wir haben den ganzen Tag nur von Euch gesprochen. Steffi ist sofort mit dem Bild vom Rotkehlchen auf der verschneiten Tanne zur Flachsfabrik gelaufen – drei Kilometer vom Haus, der auf den Feldern geerntete Flachs wird dort gesponnen. Sie hat für die Schambaboys (so nennt man die Männer, die auf dem Feld arbeiten) das Neujahrsgedicht ins Suaheli übersetzt, und die Männer haben ein Lied daraus gemacht. Ihr Gesicht glühte vor Stolz, als sie heimkam. Nun hat sie die Karte mit in die Schule genommen. Zu ihrem Leidwesen hat die gerade begonnen. Es ist jedes Mal ein Abschied, der uns das Herz zerreißt.

Ihr könnt Euch nicht vorstellen, was Post auf einer Farm wie dieser bedeutet. Selbst für afrikanische Verhältnisse liegt sie am Ende der Welt. Unser Nachbar Louis de Bruin bringt die Briefe meistens von der Bahnstation in Thompson's Falls mit. Er selbst kann nicht lesen und wollte uns partout nicht glauben, dass Ihr aus Amerika schreibt. Walter hat ihm den Brief zweimal vorlesen müssen, und natürlich hat er ihn nur zum Teil verstanden, aber das stört ihn nicht. Seine Muttersprache ist Afrikaans, deshalb versteht er recht gut Deutsch. Er hat elf Kinder und nimmt Steffi immer mit, wenn die Schule anfängt, und bringt sie uns zu Ferienbeginn zurück. Mit dem Auto sind das drei bis vier Stunden Fahrt – wenn man auf den siebzig Kilometern keine Reifenpanne hat, was bei den miserablen, unbefestigten Straßen mit großen Schlaglöchern fast immer der Fall ist. Meistens kocht auch noch der Kühler – unsere Farm liegt in den Bergen. Schrecklich schön, würde Mutter sagen.

Seit Einführung der Schulpflicht muss unser Freund de Bruin nämlich auch seine Kinder zur Schule schicken (fünf von den elfen, die anderen sind entweder über sechzehn oder noch zu klein). Er ist immer noch empört, dass vor zwei Jahren die Schulpflicht eingeführt wurde. Er hasst die Engländer und empfindet es als eine Beleidigung seines Volks, dass Burenkinder Englisch lernen müssen. Leider schwärmt de Bruin für Hitler. Trotz allem, was ihm Walter über Deutschland und uns erzählt! Selbst die deutschen Konzentrationslager machen auf ihn keinen Eindruck. Er sagt, Konzentrationslager hätten die Engländer im Burenkrieg erfunden. Sonst ist der gute de Bruin ein reizender, hilfsbereiter Mann, der in einer Stunde mindestens fünf Tassen Kaffee trinkt und bei jedem Besuch einen halben Streuselkuchen verputzt. Er hat riesige, derbe Hände. Als er das erste Mal bei uns war, hat er aus Versehen eine von den Mokkatassen mit Goldrand zerquetscht, die ich noch von Mutter habe. Seitdem trinkt er aus meinem alten Blechbecher mit dem Hahn. Den, den Du mir als Kind immer abluchsen wolltest.

Unser anderer Nachbar ist auch ein Kapitel für sich. Er heißt Kinghorn, ist ungefähr siebzig, sieht aber trotz seiner weißen Haare viel jünger aus. Alle nennen ihn Bwana Simba. Simba heißt auf Suaheli Löwe. Als junger Mann wurde er auf einer Jagdsafari von einem Löwen angefallen und von seinen Trägern vier Wochen lang durch den Urwald ins Hospital nach Nairobi geschleppt. Sein Bein blieb steif, und er kann sich nur zu Pferde bewegen. Es ist ein richtiges Spektakel, wenn er hier durch Wolken von rotem Staub angeritten kommt. Walter bringt er im-

mer Zeitungen mit, obwohl er sie ja so gut wie nicht lesen kann, und für Steffi bestellt er extra aus Nairobi Sahnebonbons, an denen sich selbst ein Krokodil die Zähne ausbeißen würde, aber sie stört das nicht. Ich bekomme stets eine gelbe Rose – Kinghorn hat einen prächtigen Garten mit wunderschönen Pavillons und Seerosenteichen, die ihn an seine Zeit in China erinnern. Unsere Freundin Lilly Hahn fährt gelegentlich mit uns hin. Es ist jedes Mal ein Ausflug ins Paradies. Ich bekomme stets ein Glas bittere englische Orangemarmelade. Leider kann ich mich nicht an sie gewöhnen, doch Steffi kennt sie von der Schule her, wo im Übrigen das Essen miserabel sein muss. In den drei Schulmonaten nimmt sie jedes Mal zehn Pfund ab.
Das Pferd vom Bwana Simba heißt Creamcracker. Steffi hat er Harry geschenkt, einen alten Gaul, der zum Glück gar nicht auf die Idee kommt, sie abzuwerfen. Unser Freund besucht uns jeden Dienstag. Das ist besonders für mich wichtig, denn dann kann ich ihm erzählen, was ich Steffi in die Schule schreiben will. Er schreibt es für mich hin, und ich schreibe das Ganze noch mal ab. Steffi soll ja meine Schrift sehen und nicht das Gefühl haben, dass Kinghorn ihr schreibt. Ich kann nämlich inzwischen ganz gut Englisch reden, aber mit dem Schreiben hapert es.
Um etwas dazuzuverdienen – Walters Gehalt geht bis auf ein Pfund für die Schule drauf –, habe ich sechs Monate lang eine Stellung als Nurse bei einem englischen Ehepaar mit einem zweijährigen Mädchen angenommen. Die Farm von den Leuten ist ungefähr vierzig Meilen von hier. Das Kind war entzückend und sehr artig, doch die Eltern waren unausstehlich. Ich bin bei keiner einzigen Mahlzeit satt geworden, durfte mir jedoch auch nichts aus der Küche holen. Ich bekam keine eigene Lampe, sodass ich in meinem Zimmer nach Sonnenuntergang nichts machen konnte (in Kenia geht die Sonne immer um Schlag sieben unter) außer Däumchendrehen und mich um meinen Mann und mein Kind sorgen.

Einmal hat mich Walter dort besucht. Auf Kinghorns Pferd, das ihn zwei Mal abgeworfen hat, war er den ganzen Tag durchgeritten. Ich hatte noch nicht mal ein Stück Brot für ihn. Vor lauter Hunger hat er die Flasche Tomatenketchup ausgetrunken, die auf dem Tisch stand, und ich habe mir tagelang anhören müssen: »The Germans are very greedy people.«
Steffi, die zweimal hier war in ihren vierwöchigen Ferien, weil Walter Angst hatte, er könnte sie nicht richtig versorgen, hat es sich mit der Familie Christopher von Anfang an total verdorben. Jeden Abend wird hier nach den Radionachrichten »God Save the King« gespielt. Da sprangen alle auf und standen stramm. Selbst die zweijährige Rosalind hat verstanden, worum es ging. Nur meine Steffi blieb sitzen. Sie hat die Melodie der vermaledeiten Nationalhymne nicht erkannt, und meine Chefs wollten mir nicht glauben, dass sie so unmusikalisch ist. Sie behaupteten, das Kind wäre unpatriotisch und bösartig.
Steffi war schließlich auch der Grund, weshalb ich gekündigt habe, obwohl wir das Geld bitter nötig haben. Sie hat schrecklich gelitten, weil sie noch nicht einmal in den Ferien ihren Papa sah. Walter und ich haben es einfach nicht länger über uns gebracht, einem neunjährigen Kind einen solchen Schmerz anzutun. Leider ist nicht nur die Schule sehr teuer. Die Schuluniform verschlingt den letzten Cent. Immerzu muss ein Stück erneuert werden. Die Kinder armer Emigranten wachsen leider ebenso schnell wie die Reichen. Warum musste ich auch in die Tanzstunde gehen und Tennis spielen, statt nähen zu lernen? Viele von den Refugeefrauen verbringen wahre Wunder mit Nadel und Faden und sparen eisern auf eine Nähmaschine. Wir sind auf den indischen Schneider angewiesen, der vor dem einzigen Laden, den es in Ol' Joro Orok gibt, eine Nähmaschine aufgestellt hat und Kleidung aus mitgebrachten Stoffen näht. Jetzt in den Ferien wurde wieder aus zwei meiner Bettlaken ein Kirchenkleid. Die Schule besteht darauf, dass auch die jüdi-

schen Kinder in die Kirche gehen. Sie müssen zwar nicht mitbeten, aber Steffi kann das ganze Vaterunser. Ihr könnt Euch Walters Gesicht vorstellen, als sie es uns aufsagte. Ausgerechnet am Schabbesabend. Man hätte meinen können, seine Tochter hätte sich taufen lassen. Ich nehme das nicht so tragisch, ich bin ja viel liberaler als er.
Ehe ich nach Ol' Joro Orok konnte, weil das Haus erst gebaut werden musste, habe ich eine kurze Zeit mit Steffi in Nairobi gelebt. Dort habe ich meine Granatbrosche und die Hutnadel mit der schönen Perle verkaufen können. Bestimmt hat mich der Händler (ein Mann von den Seychellen) übers Ohr gehauen, obwohl er mich wie ein Gigolo angeschmachtet hat, aber von dem Geld zehren wir immer noch.
Unsere Tochter macht uns wirklich Freude. Sie ist erst ein Jahr in der Schule, liest bereits fließend und schreibt fehlerfrei, was von der Lehrerin extra in ihrem Zeugnis vermerkt wurde. Zu Weihnachten war sie Klassenbeste und hat auch eine Klasse übersprungen. Zusammen mit ihrer besten Freundin Inge – auch ein jüdisches Mädchen aus Deutschland. Ihr könnt Euch denken, wie sich das auf ihre englischen Mitschülerinnen auswirkt. Die Lehrerinnen erscheinen mir auch nicht gerade judenfreundlich. Obwohl Steffi nicht darüber spricht, ist sie in der Boarding School kreuzunglücklich. Wir natürlich auch. Es ist ganz schlimm, wenn man seinem Kind nicht helfen kann. Unsere Steffi lebt nur für die Ferien und die Menschen auf der Farm. Zu jeder Gelegenheit bekommt sie einen Hund geschenkt. Hunde sind das Einzige, das wir uns leisten können. Sie fressen Poscho (den Brei aus Mais, von dem sich die Menschen hier ernähren), gehen mit unseren Boys auf die Jagd und bekommen immer die Innereien. Die essen die Schwarzen nämlich nicht. Zwei von unseren Hündinnen (ein Spaniel und ein irischer Wolfshund) kriegen immerzu Kinder. Die stehen bei den Farmern der Umgebung hoch im Kurs, doch leider weigert sich mein vornehmer Mann, die Tiere zu verkaufen. Er

sagt, er wäre kein Hundehändler, auch ein Nebbich bräuchte was zum Verschenken.
Owuor, unser Koch und Kamerad, hat uns alle drei gelehrt, an Wunder zu glauben. Er ist wieder bei uns. Wir waren fest überzeugt, wir hätten uns auf immer von ihm getrennt, als wir aus Rongai wegmussten. Wir waren knapp vier Wochen hier, da tauchte unser Owuor plötzlich in einer stockdunklen Nacht auf. Mit unserem geliebten Hund Rummler. Den hatten wir auch für immer aufgegeben. Er war wie Owuor spurlos verschwunden, als Walter unsere Sachen aus Rongai abholte. Owuor stand im Garten und sang »Ich hab' mein Herz in Heidelberg verloren«. Das hat ihm Walter beigebracht, als ich noch in Breslau war. In seiner Linken hielt er die Paraffinlampe, die uns in Rongai gleich zu Beginn gestohlen wurde, in der Rechten schwenkte er den kleinen schwarzen Soßentopf, den Mutter an meinem letzten Tag in Breslau heimlich in mein Gepäck gesteckt hat. Es war ihr letztes Geschenk, und ich habe noch nicht mal Danke gesagt. Meine Hände zittern jedes Mal, wenn ich den Topf aus dem Regal hole.
Von Mutter und Käthe haben wir seit Kriegsausbruch nichts mehr gehört. Walter sagt, sie würden eher an Euch schreiben als an uns, weil Amerika ja nicht im Krieg ist, Kenia jedoch Feindesland. Wir wissen ja nicht mal, ob die beiden überhaupt noch in Breslau sind. In Nairobi hat mir ein Buchhändler aus Breslau erzählt, der im allerletzten Moment aus Deutschland rauskam, man habe in der Stadt ein Judenghetto errichtet. Nur kann mir hier keiner sagen, ob das gut oder schlecht ist. Dass Walters Vater und seine Schwester nach Kattowitz gezogen sind, haben wir unmittelbar vor Kriegsbeginn durch eine Postkarte erfahren. Der Absender war ein Mann, von dem Walter noch nie gehört hat. Vielleicht schrieb er im Auftrag der beiden. Wahrscheinlich dachten Vater und Liesel, in Kattowitz sei man sicherer als in dem kleinen Sohrau, wo jeder jeden kennt, doch Walter sagt, ob Dorf oder Stadt, macht keinen Unterschied mehr. Mir kom-

men immer die Tränen, wenn ich Steffi für ihre Großeltern und Tanten beten höre. Sie betet auch jeden Abend um einen Bruder. Ich flehe zu Gott, dass ich nicht schwanger werde. Wir können uns kein zweites Kind leisten und schon gar nicht Krankenhaus und Arzt bezahlen.
Walter hat schon seit drei Monaten böse Zahnschmerzen. Er bekämpft sie mit Jod und auf Owuors Ratschlag hin mit einer lila Wurzel, von der ich dachte, er würde sie nicht überleben. Er hatte drei Tage lang ein total verschwollenes Gesicht und spuckte Blut. Dabei würde uns der Zahnarztbesuch kaum was kosten. Dr. Williamson in Nakuru hat eine jüdische Frau und ist dafür bekannt, dass er jedem Refugee hilft, der in Not ist. Doch wir haben kein Auto, um nach Nakuru zu kommen. Das von de Bruin ist, wenn er zu Schulbeginn und zu den Ferien dorthin fährt, immer randvoll mit Kindern und den Boys, die seinen Wagen anschieben müssen, falls er im Schlamm stecken bleibt. Das ist in der Regenzeit grundsätzlich der Fall.
Ihr seht, unser Leben ist ordentlich kompliziert. Das Eurige scheint mir allerdings auch nicht leicht – den ganzen Tag in einer Fabrik arbeiten zu müssen, wurde Euch ja nicht an der Wiege gesungen. Wie hast Du, liebe Suse, überhaupt gelernt, Lederschmuck herzustellen? Wie erträgt es Mackie, Säcke zu schleppen? Er ist ja nicht gerade ein Hüne. Bestimmt habt Ihr in New York Menschen, mit denen Ihr reden könnt. Auf der Farm gibt es nur die Schwarzen, die keine Ahnung von dem haben, was uns bewegt. Leider haben wir ja auch so gut wie keine Bücher. Walter klebt den ganzen Tag am Radio. Ich sage mir oft die Gedichte auf, die ich in der Schule gelernt habe. Wenn Bwana Simba angeritten kommt, zerspringt mein Herz vor Freude. Oft habe ich Angst, dass ich verrückt werde. Wenn Steffi da war und wieder zurück in die Schule muss, weine ich tagelang. Walter ist überzeugt, Roosevelt wird noch dieses Jahr Hitler den Krieg erklären. Was bedeutet das für Euch? Hier nehmen sie die Refugees nicht zum Militär. Walter würde gern in die Army gehen, doch die

Engländer glauben offenbar immer noch, dass wir Spione und für Hitler sind. Wenigstens haben sie uns den Fotoapparat wiedergegeben, den sie zu Beginn des Kriegs konfisziert haben. Nur leider haben sie den Film herausgenommen, der in der Kamera war, und natürlich haben wir nicht das Geld, uns einen neuen zu kaufen. In Ol' Joro würde es ohnehin keinen Film geben. Der Laden führt nur das Nötigste – dünne Wolldecken, die den Menschen als Schutz in der Regenzeit dienen, Säcke, auf denen sie schlafen, Holzkohle, Paraffin, Mehl und, wenn man Glück hat, Zucker und Reis. Das Geschäft gehört einem Inder. Der hasst jeden und versteckt Gin und Brandy, Marmelade, Dosenobst, Sardinen, Süßigkeiten, Schreibpapier und Kuverts im Hinterzimmer. Sein Lieblingsspruch lautet »Take it or leave it«.
Ach, es gibt so vieles, worüber ich mit Euch reden möchte. Wer hätte je gedacht, dass wir, liebe Suse, die wir zu Mutters Verzweiflung immerzu stritten, eines Tages so weit voneinander getrennt sein würden, dass wir uns gar nicht mehr streiten können. Wenn ich heute an Dich und Mackie denke, kommen mir die zärtlichsten Gedanken. Ich kann mich noch nicht mal mehr erinnern, worüber wir uns früher gestritten haben.
Ob wir uns je wiedersehen werden in diesem Leben? Wie? Wir könnten uns noch nicht einmal einen Reifen für das Auto kaufen, das wir so dringend brauchen wie Wasser und Brot, geschweige denn Schiffskarten für Amerika. Dankt Gott, dass Ihr nicht auf einer Farm hockt, auf der man mit den Hühnern ins Bett muss, wenn kein Paraffin für die Lampen da ist. Unser Trinkwasser sammeln wir in einem Regentank, den wir täglich abklopfen, um zu hören, ob noch genug da ist. Das Waschwasser holt ein Boy von einem Fluss, der bald versiegen wird. Die kleine Regenzeit ist ausgeblieben. Wir baden alle drei im selben Wasser (das haben wir von Steffi gelernt, bei der es in der Schule so gemacht wird) und gießen mit dem Badewasser anschließend den Garten. Den Blumen bekommt das prächtig, aber nur deshalb, weil wir nicht wagen, Seife zu benutzen.

Walter schreibt Euch heute Nachmittag. Er versucht gerade, einen Pflug zu reparieren. Ohne Erfolg! Für mich war es wie ein Stück Zuhause, diesen Brief zu schreiben. Gott sei Dank hat Walter uns ja noch auf dem Schiff eine Schreibmaschine verschafft. Ich wollte, Du, liebe Suse, hättest auch eine. Deine Schrift war schon immer eine Qual. Trotzdem kann ich Deine Briefe kaum abwarten.
Es umarmt Euch beide und drückt Euch ganz innig Eure Jettel

AM 12. FEBRUAR SCHREIBT GEORGE W. GIBSON, NAIROBI, AN SEINEN ANGESTELLTEN WALTER ZWEIG IN OL' JORO OROK. ORIGINAL IN ENGLISCH

Lieber Herr Zweig! Bei meinem letzten Besuch auf der Farm sah ich bei Ihnen ein Kartenspiel mit Buchstaben. Ihre Tochter erzählte mir, Sie hätten es selbst aus Pappe gemacht und bemalt. Es ist mir nicht gelungen, in Nairobi ein solches Spiel aufzutreiben. Könnten Sie mir aushelfen? Mein zwölfjähriger Sohn Robin hat Schwierigkeiten im Lesen und mit der Rechtschreibung, und meine Frau und ich sind der Meinung, ein Buchstabenspiel könnte ihm vielleicht helfen. Mir fiel auf, wie gut Ihre kleine Tochter Englisch spricht und das, obwohl sie kein Wort konnte, als sie auf die Farm kam.
Für Ihre Mühe danke ich Ihnen schon jetzt. In den nächsten Tagen lasse ich Ihnen eine Flasche Essig aus meiner Fabrik zugehen. Außerdem die Pappe, die Sie für die Karten brauchen werden. Ich nehme an, Mr Patel führt keine Pappe in seinem Laden.
Mit dem Zustand der Farm war ich recht zufrieden. Allerdings müsste das Holz ordentlicher gestapelt und der Rasen vor der Flachsfabrik akkurater geschnitten werden. Ein nicht rechtzeitig getrimmter Rasen bleibt ein Ärgernis für immer. Zudem ist es in Kriegszeiten unpassend, dass Ihre Boys ein Lied singen, das nicht englischen Ursprungs ist. Der Freund, der mich nach Ol' Joro Orok begleitete und lange in Frankreich gelebt hat,

behauptete, der Song wäre entweder auf Afrikaans oder Deutsch gewesen. Beides würde meine entschiedene Missbilligung finden.
Hochachtungsvoll Ihr George W. Gibson

Brief vom 22. Februar von Steffi in der Nakuru School an ihre Eltern in Ol' Joro Orok. Das englische Original musste von Lilly Hahn übersetzt werden

Liebe Mama, lieber Papa! Der Nakurusee ist fast voll. Auch die Flamingos sind da. Es gibt viele Buschfeuer. Mir geht es gut und ich hoffe, Euch auch. Weil ich im letzten Semester die Beste der Klasse war, muss ich meine Briefe nicht mehr meiner Hausmutter (Miss Chart) zur Kontrolle vorlegen. Deshalb nenne ich Euch wieder Mama und Papa und nicht Mummy und Daddy.

Wenn es Erbsen zum Mittagessen gibt (viermal die Woche), stecke ich sie immer in mein Taschentuch und vergrabe sie später unter dem Pfefferbaum am Tennisplatz. Wenn ich auf Erbsen kaue, muss ich brechen, aber Brechen bei Tisch wird bestraft. Der Porridge ist diese Woche schon dreimal verbrannt, doch wir müssen alles aufessen, was auf dem Teller liegt. Brrr!

Wir haben eine neue Klassenlehrerin. Sie heißt Miss Blandford und ist sehr schön. Sie mag Kinder (auch Juden). Leider ist sie schon dreißig und wird also bald sterben. Gestern hat sie mich gefragt, wo meine Großeltern sind. Mir war das sehr peinlich. Trotzdem habe ich ihr von Deutschland und Polen erzählt. Miss Blandford hat gar nichts gesagt. Ich glaube, sie weiß gar nicht, wo Polen ist.

Seit zwei Wochen bin ich ein Brownie*, obwohl ich noch nicht zehn Jahre alt bin. Lady Baden-Powell wollte mich dabeihaben, weil ich eine gute Schülerin bin. Sie hat immer einen Klippschliefer auf der Schulter (einen lebendigen!). Sie wollte auch

* Brownies sind die Vorstufe zu den weiblichen Pfadfindern (Girl Guides).

zu meiner Vereidigung kommen, aber ihr Mann* ist gestorben, und jetzt muss sie an seinem Grab sitzen und weinen. Das Grab ist in Nyeri.

Die Uniform für die Brownies (braun) habe ich umsonst bekommen. Die Krawatte (gelb) und die Krawattennadel (gold) haben zwei Shilling gekostet. Jetzt habe ich nur noch drei Shilling Taschengeld, und das Semester hat gerade erst angefangen. Miss Chart sagt, Inge und ich sind die einzigen Mädchen, die immer wissen, wie viel Geld sie haben. Ich glaube, Miss Chart mag keine Kinder, die rechnen können. Jüdische Kinder mag sie auch nicht. Louis de Bruins Tochter Anna ist in meinem Schlafsaal. Sie weint jeden Abend im Bett. Das würde ich nie tun. Die anderen lachen, wenn man traurig ist.

Es wird gleich zum Mittagessen schellen. Ich muss Schluss machen. Wer nicht pünktlich bei Tisch ist, muss ihn nach dem Essen abräumen. Das ist eine große Schande. Grüße Owuor, Jogona, Kimani, Burugu, Bwana Simba, Oha und Lilly, wenn sie auf die Farm kommen, meinen lieben Rummler und alle anderen Hunde. Besonders Judith. Euch beiden tausend XXXXXXXX.

Eure gehorsame Tochter Stefanie Regina Zweig aus Ol' Joro Orok

Paket von Martha Sadler aus Londiani, eingetroffen in Ol' Joro Orok am 1. März

Liebe Frau Zweig! Hier ist das Schnittmuster für die Schuluniform, um das Sie mich baten. Ich kann mir gut vorstellen, dass der indische Schneider in Ol' Joro Orok einen Trägerrock ohne Muster nicht hinbekommt. Sagen Sie ihm, er soll breite Nähte (seams) machen. Die kann man auslassen, wenn die Kinder wachsen. Den blauen Stoff für den »gym« und den weißen (er reicht für zwei Blusen) können Sie ohne Bedenken annehmen.

* Der britische General Robert Baron Baden-Powell (einer der Helden des Burenkriegs) war der Gründer der Pfadfinderbewegung und verbrachte seine letzten Lebensjahre in Kenia. Seine Witwe betreute die Pfadfinder- und Brownie-Gruppe der Nakuru School.

Er kommt von Herzen. Sie schädigen uns kein bisschen. Das Einzige, was wir aus Deutschland mitnehmen konnten, waren Stoffe aus unserem Geschäft in Weiden. Wir müssen einen siebten Sinn gehabt haben, denn die meisten sind weiß und blau, also gerade richtig für die Schuluniformen der Kinder. Leider haben wir uns bei den Kleidern auf Dirndl beschränkt und auf Trachtenjacken. Die kann unsere Inge und später unsere Eva, wenn sie zur Schule kommt, ja nicht tragen. Ich habe Ihnen noch zwei Gläser Kochkäse ins Paket gelegt und das Rezept gleich dazu. Inge erzählt mir immer, wie gern Steffi den Käse isst, und neuerdings dürfen ja die Kinder eigenen Proviant für die Teestunde mitnehmen. Ich bin glücklich, wenn ich Ihrer Tochter eine Freude machen kann. Ich nehme an, sie leidet genauso unter dem englischen Essen wie meine Inge.
Gern denke ich an die Tage im Norfolk zurück. Sie scheinen mir in der Rückschau so unbeschwert, obgleich sie das mit einem frisch ausgebrochenen Krieg weiß Gott nicht waren. Mein Mann und seine beiden Brüder und wir drei Frauen müssen jetzt kräftig ran, um aus dem Grund und Boden, den man uns hier in Londiani zugewiesen hat, eine Farm zu machen. Aber ich darf mich nicht beschweren. Mein Schwager Engelmann ist von Hause aus Landwirt, das ist ein Riesenglück für die ganze Familie. Das Haus, das wir gebaut haben, ist wunderbar gelungen, der Teich, in dem wir Fische halten wollen, wurde soeben fertig, und im Gemüsegarten sind sogar Gurken gewachsen. Wir sind sehr stolz, weil uns jeder gesagt hat, Gurken wachsen nicht in Kenia. Jetzt hoffen wir auf eine gute Ernte auf den Feldern (Mais, Weizen und Kartoffeln) und beten um Regen, dass unser Vieh gesund bleibt und wir auch.
Wann immer ich Ihnen helfen kann, tue ich das gern. Ich weiß, wie schwer es Ihr Mann hat. Weshalb sollen denn nur unsere Kinder befreundet sein und nicht wir? Mit vielen lieben Grüßen an Ihren Mann
Ihre Martha Sadler

Am 6. Mai schreibt Walter Zweig aus Ol' Joro Orok an das Internationale Komitee in Genf*

Sehr geehrte Herren! Ich gestatte mir, mit folgender Anfrage an Sie heranzutreten: Ich suche nach dem Verbleib meines Vaters Max Zweig, geboren am 18. August 1875 in Sohrau (heute Żory), damals Oberschlesien, heute Polen, und meiner Schwester Luise, geboren ebenda am 22. März 1907. Laut Auskunft eines mir unbekannten Mannes aus Rybnik sind mein Vater und meine Schwester von Żory nach Katowice (früher Kattowitz und heute vermutlich wieder) übergesiedelt. Sie sind beide jüdisch und hatten die deutsche Staatsangehörigkeit. Wie sie mir in dem letzten Brief schrieben, der mich unmittelbar vor Kriegsausbruch hier erreichte, hofften sie, nach Russland zu gelangen.

Ferner suche ich nach meiner Schwiegermutter Ina Perls geb. Philipsen, geboren am 17. November 1875 in Hamburg, und deren lediger Tochter Käthe Perls, geboren am 4. April 1906 in Breslau. Die letzte mir bekannte Anschrift der beiden lautet Breslau, Goethestraße 45, doch deutete meine Schwiegermutter in dem letzten Brief, der nach Kenia gelangte, eine Zwangsumquartierung an. Ich habe erfahren, dass solche Umsiedlungen in Deutschland vorgenommen werden.

Sehen Sie es mir nach, dass ich mit dieser Anfrage Ihre Zeit in Anspruch nehme. Ich kann mir vorstellen, wie viele Briefe dieser Art täglich bei Ihnen eingehen, aber das Rote Kreuz ist meine letzte Hoffnung, etwas über den Verbleib meiner Familie zu erfahren. Für Ihre Mühe danke ich Ihnen schon heute.

Hochachtungsvoll Dr. Walter Zweig

Brief vom 7. Mai von Walter Zweig in Ol' Joro Orok an Mirjam Sedlacek, Naivasha

Liebe Frau Sedlacek! Hier die Kopie des Briefs, den ich soeben an das Rote Kreuz in Genf geschrieben habe. Schreiben Sie ihn

* Der Brief wurde nicht beantwortet.

ruhig ab unter Hinzufügung der Angaben, die Ihren Bruder betreffen, aber machen Sie sich um Himmels willen keine Hoffnung. Wenn das Rote Kreuz sich für das Schicksal der Juden interessieren würde, hätte es seit 1933 ausreichend Gelegenheit gehabt, der Welt das zu beweisen. Aber was macht man in seiner Verzweiflung nicht alles! Es kann sich eben keiner von uns mit der Vorstellung abfinden, dass Menschen verschwinden, als wären sie nie gewesen. Jeden Abend gehe ich mit einem schlechten Gewissen ins Bett und frage mich: »Warum die und nicht ich?« Wie erklärt man das, was nicht zu erklären ist, einem Kind? Unsere Tochter beginnt schon, die ersten Fragen zu stellen, und es sind schon jetzt keine, die es einem noch möglich machen, von deutscher Heimat zu sprechen. Ich weiß, wie sehr es Steffi bekümmert, dass sie Deutsche ist und ihre Eltern nicht Englisch sprechen.

Es war schön, dass wir uns an Pessach endlich bei der Jüdischen Gemeinde in Nakuru kennengelernt haben. Wenn Hahns nicht gelegentlich aus Gilgil kämen und uns aus der Wüste führten, wären wir längst verrückt geworden. Ol' Joro Orok und besonders unsere Farm eignen sich prächtig als Irrenanstalt.

Meine Frau und ich haben noch nie einen Seder so genossen wie diesen. Schöner kann es im Gelobten Land auch nicht gewesen sein. Dass die Schule uns nicht erlaubte, unser Kind für diesen Abend und den Gottesdienst am nächsten Tag abzuholen, ist entweder Barbarei, Antisemitismus oder die stinknormale englische Blödheit. Hoffentlich nur das Letztere.

Haben Sie eine Ahnung, ob man afrikanischen Mohn essen kann? Hier auf der Farm wachsen so prächtige Mohnblumen, wie ich sie mein Lebtag noch nicht gesehen habe, aber mein Koch behauptet, wenn ich die Körner esse, laufe ich blau an, platze und vergifte im Sterben noch die Hühner und meine Frau. Und ich, Feigling, der ich von schlesischen Mohnklößen träume, seitdem ich von zu Hause weg bin, getraue mich nicht, den Gegenbeweis anzutreten.

Ihnen, Ihrem lieben Mann und Ihrem reizenden Sohn, dem ich glatt meine Tochter zu treuen Händen übergeben würde, wenn er bereit ist, mit der Hochzeit noch zehn Jahre zu warten, die allerherzlichsten Grüße von Haus zu Haus.
Ihr Walter Zweig

Am 25. Mai schreibt Steffi aus der Nakuru School an Bridget Dumbelby in Berwick-upon-Tweed in Nordengland. Übersetzt aus dem Englischen

Liebe Bridget! Du bist mir als Brieffreundin zugeteilt worden. Meine Lehrerin sagt, wegen der deutschen Bomben darfst Du nicht bei Deinen Eltern in London bleiben und musst bei fremden Leuten wohnen. Das tut mir <u>sehr</u> leid. Heimweh ist schlimmer als Bauchschmerzen. Ich darf auch nicht bei meinen Eltern sein. Ich muss drei Monate lang hier in der Boarding School bleiben und sehe jeden Tag nur den Nakurusee, Flamingos und Lehrer. Ich habe nur eine Freundin. Das Essen ist fürchterlich, die Matratzen hart und das Waschwasser immer kalt. So stelle ich mir ein Gefängnis vor. Aber geköpft wird hier niemand. Wir bekommen nur Prügel. Mein Zuhause ist eine Farm in Ol' Joro Orok (vierzig Meilen von hier). Dort wohnen meine Eltern und meine Freunde Bwana Simba, Bwana de Bruin, Owuor, Jogona, meine fünfzehn Hunde und ein Pferd. Ich bekomme zu jedem Geburtstag einen neuen Hund. Unsere Hunde gehen mit unseren Boys auf die Jagd. Sie bekommen mehr Fleisch als ich, aber das stört mich nicht. Ich esse nicht gern Fleisch.
Obwohl unsere Schuluniform blau ist, ist Blau meine Lieblingsfarbe. Ich bin ein Brownie und habe schon zwei Abzeichen – das Morsealphabet und ein Feuer anzünden mit nur zwei Streichhölzern. Ich schreibe gern Aufsätze und lerne auch gern Gedichte. Wenn ich eins zur Strafe lernen muss, bin ich sehr glücklich, aber das weiß hier keiner. Malen kann ich gar nicht, Turnen auch nicht. Mein größter Wunsch ist ein Bruder, doch mein Vater sagt, wir seien zu arm für ein Baby. Ich finde das

Das Baby, das ich hier als Neunjährige auf dem Schoß halte, hieß Warimu. Mein Vater bastelte der Kleinen aus Holz, Blech und Steinchen eine Klapper.

verdammt ungerecht und bete trotzdem um einen Bruder. Und dass die Schule abbrennt oder die Lehrer die Pest kriegen.
Jetzt weißt Du alles über mich und kannst mir alles über Dich und die Bomben schreiben. Hoffentlich hat keine Deine Eltern getroffen. Ich werde Dir jeden Sonntag schreiben. Wer an seine Brieffreundin schreibt, muss nicht in die Kirche. Das ist gut für Dich und gut für mich, denn ich bin jüdisch und gehöre gar nicht in die Kirche.
Viele Grüße an Dich und Deine Pflegeeltern.
Deine treue Brieffreundin Steffi Zweig

Am 18. Juni schreibt Steffi aus der Nakuru School an ihre Eltern in Ol' Joro Orok

Liebe Mama, lieber Papa! Obwohl ich erst am Sonntag einen Brief zu Mamas 33. Geburtstag geschrieben habe, darf ich Euch

heute schon wieder schreiben. Russland hat gestern Hitler den Krieg erklärt. Unser Direktor Mr Whidett freut sich so darüber, dass wir heute den ganzen Nachmittag freihaben. Bis zum Abendessen dürfen wir machen, was wir wollen. Sogar Lesen. Ich will Euch schreiben.
Jetzt wird der Krieg bald aus sein. Die Russen sind nämlich die tapfersten Menschen auf der Welt und so stark wie Elefanten. Sie laufen barfuß im Schnee, ohne zu schreien, und verhauen sich selbst mit Lederpeitschen, damit ihre Haut hart wird. Ihre Zähne sind so fest, dass sie einem Wolf das Ohr abbeißen können, ehe er bis drei zählen kann. Wenn die russischen Soldaten keine Waffen mehr haben, werfen sie mit ihren Schuhen nach dem Feind. Ihr König heißt Stalin. Er ist sehr klug, liebt Kinder und kann so schön singen, dass sein Volk weint, wenn er das tut. Gegen Russland hat noch nie jemand einen Krieg gewonnen. Aus den deutschen Soldaten, die sich in ihr Land trauen, machen die Russen sofort Hackfleisch. Am liebsten essen sie aber eine Suppe aus roten Rüben. Brrr! Rote Rüben gibt es hier am Montag, Mittwoch und Freitag. Viele Kinder sagen, man wird krank, wenn man rote Rüben essen muss. Ich nicht. Ich werde krank von Erbsen, Bohnen und Linsen. Am Dienstag und Donnerstag gibt es weiße Bohnen zum Abendbrot. Mit einer roten Tunke, die bei den Engländern Tomatensoße heißt. Noch mehr Brrr! Owuor würde sich schämen, so etwas auf den Tisch zu stellen.
Ich lege Euch einen Brief für Owuor ins Couvert. Ich habe den Brief erst auf Suaheli gesprochen und dann hingeschrieben, was ich im Ohr habe. Ihr müsst Owuor den Brief vorlesen. Er ist so kurz, weil ich noch meine Pyjamahose stopfen muss und sie Miss Chart vorlegen. Ich glaube, bei manchen Kindern macht sie sofort neue Löcher in die Wäsche, wenn die alten gestopft sind. Ich bin so ein Loch-Kind.
Für Papa: Die Kreuze in meinen Briefen heißen NICHT, dass ich nicht jüdisch sein will. Bei den englischen Kindern bedeu-

ten Kreuze am Ende ihrer Briefe Küsse. Wenn ich ein Kreuz mache, bin ich auch ein bisschen englisch.

Für Mama: An Deinem Geburtstag werde ich den ganzen Tag an Dich denken. Schade, dass Du außer mir nicht noch ein Kind hast, das bei Dir ist, wenn ich in der Schule bin.

Für Mama und Papa: Ich liebe Euch sehr, sehr, sehr und habe mir einen Kalender gemacht, von dem ich bis zu den Ferien jeden Tag ein Stück abreiße.

Viele, viele Grüße und noch mehr XXXXXXX Eure treue Tochter Stefanie Regina Zweig

Brief an Owuor. Original in Suaheli. Geschrieben nach Gehör

Jambo, lieber Owuor! Du bist klüger als alle Leute in Nakuru. Nur Du verstehst, was ein Regenbogen und die Bäume sagen. Du kannst besser Spuren im Sand lesen als ein Hund. Du riechst den Regen, wenn er noch in den Wolken schläft. Wenn Du lachst, lache ich auch. Wenn Du traurig bist, weine ich mit. Du gibst meinen Hunden zu essen, wenn ich in der Schule bin. Die Schule ist ein Gefängnis für Kinder. Wir dürfen nicht mit schwarzen Menschen sprechen, nicht anziehen, was wir wollen, und müssen morgens aufstehen, wenn die Sonne noch nicht am Himmel ist. Nakuru ist sehr heiß, der See stinkt, unser Essen auch. Nachts heulen keine Hyänen. Die wohnen lieber in Ol' Joro Orok. Ich auch.

Grüße Kimani, Burugu, Jogona und Deine drei Frauen, auch wenn sie nicht in Ol' Joro Orok sind. Vielleicht besuchst Du sie wieder einmal.

Ich halte Deine Hand ganz fest und kann Deine Haut riechen. Ich lasse eine Träne auf Dein Bein fallen.

Deine Memsahib kidogo

Brief von Walter Zweig, Ol' Joro Orok, an seine Tochter in der Nakuru School, 26. Juni

Meine liebe Steffi! Gestern kam de Bruin mit Deinem Brief an, und zufällig ist Lilly heute bei uns. So habe ich das Glück, dass ich Dir schreiben kann, ohne dass ich ein Lexikon brauche. So viel Glück in zwei Tagen ist schwer zu ertragen, wenn man das Glück nicht mehr gewöhnt ist.

Mama hat sich sehr über Deinen wunderschönen Geburtstagsbrief gefreut. Ich muss Dir das ausrichten, denn sie kann nicht selbst schreiben. Vorgestern hat sie sich in die rechte Hand geschnitten, und heute eitert schon die Wunde. Wir hoffen, dass Jod hilft. Und Beten. Owuor will nackte Hühnerhaut auf die Wunde legen, aber das trauen wir uns nicht. Bestimmt schleppt er heute den Medizinmann an, der immer so riecht wie Rummler, wenn er furzt.

Du kannst Dir gar nicht vorstellen, wie glücklich Du Owuor gemacht hast. Ich habe ihm Deinen Brief schon fünfmal vorlesen müssen. Heute schon um sechs Uhr morgens. Um neun sind wir zur Flachsfabrik gelaufen, weil die Boys dort den Brief noch nicht kannten. Ich hoffe, dass Owuor den Brief bald auswendig kann und mich nicht mehr als Vorleser braucht. Du siehst, man kann selbst dann anderen Menschen etwas schenken, wenn man nichts zu verschenken hat. Mögest Du das nie vergessen!

Nicht glücklich bin ich mit dem, was Du über die Russen schreibst. Kein Krieg ist je gewonnen worden, indem man den Feind mit Schuhen bewirft. Jedenfalls nicht, nachdem das Schießpulver erfunden wurde. Auch mit starken Zähnen gewinnt man keine Kriege. Höchstens als Löwe, und die führen keine Kriege. Die töten, um satt zu werden. Russland steht eine schlimme Zeit bevor. Deutschland auch. Stalin ist kein König. Wenn sein Volk weint, dann nicht, weil er so schön singt. Das kannst Du mir glauben. Ich kann mir nicht vorstellen, wer Euch Kindern solchen Quatsch erzählt. Falls es ein Lehrer oder eine Lehrerin war, darfst Du Dir nicht anmerken lassen, dass man Dir nichts weismachen kann. Kein Lehrer mag Schüler, die klüger sind als er selbst, doch meine Tochter soll beizeiten lernen, dass der Mensch nicht alles schlucken darf, was er vorgesetzt bekommt. Ausgenommen sind in Deinem Fall Linsen, Erbsen und Bohnen.

Jetzt habe ich Dir tatsächlich geschrieben, als wärest Du kein Kind. Lilly schüttelt beim Übersetzen schon den Kopf. Aber mit nur ganz wenigen Kindern kann man sich so unterhalten wie ich mich mit Dir. Ich bin seh stolz auf Dich, Tochter.

Viele Küsse (ohne Kreuze) Dein Papa

BRIEF VOM 1. AUGUST VON BRIDGET DUMBELBY IN BERWICK-UPON-TWEED IN NORDENGLAND AN STEFFI IN DER NAKURU SCHOOL. AUS DEM ENGLISCHEN ÜBERSETZT

Liebe Steffi. Danke für Deinen Brief. Ich darf nicht mehr an Dich schreiben. Pfarrer Evans und seine Frau, bei denen ich wohne, wollen, dass ich mir eine Brieffreundin suche, die der Church of England angehört. Sie sagen, Du passt nicht zu einem christlichen Mädchen.

Keine deutsche Bombe wird meinen Vater treffen. Er ist in der Army. Meine Mutter ist in London. Meine Pflegeeltern riechen nach Mottenkugeln, waren noch nie im Kino und verbieten mir alles außer Beten. Viele Grüße aus dem langweiligsten Ort auf der ganzen Welt.

Auf immer Deine Bridget Dumbelby

AM 7. NOVEMBER SCHREIBT STEFFI AUS DER NAKURU SCHOOL AN IHRE ELTERN IN OL' JORO OROK

Liebe Mama, lieber Papa! Hurra! In Nakuru sind die Pocken ausgebrochen. Das Semester endet schon am 15. November. Reite zu de Bruin und sag ihm Bescheid, dass er seine Kinder und mich abholt. Er kann doch nicht lesen, was ihm seine Kinder schreiben. Ich bin das glücklichste Kind auf der ganzen

Welt und kann nicht aufhören zu lachen. Gott hat meine Gebete erhört. Tausend XXXXX.
Eure treue Tochter Stefanie Regina Zweig

Korrespondenzkarte ohne Datum aus Breslau, auf zwanzig Worte beschränkt, übermittelt durch das Internationale Rote Kreuz, angekommen in Ol' Joro Orok am 17. Dezember

Meine Lieben, wir sind sehr aufgeregt. Morgen müssen wir nach Polen zur Arbeit. Vergesst uns nicht! Mutter und Käthe

9

Die Entscheidung

Ol' Joro Orok und Nakuru im Jahr 1942

In dem Aufsatz vom 15. Januar »Meine drei Wünsche für das neue Jahr«, an dem sie drei Tage schreibt, malt sich Steffi aus:
Erster Wunsch: Für 1942 wünsche ich mir einen Bruder. Ich bete schon seit fünf Jahren darum, aber bei meiner Mutter tut sich nichts. Mein Bruder wird Paul heißen, wie der Vater meiner Mutter. Der ist schon gestorben, als es Hitler noch nicht gab. Ich weiß, wie er ausgesehen hat, denn ein Bild von ihm hängt an der Wand vom Kamin.

Ich werde Paul auf dem Rücken tragen wie die Kikuyufrauen ihre Babys und ihm die Flachsfelder auf unserer Farm in Ol' Joro Orok zeigen. Ol' Joro Orok ist der schönste Ort der Welt. Gott wohnt auf dem Mount Kenya und kann uns jeden Tag sehen.

Ich werde nie so zu meinem Bruder sein wie Kain zu Abel. Eifersucht ist eine Sünde, die Gott nicht verzeiht. Sobald Paul Zähne bekommt, werde ich ihm im Wald frische Wurzeln suchen. Die muss er kauen, damit seine Zähne so kräftig werden wie die von Owuor. Der kann sogar Holz zerbeißen. Wenn ich einen Bruder habe, wird mein Leben viel besser. Wir können dann zusammen Gras in unsere Ohren stopfen, wenn meine Eltern über traurige Dinge reden. Ich werde Paul beibringen, sich nicht vor den anderen Kindern zu schämen, wenn er gut in der Schule ist. Bestimmt wollen sich unsere Eltern über die Zeugnisse von zwei Kindern freuen.

Wenn ich einen Bruder habe, werde ich vor keinem Menschen auf der Welt mehr Angst haben. Paul wird zwar kleiner sein als ich, doch wir sind dann zu zweit, wenn mich die Mädchen in meiner Klasse eine deutsche Spionin nennen. Sie sagen auch, die Juden hätten Jesus ans Kreuz genagelt, aber dafür kann ich nichts. Ich war damals noch gar nicht auf der Welt. Mein Bruder wird zwar immer jünger sein als ich, aber so stark wie Simson, ehe ihn seine Frau an die Philister verriet, die ihm sein Haar abschnitten.

Ich weiß, dass es passieren kann, dass Gott mir eine Schwester schickt. Über die werde ich mich auch freuen. Alles ist besser, als das einzige Kind von seinen Eltern zu sein. Jetzt kann ich mit keinem darüber sprechen, dass ich sehr traurig bin, wenn meine Eltern traurig sind, weil sie an meine Großeltern denken.

Zweiter Wunsch: Ich wünsche mir, dass Gott meine Gebete hört und meinen Großvater (der Vater meines Vaters), meine Großmutter (die Mutter meiner Mutter) und meine zwei Tanten vor den Deutschen rettet. Alle vier können uns nicht mehr schreiben. Wir wissen nicht, wo sie sind und ob wir sie je wiedersehen, ehe auch wir tot sind.

Dritter Wunsch: Ich wünsche mir mehr Wünsche. Ich brauche einen Schulrock, der nicht immer sofort krumpelt, wenn ich ihn anziehe – deshalb werden mir immer Minuspunkte wegen Schlampigkeit in das schwarze Buch von Miss Chart eingetragen. Ich brauche auch Socken und Wäsche, die ich nicht flicken muss, denn die Löcher in meinen Socken, Unterhemden und Pyjamas nehmen mir die ganze Freizeit weg. Seitdem ich in der Nakuru School bin, wünsche ich mir einen Blazer mit unserem Schulwappen und das Hutband von der Schule. Am meisten wünsche ich mir eine Tarnkappe, damit ich mich unsichtbar machen kann, wann immer ich will. Ein ganz starkes Fernrohr wünsche ich mir auch. Damit könnte ich unsere Farm in Ol' Joro Orok sehen, meine Eltern, Owuor, Burugu, meine Hunde, mein Pferd Harry, Bwana Simba und Louis de Bruin. Die kommen uns oft besuchen. Bwana Simba weiß viele Dinge, die sogar mein Vater nicht weiß.

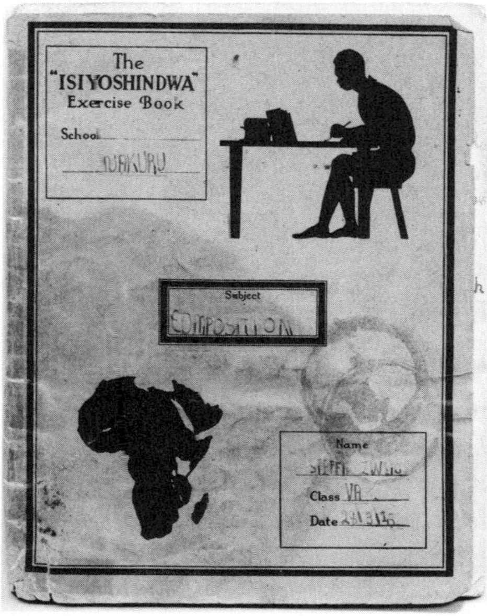

Das Aufsatzheft der Klasse »Standard IV« in der Nakuru School mit einem Kikuyujungen am Schreibtisch, der Karte Afrikas und Fettfleck.

Brief von Steffi in der Nakuru School vom 11. Februar an ihre Eltern. Original in Englisch

Liebe Mama! Lieber Papa! Heute kommt ein Extra-Brief. Er ist sehr, sehr wichtig. Inges Eltern haben mich für den 21. und 22. März nach Londiani eingeladen. Da ist unser Semester zur Hälfte vorbei. Für die zwei Tage dürfen die Eltern ihre Kinder abholen. Wenn die eigenen Eltern nicht kommen können, dürfen die Kinder zu den Eltern ihrer Freundinnen. Aber NUR, wenn die Eltern an die Schule schreiben, dass sie das erlauben. Ich schreibe Euch vor, was Ihr schreiben müsst. Da braucht Ihr nicht zu warten, bis Lilly oder Bwana Simba auf die Farm kommen. Ihr müsst nur meine Worte (ohne Fehler!) auf ein neues Stück Papier schreiben, Euren Namen darunter schreiben und Kimani zum Zug nach Nakuru schicken, damit der Brief schnell hier ist. Bitte macht das sofort. Sonst darf ich nicht mit und

muss an dem freien Wochenende allein in der Schule bleiben und am Sonntag in die Kirche gehen.
Inge sagt, Londiani sei so schön wie Ol' Joro Orok, aber sie kennt Ol' Joro Orok ja gar nicht. Mrs Sadler kann sehr gut kochen. Wenn Inge und ihre Cousine Eva nach Hause geholt werden, backt sie immer drei Kuchen und macht neuen Kochkäse.
XXXXX Küsse von Eurer treuen Tochter Stefanie Regina Zweig in der Nakuru School

PS Für meinen Aufsatz »Meine drei Wünsche für das neue Jahr« habe ich hundert Punkte bekommen und musste ihn in der Klasse vorlesen. Ich war sehr stolz, aber natürlich hat das keiner gemerkt. Englische Mädchen hassen Mitschülerinnen, die stolz auf sich selbst sind. Selbst, wenn der König mir für Tapferkeit das Victoria Cross verleihen würde, dürfte ich mein Gesicht nicht verziehen.

Brief von Oscar Hahn aus Gilgil am 1. März an Walter Zweig in Ol' Joro Orok

Liebe Zweigs! Wir wären auch ohne Eure geheimnisvollen Andeutungen bald bei Euch aufgetaucht. Wir müssen – und wollen – am 17. in Nairobi sein. Mein Schwiegervater wird siebzig und hat das Bedürfnis, seinen Geburtstag mit seinen beiden Töchtern und Schwiegersöhnen zu feiern. Nach all dem Schrecklichen, das er vor seiner Auswanderung im gemütlichen, liberalen, judenfreundlichen Frankfurt mitgemacht hat, ist das wahrhaftig verständlich.
Voraussetzend, dass es Euch passt, kommen wir am 15. so zeitig an, wie es unsere Reifen und der derzeitige Straßenzustand gestatten. Schon nach nur einer Woche vom kleinen Regen, den wir ja so dringend brauchten, dass jedermann um ihn betete, haben wir nichts mehr zu lachen und müssen jeden Tag neue Vorsorge treffen, damit unsere Hühner nicht ertrinken. Wir übernachten dann in Ol' Joro Orok, bringen Kartoffeln mit

(wir haben wieder ganz großes Pflanzerglück gehabt) und fahren am nächsten Morgen weiter, um in ganz Nairobi zu verkünden, dass keiner einen so guten Kartoffelsalat macht wie die Oberschlesier – auch wenn es in diesem Land keine sauren Gurken gibt. Lilly schwärmt von Jettels Mayonnaise. Ich auch.
Manjala, der meinen Schwiegervater liebt, und unsere Spanielhündin Topsy, die das Gleiche tut, sind mit von der Partie. Ich mache Euch allerdings darauf aufmerksam, dass ich diesmal gnadenlos Alimente einzuklagen beabsichtige, wenn sie wieder von einem Eurer Hünenhunde geschwängert wird. Madame Topsy ist gerade läufig. Die Ergebnisse ihrer Mesalliance waren übrigens entzückend und fanden rasend schnell Abnehmer. Ein Rüde ist sogar in Mombasa gelandet und gibt sich als Urvater einer neuen Rasse aus.
Im Übrigen platzen wir vor Neugierde. Was in aller Welt habt Ihr uns zu erzählen, das sich nicht schreiben lässt? Solche Schweigsamkeit passt so gar nicht zu der herzerfrischend direkten Zweig'schen Art. Mein Bundesbruder hat doch nicht etwa den guten Mr Gibson vermöbelt, weil er Euch zum Weihnachtsfest nur eine Karte mit einem Mistelzweig zukommen ließ? Der gute Gibson ist so geizig, wie man es von einem Schotten erwarten darf.
Ich vermute, Ihr habt durch den so informativen Schweizer Sender, der auf Eurer Farm ja besonders klar ist, mitbekommen, dass sich Stefan Zweig in Brasilien mit Schlafmitteln das Leben genommen hat. Seine Frau – es war seine zweite – ebenfalls. Und das, obwohl die Brasilianer ihn so geehrt und gefeiert haben und er in ausgezeichneten finanziellen Verhältnissen lebte. Wenn wir alle unserer Sehnsucht nach der verlorenen Heimat nachgeben würden, indem wir uns bei Nacht und Nebel aus dem Leben stehlen, hätte Hitler sein Ziel erreicht. Wenigstens zu einem großen Teil.
Uns stimmt Zweigs Selbstmord besonders melancholisch. Lilly hat seine Novellen und »Sternstunden der Menschheit« regel-

recht verschlungen. Und ich sehe mich noch heute auf meinen schönen Chippendalestuhl sitzen, die herrliche Biografie von Joseph Fouché lesend. Vor dem Fenster blühte ein Apfelbaum, auf dem Main dümpelten die Schwäne, und Rechtsanwalt und Notar Dr. Oscar Hahn war überzeugt, das Leben würde bis in alle Ewigkeit so bleiben. So kann man sich irren. Ich schäme mich immer noch meiner Einfältigkeit. Bleibt gesund und grüßt Steffi, wenn Ihr an sie schreibt. Wir freuen uns, wie immer, sehr auf Euch.
Lilly und Oha

Am 5. März schreibt Bwana Simba an Mr Patel, der den einzigen Laden in Ol' Joro Orok führt

Sehr geehrter Mr Patel! Von Mr Zweig, der die Gibson-Farm managt, erfahre ich soeben, dass er bei seinen letzten drei Besuchen in Ihrem Laden vergebens versucht hat, Mehl, Reis, Salz und Seife zu kaufen. Da Sie meinem Boy im gleichen Zeitraum auf meinen Wunsch hin sowohl Mehl als auch Reis mitgegeben haben, kommt mir der Gedanke, dass Sie böswillig Ware zurückhalten und nach Ihrem Gutdünken verteilen.
Ihr Verhalten ist mir umso unverständlicher, weil der Schreiner auf der Farm, Mr Jivan, ein Landsmann von Ihnen ist und Reis bekanntlich zu seinen Grundnahrungsmitteln zählt. Sie mache ich darauf aufmerksam, dass die Tätigkeit der Männer, die auf den Farmen ihren Pflichten nachkommen, kriegswichtig und unverzichtbar für das British Empire ist. Sollte Kimani, der Ihnen diesen Brief überbringt, nicht bis spätestens Sonnenuntergang mit den unten aufgeführten Lebensmitteln auf die Gibson-Farm zurückkehren, sehe ich mich gezwungen, Sie wegen unpatriotischen Verhaltens bei den Militärbehörden in Nairobi anzuzeigen.
Hochachtungsvoll Patrick Sydney Kinghorn

Am 23. März schreibt Steffi aus der Nakuru School an Mrs Sadler in Londiani. Original in Englisch

Liebe Frau Sadler! Alle Kinder, die am Wochenende eingeladen waren, müssen sofort ihren Gastgebern einen Bread-and-Butter-Letter schreiben, um sich für die Gastfreundschaft zu bedanken. Ich muss nicht, ich will. Es war so wunderschön auf Ihrer Farm in Londiani, dass ich nicht genug Worte finde, um Ihnen, Ihrem Mann und Inges Tanten und Onkeln das zu sagen. Das Picknick am neuen Teich mit meiner einzigen Freundin und ihrer Cousine war ein Traum. Ich habe so etwas noch nie erlebt und noch nie so guten Kuchen und so herrliche Sahnebonbons gegessen. Wenn ich malen könnte, würde ich den Teich mit den schönen Blumen, Vögeln und Schmetterlingen malen. Leider kann ich gar nicht malen, doch das Bild von Ihrem Teich wird für immer in meinem Kopf stecken.

Ich danke Ihnen auch, dass Sie mir einen neuen Pyjama genäht haben. Miss Chart kann jetzt, so viel sie mag, nach Löchern und aufgeplatzten Nähten suchen, sie wird keine finden. Noch mehr danke ich für den rosa Hasen, den Sie mir gehäkelt haben. Er heißt Pinkie. Ich werde mich mein ganzes Leben nicht von ihm trennen. Er wird mir Glück bringen.

Viele Grüße an Ihren Mann, seine Brüder und an Frau Rita und Frau Erna.

Ihre dankbare Stefanie Regina Zweig

Brief von Suse Klein in New York an Walter und Jettel in Ol' Joro Orok, 6. April, Ostermontag

Meine Lieben! Ich habe mich sehr gewundert und auch Angst bekommen, als Euer Brief unmittelbar vor Ostern hier ankam – nur eine Woche nach der niederschmetternden Nachricht, die uns alle Hoffnung genommen hat, dass wir Mutter und Käthe je wiedersehen werden. Dieser Brief war übrigens sehr viel länger als gewöhnlich unterwegs. Es war, als schämte er sich seines grauenvollen Inhalts.

Was die Deportation nach Polen bedeutet, weiß hier ein jeder, der es wissen will. Viele wollen es leider nicht. Die Amerikaner sind viel zu sehr mit sich selbst beschäftigt, um sich Sorgen um die Juden in Deutschland zu machen. Mackie und ich staunen immer wieder über die Ignoranz und die Gleichgültigkeit von Leuten, die so viel von Freiheit und Menschlichkeit reden und schon durch die eindrucksvollen Reden von Roosevelt wissen sollten, wie es um die Welt steht. Dass Joe Louis, der ja 1938 Schmeling in der ersten Runde k.o. schlug, im Kampf gegen Abe Simon Boxchampion im Schwergewicht geblieben ist, ist in meinem Betrieb immer noch Tagesgespräch, obgleich nur Frauen dort arbeiten und der Mann von der einen bei der Marine ist und sie über zwei Monate lang nichts von ihm gehört hat. Aber ich bin ja vollkommen vom Thema abgekommen. Wie üblich, höre ich Walter sagen. Komisch, ich höre so oft Eure Stimmen.

Donnerstag kommt also Euer Brief hier an, wir machen ihn mit zitternden Fingern auf, ich lese ihn vor, weil Mackie nicht warten will, bis er an der Reihe ist, und wir stehen beide am Fenster und bekommen kein Wort heraus. Dann liegen wir uns in den Armen und heulen wie die Schlosshunde. Dieser Tag wird für mich immer einer der Freude sein, obgleich ich vor lauter Aufregung die teuren Lammsteaks in der Pfanne verschmoren ließ. Wir gratulieren Euch von ganzem Herzen und drücken Euch so fest, dass Ihr es bis Afrika spüren müsst. Wir waren so gerührt wie noch an keinem Tag seit meiner Ankunft in Amerika. Wenn ich an Mackies Gesicht denke, als ich fertig gelesen hatte, und wenn ich ehrlich zu mir selbst bin, waren wir auch ein kleines bisschen neidisch. Doch wie sehr ich auch grüble, ich kann mich nicht entscheiden, ob ich mich um meine Schwester ängstigen muss oder mich für sie freuen soll.

Ist in Eurer schwierigen wirtschaftlichen Lage ein zweites Kind nun Fluch oder Segen? Ein Geschenk Gottes oder ein Danaergeschenk? Ich musste daran denken, wie oft mir Mutter erzählt

hat, dass sie bei ihrer dritten Schwangerschaft nur geweint und unseren armen Vater beschimpft hat. Und doch hat sie sich dann über mich so gefreut, als wäre ich ihre Einzige! Unser widerspenstiges Käthchen hat ihr ja immer große Sorgen gemacht. Ihre Lieblingstochter Jettel hat nach Leobschütz geheiratet und war ab da nur noch auf Besuch zu Hause. Aber Nesthäkchen Susilein konnte sie hätscheln und so verwöhnen, dass ich aus meiner heutigen Sicht nur den Kopf schütteln kann. Als ich älter wurde, und gerade in der Zeit nach 33, konnte sie sich allerdings auch an mir festhalten. Das ist mir ein großer Trost, auch wenn ich nie darüber hinwegkommen werde, dass ich sie und meine Schwester zurücklassen musste in Deutschland. Ich finde es wirklich schlimm, dass ich in diesem für Euch doch hoffentlich glücklichen Moment von der Trauer in meinem Herzen spreche. Verzeiht mir.
Es fällt uns schwer, uns eine Schwangerschaft auf einer gottverlassenen Farm vorzustellen, wenn der nächste Arzt siebzig Kilometer weit weg ist und das Krankenhaus nicht zu bezahlen. Wenigstens beruhigt mich der Gedanke, dass Du schon im fünften Monat bist, die halbe Zeit ist also rum. Hattet Ihr einen besonderen Grund, uns die bewegende Neuigkeit erst so spät mitzuteilen? Oder war es der übliche Aberglaube unserer Mutter, dass es Pech bringt, zu früh von den Dingen zu sprechen?
Wie ich aus Euren Briefen immer herauslese, gibt es genug Personal auf der Farm, sodass Du Dich, meine liebe Jettel, wirklich schonen kannst. Bestimmt noch mehr als in Leobschütz. Ich hätte hier noch nicht mal jemanden, der mir einen schweren Eimer hebt, wenn Mackie nicht zu Hause ist. Wir wohnen viel zu kurz in New York, um schon Freunde zu haben, auf die man bauen kann. In Boston war das anders. Da hatten wir ganz reizende Nachbarn. Ein junges jüdisches Ehepaar aus Köln. Sie hatten beide ihr Germanistikstudium abbrechen müssen und waren entschlossen, nie wieder ein Wort Deutsch zu reden. Wir haben schrecklich geradebrecht, aber auch viel gelacht und

manches gelernt. Mein Englisch ist ja durch meine Zeit in London recht passabel. Mackie verstehen die Leute oft nicht, sein liebenswürdiges Wesen macht das jedoch mehr als wett. Mit seinem Lächeln und seiner Freundlichkeit bezaubert er alle. Mir ging es ja genauso, als ich ihn zum ersten Mal sah. Leider nützt es ihm einen Dreck, dass er so gut Französisch kann und wahrscheinlich mehr von der Welt weiß als Roosevelt. Er hatte gehofft, hier in New York in seiner alten Branche unterzukommen, doch seitdem wir im Krieg sind, reist natürlich niemand mehr, und schon gar nicht ins Ausland.

Dafür habe ich eine neue Stelle in Aussicht. In einem Restaurant. Man will sich nach Ostern endgültig entscheiden. Die Amerikaner lassen sich beim Überlegen nicht hetzen. Ich habe oft das Bedürfnis, sie durchzuschütteln. Mir geht alles zu langsam. Genau wie früher. Nur muss man in einem fremden Land ja kleine Brötchen backen und den Mund halten. Wem sage ich das?

Am meisten beschäftigt mich in Eurem Fall die Frage, wie eine Schwangere von der Farm zum Arzt kommt, wenn die Wehen einsetzen. Ihr habt doch kein Auto. Wenn wir einander doch nur helfen könnten! Ratet mal, wohin mich mein erster Weg nach den Feiertagen führen wird? Ich gehe so viel gelbe Wolle kaufen, wie wir uns leisten können. Das erste Jäckchen und alles, was dazugehört, soll das Kind von seiner Tante haben. Die kann es nicht abwarten, mit dem Stricken anzufangen. Gelb passt ja immer. Wünscht Ihr Euch einen Jungen oder noch ein Mädchen? Was sagt Steffi? Schreibt so bald und so viel Ihr könnt.

In großer Liebe und leider auch in Sorge umarmen Euch zärtlich Mackie und Suse

Brief von Walter Zweig aus Ol' Joro Orok an Heini und Ruth Weyl in Nairobi, 3. Mai

Liebe Ruth! Lieber Heini! Habt Ihr nicht Lust, uns wieder mal zu besuchen? Es wäre ein Euphemismus zu behaupten, dass Jettel die Decke auf den Kopf fällt, denn bekanntlich hat mein Arbeitgeber mir das Holz für die Zimmerdecken in unserer Villa verweigert. Also haben wir nur ein Dach, und durch das regnet es, sobald die erste Wolke pinkelt. Zurzeit macht Jettel das Gefühl, dass wir vom Leben abgeschnitten sind, noch mehr zu schaffen als sonst. Das kann einer Schwangeren auf Dauer nicht bekommen, und ich mache mir entsprechende Sorgen. Ich glaube, es würde ihr schon helfen, wenn sie mal mit jemand anderem als mit ihrem Mann reden könnte. Dass der es wagt, so aufdringlich zu sein und Euch herzubitten, obgleich Ihr mit Eurem Boardinghouse bestimmt alle Hände voll zu tun habt, habt Ihr Euch selbst zuzuschreiben. Ihr habt uns immer so bereitwillig und warmherzig in jeder Notlage die Freundeshand gereicht, dass ich nun keine Hemmungen mehr habe, um diese Hand zu bitten.

Für Unterhaltung ist gesorgt, denn seit Eurem letzten Besuch habe ich ein Monopoly-Spiel gebastelt. So eins, wie es der Meyrowitsch im Camp hatte und das uns allen so gut gefallen hat. Nur ist mein Monopoly auf Deutsch. Das heißt, alle Straßen sind entweder in Breslau, in Leobschütz oder in Sohrau, und natürlich beziehen sich die Ereignis-Karten auf unser Leben. Steffi hat durch diese Karten sogar ein wenig Deutsch lesen gelernt, und sie kennt sich so gut in Breslau aus, als wären wir noch dort. Neulich kaufte sie die Weisgerber Gasse (die billigste Straße im Spiel) und verkündete: »Dort bau ich mir einen Puff.« Jettel hat mich als verkommenen Rabenvater beschimpft, hat sie doch messerscharf kombiniert, dass ich meiner zehnjährigen Tochter erklärt habe, was ein Puff ist. Wenn meine Gattin wüsste, was Steffi sonst noch alles weiß! Seitdem ihre Mutter schwanger ist, lungert sie die ganzen Ferien bei den Hütten her-

um und lässt sich von den Frauen, die das mit Wonne tun, das Leben im Allgemeinen und das Kinderkriegen im Besonderen erklären. Da Jettel im Gegensatz zu meiner Tochter kein Kikuyu kann, bekommt sie das zum Glück nicht mit.
Wir würden uns schrecklich über Euren Besuch freuen und können, anders als in Rongai, so viele Hühner schlachten, wie wir nur wollen. Dank Owuor und Lilly Hahn züchte ich jetzt selbst Hühner. Es sind erst zwanzig Hennen und dazu ein Hahn, der Casanova heißt und sich entsprechend benimmt. Das Familienleben ist äußerst erfreulich. Leider ist Steffi unmittelbar nach der Geburt des ersten Kükens Vegetarierin geworden. Auf einer Farm, auf der so gut wie kein Gemüse wächst, ist das ziemlich unpraktisch.
Übrigens: Der Arzt in Nakuru, dessen Tüchtigkeit alle so gelobt haben, hat Jettel und Lilly, die sie schon wegen der Sprachschwierigkeiten zu ihm begleitete, unmissverständlich zu verstehen gegeben, dass er Refugees nicht behandelt. Nun muss sie, wenn es so weit ist, zu einer Ärztin, die zwar sehr nett zu ihr war, zu der sie jedoch kein bisschen Vertrauen hat. Sie bildet sich ein, Ärztinnen sind grundsätzlich untüchtig. Den Tick hat sie von ihrer Mutter, außerdem hat ihr in Leobschütz eine Zahnärztin einen Zahn abgebrochen und ihr geraten, lieber zu einem männlichen Kollegen zu gehen. Seitdem betreibt sie am ganzen Geschlecht Sippenhaft.
Falls Ihr meinen Brief als einen Hilfeschrei auffasst, so habt Ihr, wie immer, recht.
Es grüßt Euch herzlich und hoffnungsvoll Euer Walter

Am 31. Mai reitet Kamau, der Pferdeboy von Bwana Simba, zur Gibson-Farm und übergibt Jettel und Walter einen Brief

Liebe Freunde! Seit einer Woche eitert mein Bein. Chai sagt, wenn ich aufs Pferd steige, fällt es ab, ich spucke Blut und werde blind. Da Chai sich in den letzten dreißig Jahren nie geirrt hat, finde ich es dumm und kränkend, ihm zu widersprechen.

Das Geld im Couvert, das Kamau Ihnen bringt, habe ich gestern Nacht gefunden, und zwar in einem Buch über Lord Nelson und Lady Hamilton. Ich bin keineswegs so verkalkt, dass ich mich im Alter mit Leuten beschäftige, die mich schon in meiner Jugend langweilten, doch das Buch stürzte zu Boden, als der kleine Pavian Toto, den die Memsahib kidogo ja als Willkommensgeschenk zu Ferienbeginn bekommen soll, auf dem Regal herumhopste. Aus dem Buch krabbelte ein Heer von Safariameisen, und, als ich die restlichen herausschütteln wollte, regnete es die Geldscheine, die Sie nun in diesem Brief finden. Nehmen Sie das Geld ohne Bedenken an. Ich schenke es Ihnen mit allergrößter Herzensfreude. Es ist wunderbar, wenn man Mrs Fortuna, die in meinen Augen eine gemeine Hure ist, zeigen kann, dass man nicht auf sie angewiesen ist. Das Geld kommt von einem Mann, der keine Wünsche mehr hat und der nichts mehr braucht. Ich kann mich nicht einmal erinnern, wie viele Frauen ich je hatte, wie viele Kinder sie gebaren, wie diese Kinder hießen und wann und warum sie mir für immer Kwaheri sagten. Also brauchen diese Kinder schon gar nichts von mir.
Sie, mein Freund, brauchen jedoch dringend ein Auto. Ein Auto ist lebenswichtig für Sie und Ihre Frau. Sie ist im sechsten Monat schwanger und wird, wenn ihre Zeit gekommen ist, zum Arzt nach Nakuru und ins Hospital gebracht werden müssen. Ohne Auto ist sie so gut wie tot. Das ging mir sofort durch den Kopf, als mir Chai erzählte, die Memsahib aus Ol' Joro Orok habe einen gefüllten Bauch. Das war lange, bevor Sie mir von der Schwangerschaft erzählten. Familiennachrichten reisen in diesem Land besonders schnell.
Seit meinem Brief an Patel, der Sie betraf, tut der räudige Hund alles, um mir zu zeigen, was für ein feiner Kerl und aufrechter britischer Patriot er ist. Was kaum einer weiß: Das sanftäugige Schlitzohr hat meistens eine Reihe von gebrauchten Autos in der Hinterhand. Sobald mich Chai wieder aufs Pferd lässt, rei-

ten wir zu ihm und nehmen Kamau mit. Ich weiß nicht, warum und woher, aber Kamau versteht ebenso viel von Autos wie von Pferden. Außerdem hasst er Inder, und er erzählt mir oft, dass wir auf den Bwana der Gibson-Farm aufpassen müssen. Ich meine, das ist eine gute Kombination, um gute Geschäfte zu machen.

Wer einem anderen hilft, Gutes zu tun, tut selbst Gutes. Das hat mir mein Vater beigebracht. Er war Geistlicher in einem Teil Irlands, in dem selbst die Tauben verhungerten, und machte Schulden, um Geben zu können. Helfen Sie mir, sein Andenken zu ehren, und nehmen Sie das Geld an. Es kommt von einem Mann, den Sie, Ihre Frau und Ihre Tochter dazu gebracht haben, sich zu einem Zeitpunkt an seinem Leben zu freuen, als er alle Vorkehrungen getroffen hatte, sich von der Welt zu verabschieden. Ich meine, ein Auto ist kein zu hoher Preis für ein Menschenleben.

Ihr Patrick Kinghorn

Brief vom 12. Juni von Zahnarzt Dr. Morris Williamson, Nakuru, an Walter Zweig in Ol' Joro Orok

Sehr geehrter Herr Zweig! Es ist gut, dass Sie uns geschrieben haben. Unsere beiden Töchter brauchen tatsächlich keinen Kinderwagen mehr. Den überlassen wir Ihnen gern, allerdings verkaufen wir ihn nicht. Ich bin zwar ein geldgieriger, geiziger Schotte, der jederzeit bereit ist, seine Großmutter zu verkaufen, doch meine Frau und meine Töchter sind jüdisch, und mich bewegt alles, was Juden betrifft. Besonders jetzt.

Meine Frau und mir widerstrebt es, Kapital aus dem Schicksal von Menschen zu schlagen, die in diesem reichen Land nicht genug verdienen, um das zu kaufen, was sie und ihre Familie zum Leben brauchen. Sie können den Wagen (Bestzustand mit Matratze!) jederzeit bei uns abholen, wenn Sie in Nakuru sind. Die Buschtrommeln und mein Hauswächter haben mich wissen lassen, Sie hätten seit fünf Tagen ein Auto. Geben Sie acht,

die Regenzeit ist teuflisch dieses Jahr! Nehmen Sie auf allen Fahrten genug Boys mit, die den Wagen aus dem Schlamm ziehen können.
Wir freuen uns, wenn Sie Zeit haben, eine Tasse Tee mit uns zu trinken. Für uns beide ist es immer ein besonderes Vergnügen, auf Menschen zu treffen, die lesen und schreiben können und die mehr von der Welt gesehen haben als den Nakurusee und seine Flamingos. Vielleicht können Sie mir bei dieser Gelegenheit erklären, wer genau dieser Reinhard Heydrich war, den die Tschechen soeben in Prag zu Tode gebombt haben und für dessen Tod sich die Deutschen rächten, indem sie ein ganzes Dorf* dem Erdboden gleichmachten und Männer, Frauen und Kinder ermordeten.
Alles Gute für Ihre Frau, um die wir uns gerne kümmern werden, wenn sie zur Geburt nach Nakuru kommt.
Ihr Morris Williamson

Brief von der Jüdischen Gemeinde Nakuru an Walter Zweig in Ol' Joro Orok, 5. Juli

Sehr geehrter Herr Zweig! Von Zahnarzt Dr. Williamson haben wir erfahren, dass Ihre Frau aus medizinischen Gründen die letzten vier Wochen ihrer Schwangerschaft in Nakuru sein muss und Sie dies in finanzielle Schwierigkeiten bringen wird. Obgleich wir uns wundern, dass wir erst von dritter Seite auf diesen Umstand aufmerksam gemacht werden mussten, sind wir bereit, die Hälfte der entstehenden Kosten für das Nakuru Government Hospital, die Arztbehandlung und das Stag's Head Hotel zu übernehmen, wo die Schwangere ja bis zu ihrer Niederkunft wird wohnen müssen. Die verbleibende Summe hat dankenswerterweise Dr. Williamson zugesagt.
Um Ihnen alle weiteren Verhandlungen zu ersparen, haben wir vereinbart, dass für Mrs Zweig beim Eintreffen und auf noch

* Gemeint ist das Dorf Lidice, nördlich von Prag.

nicht bestimmbare Zeit ein Zimmer der untersten Kategorie bereitgehalten wird. Zudem hat die Hotelleitung zugesagt, Mrs Zweig sämtliche Mahlzeiten im Zimmer zu servieren. Wir gehen davon aus, dass Ihre Frau nicht über die Garderobe verfügt, die in einem so eleganten Ambiente üblich ist, und hoffen, dass die getroffene Lösung ihr zusagen wird. Für die Geburt Ihres Kindes wünschen wir Ihnen beiden alles Gute.
Jüdische Gemeinde Nakuru, Unterschrift unleserlich

BRIEF VOM 8. JULI VON WALTER AN SEINE TOCHTER IN DER NAKURU SCHOOL

Meine liebe Steffi! Ich war soeben bei Dir in der Schule, doch der Direktor hat mich nicht zu Dir gelassen. Er hat mir bestimmt auch den Grund dafür gesagt, aber natürlich habe ich ihn so gut wie nicht verstanden. Weil mir Mr Whidett zum Schluss Papier, Tinte und einen Federhalter hinstellte und auch noch auf den freien Stuhl an seinem Schreibtisch wies und mich in seinem Zimmer allein ließ, nahm ich an, ich sollte Dir einen Brief schreiben. Ich hoffe, dass Du ihn schnell bekommst, denn er ist sehr wichtig für uns alle. Ich hoffe auch, dass die Musiklehrerin, von der Du schon oft erzählt hast, dass sie Deutsch kann, ihn Dir so erklärt, dass Du ihn verstehst. Sie weiß ja bestimmt, dass es unmusikalische Menschen auf der Welt gibt, und wird Dich nicht entgelten lassen, dass Du »It's a Long Way to Tipperary« nicht von »God Save the King« unterscheiden kannst.
Im Zimmer Deines Direktors war natürlich niemand, der mir beim Übersetzen hätte helfen können. Also muss ich in meiner Muttersprache schreiben. Wenn ich Dir schreibe, vergesse ich leider meistens, dass Du noch keine zehn Jahre alt bist. Das solltest Du Deiner Lehrerin erklären, falls sie die Stirn runzelt.
Mama ist seit gestern in Nakuru und wohnt im Stag's Head Hotel. Ihr ging es schon die ganze Zeit nicht gut auf der Farm. Vorige Woche hatte sie große Schmerzen und dachte, die We-

hen würden bereits einsetzen, was ja viel zu früh gewesen wäre. Am nächsten Tag waren die Schmerzen zwar weg, aber Lilly hat uns trotzdem zu Dr. Arnold gefahren. Die hat gesagt, sie könne die Verantwortung nicht übernehmen, wenn Mama länger auf der Farm bliebe. Sie müsse jederzeit ins Krankenhaus gebracht werden können. Das war vor zwei Wochen. So lange hat es gedauert, das Geld für Nakuru aufzutreiben.
Mir ist klar, dass ein Kind in Deinem Alter so einen Brief wie diesen nicht bekommen und am besten noch an den Storch glauben sollte. Leider ist es Deinen Eltern jedoch schon lange nicht mehr möglich, Dich wie ein Kind zu behandeln. Wir können Dir nicht die Sicherheit geben, die ein Kind braucht, um an das Gute zu glauben. Wir können Dir nur unsere Liebe geben. Zu dieser Art von Liebe gehört es, dass die Eltern alles von ihren Kindern wissen und die Kinder alles von ihren Eltern. Für Dich und mich bedeutet das, dass wir beide Angst um Mama haben. Für sie und das Baby, das sie erwartet, können wir nur hoffen und beten. Auf keinen Fall dürfen wir Gott übel nehmen, dass er uns lange auf das warten lässt, worum wir ihn bitten. Ich weiß, das fällt schwer, doch es war schon immer so, dass im Krieg an Gott so viele Bitten gerichtet werden, dass er mehr Zeit braucht als im Frieden, ehe er sich mit uns beschäftigt.
Ich gehe davon aus, dass in der Schule auch für kranke Mütter keine Ausnahme gemacht wird und Du Mama nicht im Stag's Head besuchen darfst. Sei nicht traurig, sei tapfer. Tapferkeit ist die einzige Waffe, die die Familie Zweig zurzeit hat, um das Leben zu meistern. Mr Gibson macht auch nie Ausnahmen. Gerade jetzt verlangt er, dass ich bei den Bäumen bleibe, die gefällt werden müssen, und die Bretter zähle, statt meiner Frau beizustehen.
Du solltest so schnell wie möglich an Mama schreiben. Das wird sie in ihrer Einsamkeit bestimmt trösten. Wir beide hatten eine ganz große Überraschung für Dich, aber Du wirst sie bes-

ser genießen können, wenn das Leben es wieder besser mit uns allen meint als jetzt. Ich schreibe Dir ausführlich, sobald ich zu Hause bin. Hahns kommen am Wochenende zu mir. Dann ist der Brief wenigstens in der richtigen Sprache.
Es schickt Dir einen ganz dicken Kuss Dein Papa

Am 10. August schreibt Jettel aus dem Stag's Head in Nakuru an ihren Mann in Ol' Joro Orok

Mein lieber Walter! Am gestrigen Sonntag war Steffi zum dritten Mal hier. Sie hat sich wieder auf dem Weg zur Kirche von den anderen Mädchen abgesetzt, ist zu mir gehetzt und war, als sie im Hotel ankam, kreidebleich und total durchgeschwitzt. Geblieben ist sie bis zum Spätnachmittag. Diesmal hat sie mir endlich gestanden, dass sie jedes Mal bestraft wird, wenn sie von den Besuchen bei mir zurückkommt. Allerdings immer von der Lehrerin, der sie sehr zugetan ist und von der sie in den Ferien so viel Gutes zu erzählen wusste. Steffi muss zur Strafe jedes Mal ein langes Gedicht lernen, und das tut sie mit Begeisterung. Sie hat ja die Vorstellung, sie muss so viele Gedichte wie möglich in ihrem Kopf haben, falls die Deutschen sie gefangen nehmen und ihr das Lesen und Schreiben verbieten. Mir zerreißt es jedes Mal das Herz, wenn sie das sagt. Ich kann mir ja denken, wie sie auf so eine Idee kommt. Mit ihren knapp zehn Jahren kennt sie auch das Wort Konzentrationslager und weiß, was die Deportationen in den Osten bedeuten. Als ich so alt war wie sie, was der Erste Weltkrieg gerade zu Ende, aber ich muss gestehen, dass ich so gut wie nichts davon mitbekommen habe.
Steffi hat sehr gestaunt, dass ich auch Gedichte auswendig kann. Sie hat mehrmals gesagt »I am so proud of you« und mich umarmt. Natürlich war auch ich stolz. Ich habe ihr die ganze »Glocke«, dann den »Erlkönig« und schließlich einen Teil von Heinrich Heines »Donna Clara« aufgesagt. Danach habe ich ihr die »Loreley« und den »Graf am Rhein« vorgesungen. Unsere

Tochter war ganz aus dem Häuschen, obwohl sie ja so gut wie nichts verstanden haben dürfte. Sie hat sich mit Gedichten aus »Alice im Wunderland« revanchiert, die meiner Meinung nach genauso meschugge sind wie die Engländer selbst, doch das habe ich mir natürlich nicht anmerken lassen.

Sonntags gibt es zum Mittagessen immer Curryhuhn mit Mango, Papaya, Bananen und Chutneys (Obstmarmelade mit Pfeffer und Curry). Man holt sich das Essen vom Büfett und kann sich so oft bedienen, wie man will. Ich bin mit Steffi in den Speisesaal gegangen, wo mittags ohnehin kaum einer ist. Sie war selig und hat gegessen, als hätte sie eine Woche gehungert, was ja in der Schule durchaus der Fall zu sein scheint.

Die Frau des Managerassistenten (ihr Mann ist, wie jeder weiß, in Frankfurt Hausmeister gewesen) hat eine Riesenfresse gezogen, als sie uns sah, und im Beisein meines Kindes gesagt: »Wenigstens ein anständiges Umstandskleid hätten Sie sich kaufen sollen, wenn Sie schon im Stag's wohnen!« Ich habe so getan, als hörte ich sie nicht, aber in meinem Zustand sind solche Kränkungen noch viel schlimmer als sonst.

Ich war unendlich glücklich mit Steffi. Wir führten richtig erwachsene Gespräche. Ich habe ständig an Breslau denken müssen. Mutter und ich konnten uns alles sagen und haben es auch getan. Nach Steffis Geburt und als mich Dr. M., auf den Du ja bestanden hast, weil er ein Bundesbruder von Dir war, beinahe ins Grab gebracht hat, hat mir Mutter in die Hand versprochen, bei der nächsten Schwangerschaft die ganzen neun Monate bei mir zu bleiben. Und jetzt wissen wir nicht mal, wo sie ist und ob sie noch lebt.

Übrigens erinnert sich Steffi durchaus an Breslau und Mutter. Diesmal hat sie mir zum ersten Mal gesagt, warum sie immer so tut, als wisse sie nichts mehr von Deutschland. »Das Wort macht mich zu traurig«, hat sie gesagt. »Ich muss es immer ganz schnell runterschlucken, wenn es hochkommt. Sonst muss ich kotzen.« Du kannst Dir denken, wie mir zumute war.

Um meinen Vater wissen zu lassen, dass ich von seinen Wünschen und Träumen wusste, malte ich ihm als Elfjährige zu seinem Geburtstag am 5. September 1943 dieses Schiff.

Mit Schwangerschaften kennt sich unsere Tochter so gut aus, als hätte sie bereits drei Kinder geboren. Ihr Wissen stammt, wie ich gestern erfuhr, von den Nandifrauen, zu denen sie oft mit Bwana Simba geritten ist. Als sie kam, hat sie mich auch prompt gefragt, ob das Kind nicht überfällig ist! Die schlaue Ärztin sagt aber bei jedem Besuch »You can't time a baby« und klopft mir beruhigend auf den Rücken. Sie kommt jeden zweiten Tag und versteht mich auch ganz gut. Sie hat lange in Tanganjika gelebt und wohl eine ganze Reihe von Deutsch sprechenden Patienten gehabt. Nur was hilft mir das? Ich habe nun mal kein Vertrauen zu ihr und verfluche Tag für Tag den verdammten Dr. Charters, der es abgelehnt hat, mich zu behandeln, weil er nach England reisen wollte. Mitten im Krieg! Er ist heute noch da. Ich denke immerzu daran, dass Mutter nichts von Ärztinnen hielt. Mir geht es ja genauso.

Sosehr ich mich bemühe, komme ich jedoch nicht von dem Gedanken los, dass das Kind falsch liegt. Ich spüre auch kaum Bewegung und denke immerzu daran, dass Steffi bei der Geburt um ein Haar an der Nabelschnur erstickt wäre. Wenigstens ist die Arnold so weit, dass sie die Geburt einleiten will, wenn sich in den nächsten zwei Wochen nichts tut. Ich weiß nicht, ob ich diesen Albtraum noch so lange aushalte. Jeden Abend gehe ich mit dem Gedanken ins Bett, dass ich Euch beide nie wiedersehen werde. Und wenn ich wach werde, grübele ich, ob Du in den Ferien allein für Steffi wirst sorgen können. Komm, so schnell Du kannst. Hugo May und seine Frau, die mich so treu hier besuchen, sagen immer, Du könntest jederzeit bei Ihnen wohnen. Zur Hölle mit Mr Gibsons verfluchten Bäumen und seinem vermaledeiten Pyrethrum. Zur Hölle mit Deinem Pflichtbewusstsein, das uns in diesem Land noch keinen Cent eingebracht hat. Wie willst Du Deiner Tochter, die mich schon drei Mal hier besucht hat und sehr niedergedrückt wirkt, wie willst Du Ihr erklären, dass Du nicht da warst, als Dich Deine Frau am dringendsten gebraucht hat?
Es umarmt Dich in großer Sorge Deine Jettel

Der Brief wurde nicht abgeschickt. Walter fand ihn, als er das Zimmer im Stag's Head ausräumte. Jettel wurde am Morgen nach Steffis Besuch in das Nakuru Government Hospital eingeliefert. Am 12. August kam ihr Sohn tot zur Welt. Das Leben der Mutter wurde durch den Einsatz von zwei Krankenhausärzten gerettet. Dr. Arnold sagte bei jedem Besuch am Krankenbett, Jettel könne durchaus wieder schwanger werden.

10

Nicht umdrehen!

Ol' Joro Orok, Nakuru und Nairobi im Jahr 1944

Im Brief vom 16. Januar schreibt Steffi aus Nakuru an ihren Vater auf der Farm. Original in Englisch

Mein lieber Papa! Am Freitag ist was ganz Komisches passiert. Mr Townsend fragte uns die Vokabeln ab, die wir vor den Ferien gelernt hatten. Ich war die Einzige, die sie alle kannte, und wurde sehr gelobt, was mir vor den anderen Mädchen (und erst recht vor den Jungen) schrecklich peinlich war. Außer mir lernt ja keiner gern Latein. Plötzlich sagte Mr Townsend, er hätte vergessen, uns zu sagen, dass der Lateinkurs drei Pfund pro Semester kostet. Mir wurde ganz schlecht. Sofort nach der Stunde habe ich Mr T. gesagt, dass ich nicht mehr zum Lateinunterricht kommen kann. Natürlich wollte er wissen, weshalb. Ich habe ihm erklärt, dass uns die Schule schon so viel kostet und wir uns keine Extraausgaben leisten können. Trotzdem hat er immer weiter und weiter gefragt. Er war wie ein Bohrer. Schließlich habe ich diesem Bohrer doch erzählt, dass Du so wenig auf der Farm verdienst, weil Du in Deutschland Rechtsanwalt gewesen bist und kein Englisch kannst, denn in der Schule hast Du ja nur Latein und Griechisch gelernt. Dass Du auch Französisch gelernt hast, habe ich ihm nicht gesagt. Ich hatte Angst, dass er mir einen Vater, der außer seiner eigenen Sprache noch drei andere kann, nicht glaubt und mich für eine Angeberin hält. Die Engländer hassen Angeber ja so wie wir die Nazis.

Auf einmal sagte Mr T., er wolle mich umsonst unterrichten, weil er noch nie eine Schülerin gehabt hat, die sich so für La-

tein interessiert hat wie ich. Ich war ganz verwirrt und habe mir auf die Unterlippe gebissen, doch er hat immerzu gelächelt und kein bisschen wie ein Lehrer ausgesehen. Bist Du denn einverstanden, dass ich Latein lerne, ohne dass wir das bezahlen? Du sagst ja immer, wir lassen uns nichts schenken. Wir sind arm, aber keine Schnorrer. Das hätte ich Mr Townsend gern gesagt, aber ich kenne das Wort für Schnorrer nicht im Englischen. Du sagst auch, dass Latein die Mutter aller Sprachen ist und dass Du sehr froh bist, dass Du in der Schule Latein gelernt hast, auch wenn Dir diese Mutter in Afrika nichts nützt.
Bwana Simba hat auch Latein gelernt. Mir gefällt die Sprache. Sie streichelt meine Ohren. Mir macht es Spaß, mir vorzustellen, dass Du und Bwana Simba beide Latein könnt und dass Caesar und Amor so gesprochen haben. Antworte mir, so schnell Du kannst. Am Donnerstag kann ich noch einmal in die Lateinstunde gehen und so tun, als wäre es Dir recht, wenn ich von Mr T. ein Geschenk annehme. Zwei Mal möchte ich das nicht machen.
Bitte gib Mama einen dicken Kuss von mir und sage ihr, sie soll nicht böse sein, dass ich dieses Mal nur an Dich schreibe, aber sie hat ja kein Latein gelernt. und sie lacht Dich immer aus, wenn Du versuchst, was auf Englisch zu sagen. Ich finde, ob ich Latein lerne oder nicht, geht nur Dich und mich an. Und Mr Townsend natürlich auch. Grüße Owuor, Bwana Simba, die Hunde und meinen geliebten Affen Toto. Wenn ich Latein lernen darf, erzähle ich ihm, was Affe auf Latein heißt. Oder weiß er das schon von Dir? Hat Martin schon geschrieben?
Tausend XXXXX Deine Tochter Stefanie Regina Zweig

Am 23. Januar antwortet Walter seiner Tochter

Meine liebe Steffi! Ich bin sehr stolz auf Dich. Mir hat nie ein Lehrer angeboten, mich unentgeltlich zu unterrichten, obwohl ich immer Sechster in der Klasse war. Allerdings gab es nur sieben Schüler. Richte Mr Townsend aus, dass ich sehr dankbar

bin für sein großzügiges Angebot und dass es mir sehr viel bedeutet, wenn meine Tochter Latein lernt. Ich hoffe, Dankbarkeit zu zeigen, gilt bei den Engländern nicht als Aufschneiderei. Wenn ja, tue es trotzdem. Wenn Du Latein lernst, können wir uns über vieles unterhalten, das dann nur uns gehören wird. Aber mach Dir keine Illusion! Latein ist keine Sprache, die es dem Menschen leicht macht, sie zu lieben. Es gibt immerzu Neues zu lernen. Als Schüler habe ich mich oft gefragt, wie es die Kinder im alten Rom geschafft haben, ihre Adjektive richtig zu deklinieren. Und jetzt frage ich mich, wie ich es je schaffen werde, Englisch zu lernen, wo man jedes Wort anders ausspricht, als man es schreibt. Du siehst, Dein Vater ist viel in der Welt herumgekommen, doch in seinem Leben noch keinen Schritt weiter.
Der nette Schneider Singh, der immer so gut nach Honig und Pfefferminze riecht, war wieder in Patels Laden. Er hat Deiner Mutter aus dem roten Vorhang, der im Wohnzimmer hing und den wir ja so gut wie nie zugezogen haben, ein Kleid genäht. Ihr gefällt es nicht, aber mir sehr. Leider sind die Hosen, die er mir genäht hat, viel zu groß. Ich sehe in ihnen aus wie Charlie Chaplin. Mir fehlt nur noch der kleine schwarze Hut, das Stöckchen und die Leute, die mir zujubeln, wenn sie über mich lachen. Außerdem hat mir Deine Mutter die Haare geschnitten. Ich wollte das Geld für den lausigen Friseur sparen, der nächste Woche in Ol' Joro Orok fällig ist und jedes Mal mehr fürs Haarschneiden nimmt.
Mama hat mir erst eine Schüssel auf den Kopf gedrückt und dann losgeschnitten. Sie sagte, sie habe oft gehört, das würden auch bekannte Friseure so machen. Ich weiß nicht, wem sie da auf den Leim gegangen ist. Jedenfalls sehe ich aus wie eine Kreuzung aus Mönch und Affenkind, doch bis zu Deinen nächsten Ferien wird das Haar nachgewachsen sein, und Du musst Dich nicht für Deinen Vater schämen. Toto lässt Dich grüßen. Er ist durch und durch Affe und besteht darauf,

auf meiner Schulter zu sitzen, wenn wir zur Flachsfabrik gehen. An der Stelle, an der die beiden Dornakazien zusammengewachsen sind und ich Dir zum ersten Mal von Philemon und Baucis erzählt habe, kreischt er wie verrückt und pinkelt mir den Rücken runter. Mama kann immer noch darüber lachen.
Martin hat sich noch nicht gemeldet. Mir scheint, er hat Dir den Kopf verdreht. Das hat er leider schon bei Deiner Mutter getan, als wir noch in Breslau zu Hause waren, aber unserer Freundschaft hat das nicht geschadet. Der gute Martin war schon immer schreibfaul. Lieber stand er unangemeldet vor der Tür. Obwohl er genau das bei uns getan hat, sollten wir nicht damit rechnen, dass sich das wiederholt. Schließlich wohnt er in Südafrika und wir in Ostafrika. Früher habe ich immer gedacht, Afrika ist Afrika, da habe ich mich natürlich gründlich getäuscht, wie wir heute wissen. Dass Martin bei uns war, war mehr als ein Wunder. Ich denke oft an die Tage, die wir mit ihm am Naivashasee verbracht haben.
Falls Du bereit bist, den größten Teil Deines Taschengelds für Briefmarken zu opfern, solltest Du an Deine Tante Suse schreiben. Sie hat am 10. Februar Geburtstag und schreibt ja jedes Mal, wie einsam sie ist, seitdem Mackie zum Militär musste. Ich weiß nicht, ob Du Dich überhaupt an Deinen Onkel erinnern kannst. Du warst ja erst fünf, als er nach Amerika abfuhr. Auf alle Fälle würdest Du Suse mit einem Geburtstagsbrief eine besondere Freude machen und Dir auch. Außer Mackie und Suse haben wir ja keine Verwandten mehr, denen wir eine Freude machen können. Die Adresse von Kleins steht in dem hübschen roten Büchlein, das Dir Weyls zu Chanukka geschenkt haben.
Mama schreibt Dir morgen. Also bekommst Du diese Woche zwei Briefe. Da Hahns gerade hier sind zum Übersetzen und sie die Post in Gilgil einstecken werden, wenn sie morgen zurückfahren, können wir uns den Luxus von zwei Briefen an unsere

Lieblingstochter leisten. Lilly und Oha (er hat auch Latein gelernt und staunt ebenso über Mr Townsend wie ich) lassen Dich herzlich grüßen.
Einen ganz dicken Kuss schickt Dir Dein Papa, der Dich genauso vermisst wie Du ihn

Am 14. Februar schreibt Suse Klein aus New York an Schwester und Schwager in Ol' Joro Orok

Meine Lieben! Ihr habt mir eine so große Freude mit Euren Briefen gemacht, dass ich immer noch out of my mind bin. Steffis Brief kam genau an meinem Geburtstag hier an. Den von Euch fand ich am 8., als ich total deprimiert von der Arbeit nach Hause kam. Meine nette polnische Kollegin hatte mir in der Mittagspause erzählt, am Vortag hätten die Deutschen zur Vergeltung für einen Gestapomann, der von polnischen Widerstandskämpfern erschossen worden war, in Warschau hundert polnische Geiseln hingerichtet und zur Abschreckung in den Straßen liegen lassen. Solche verstörenden Meldungen hört man jetzt fast täglich. Die Zeiten, als die Amerikaner so tun konnten, als ginge sie der Krieg in Europa nichts an, sind vorbei. Bei mir kommt natürlich hinzu, dass ich sofort an Mutter und Käthe denke, wenn von Polen die Rede ist.
Ich habe Eure beiden Briefe so oft gelesen, dass ich sie fast auswendig kann, und ich staune immer noch, wie erwachsen Steffi schreibt. She must be very smart. I am sure, sie ist ihrem Alter weit voraus. Das erlebe ich auch bei den Kindern von Freunden und Bekannten. Sie bringen so gute Zeugnisse nach Hause, wie es sie in Deutschland gar nicht gab, doch die Auswanderung in ein fremdes Land, eine neue Sprache und die ganz andere Kultur haben vielen von ihnen gewaltig zugesetzt. Drei Kinder im Freundeskreis weigern sich, Deutsch zu reden, aber auf Englisch stottern sie ganz erbärmlich. Ein sechsjähriger Junge, der mit seinen Eltern über Portugal und Mexiko endlich nach New York gelangte, monatelang unterwegs war und auf dem Schiff

den Tod seiner Großmutter erlebt hat, macht wieder ins Bett und schläft nur ein, wenn das Licht an ist.
Als ich Steffis Brief las, war mir, als würde ich ein altes Fotoalbum aufschlagen. Ich war wieder in Breslau und sie fünf Jahre alt. Sie hatte eine weiße Schleife im Haar, von der ich immer fand, sie passe gar nicht mehr in die Zeit (was ich natürlich nie gesagt hätte). Wir saßen mit Mutter im Wohnzimmer, und ich versuchte, ihr zu erklären, dass ihr Onkel Mackie nach Amerika gefahren war, ohne dass ich das Wort Auswanderung benutzte oder von den Nazis sprach, damit sie sich nicht auf der Straße verplapperte. Noch heute höre ich sie sagen: »Er kann doch wieder zurückschwimmen, wenn du so traurig bist«, und ich sehe Mutter lächeln. Mutter war so schön, wenn sie lächelte. Das hat mich schon als Kind berührt.
Steffi schreibt, sie habe immer noch die kleine Matrosenpuppe, die ihr Mackie geschenkt hat. Als ich das las, kamen mir die Tränen. Was hat sich Gott eigentlich dabei gedacht, dass er uns ausgerechnet die Erinnerungen lässt, die am meisten schmerzen? Mackie und ich haben den kleinen Matrosen an dem Tag bei Wertheim gekauft, als er seine Passage für die St. Louis erhielt. Leider bin ich noch näher am Wasser gebaut als früher. An meinem Geburtstag hatte ich allerdings allen Grund dazu. Morgens um sieben hat es an der Haustür geläutet. Ich dachte sofort an ein Telegramm, wie man das eben tut, wenn der Mann beim Militär ist. Mir wurde prompt übel, denn Telegramme bringen doch immer nur schlechte Nachrichten. Ich habe ja keine Ahnung, wo Mackie stationiert ist (das dürfen die Soldaten noch nicht mal der eigenen Frau sagen). Er kann ebenso gut im Pazifik sein wie in Alaska. Neuerdings munkelt man auch viel von Einsätzen in Europa. Während mir all das durch den Kopf ging, meine Knie immer weicher wurden und ich zu weinen anfing, stand Mackie vor mir. In voller Uniform und mit einem Kuchen in der Hand, der für zwölf Leute gereicht hätte und von dem ich heute noch esse. Ich habe meinen Augen

nicht getraut, ihn für ein Gespenst gehalten und tatsächlich überlegt, ob ich dieses Gespenst auf Englisch oder auf Deutsch anreden sollte – seitdem wir im Krieg sind, ist Deutsch Feindessprache und total verpönt. Auch ich tu immer so, als würde ich kein Wort Deutsch können. Dann hat mein Mann salutiert und »Hi« gesagt und so gegrinst, als hätte er die Schule geschwänzt. Eine halbe Stunde später rief ich in der Fabrik an und sagte, ich hätte mir den Fuß verknackst, und wir saßen nur da und guckten uns an. Ich meine, zunächst haben wir nur dagesessen und uns angeguckt … So glücklich war ich nicht mehr, seitdem ich in Amerika von Bord gegangen bin und Mackie unter den Wartenden entdeckte.
Du täuschst Dich sehr, mein lieber Walter. Mein Mann ist weiß Gott nicht freiwillig zum Militär gegangen. He was drafted. I was very unhappy, als es geschah. Unhappy bin ich immer noch, but I try not to let him know. Ich glaube, er kommt gar nicht auf die Idee, dass ich jeden Tag die Abendnachrichten höre und Zeitungen lese. Mackie war, wie immer, bester Dinge und ansteckend fröhlich. Er sah blendend aus. Rundherum zufrieden, hätte Mutter gesagt. Sie hat ja auch immer betont, Zufriedenheit sei das größte Glück.
An einem Abend waren wir im Kino und haben den Film von dem berühmten englischen Lustspielautor Noël Coward gesehen, von dem alle so schwärmen. »In Which We Serve« ist ein Film, der auf einem englischen Kriegsschiff spielt, das von den Deutschen versenkt wird. Das Ganze war natürlich durch und durch patriotisch. Mackie war begeistert, but it was not my cup of tea. Patriotische Reden und Heldengeschichten hört man ja in Kriegszeiten von früh bis spät.
Thomas Manns Radioansprachen an die Deutschen, die über BBC gesendet werden, hören wir selbstverständlich auch. Für meinen Geschmack hat der Herr allerdings seine Abneigung gegen die Nazis reichlich spät entdeckt. Ich habe sehr genau gelesen, was seine Kinder Erika und Klaus zu dem Thema zu sagen

haben. Ich habe ihn auch noch nie erwähnen gehört, dass seine Frau jüdisch ist.
Mackie konnte bis Sonntagabend bleiben. Ich habe versucht, all seine Lieblingsgerichte zu kochen, doch das ist nicht so einfach. Spätzle und Maultaschen, die für ihn Kindheitserinnerungen sind, habe ich noch nie hinbekommen. Bratwurst, sein Leibgericht, kann man hier ganz vergessen. Meine neuen Landsleute wissen gar nicht, was eine Wurst ist. Über die Briefmarken aus Kenia hat er sich riesig gefreut. Er ist immer noch begeisterter Briefmarkensammler. Wenn wir Glück haben, kommt er zu Pessach wieder nach New York, und wir können Seder feiern. Ich bin nicht plötzlich fromm geworden, habe jedoch eine reizende Nachbarin aus Berlin, die mir viel von der jüdischen Küche beibringt. Ich kann jetzt, was ich ja bei Mutter nie gelernt habe, Matzeklöße machen, und ich weiß, dass Mackie die immer besonders gern gegessen hat. Seitdem er bei der Army ist, geht es uns gottlob finanziell ein ganzes Stück besser als zuvor. Ich bekomme eine Allowance als Ehefrau, und er wird mit allem versorgt, was der Mensch braucht. Selbst mit Chewing Gum. Und Ratschlägen, wie er sich gegen Geschlechtskrankheiten zu schützen hat.
Übrigens weiß ich nicht, ob ich je erwähnt habe, dass unser Vetter Willy Hirschstein nach Amerika gelangt ist. Er wohnt gar nicht weit weg von uns, aber wir sehen uns selten. I am not sorry. Der gute Willy hat sich ja immer für einen besonderen Menschen gehalten, daran hat sich weiß Gott nichts geändert. Seine Frau (zehn Jahre älter als er und nicht gerade eine Schönheit) ist viel netter. Sie erkundigt sich immer nach Euch. Sein jüngerer Bruder Franz, der mir schon als Junge wesentlich lieber war als der smarte Willy, hat es im letzten Moment nach Palästina geschafft. Bei unserer letzten Begegnung erzählte Willy, Franz gehe es wirtschaftlich nicht gut. Allerdings scheint das in Palästina an der Tagesordnung zu sein. Von wegen Gelobtes Land! I don't need milk and honey.

Rat mal, wen ich vor Kurzem am Sonntag im Central Park getroffen habe? Deine Schulfreundin Lotte Badrian. Sie ist von einem Jungmädchenpensionat ins nächste verfrachtet worden, hat jedoch nie einen Mann gefunden, obgleich sie ganz hübsch und steinreich war. Wegen ihrer Mutter, die schon früh kränkelte und nie über den Tod ihres Mannes hinweggekommen ist, wollte sie nicht auswandern, aber nach dem 9. November 1938 sind den beiden doch die Augen aufgegangen. Unter Umständen, die ich nicht ganz verstanden habe, gelangten sie zunächst nach Uruguay. Dort haben sie, was zu der Zeit schon so gut wie unmöglich war, noch ein Affidavit für die USA bekommen. Nun arbeitet Lotte in einem Schuhgeschäft. Sie hat davon erzählt, als wäre es ihr lebenslanger Traum gewesen, anderen Leuten die Schuhe auszuziehen. Ihre Mutter, die mit im Central Park war, hat sich um Jahrzehnte verjüngt. Sie ist total erblondet, schminkt sich wie Rita Hayworth und ist auf die Hälfte geschrumpft. In Breslau hat Gnädige Frau keinen Finger krumm gemacht und sich von vorn bis hinten bedienen lassen. Jeden Sommer musste sie wegen ihres empfindlichen Magens, von dem kein Wort mehr die Rede war, zur Kur nach Karlsbad. Natürlich mit der armen Lotte als Chaperon! Jetzt bäckt Mrs Badrian freitags Barches, Kuchen und Torten, für die die Refugees aus Deutschland Schlange stehen. In der Woche hat sie in ihrer kleinen Wohnung einen Mittagstisch eingerichtet, für den es lange Wartelisten gibt. Die Back- und Kochrezepte hat ihr ihre alte Köchin Gustl, die mindestens einmal im Monat rausgeschmissen und sofort wieder eingestellt wurde und die ihr trotzdem bis zu ihrem letzten Tag in Breslau die Treue hielt, heimlich ins Gepäck gesteckt. Solche Geschichten hört man oft. Wenn sie mir nicht das Herz vorzeitig brechen, werde ich sie sammeln und eines Tages ein Buch darüber schreiben.
Ach, was tut es gut, mit Euch zu reden! Mutter hatte ja so recht, als sie immer sagte, wenn man mit keinem mehr über seine Vergangenheit reden kann, braucht man auch keine Zukunft. We-

nigstens wohnen genug Leute in meinem Block, mit denen ich reden kann, wenn mich der Teufel Heimweh überfällt. Wenn ich Glück habe, sind sie sogar aus Breslau, und wir stellen fest, dass wir uns eigentlich schon immer gekannt haben. Da geht mir erst richtig auf, wie einsam das Leben für Euch sein muss und wie wenig wir einander helfen können.
Nie hätte ich gedacht, dass im Leben das Traurige so überwiegt. Vor allem hätte ich keinem geglaubt, der mir gesagt hätte, ich würde das schon mit achtundzwanzig Jahren feststellen. Mackie hört nichts mehr von seinen Eltern. Die badischen Juden wurden nach Südfrankreich verschleppt. Zunächst kam noch Post aus dem Lager Gurs, aber jetzt schon lange nicht mehr. Mackie und sein Bruder machen sich keine Hoffnungen, wir tun dennoch beide so, als glaubten wir an Wunder.
An Steffi schreibe ich gleich morgen. Sie hat mir rührend anschaulich geschildert, was es für sie bedeutet, Post zu bekommen. Ich merke, dass sie nicht glücklich in der Schule ist. Wie kann man auch in einem Internat glücklich sein, wenn man so sehr an seinen Eltern hängt, wie sie es tut? Lasst so bald wie möglich von Euch hören. Auch für mich ist ein Brief ein Geschenk des Himmels. Ich zehre wochenlang davon.
Einen dicken Kuss voller Liebe und Sehnsucht für Euch beide
Eure Suse

PS Die Zeitungsausschnitte, die ich beilege, sind aus dem »Aufbau«*. Um Kosten zu sparen halte ich ihn neuerdings zusammen mit drei Freundinnen. Ich bekomme ihn als Letzte, dafür darf ich ihn ausschneiden. Wenn man wissen will, was

---

* Der »Aufbau« war die Zeitung und die Stimme der deutsch-jüdischen Emigration. Zu seinen Mitarbeitern gehörte die Prominenz der deutschsprachigen Exilautoren. Dank der Suchanzeigen im »Aufbau« fanden sich in aller Welt verstreute Familienmitglieder und Freunde wieder. Während sich die freie Welt noch in der Illusion wiegte, die Berichte vom Schicksal der europäischen Juden wären Gräuelpropaganda der Alliierten, meldete der »Aufbau« als eine der ersten Zeitungen deren millionenfache und fabrikmäßige Ermordung.

wirklich in der Welt geschieht, und vor allem mit den Juden, bleibt ja nur der »Aufbau«. Die Familiennachrichten sind eine Fundgrube. Ich entdecke immer wieder Namen von Freunden und Bekannten. Leider ist das Porto zu hoch, um Euch die ganze Zeitung zu schicken.

Am 2. März trifft für Steffi per Militärpost ein Brief von Martin Barret (ehemals Batschinsky) in der Nakuru School ein

Verehrte Prinzessin Stefanie! Ich habe nicht vergessen, dass ich Dir schreiben wollte und was wir abgemacht haben. Du kannst Dir jedoch nicht vorstellen, wie schwierig das Leben eines Soldaten ist. Er hat nie Zeit für sich und muss immer das tun, was andere Leute wollen. Du kennst das ja von Deiner Schule. Weil wir beide das Gleiche erleben, brauchen wir uns nur in die Augen zu sehen, und schon weiß der eine, was der andere meint.
Ich bin zurzeit an einem Punkt der Erde, an dem die Sonne so gut wie nie scheint. Vom Himmel regnet es Feuer und Bomben. Sobald ich aber meine Augen schließe, bin ich im Paradies. Es liegt am Mount Kenya und gehört einer schönen, klugen Prinzessin. Die Nelken duften dort nach Zimt, gelbe Schmetterlinge hocken auf blauen Blumen, abends ist der Himmel aus schwarzem Samt, die Sterne aus purem Silber. Am Fluss steht der größte und schönste Affenbrotbaum der Welt. Du und ich und Dein kleiner Pavian Toto haben darunter gesessen. Toto aß eine grüne Banane, und Du hast mir ganz fest versprochen, nicht traurig zu sein, wenn Du mal aus Ol' Joro Orok wegmusst. Das darfst Du nie vergessen. Nie, nie, nie! Es könnte bald so weit sein, dass Du Dein Versprechen halten musst. Heute erhielt ich nämlich einen Brief von Deinem Vater. Er hat sich bei der Army beworben und hofft sehr, dass die ihn nimmt. Vor dem Tag aber, da er Dir das sagen muss, fürchtet er sich so wie ich mich vor der Schlange, die Owuor bei meinem Besuch vor Euerm Haus mit dem Besen erschlug.
Prinzessin, mach es Deinem Vater leicht. Weine nicht, wenn

Unverhoffter Besuch in Ol' Joro Orok: Martin Barret (früher Batschinsky, links), ich und mein Vater.

die Zeit gekommen ist, Ol' Joro Orok Kwaheri zu sagen. Was Kwaheri heißt, hast Du mir beigebracht, als der Affenbrotbaum uns die wunderschöne Geschichte erzählte, die nur wir beide kennen.

Dein Vater ist der beste Mensch, den ich je getroffen habe. Gute Menschen muss man besonders beschützen. Die Bösen sorgen für sich selbst. Das war schon immer so. Es macht mich glücklich, dass ich mich auf Dich verlassen kann, wenn mein bester Freund Schutz und Hilfe braucht.

Dein Ritter Martin

Am 8. März schreibt Walter Zweig, Ol' Joro Orok, an Heini und Ruth Weyl in Nairobi

Liebe Weyls! Nun ist alles viel schneller gegangen, als wir erwartet haben. Ich bekomme soeben die Mitteilung, dass ich ab

dem 1. Mai der East African Army angehören werde. Als ich endlich begriff, dass das britische Militär tatsächlich bereit ist, einen fast vierzigjährigen alten Juden mit Plattfüßen, Minderwertigkeitskomplexen, Sprachschwierigkeiten und Zukunftsängsten aufzunehmen, bin ich pro Sekunde um fünf Zentimeter gewachsen, habe akzentfrei »God Save the King« gesungen und vor lauter Aufregung Owuor statt Jettel geküsst. Seitdem auch sie begriffen hat, dass unsere Tage in Ol' Joro Orok gezählt sind, inspiziert sie ihren Kleiderschrank und jammert, dass sie nichts hat, was sie in Nairobi anziehen könnte. Ihr werdet mir glauben, dass ich noch nie so glücklich war, meine geliebte Gattin jammern zu hören.
Zum ersten Mal, seitdem ich als Anwalt gelöscht wurde, das ist immerhin sieben Jahre her, habe ich das Gefühl, ich wäre wieder ein Mensch und hätte Boden unter den Füßen. Und wenn ich mit diesen Füßen (ich werde ja bei der Infanterie sein) von Kairo nach Kapstadt marschieren muss, mein Herz zerspringt vor Freude. Ich kann mich noch so dämlich anstellen und noch so ein gruseliges Englisch sprechen, King George VI., dem ich fortan diene und den ich schon immer verehrt habe, weil er, anders als sein Bruder mit der geschiedenen Gattin und den Möpsen, die Nazis vom ersten Moment an durchschaut hat, wird mir meine Stellung nicht kündigen.
Zur Ausbildung komme ich auf die Battle School in Nakuru. Wer weiß, ob Steffis Schuldirektor (das Camp ist keine vier Meilen von ihrer Schule entfernt) bei Heldenvätern nicht eine Ausnahme macht und ihnen gestattet, ihre Kinder außerhalb der freien Tage zu besuchen. Stellt Euch vor, einer fällt auf den Schlachtfeldern von Birma oder bei der Befreiung von Paris, und es kommt heraus, dass er vor seinem Todeseinsatz sein Kind nicht hat sehen dürfen. So etwas können die sich ja noch nicht einmal bei einem »bloody refugee« leisten.
Schon als publik wurde, der East African Army wäre gedämmert, dass die jüdischen Refugees nicht auf der Seite Hitlers

stehen, habe ich mit Jettel besprochen, dass sie und Steffi nach Nairobi umziehen, falls die Army mich nimmt. Zu Ferienbeginn könnte Steffi sogar allein mit der Bahn nach Hause kommen. Es gibt eine direkte Verbindung zwischen Nakuru und Nairobi. Bei Jettel habe ich den starken Verdacht, das Leben in Nairobi würde sie sogar über meinen Heldentod hinwegtrösten. Sie hat auf dieser gottverlassenen Farm noch mehr gelitten als ich. Nach dem totgeborenen Kind ist sie nie mehr dieselbe gewesen. Um ihretwegen freue ich mich am meisten, dass der Albtraum Farm ein Ende hat.
Umso mehr Sorgen macht mir Steffi. Solange wir nicht wussten, ob ich zur Army kann, haben wir ihr nichts von möglichen Veränderungen sagen wollen. Das rächt sich nun bitter. Ich muss ihr schreiben, was ich ihr persönlich hätte sagen müssen, und sie wird allein sein, wenn ihr aufgeht, dass sie eine Welt hergeben muss, die ihr vom ersten Tag an Heimat war. Hoffentlich kann sie ihrem Vater verzeihen, was er ihr antut. Er nimmt ihr mehr, als er ihr je wird geben können.
Warum ich Euch die Ohren volllabere? Das Übliche. Haltet Ihr immer noch in Eurem gastfreundlichen Boardinghouse das bewusste Zimmer für Obdachlose und Schnorrer frei, und könntet Ihr Jettel und Steffi (ihre Ferien beginnen schon im Juli) dort unterbringen, bis wir eine eigene Unterkunft auftun? Allerdings brauchen wir diesmal auch ein Quartier für Owuor. Er will mit Jettel nach Nairobi gehen. Als er das sagte, brachen wir beide in Tränen aus. Ihr seht, wir sind seelisch nicht so stabil, wie Refugees sein müssen, um das Leben zu überstehen. Zu guter Letzt: Wir bitten darum, den lieben, furzenden, stinkenden, sabbernden Rummler mitzubringen. Wenn Ihr es erlaubt, würde ihn Owuor in seinem Quartier unterbringen. Seinen Napf mit der Aufschrift »Zweig Hotel« bringt Mr Rummler mit. Er ist anspruchslos, dankbar für alles, benimmt sich besser und hat mehr Herz als die meisten Menschen in meinem Bekanntenkreis. Jettel und ich sind glücklich, dass Steffi sich nicht von

Owuor und dem Hund trennen muss. Sie ist noch keine zwölf Jahre alt und hat mehr Abschiede und Trennungen ertragen müssen als früher ganze Familien.
Ich bin sicher, Jettel findet schnell eine Unterkunft, wenn sie erst in Nairobi ist. Bekanntlich ist sie tüchtiger und schlauer als ihr Mann (worauf sie regelmäßig hinweist). Zum ersten Mal, seitdem ich in Kenia bin, kann ich für Kost und Logis bezahlen. Mein König kleidet mich nicht nur ein. Er ernährt mich und zahlt mir sogar dafür, dass seine Army mich von einem Kretin, der allzeit um seine Stellung gefürchtet hat, in einen Menschen zurückverwandelt. Für Jettel und Steffi gibt es zusätzlich eine Allowance. Ich kann das Wort sogar schon aussprechen. Kommt also um Himmels willen nicht auf die Idee, mir nichts für die Unterkunft zu berechnen.
Schreibt, sobald Ihr könnt, ob die Meinen bei Euch unterkriechen dürfen. Um unserer alten Freundschaft willen wäre ich Euch zu besonderem Dank verpflichtet, wenn Ihr dafür sorgen könntet, dass Ihr während der Verweildauer meiner Gattin in Eurem Haus nicht zu viele gutaussehende Männer beherbergt. Gutaussehende Männer waren schon immer brandgefährlich für den Frieden meiner Ehe.
Es salutiert mit Heldengruß Euer Walter

Am 12. März schreibt Steffi aus der Nakuru School an ihren Vater in Ol' Joro Orok. Original in Englisch

My dear, dear Daddy! Ich bin kein bisschen traurig, dass Du Soldat wirst. Ich bin stolz auf Dich – so stolz, dass ich Angst habe, ich könnte vor Stolz platzen. Ich habe mir schon sehr lange gewünscht, dass Du zur Army gehst und England dienen kannst, aber natürlich konnte ich Dir das nicht sagen. Ich wollte Dir ja nicht weh tun. Obwohl mir klar war, dass ein Soldat nichts sagen muss, wenn er seinen Feind erschießt, habe ich gedacht, englische Soldaten müssten Englisch können. Jetzt juble ich in allen Sprachen, die ich kann. Sogar in Nandi.

Ich kann es kaum erwarten, Dich in Uniform zu sehen. Auf Deine Mütze bin ich besonders gespannt. Dein Offizier wird schnell erkennen, wie tapfer Du bist. Ich weiß es seit Langem. Du hast ja als Student mit einem Säbel all Deine Feinde zerstochen. Manchmal bist Du auch verletzt worden, aber Angst hast Du bestimmt nie gehabt. Ich sehe mir oft das blutverschmierte Band aus Deiner Studentenzeit an, das in dem kleinen Holzkästchen unter den Tischdecken liegt. Da steht ja in Goldbuchstaben »Neminem time, neminem laede« drauf. Mr Townsend, dem ich das gestern nach der Lateinstunde erzählte, hat sofort gewusst, dass das »Keinen fürchten, keinen verletzen« heißt. Er hat gesagt, das sei der Wappenspruch tapferer Männer. Die Deutschen werden sich ganz schön wundern, mit wem sie es zu tun bekommen, wenn Du erst bei der Army bist.
Ich bin sicher, auch Mr Whidett geht ein Licht auf, wenn Du in Uniform vor ihm stehst. Bestimmt darfst Du mich dann besuchen, wann es Dir passt, und musst Dich nicht, wie gewöhnliche Väter, nach den Schulregeln richten. Bei Martin war es ja genauso, als er mich vier Tage vor den Ferien aus der Schule abholte. Mr Whidett hat sich nicht getraut, auch nur ein böses Wort zu sagen. Martin und ich haben auf dem ganzen Weg nach Hause darüber gelacht.
Pamela Arlington (sie ist so blöd, dass sie mit dreizehn immer noch nicht richtig lesen kann und vorige Woche Alexander den Großen für ein Pferd hielt, ist aber der Liebling aller Lehrer) durfte vorige Woche sogar mit ihrem Vater im Stag's Head übernachten und Bier zum Abendessen trinken. Als er sie zurückbrachte, war sie grün wie ein Frosch und hat wie ein Wasserfall gekotzt. Er ist Captain und wird nächste Woche in den Krieg verschifft. Ich bin gespannt, ob Darling Pam weiß, dass Schiffe nicht in Nyeri abgehen, wo die Arlingtons ihre Farm haben.
Inge ist zum ersten Mal, seitdem wir uns kennen, neidisch auf mich. Nur gibt sie das nicht zu. Ihr Vater ist ja tot und ihre bei-

den Onkel sind nicht beim Militär. Sie sind zu alt und können beim Schießen nicht mehr zielen. Sagt Inge.
Ich brauche ja jetzt nicht mehr zu beten, dass Du Deine Stellung behältst. Stattdessen werde ich Gott bitten, dass Du auf der Battle School ganz schnell Englisch lernst. Wenn alle eine Sprache sprechen, die man selbst nicht versteht, bleibt einem ja nichts anderes übrig, als schnell zu lernen. Das kannst Du mir glauben. Das weiß ich noch aus der Zeit, als ich hier auf die Nakuru School kam. Wenn Du erst Englisch kannst, haben Du und ich auch das gleiche Vaterland. Mama natürlich auch.
Ich kann mir noch nicht vorstellen, dass es Ol' Joro Orok für mich nicht mehr geben wird. Weinen werde ich ganz bestimmt nicht. Das habe ich jemandem versprochen. Du und Mama kennen ihn auch, doch darf ich nicht sagen, wer er ist. Sonst passiert ihm und mir Schreckliches. Vor zehn Tagen und fünf Stunden habe ich zum ersten Mal einen Brief von jemandem bekommen, mit dem ich nicht verwandt bin, aber auch da darf ich nicht sagen, wer das ist.
Am 3. April beginnen die Ferien. Teile mir bitte mit, wo ich sie verbringen werde. Auf alle Fälle freue ich mich schon heute auf Mama und Dich, auf Owuor und Rummler. Wo Ihr seid, bin ich zu Hause. Ich muss nur lernen, unser Haus, Toto, die Hunde, Kimani, Burugu, Jogona und die anderen zu vergessen. Bwana Simba muss ich auch vergessen und natürlich Mr de Bruin und den Affenbrotbaum, der mein größtes Geheimnis kennt, aber Vergessen übe ich schon so lange, dass ich es kann. Fast kann ... Mach Dir keine Sorgen. Ich bin sehr glücklich. Auch fast ...
Tausend XXXXXX sendet Dir Deine stolze Tochter Stefanie Regina Zweig

Am 23. März schreibt Bwana Simba aus Ol' Joro Orok an Steffi in der Nakuru School

Liebe Memsahib kidogo! Gestern habe ich Deinen Eltern Kwaheri gesagt. Von allen anderen Menschen auf der Farm, von dem Haus, den Bäumen, den Blumen und Feldern habe ich mich mit den Augen verabschiedet. Deine Hunde sind mir einfach nachgelaufen. Sie haben gewusst, dass sie von jetzt ab bei mir leben werden. Ich musste es ihnen nicht sagen. Harry habe ich an der Leine geführt, und Cream Cracker ist so langsam gelaufen wie schon lange nicht mehr. Er hat verstanden. Wir haben beide Harry zureden müssen, seine Beine zu bewegen, aber es hat alles gut geklappt. Toto saß beim Reiten auf meiner Schulter. Unterwegs hat er drei Bananen gegessen und mir nicht glauben wollen, dass Bananen nicht gegen Kummer helfen. Im Haus ist er sofort auf mein Bücherregal gesprungen – genau wie er das vor zwei Jahren tat, als er Dich noch nicht kannte und mich für seinen Beschützer hielt. Ich glaube, das war das Zeichen, dass er sich bei mir wieder wohl fühlen wird und bereit ist, sein altes Leben zu vergessen. Wenn Du so klug bist, wie ich meine, und wenn in Dir so viel Afrika steckt wie in mir, was ich immer wieder gespürt habe, wenn wir in unser Tal ritten, nimmst Du ihm das nicht übel. Im Gegenteil, du bist froh, dass er nicht leidet. Tiere haben es besser als wir. Sie merken sich nur Dinge, die für sie lebenswichtig sind. Sie schauen nicht nach hinten. Sie wissen nicht, was Abschied ist, Sehnsucht kennen sie nicht. Sie werden von keinen Erinnerungen und nicht von Bildern geplagt.

Du aber hast zu viele Erinnerungen und Bilder im Kopf, um Ol' Joro Orok vergessen zu können. Du wirst überall auf der Welt den Morgen nach dem großen Regen riechen können. Du wirst noch in Nairobi den Ruf der Hyänen und die Stimme vom Wind im Ohr haben. Wo immer Du die Augen schließt, wirst Du den Schnee auf dem Mount Kenya sehen. Du wirst ein Leben lang die Hütten der Nandi sehen, zu denen Du und

ich geritten sind. Du wirst das Essen in ihren Schüsseln riechen und in die Augen ihrer Kinder schauen.
Als ich Deinen Brief las, tropfte Deine Traurigkeit in mein Herz. Aus jedem Tropfen wurde ein Stein, der auf meine Brust drücken wird, bis kein Atem mehr in meinem Körper ist. Es war nicht gut, dass ich Dich die Schönheit Afrikas mit meinen Augen sehen ließ. Ich hätte wissen müssen, dass keiner, der Afrika lieben gelernt hat, Afrika vergessen kann. Verzeih mir, dass ich zu spät daran denke. Nun musst Du Kwaheri sagen. Du wirst erleben, dass das Wort voller Schmerz ist. Wie der Mensch diesen Schmerz erträgt, wirst Du allein herausfinden müssen. Denk an Frau Lot. Dreh Dich nicht um!
Ich werde Dich jeden Tag, der mir bleibt, mit meinen Gedanken begleiten. Kwaheri, Memsahib kidogo!
Dein Bwana Simba (und Toto)

Am 7. August schreibt Jettel aus Nairobi an ihren Mann in der Nakuru Battle School

Mein lieber Walter! Endlich habe auch ich mal Glück gehabt! Im Hove Court, wo fast nur Refugees wohnen, habe ich ein Flat bekommen, obwohl die Warteliste ellenlang war. Am Donnerstag traf ich auf der Delamare Avenue Elsa Conrad, mit der ich bei Kriegsausbruch im Norfolk interniert war. Sie hat mich sofort erkannt und war voller Anteilnahme, als ich ihr von der Totgeburt und meiner verzweifelten Wohnungssuche hier in Nairobi erzählte. Obwohl ich mich zunächst sträubte, weil ich die scheußliche grüne Bluse anhatte, die der Schneider in Ol' Joro so verhunzt hat, dass ich darin aussehe wie die Vogelscheuchen in Hennerwitz, ist die gute Elsa postwendend mit mir zu Mr Malan marschiert. Der zählt zu den reichsten Indern im Land. Außer dem Hove Court besitzt er etliche andere Hotels. Elsa hatte ihren berühmten roten Turban an, sah aus wie eine Walküre und hat in ihrem schlechten Englisch so auf Malan eingeredet, dass ihm Hören und Sehen verging. Sie hat gedroht,

sie würde es im »East African Standard«, in der »Sunday Post« und beim Radio publik machen, wenn er der Frau eines Soldaten und ihrem Kind keine Unterkunft gebe. Malan hat ihr richtig aus der Hand gefressen. Jetzt habe ich ab dem 15. eine Einzimmerwohnung mit Kochplatte, Waschbecken und kleiner Badewanne. Steffi ist überglücklich. Dass es den ganzen Tag fließendes Wasser gibt, imponiert ihr mächtig. Über den kleinen Garten hat sie sich allerdings halb totgelacht. Owuor auch. Er kommt in den Personalquartieren unter. Rummler schläft bei mir. Im Nachbarflat wohnt eine Mrs Clavy, eine Engländerin. Sie hat lange, rote Haare, muss mindestens achtzig sein und sieht wie eine Zigeunerin aus. Mir erscheint sie total meschugge, aber sie war sehr freundlich und hat Steffi über den Kopf gestrichen, was die zu meinem größten Erstaunen geschehen ließ. Die gute Frau hat einen Boxer, der ausgerechnet Tiger heißt und prompt Streit mit Rummler anfangen wollte, doch unser Rummler hat ihm was gehustet. Da ihn alle bei Weyls vollgestopft haben, ist er noch fauler als zu Hause. Er sieht aus wie ein Rollbraten und schläft im Stehen.
Vor allem für Steffi bin ich froh. In den nächsten Ferien hat sie wenigstens was Eigenes. Bei Weyls war ihr alles nicht so recht koscher. Sie hat den ganzen Tag mit Owuor unter einem Baum gehockt und Löcher in den Rasen gegraben, was die gute Ruth mächtig aufgeregt hat. Mich hat Deine Tochter wie ein Schießhund bewacht. Sie ist ja Menschen nicht gewöhnt und hat sich wohl eingeredet, ich könnte Dich mit den jungen Männern betrügen, die im Boardinghouse wohnen. Owuor hat sich ständig mit den Boys von Weyls gezankt, und Steffi hat mich jeden Abend gefragt, ob Leobschütz auch so groß und laut war wie Nairobi. Ihr ging es erst besser, als ihr ein Gast im Boardinghouse (ein Mann aus Wien, der aussieht wie Willi Forst und ebenso fesch ist) von der Library erzählte. Ab da war sie fast jeden Tag dort, hat sich stoßweise Bücher ausgeliehen und nur noch gelesen. Weißt Du, was sie gestern gesagt hat? »Jetzt, wo

wir nicht nur Refugees sind, könntet ihr doch versuchen, noch mal ein Baby zu machen.« Ich wurde richtig verlegen. Komischerweise sagt Elsa das auch.
Sie arbeitet in einem Restaurant. Es heißt Horseshoe und ist eine neumodische Milchbar. Kein Alkohol und trotzdem viele junge Offiziere aus England als Gäste. Die freuen sich, von einer Europäerin bedient zu werden. Elsa hat Frau Gordon schon dort untergebracht, obwohl die ja nicht gerade eine Augenweide ist. Sie will ihre Chefin fragen, ob sie nicht auch mich nehmen möchte. Ich hätte große Lust, das Geld könnten wir gut gebrauchen, und in ihren Ferien braucht mich Steffi nicht den ganzen Tag. Im Hove Court wimmelt es vor Kindern aller Altersstufen. Außerdem hat sie Owuor und Rummler. Ich hebe Deine Briefe alle auf. Sie erinnern mich an die Zeit, als ich in Breslau auf die Auswanderung wartete. Nur, dass wir diesmal alle drei in Sicherheit sind. Meinst Du, es geht jetzt auch mit uns aufwärts? Allerdings mache ich mir Sorgen, dass Du immer noch durch Lehm robben musst. Heißt das etwa, die Leute aus Kenia werden in Russland eingesetzt? Du bist doch den Winter gar nicht mehr gewöhnt. Jetzt, wo die Alliierten in der Normandie gelandet sind, wäre es bestimmt angenehmer für Dich, wenn sie Dich nach Frankreich schickten. Du musst unbedingt jemanden finden, dem Du klarmachen kannst, dass Deine Stiefel zwei Nummern zu groß sind! Zu große Schuhe machen genauso Blasen wie zu kleine. Denk auch daran, dass Du keine Hummermayonnaise verträgst. Mutter wusste schon, weshalb sie bei unserer Hochzeit für Dich auf russische Eier bestanden hat. Ich schreibe Dir wieder, sobald ich von Dir höre.
In großer Liebe Deine treue Jettel

Postkarte vom 15. August. Walter Zweig, Battle School, Nakuru, an Mrs Jettel Zweig, POB 3012, Hove Court, Nairobi
Geliebte Jettel! Bin überglücklich, dass Du im Hove Court wohnst. Das klingt so vornehm. Gib Elsa einen Kuss von mir.

Beim Militär gibt es keine Hummermayonnaise, dafür täglich Spiegeleier, Speck und Würstchen zum Frühstück und jeden Tag Fleisch zum Mittagessen. Ich kann mir nicht vorstellen, wie die Engländer den Krieg gewinnen wollen, wenn sie mich so herausfüttern. Vielleicht lerne ich Kenia doch noch lieben. Grüß Owuor, Rummler und alle, die es gut mit uns meinen. Steffi hoffe ich am nächsten Samstag zu sehen. Betrüge mich nicht. Meine Tochter weiß schon, warum sie ihre schöne Mutter bewacht.
Dein alter Walter

11
Der Aufsatz
Nairobi und Nakuru im Jahr 1945

Am 3. Januar schreibt Steffi in Nairobi ihrer Freundin Inge Sadler in Londiani

Liebe Inge! Heute ging mir beim Frühstück auf, dass wir nur noch zwei Wochen Ferien haben und ich schleunigst mein Versprechen einlösen muss, Dir den längsten Brief zu schreiben, den ich je geschrieben habe. Die Zeit fliegt. Wie immer in den Ferien, und doch ist alles anders als auf der Farm, wo immer etwas Aufregendes geschah. Und wenn es nur ein Buschfeuer war. Oder dass vor unserem Haus bei Sonnenaufgang fünfzig Menschen standen, die alle Augentropfen haben wollten. Natürlich von mir. Hier im Hove Court gibt es nur Refugees. Ihnen eitern keine Augen. Ihnen eitert gleich das ganze Gehirn, wenn sie miteinander Englisch reden. Da jaulen selbst die Hunde. Mein Vater und ich lachen uns immer tot.

Am besten in Nairobi gefallen mir die hohen Palmen und die Jacarandabäume mit ihren blauen Blüten. Und natürlich die große Library mit den Löwen (aus Stein). Die Frauen, die dort arbeiten, sind sehr nett zu mir. Ich darf mir alles nehmen, was mir gefällt (oft ohne dafür zu bezahlen), und es gibt jedes Mal großes Staunen, dass ich die Bücher so schnell zurückbringe. Dumm ist nur, dass ich für Mrs Conrad, die Kollegin meiner Mutter, immer Bücher aus der Bibliothek mitbringen muss. Versuch mal den Geschmack einer alten Frau von fünfundvierzig zu treffen! Noch dazu, wenn sie alles besser weiß und sich selbst die Ratten vor ihr fürchten. Unter jedem Block sind wel-

che, nur nicht unter ihrem. Bei Pearl S. Buck (zurzeit meine Lieblingsschriftstellerin) hat sie gestern ausgesehen, als wollte ich ihr ihre Blume aus dem Haar reißen, und bei »Vom Winde verweht« – alle schwärmen hier von dem Buch, auch meine Mutter – hat sie gesagt, der Kitsch wäre eine Zumutung für Frauen, die sich mit Männern auskennen. Mich wundert immer, weshalb eine Frau, die ein so erbärmliches Englisch spricht wie Mrs Conrad, überhaupt was lesen will. Etwas Gutes aber ist doch von dem alten Schlachtschiff zu berichten. Im Horseshoe, wo es das beste Eis in ganz Kenia gibt, sorgt sie immer dafür, dass ich eine Riesenportion bekomme – Vanilleeis mit Mangostücken, Bananen und Papaya in einem hohen silbernen Becher. Meine Mutter würde mir nie eine so große Portion geben und schon gar nicht in einem silbernen Gefäß. Sie hat Angst vor ihrer Chefin, Mrs Lyons. Die wirkt immer so, als wollte sie sich selbst fressen. Mrs C. hat vor niemandem Angst. Das bewundere ich an ihr. So weit werde ich es nie bringen. Wer auf der Nakuru School erzogen wird, bekommt ja für sein ganzes Leben Angst eingebläut.
Zu Silvester stand das ganze Hove Court kopf. Es gab eine Party im Garten. Selbst die Manageress, Mrs Langenberg, die sich ständig um ihre Rosen sorgt, jedes Kind anschreit, sobald es in die Nähe der Beete kommt, und deshalb von allen Dornröschen genannt wird, hat mitgemacht. Mit einer roten Rose im Knopfloch! Natürlich eine aus Papier. In alle Bäume wurden Laternen und bunte Papiersterne gehängt. Lange Holztische wurden im Garten aufgestellt und mit rotem, weißem und blauem Papier überzogen. Jede Frau hat was gekocht oder gebacken. Alle kamen sich so wichtig vor, als müssten sie den Krieg allein gewinnen. Meine Mutter hat Kartoffelsalat gemacht. Der wurde von jedem so gelobt, dass ich vor Stolz um drei Inches gewachsen bin. Mrs Schlachter hat vier Torten gebacken, eine schöner als die andere und jede so hoch wie ein Hochzeitskuchen. Mrs Clavy, unsere englische Nachbarin, hat schon den ganzen No-

vember lang Mince Pies gebacken. Du hättest mal die Gesichter der Refugeefrauen sehen sollen, die noch nie eine gegessen haben! Besonders die Frauen aus Österreich tun ja immer so, als könnte niemand außer ihnen kochen und backen. Sie machen sich über die Leute aus Deutschland lustig, weil die an heißen Tagen so gern kalte Obstsuppen essen. Für die Hunde hatte Mrs Clavy kleine weiße Würste gedreht. Unser verfressener Rummler hat ihr fast den Daumen abgebissen, aber sie liebt ja Hunde und tat so, als hätte sie es nicht bemerkt.

Am meisten gelobt wurde meine Freundin Diana. Sie hat aus Quark, Butter und Eiern eine russische Osterspeise gemacht und so viel Brandy hineingeschüttet, dass man schon besoffen war, wenn man an der Schüssel vorbeikam. Das Rezept hat sie von der russischen Zarin. Sagt Diana. Mein Vater hat mir allerdings erklärt, dass die Zarin im Jahr 1917 erschossen wurde. Da war Diana ein Jahr alt und hat sich nicht fürs Kochen interessiert. Daddy und ich wollten ihr den Spaß nicht verderben und haben nichts gesagt. Niemand will Diana einen Spaß verderben. Sie aber auch keinem.

Diana ist meine einzige Freundin hier. Sie ist in Lettland geboren, war in Russland eine sehr berühmte Tänzerin und musste vor den Bolschewiken fliehen und um ihr Leben rennen. Die Bolschewiken hasst sie so wie ich Hitler. Wenn sie ihre Periode hat, sagt sie immer: »Ich habe Bolschewik.« Einmal hat sie gesehen, wie ein Bolschewik mitten auf dem Roten Platz in Moskau eine Frau nackt ausgezogen und mit roter Farbe überschüttet hat.

Viele berühmte und reiche Männer wollten Diana heiraten. Der deutsche Kaiser, Roosevelt, der Aga Khan und der Bruder von George VI., der sich dann doch für Mrs Simpson entschieden hat und auf den englischen Thron verzichten musste. Diana hat sich ausgerechnet für Captain Wilkins aus Nairobi entschieden. Leider ist der von einem Nebenbuhler, der Diana den Zauberstein von Merlin geschenkt hat, erschossen worden.

Captain Wilkins hat ihr einen so großen Smaragd hinterlassen, dass ihr Finger sofort anschwillt, wenn sie ihn trägt, ein Gebetbuch aus dem zwölften Jahrhundert und seinen Boy, einen Nandi namens Chepoi. Chepoi ist außer Owuor und meinem Vater der beste Mensch, den ich kenne. Er muss Diana jeden Abend ausziehen und zu Bett bringen. Sie trinkt nämlich nach dem Abendessen immer eine ganze Flasche Brandy, kann dann nicht mehr stehen und weint wie ein kleines Kind. Spätestens am Mittag des nächsten Tages ist sie wieder fit. Dann sieht sie aus wie ich mir Titania aus dem »Sommernachtstraum« vorstelle und klettert mit mir auf meinen Zitronenbaum. Aus den kleinsten Früchten und den Blättern machen wir uns wunderschöne Ketten. Wir sind die einzigen Menschen auf der Welt, die Ketten haben, die nach Glück duften.

Auf dem Baum kann uns keiner sehen. Vor allem nicht hören. Diana erzählt mir nämlich so aufregende Dinge aus ihrem Leben, dass ich immer das Gefühl habe, ich gehe gleich in Flammen auf. Zum Glück haben meine Eltern keine Ahnung, worüber wir reden. Wenn mein Vater ein einziges Gespräch mitbekommen würde, gäbe es gleich ein Erdbeben. Er sagt, Diana schläft mit jedem Mann, der ihr über den Weg läuft. Allerdings fällt mir immer auf, dass er sich schon die Lippen leckt, wenn er Diana sieht. Meine Mutter flüstert allerdings genauso viel mit ihr wie ich. Und lacht!

Ich lasse mir jedenfalls in diese Freundschaft von keinem reinreden. Von Diana erfahre ich mehr vom Leben, als manche Leute je wissen werden. Ich hoffe, Du nimmst es mir nicht übel, dass ich so viel von ihr geschrieben habe. Schließlich bist Du ja meine beste Freundin. Seit sieben Jahren – das ist mehr als die Hälfte unseres Lebens, aber unsere Freundschaft ist eine ganz andere Art von Freundschaft. Das kannst Du mir glauben.

Silvester war Diana besonders schön. Die Männer haben den Mund nicht mehr zugekriegt. Auch mein Vater nicht!!! Sie trug ein durchsichtiges weißes Kleid, das bis zu ihren nackten Füßen reichte, einen mit Perlen und Diamanten bestickten Gürtel und eine herrliche goldene Krone. Die Krone hat ihr Stalin geschenkt, als sie in seinem Schlafzimmer Ballett tanzte und ihm die Tränen kamen.

Im Hove Court sind sie mir gekommen, weil ich so lachen musste, als die Refugees zu Silvester versuchten, »Auld Lang Syne« zu singen. Natürlich kannten sie den Text nicht und hatten auch keine Ahnung, was die einzelnen Worte bedeuteten. Nur mein Vater hat fehlerfrei gesungen. Alle haben geklatscht, als wäre er Charlie Chaplin. Er hat ja eine schöne Stimme und kannte auch den Text Wort für Wort. »Auld Lang Syne« hat er bei der Army gelernt. »It's a Long Way to Tipperary« und »Keep the Homefires Burning« auch. Es ist erstaunlich, wie viel Englisch er gelernt hat, seitdem er beim Militär ist. Er ist jetzt im Ngong stationiert und kann uns fast jedes Wochenende besuchen. Ich bin sehr glücklich. Owuor ebenfalls. Er sagt, nur für Frauen zu arbeiten, verbiegt einem Mann den Rücken und macht ihn zum Esel.

Owuor und ich gehen jeden Freitag und manchmal auch dienstags auf den Markt. Der Markt ist außer der Bibliothek (und meinetwegen der Delamare Avenue und dem New Stanley Hotel) das einzig Schöne an Nairobi. Du kannst Dir nicht vorstellen, was es da zu kaufen gibt –Ananas, die in der ganzen Halle duften, riesige Mangos und Papayas, Guaven und Passionsfrüchte (mein Lieblingsobst), rote, grüne und gelbe Bananen, riesige Süßkartoffeln und genau das Gemüse, nach dem meine Mutter immer auf der Farm gejammert hat. Jetzt jammert sie nach Kapern. Ich weiß gar nicht, was das ist: Ich weiß nur, dass es sie nirgendwo gibt und dass meine Mutter sagt, ohne Kapern geraten ihre Königsberger Klopse nicht richtig (mein Lieblingsessen). In der Markthalle kannst Du herrliche Körbe kaufen, Zebra- und Gazellenfelle und sogar lebendige Tiere. Vorige Woche sah ich einen jungen Pavian. Der hat mich so an meinen Affen Toto in Ol' Joro Orok erinnert, dass ich den ganzen

Das Hauptgeschenk zu meinem 13. Geburtstag: ein Besuch beim Fotografen.

Tag nichts essen konnte und immerzu daran denken musste, dass Abschied das schlimmste Wort ist, das ich kenne. Natürlich dachte meine Mutter sofort an Bauchweh und hat einen dieser fürchterlichen Tees gekocht, die deutsche Mütter für ein Allheilmittel halten. Ich bin sicher, Du kennst das auch.
Jetzt muss ich wirklich Schluss machen. Sonst bin ich noch am Schreiben, wenn die Schule wieder beginnt. Ich komme ja diesmal mit dem Zug nach Nakuru und bete schon die ganzen Ferien, dass er gekidnappt wird und ich bis zum Ende meines Lebens am Naivashasee bleiben muss. Hauptsache, die Kidnapper holen meine Eltern nach. Ich hoffe, Du hast noch viel Freude in den letzten zwei Ferienwochen und Dir ist nicht so schlecht wie mir bei dem Gedanken an die Schule. Mit vielen Grüßen an Deine ganze Familie
Deine treue Freundin Steffi

Am 30. März schreibt Walter aus dem Camp Ngong an Oscar Hahn in Gilgil

Lieber Oha! Seit gestern denke ich so intensiv an Dich, dass Du es vielleicht gespürt hast. In den Abendnachrichten berichteten sie vom Einmarsch der Amerikaner in Frankfurt am Main. Ich beneide Dich sehr. Wahrscheinlich werde ich nie erfahren, was aus meiner Vaterstadt geworden ist. Sie wird einfach von der Karte verschwinden und mit ihr die Menschen, die noch Zweigs Hotel, meinen Vater und meine Schwester gekannt haben. Du wirst bestimmt bald Fotos von Frankfurt zu sehen bekommen. Ich glaube, der Mensch braucht Bilder, um mit seinen Erinnerungen fertigzuwerden.

In einem recht anschaulichen Bericht wurde geschildert, wie die Frankfurter die Sieger mit weißen Tüchern begrüßten. Ich setze voraus, die waren gewaschen und gebügelt. Schon meine selige Mutter hat immer gesagt, saubere Wäsche ist der halbe Sieg. Allerdings vermute ich stark, dass unsere ehemaligen Landsleute sich auf absehbare Zeit nicht mehr mit deutschen Siegen beschäftigen werden. Das Thema dürfte sich überholt haben. Selbst die Parteigenossen der ersten Stunde, die Blockwarts und die Schweine, die dafür verantwortlich sind, dass man fünfzehnjährige Jungen zum Militär einzieht, haben jetzt Gelegenheit zu der Erkenntnis, dass ein Frieden besser ist als zehn Siege.

Wir Alliierten siegen hingegen so viel, dass ich oft Mühe habe, mit den glücklichen Siegern Schritt zu halten, obwohl man ja als Deutscher gewissermaßen im Vorteil ist. Man kennt den Schauplatz des Geschehens. Nürnberg, die Stadt, die sich nie mehr von ihrem Ruf wird erholen können, in Trümmern, das schöne Dresden in Flammen aufgegangen (und ich habe es nie gesehen), Ostpreußen ist überrannt, in Moskau brennen die Freudenfeuer, in Gleiwitz, wo meine Mutter begraben liegt, sind die Russen, von Köln steht nur der Dom und in Berlin kein Stein mehr auf dem anderen. In Aachen erscheint schon eine amerikanische Zeitung in deutscher Sprache. Und jetzt

kommt der besondere Clou der Weltgeschichte: Mich »fucking refugee«, der keinen Schuss für die gerechte Sache hat abgeben dürfen und der seinen Dienst am fremden Vaterland in einer Stube verbringt, in der er Statistiken führt, die keine Sau interessieren, diesen little Nebbich hat man zum Sergeant gemacht. Seit gestern habe ich drei Streifen auf meiner Jacke. Künftig wird sie von einem eigenen Boy gebügelt. Auf den hat ein Sergeant Anrecht, musst Du wissen. Meiner heißt Samuel (weiß Gott, wie er an den Namen kam) und hat mir am heutigen Karfreitag zu meinem Eleven-o'clock-Tea »hot cross buns« und die gestrige Ausgabe vom »East African Standard« serviert. Meine Tochter, die ja immer chauvinistischer wird, wird vor Stolz platzen. Unter uns: Ich platze auch. Mein Captain – ein melancholischer Schotte, der kein bisschen antisemitisch ist, weil er eine jüdische Frau hat, und der die Engländer verachtet und sogar weiß, was ein Rechtsanwalt ist, weil er in Glasgow selbst einer war, hat mir auf den Rücken geklopft und gesagt: »Well done, old chap!«
Du siehst, Old Chap hat allen Grund, sich wie ein Mensch vorzukommen. Ihm geht es wirtschaftlich so gut wie nie, seitdem er im Land ist, er hat beim Militär zehn Pfund zugenommen, seine Zähne sind alle frisch plombiert, seine Frau hat sich zum ersten Mal seit Breslau Schuhe kaufen können, und seine Tochter kann es sich leisten, so viele Briefe zu schreiben, wie sie will. Das Geld für Porto spielt keine Rolle mehr. Wir kaufen in der NAAFI* ein und leisten uns Dinge, die wir bisher noch nicht einmal aussprechen konnten. Ich trage den Kopf so hoch, dass die Wolken kichern. Erst gestern hat sich wegen mir ein Engel beschwert. Und doch mache ich mir Sorgen. Gewaltige sogar. Du bist der Einzige (und wahrscheinlich auch der Letzte), mit dem ich darüber zu sprechen wage. Je näher der Frieden kommt,

* Die NAAFI war das britische Pendant zum amerikanischen PX und nur für Mitglieder der Army und deren Familienangehörige zugänglich.

und das wird meiner Einschätzung nach noch nicht mal ein halbes Jahr dauern, desto stärker wird mein Wunsch, irgendwann und so schnell wie möglich nach Deutschland zurückzugehen. Schlag die Hände nicht über dem Kopf zusammen. Verachte mich nicht. Lass mich nicht in die Irrenanstalt einweisen. Gibt es überhaupt eine in diesem hellen, heiteren Land?
Ich habe mir Deutschland, diese verdammte Heimat, die meine Liebe zertreten und mich auszulöschen versucht hat, nicht aus dem Herzen reißen können. Ich bin meinen Wurzeln nicht entkommen. Wenn die Army mich entlässt, und das wird sie ja tun müssen, weil es im Frieden für alternde Männer, die besser Suaheli als Englisch können, keine Verwendung gibt, werde ich genau dort stehen, wo ich gestanden habe, ehe mich King George vor der Verzweiflung und dem Suizid errettete. Ich werde mir wieder eine Stellung als Farmmanager suchen müssen, und wenn ich eine bekomme, werde ich zittern, dass man mich entlässt und ich meine Frau und mein Kind nicht ernähren kann. Ich kann das nicht mehr. Ich habe nicht mehr die Kraft, noch einmal auf einer Farm zu sitzen und Gott anzuflehen, er möge verhindern, dass mein Chef merkt, dass er es mit dem größten Idioten aller Zeiten zu tun hat.
Ich habe alles getan, damit ich vergesse, wer ich war, welches Ansehen ich hatte, was mir Jura bedeutete und wie sehr ich meinen Beruf liebte. Ich habe versucht, Kenia zu lieben, denn ich bin seinen Menschen unendlich dankbar. Sie haben mich und die Meinen vor dem Tod im Konzentrationslager bewahrt. Diesem Land, das mich aufgenommen hat, schulde ich alle Dankbarkeit, zu der ich fähig bin, doch es gelingt mir nicht, meine Schuld abzutragen. Noch schlimmer: Ich weiß, dass das nie anders sein wird.
Selbst wenn sie alle Nazis aufknüpfen und das Gift der Tausend Jahre aus jedem einzelnen Kopf herauspressen, bezweifele ich, dass ich Deutschland je wieder als mein Vaterland empfinden werde. Wie kann ich vergessen, dass Deutschland mir den Vater

nahm, meine Schwester ermordete, mir das Selbstvertrauen, die Würde und die Heimat raubte? Von Jettels Mutter und Schwester haben wir seit 1941 nichts mehr gehört. Ich bin sicher, dass sie in Auschwitz umgekommen sind. Wie kann ich da je wieder einem Deutschen trauen, wie ihm glauben, dass ausgerechnet er Mensch geblieben ist?

Und doch bleibt Deutsch meine Muttersprache. Sie wird mich niemals freigeben. Das wird mir jedes Mal bewusst, wenn meine »britische« Tochter zusammenzuckt und sich zu Tode geniert, wenn ihr Vater Englisch spricht. Wie ich dieser Tochter je klarmachen kann, weshalb ich nicht in Kenia bleiben will und was mich nach Deutschland zieht, weiß ich heute noch nicht. Ich weiß auch nicht, ob ich es mir je werde verzeihen können, wenn ich ihr alles nehme, ihre Sicherheit, ihre Sprache, ihr Glück, die Heimat.

Noch sind wir ja nicht so weit. Noch kann ich den Krieg genießen. Noch darf ich verdrängen, wie mir der Frieden zusetzen wird. Heute aber, als ich von Deiner befreiten Heimatstadt hörte, konnte ich das Bedürfnis nicht länger unterdrücken, mit dem Menschen, ohne dessen Hilfe ich meine afrikanischen Lehr- und Wanderjahre nicht überstanden hätte, über meine Not zu sprechen. Und von meiner Hoffnung. Verzeih mir, dass ich Dein Ohr und Dein gutes Herz wieder einmal als Klagemauer missbrauchte. Freunde sollten einander so etwas nicht antun.

Grüß Lilly herzlich vor mir und erzähle ihr, dass Steffi sich mit ihrem Vater angefreundet hat. Derzeit klärt sie ihn über die Geschichte Englands auf. Jedenfalls hörte ich die beiden im prächtigen Hofgarten unter einem Orangenbaum über Oliver Cromwell diskutieren. Owuor saß dabei und kommentierte kopfnickend jedes Wort, obgleich er kein einziges verstand. Die Szene hat mich sehr gerührt. In solchen Momenten denke ich, ich könnte Afrika doch noch lieben lernen, aber sie halten nicht an.

Wenn Du nicht in Stimmung bist, mir zu antworten, habe ich volles Verständnis dafür. Wenn Du es doch tust, dann bitte an meine obige Anschrift bei der Army. Im Hove Court hält man das Briefgeheimnis für spießig.
Es dankt Dir innig fürs Zuhören Dein Walter

Am 13. April schreibt Oscar Hahn, Gilgil, an Sergeant Walter Zweig im Camp II in Ngong

Lieber Walter! Vergiss das Land, das Dir einst Heimat war. Vergiss dieses vermaledeite Deutschland. Vergiss die Wälder, durch die wir wanderten, die Bäche, die für uns sprudelten. Vergiss die Gedichte, die wir lernten, die Lieder, die wir sangen, die Bücher, die wir liebten. Vergiss, wer Du gewesen bist. Wir werden nie mehr in dem Land zu Hause sein, das uns die Wunden schlug, die ewig bluten werden. Aber wir werden auch nicht lernen, Deutschland zu hassen. Hassen muss man beizeiten einüben.
Ich habe Deinen Brief mit großer Bewegung gelesen. Und mit großer Bewunderung! Ich vermute, Dir ist noch nicht einmal aufgegangen, wie viel Mut ein Mann braucht, um an eine Rückkehr nach Deutschland zu denken. Ich kenne keinen außer Dir, der diesen Mut hat. Ich kenne allerdings einen, der Dich um ihn beneidet. Er ist ein müder, vor der Zeit gealterter Mann, der sein Leben auf einer Farm absitzt, die mit Recht »Arkadia« heißt und die ihn in den guten Stunden mit ihrer Schönheit blendet. In den nachdenklichen, melancholischen Stunden lässt es dieser Tölpel zu, dass er nach hinten schaut und seinen Füßen erst Einhalt gebietet, wenn es zu spät zur Umkehr ist. Da nimmt er seinen Anwaltstalar vom Haken und holt seine Aktentasche aus dem Schrank. Oder er lehnt sich an den Lindenbaum im Hof seines Vaterhauses und hört die Lieder der Kindheit. Ich bekomme alles, was ich will, aus meinem Hirn heraus. Nur nicht den Duft des Lindenbaums und das Frankfurter Idiom.
Wir wollen am 21. April in Nairobi sein. Es war der Hochzeitstag von Lillys Eltern; der hat Vater immer viel bedeutet. Er soll

nicht mit seiner Trauer allein sein. Ich werde Dich, solltest Du keinen Einspruch erheben, am 20. im Ngong aufsuchen. Vielleicht können wir zusammen zu Abend essen. Ganz in der Nähe Deines Camps gibt es ein Hotel, das für Dich nicht off Limits sein dürfte und in dem der Koch das Gemüse nicht zu Tode kocht. Ich habe Lilly gesagt, ich wolle mir einen Traktor anschauen, der von einem Farmer dort angeboten wird. Sie war sofort bereit, mir zu glauben. Ihr Schneider lockt sie mit zwei Seidenstoffen in seine Höhle, und da mag sie mich ohnehin nicht dabeihaben.
Im Übrigen scheinen wir uns für unsere Korrespondenz neuerdings bedeutsame Tage auszusuchen. Heute früh kam die Nachricht, Roosevelt sei gestern an einer Hirnblutung gestorben. Mich bewegt das sehr. Wir Juden haben ihm – und natürlich seiner Memsahib – unendlich viel zu verdanken. Wenn ich mich auch oft frage, weshalb die Vereinigten Staaten ihren menschlichen Einsatz und ihr Geld nicht auch den Verfolgten zukommen ließen, die keinen großen Namen trugen. Ich werde den Gedanken nicht los, dass Thomas Mann und seine Mischpoche, Feuchtwanger, Werfel, Stefan Zweig, Bert Brecht, Zuckmayer und die vielen, die mir gerade nicht einfallen, es auch allein geschafft hätten, ihre Haut zu retten. Von Roosevelts Nachfolger habe ich bis gestern nie etwas gehört. Wenn Gott Mr Truman nicht besser kennt, kommt er, wenn es an der Zeit ist, nicht in den Himmel.
Bleib wie Du bist. Ich kenne keinen, der Deinen Schneid hat. Und komm bloß nicht auf den Gedanken, gegen Dich selbst in den Krieg zu ziehen. Das hat bisher keiner geschafft, ohne Schaden an seiner Seele zu nehmen. Die Anständigen schon gar nicht. Bis hoffentlich zum 20. Ich müsste, wenn meine Batterie nicht streikt und meine Reifen mir wohlgesinnt sind, am Spätnachmittag bei Sergeant Zweig vorsprechen. Herzensgruß an Jettel. Wir beide bewundern sie sehr. Nach all den Jahren auf der Farm findet sie sich so gut im Arbeitsleben zurecht, als hät-

te sie ihr Leben lang schmucken Offizieren Vanilleeis kredenzt. Und ihren Charme natürlich. Unter uns Brüdern: Ich habe meine tüchtige Frau in Verdacht, sie würde auch gern mal eine Zeit lang in Nairobi leben. Da müsste sie ihre Reize nicht ausschließlich an mich verschwenden.
Dein Oha

Am 8. Mai schreibt Steffi aus der Nakuru School an ihren Vater im Ngong

Mein Held, mein geliebter Vater! Alle Kinder, die Väter beim Militär haben, müssen ihnen heute schreiben und ihnen sagen, wie stolz sie auf sie sind. Das hat Direktor Whidett befohlen. Nachher hat er die Kinder von diesen Vätern zum Tee in seinen Räumen eingeladen. Es wird Eier- und Gurkensandwiches, Kuchen mit rosa und weißem Zuckerguss, Trifle*, Zitronenlimonade und Gingerale geben. Ich freue mich sehr. Nicht nur auf das Essen. Die Einladung ist wirklich eine Riesenehre »for a bloody refugee«. Manche Leute, die sonst die Nase sehr hoch tragen, weil meine Schuluniform aus so billigem Stoff ist und ich keinen Blazer habe, zerplatzen vor Neid. Ich bin das einzige Refugeekind, das einen Vater beim Militär hat. Jetzt nutzt es den anderen kein bisschen, dass ihre Väter mehr verdienen als Du. Die Opfer, die ein Mann für sein Vaterland bringt, sind nicht mit Geld aufzuwiegen.
Ich schreibe Dir nicht nur, weil es befohlen wurde. Ich will Dir schreiben. Zwar bin ich sicher, Du weißt genauso gut wie der Direktor und ich, dass der Krieg zu Ende ist. Wieder Frieden zu haben, betrifft ja einen Soldaten noch mehr als Lehrer und Schüler. Wenn der Krieg aus ist, muss ein Soldat nicht mehr schießen, und er braucht auch keine Angst mehr zu haben, dass einer ihn erschießt. Schade, dass so viele Männer das nicht

---

* Trifle ist ein beliebtes englisches Dessert aus Kuchen, Marmelade, Wackelpudding, Eiercreme, Sahne, Früchten und mit Sherry oder Portwein.

mehr erleben. Auch Mr Roosevelt nicht. Ich finde es schrecklich unfair, dass er sich so lange für sein Land abgequält hat und dann das gute Ende nicht hat erleben dürfen. Admiral Nelson, der bei der Schlacht von Trafalgar so tapfer gekämpft hat und zum Schluss so schwer verwundet wurde, ging es ja genauso. Und John Moore auch. Du wirst ihn nicht kennen. Seine Männer hatten noch nicht einmal Zeit, ihn wie einen Offizier zu beerdigen. Sie wickelten ihn in seinen Uniformmantel und zogen wieder in den Krieg. Charles Wolfe hat ein wunderbares Gedicht darüber geschrieben. Ich muss jedes Mal weinen, wenn ich es lese, und ich lese es oft. Rupert Brooke, ein ebenso guter Dichter wie Wolfe, ist gleich zu Beginn des Ersten Weltkriegs gefallen. Er hat ein ergreifendes Gedicht über den Tod im fremden Land geschrieben und hat natürlich nicht mehr erlebt, wie gut es den Menschen gefällt. Ich habe es freiwillig auswendig gelernt. Achilles kam ja auch nicht mehr nach Hause. Captain Scott, der ja auch eine Art von Soldat war, ist auf dem Heimweg vom Südpol erfroren. Auch Captain Cook, der so viel neues Land für England entdeckt hat, hat es nicht geschafft. Er ist auf seiner dritten Reise erstochen worden. Heute Abend werde ich Gott auf Englisch, Suaheli und Deutsch danken, dass er mir den Vater gelassen hat.
Hast Du was von Martin gehört? Ich bin von Herzen froh, dass er im Krieg verwundet worden ist und seinen Arm in Johannesburg auskurieren durfte. Ein zerschossener Arm ist ja nichts im Vergleich zum Tod. Ich bin auch sehr froh, dass ein Soldat wieder schreiben kann, wo er ist, ohne dass er ein Kriegsgeheimnis verrät. Vielleicht erfahren wir jetzt, wo Onkel Mackie steckt. Du hast ja nach Tante Suses letztem Brief gesagt, er kämpfe vielleicht in Europa. Das habe ich nicht gern gehört. Alles, was mit Europa zu tun hat, macht mir Angst. Außer England natürlich. Ich hoffe, Du bist nicht zu traurig, dass Du in diesem Krieg nicht das Victoria Cross bekommen hast und dass der König Dich nicht empfangen wird. Es kann ja nicht jeder in einem

Krieg einen Orden verliehen bekommen. Viele Menschen sind auch ohne Orden tapfer. Nur spricht keiner von ihnen. John Milton, der »Paradise Lost« geschrieben hat, sagt: »They also serve who only stand and wait.«* Das ist mein Lebensmotto. Außer Dir weiß das niemand.
An diesem besonderen Tag möchte ich meinem Heldenvater eine besonders große Freude machen, eine Freude, die nur uns beiden gehören wird. Für alle Zeiten. Deshalb bekommt dieser Brief einen Satz in Deiner Sprache: Balt faren wir nach Leobschutz**.
Jetzt muss ich leider Schluss machen. Direktor Whidett verpasst selbst den Kindern von Heldenvätern Strafarbeiten, wenn sie unpünktlich sind. Ich hoffe, Dich bald zu sehen, und wünsche Dir, dass Du noch lange Soldat bleiben darfst, damit wir nicht alle drei wieder für eine neue Stellung beten müssen.
Deine stolze Tochter Stefanie Regina Zweig

Am 1. Juni erhält Steffi in der Nakuru School einen Brief aus Nairobi von ihrer Mutter

Meine liebe Steffi! Wundere Dich nicht, dass Du diese Woche einen zweiten Brief von mir bekommst, aber ich habe eine sehr große Bitte an Dich. Im Gegensatz zu Deinem Vater, der Dich ja für ein Kind hält, bin ich sicher, dass Du mich verstehen wirst. Papa und ich haben Gelegenheit, acht Tage Ferien in Mombasa zu machen. Gute Freunde von Weyls haben dort ein kleines Hotel gekauft und in der Zeit vom 20. bis 27. Juni ein Zimmer frei. Dort könnten wir zu sehr günstigen Bedingungen wohnen. Papa hat in der Zeit Urlaub, und der Horseshoe hat auch zu, weil Mrs Lyons eine neue Theke einbauen lässt. Es wäre alles perfekt, doch wir wären erst am Morgen des 28. zu-

* Auch jene tun ihre Pflicht, die nur dabeistehen und warten.
** Steffi hatte sich selbst beigebracht, einfache deutsche Sätze zu lesen und Deutsch lautmalerisch zu schreiben.

rück in Nairobi. Du kommst jedoch schon am 27. in die Ferien und wärest also nachmittags und den Abend allein. Natürlich würde Owuor Dich vom Zug abholen und für Dich kochen. Frau Conrad hat auch versprochen, sich um Dich zu kümmern, aber ich kann mir vorstellen, dass Dir Owuor lieber ist. Diana hat mir beim Leben ihres Hundes und bei dem ihrer toten Mutter geschworen, für Dich nüchtern zu bleiben, doch darauf können wir uns natürlich nicht verlassen.
Papa sagt, wir können es Dir nicht zumuten, nicht da zu sein, wenn Du nach drei Monaten Schule nach Hause kommst. Die Enttäuschung wäre zu groß. Ich finde, dass ich Dich durchaus um einen Gefallen bitten kann. Es wäre das erste Mal seit der Hochzeitsreise, dass ich mit meinem Mann Ferien mache. Und die Hochzeitsreise habe ich nicht in bester Erinnerung. Dein Vater wollte im Riesengebirge Ski fahren, ich habe mich prompt furchtbar erkältet, und auf den verdammten Skiern konnte ich noch nicht einmal stehen, geschweige denn fahren. Nachts hat Dein geliebter Papa dauernd an dem Radio herumgebastelt, das uns mein Onkel Bandmann zur Hochzeit geschenkt hat.
Mombasa wäre ein Traum. Du weißt ja, wie gerne ich schwimme. Der Gedanke, acht Tage lang in einem Hotel zu wohnen und einmal wieder Gast zu sein, lässt mich nicht mehr los. Papa geht es genauso.
Ich bin sicher, dass Du das verstehst und uns den einen Abend von Deinen Ferien schenken wirst. Die Königsberger Klopse gibt es dann am nächsten Tag. Wenn Du mir schreibst (bitte so schnell wie möglich, denn wir müssen in Mombasa Bescheid sagen!), musst Du ja nicht erwähnen, dass Du den Abend bei Diana verbringen möchtest. Dein Vater hat immer Angst, dass sie Dir Dinge erzählt, die noch nichts für Dich sind, aber ich finde, für eine Frau ist es nie zu früh zu erfahren, was sie im Leben zu erwarten hat. Ich bin sehr gespannt auf Deine Antwort.
Einen dicken Kuss voller Liebe schickt Dir Deine Mama

Brief vom 15. August von Walter Zweig, Ngong, an seine Schwägerin Suse Klein in New York

Meine liebe Suse! Es ist natürlich Zufall, dass das Radio die Kapitulation Japans in dem Moment meldet, in dem ich anfange, diesen Brief zu schreiben. Es erscheint mir kein schlechtes Omen – falls man es fertigbringt, nicht an die entsetzlichen Folgen der Atombombenabwürfe in Hiroshima und Nagasaki zu denken und wie viele unschuldige Menschen da umgekommen sind. Mir hilft es nur bedingt, dass ich in einem Land lebe, in dem die wenigsten Menschen ihr Leben mit Denken vertun. Dabei hat hier im Hove Court, wo Jettel ja wohnt, Steffi in ihren Ferien und ich an meinen freien Tagen, fast jeder den Verlust von Eltern, Großeltern, Geschwistern, Nichten, Neffen und Vettern zu beklagen. Mich zerreißt es immer, wenn ich die Leute Englisch radebrechen höre. Es ist, als wollten sie mit ihrer Muttersprache auch ihre Vergangenheit auslöschen. Noch schlimmer als die Flucht vor den Nazis erscheint mir die Flucht vor sich selbst.

Ich habe unmittelbar nach Kriegsende an das Rote Kreuz in London und in der Schweiz geschrieben und nach Deiner Mutter und Käthe, nach Vater und Liesel gesucht, aber, was ich befürchtet hatte, keine Antwort erhalten. Jetzt hat mir ein Ingenieur aus Beuthen, den ich beim Militär kennengelernt habe, zu einer Suchanzeige im »Aufbau« geraten. In der Anlage habe ich zwei Inserate aufgesetzt, die ich Dich bitte, an die zuständige Stelle weiterzuleiten: Eine ist für Mutter und Käthe, die zweite für Vater und Liesel, von denen ich zuletzt aus Kattowitz gehört habe. Ich mache mir keine Hoffnung, aber ich würde mir die schwersten Vorwürfe machen, wenn ich etwas unversucht ließe. Leider weiß ich im Moment nicht, wie ich Dir Deine Unkosten ersetzen kann, aber sobald das möglich ist, schicke ich Dir das Geld. Ich denke, die Leute würden ja nicht so viele Suchanzeigen im »Aufbau« schalten, wenn sie nicht wenigstens von einer gehört hätten, die ein Echo gefunden hat. Wir freuen

uns jedes Mal, wenn Du uns Ausschnitte aus dem »Aufbau« schickst. Natürlich suche ich immer nach Hinweisen aus Oberschlesien und Breslau. Letztens sah ich das erste Foto von Breslau seit meiner Abfahrt im Januar 1938. Nichts als Trümmer und Tod. Ich habe wie ein Kind geweint und mich keiner einzigen Träne geschämt! Wer erwartet, dass man das Land verstößt, das einem einst Heimat war, hat aus der Geschichte nichts gelernt.
Wirtschaftlich geht es uns mit dem Sold von der Army und den Vergünstigungen für Militärangehörige viel besser als zuvor. Ich weiß nicht, ob ich Dir schrieb, dass ich Sergeant geworden bin. Habe ich etwa Mackie überholt? Verdient wäre das nicht. Er hat bei der Landung in der Normandie und im Kampf in den Ardennen seinen Kopf hingehalten, ich im sicheren afrikanischen Busch höchstens den Arsch.
Jettel und ich haben acht Tage Ferien in Mombasa gemacht und zu unserem großen Erstaunen entdeckt, dass man in einer Ehe ganz andere Dinge tun kann, als sich zu streiten. Wir kamen zurück und waren jung wie nie und Jettel so schön, dass ich eifersüchtig auf mich selbst wurde. Steffi, die ja nächsten Monat dreizehn wird, ist kein Kind mehr. Leider merken das andere Männer auch. Mich bewegt es, wie ernst sie ist. Sie erinnert mich an meine Schwester, obwohl Liesel mehr fürs Praktische war. Steffi ist an allem interessiert, von dem ich nichts weiß. Sie liebt Dichter, von denen ich nie etwas gehört habe, und kennt ihrerseits weder Schiller noch Goethe und will uns nicht glauben, dass Breslau größer war als Nairobi. Unsere gemeinsame Basis ist Latein und Geschichte, wenn sie auch die Sprache Ciceros englisch ausspricht und mir nicht abnimmt, dass der Siebenjährige Krieg in Schlesien tobte und nicht, wie sie behauptet, in Kanada und Indien. Neuerdings ist sie sehr stolz, dass ihr Daddy bei der Army recht gut Englisch gelernt hat, wenn er auch immer noch einen hundsmiserablen Akzent hat. Meine Tochter träumt davon, dass wir uns naturalisieren

lassen, doch den Gefallen kann ich ihr beim besten Willen nicht tun. Ich brächte es schon um meines Vaters willen nicht fertig, mich Twig statt Zweig zu nennen. Zum Chamäleon habe ich eben nie getaugt.

Leider hat sich Steffi in meinen alten Freund Martin Batschinsky (jetzt Barett) verknallt. Du dürftest ihn noch aus Breslau kennen. Er hat uns vor zwei Jahren auf der Farm überraschend besucht und meiner Tochter total den Kopf verdreht. Die Geschichte ist alt. Einst tat er das Gleiche bei Jettel – ich fand die beiden unter der blauen Sofadecke Deiner Mutter. Du siehst, wie fest unsere Freundschaft ist, wenn sie so etwas aushält. Martin lebt heute in Südafrika und war auch beim Militär. Steffi ist der Auffassung, sie braucht nur erwachsen zu werden, damit er sie heiratet.

Bitte erwähne in Deinem Antwortbrief nicht die Suchanzeigen im »Aufbau«. Ich will vermeiden, dass sich Jettel Hoffnungen macht, die zu nichts führen. Richte Mackie aus, sein Schwager würde sich über alle Maßen freuen, von ihm zu hören. Ein Gruß aus Germany (ich vermute, er ist jetzt dort, was mir leider nicht gelingen wird, weil die British Army immer noch Angst hat, die Juden könnten Unheil in ihrem ehemaligen Vaterland anrichten) wäre für mich ein ganz großes Erlebnis. Ob wir uns in diesem Leben noch einmal wiedersehen?

Es umarmt Dich sehnsuchtsvoll Dein alter Walter

Aufsatz vom 24. September von Steffi in der Nakuru School zum Thema »A Country I Would Like to Visit«. Aus dem Englischen übersetzt

Ein Land, das ich besuchen möchte

Nun, da der Krieg vorüber ist, spüre ich, dass ich zurück nach Deutschland will, mein eigenes Land, das ich verließ, als ich fünf Jahre alt war. Es ist mein großer Wunsch, dort zu bleiben und dort zu studieren, wo mein Vater sieben Jahre lang studiert hat, in Breslau und Heidelberg.

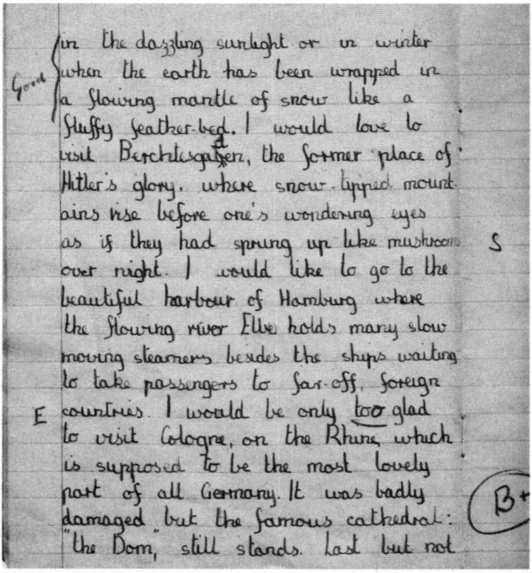
in the dazzling sunlight or in winter
when the earth has been wrapped in
a flowing mantle of snow like a
fluffy feather-bed. I would love to
visit Berchtesgaden, the former place of
Hitler's glory, where snow-tipped mount-
ains rise before one's wondering eyes
as if they had sprung up like mushrooms
over night. I would like to go to the
beautiful harbour of Hamburg where
the flowing river Elbe holds many slow
moving steamers besides the ships waiting
to take passengers to far-off, foreign
countries. I would be only too glad
to visit Cologne, on the Rhine which
is supposed to be the most lovely
part of all Germany. It was badly
damaged but the famous cathedral:
"the Dom," still stands. Last but not

Eine Seite aus dem viel gelobten Aufsatz »Ein Land, das ich kennenlernen möchte«.

Natürlich erwarte ich nicht, dass Deutschland nach den vielen Bomben und Straßenkämpfen noch das Land ist, das ich verlassen habe. Ich weiß aber genau, dass Heidelberg mit seiner schönen Universität noch steht. Mein Onkel, der in der Army der Vereinigten Staaten ist, schrieb, Heidelberg sei völlig unzerstört. Natürlich würde ich gern nach Schlesien zurück, besonders in den oberen Teil, denn dort bin ich geboren. Man darf sich die Bauern nicht als schmutzige, in Lumpen gekleidete Straßenkinder vorstellen. Sie tragen eine »Tiroler« Tracht, die den Trachten von Norwegen und Schweden nicht unähnlich ist. Im Winter, wenn der Fluss Oder zufriert, fahren die Leute glücklich auf dem Eis Schlittschuh. Mit den vielen Menschen in auffälligen blauen, roten und braunen Pullis und Schals sieht das Eis aus wie ein Spiegel. Ein wenig flussabwärts wird wahrscheinlich eine rundliche mütterliche Frau in einem kleinen Zelt sitzen und Schokolade und Bonbons verkaufen. Solche Zelte findet man in ganz Deutschland – im Sommer, wenn der unendlich blaue

Himmel im blendenden Sonnenlicht über dem goldenen Korn steht, oder im Winter, wenn die Erde in einen weichen Mantel von Schnee gehüllt ist, der wie ein Federbett aussieht. Ich würde brennend gern nach Berchtesgaden fahren, einst die Stätte von Hitlers Größe. Dort erheben sich vor staunenden Augen schneebedeckte Berge, als wären sie wie Pilze über Nacht gewachsen. Ich würde gern den schönen Hamburger Hafen sehen. Auf dem Fluss Elbe gibt es viele langsame Dampfschiffe und auch Schiffe, die darauf warten, ihre Fahrgäste in weit entfernte, fremde Länder zu bringen. Ich wäre allzu glücklich, Köln am Rhein zu sehen. Das soll der schönste Teil von Deutschland sein. Die Stadt wurde sehr schlimm zerstört, aber die berühmte Kathedrale – der Dom – steht noch. Zu guter Letzt möchte ich nach Berlin fahren. Dort ist es ganz anders als in Berchtesgaden oder am Rhein. Es gibt eine eindrucksvolle Allee mit Zitronenbäumen, die »Unter den Linden« heißt. Manch eine Straßenbahn rast hin und her, in ihr sitzen hochbeschäftigte Menschen, die es sehr eilig haben, es gibt viele Autos und einige Taxis.
Mögen die Gebäude gelitten haben und zerstört sein, die Schönheit von Deutschland bleibt für immer. Wenn mein Vater aus der Armee entlassen wird, werde ich die Gelegenheit haben, dorthin zu kommen, und mein Wunsch wird sich erfüllen.*

Am 29. November schreibt Steffi in ihr Tagebuch

Mein letzter Tag in der Nakuru School. Hurra! Hurra! Hurra! Nie mehr Angst, nie mehr Heimweh. Ab Januar bin ich in der ersten Klasse der Kenya Girls High School in Nairobi (graue Uniform). Heute gab es die Preise für gute Jahresleistungen. Ich bekam »A Christmas Carol« von Dickens. Schöne Bilder, leider kenne ich die Geschichte auswendig. Miss Blandford schenkte mir zum Abschied dieses Tagebuch. Ich war sehr stolz, habe es

* Der Aufsatz wurde mit einer Zwei plus bewertet und mit der Bemerkung »Einige sehr gute Stellen« versehen.

mir natürlich nicht anmerken lassen. Das Tagebuch (roter Ledereinband) ist dick wie unser BGB. Wenn ich ganz klein schreibe, reicht das Papier, bis ich so alt bin, dass ich nichts mehr zu schreiben habe. Bis dahin will ich über jeden Tag Buch führen. Wie Samuel Pepys*. Das habe ich mir schon lange gewünscht.

TAGEBUCHEINTRAGUNG VOM 30. NOVEMBER

Mama, Papa und Owuor holten mich am Bahnhof ab. Mama ist schwanger. Ich war so aufgeregt, dass ich an meinen Eltern vorbeilief und Owuor umarmte. Papa sagt, sie haben das Baby in der Eisenbahn auf dem Weg von Mombasa nach Nairobi gemacht. Also habe ich auch was dazu beigetragen, als ich Mama schrieb, sie und Papa brauchten wegen mir nicht vorzeitig aus Mombasa zurückkommen. Wenn ich nur nicht so Angst hätte, mich zu freuen. Gott lässt nicht mit sich reden, wenn er bestimmt hat, dass ein Kind tot zur Welt kommen soll. Das habe ich ja erlebt. Es sind jetzt noch vier Monate Angst.

* Samuel Pepys (1633–1703), Staatssekretär im englischen Marineamt und Verfasser weltberühmter Tagebücher.

12
BRIEFE, TELEGRAMME UND ANZEIGEN
Nairobi, Januar bis Dezember 1946

AM 4. JANUAR WIRD SERGEANT ZWEIG IM CAMP NGONG EIN AN »DR. ZWEIG, FARMER IN THE SURROUNDING OF NAIROBI« ADRESSIERTER BRIEF ÜBERGEBEN. ER KOMMT VON JOSEF GRESCHEK, EHEMALS LEOBSCHÜTZ IN OBERSCHLESIEN, DER NACH MARKE IM HARZ GEFLÜCHTET IST. SEIN BRIEF IST PER MILITÄRPOST DER BESATZUNGSBEHÖRDEN IN DER BRITISCHEN ZONE DEUTSCHLANDS BEFÖRDERT WORDEN

Lieber Herr Doktor! Ich weiß gar nicht, ob Sie noch leben. In Leobschütz haben sie erzählt, ein Löwe hat Sie gefressen. Das habe ich nie richtig geglaubt. Gott rettet doch nicht einen Mann wie Sie, damit ein Löwe zu fressen hat. Ich habe den Krieg überlebt. Grete auch. Aus Leobschütz mussten wir uns fortmachen. Die Polen haben uns nur einen Tag Zeit gelassen. Sie waren noch schlimmer als die Russen. Jetzt wohnen wir in Marke. Das ist ein hässliches Dorf im Harz. Noch kleiner als Hennerwitz. Sie nennen uns hier Polacken und Ostpack und denken, nur wir hätten den Krieg verloren. Wir haben nicht satt zu essen, aber doch mehr als andere, weil wir auch mehr arbeiten. Wir haben alles verloren und wollen es wieder zu was bringen. Das ärgert die hier besonders. Sie kennen Ihren Greschek. Grete sammelt Schrott, und ich verkaufe ihn. Wissen Sie noch, wie Sie immer gesagt haben: Greschek, es ist nicht anständig, was Sie mit Grete machen. Da habe ich sie auf der Flucht geheiratet, und jetzt bin ich ganz froh darüber.

Bis zu dem verfluchten Krieg habe ich oft nach Sohrau rübergemacht und in der Nacht Ihrem Vater und dem Fräulein Schwes-

ter Lebensmittel gebracht. Es ging ihnen sehr schlecht. Grete hat jeden Sonntag in der Kirche für sie gebetet. Ich konnte das nicht. Wenn Gott das alles gesehen hat und hat nichts getan, dann hat er ja auch keine Gebete mehr gehört. Dreimal war ich bei Frau Ina und dem Fräulein Käthe in Breslau, um ihnen was zu essen zu bringen, aber bei meinem dritten Besuch waren sie aus der Wohnung fortgebracht worden. Es ist ein Jammer. Den Herrn Bacharach hat die SA in Leobschütz auf der Straße zusammengeschlagen und fortgeschafft. Wir haben nichts mehr von ihm gehört.
Hoffentlich kommt dieser Brief in Afrika an. Ich habe einem englischen Soldaten einen Stahlhelm besorgt. Die sind alle ganz wild auf die Dinger. Der Mann konnte ein bisschen Deutsch und hat mir versprochen, diesen Brief an Sie abzuschicken. Wer weiß, ob so einer Wort hält. Wir dürfen ja keine Post abschicken. Kommen Sie jetzt nach Deutschland zurück? Damals in Genua haben Sie gesagt: Greschek, ich komme wieder, wenn die Schweine weg sind. Was sollen Sie jetzt noch bei den Negern? Wo Sie doch Rechtsanwalt sind. Leute, die keine Nazis waren, bekommen jetzt gute Stellungen und schneller Wohnungen als andere. Wenn Sie kommen, wird Grete der Frau Doktor wieder helfen beim Umzug. Die hier im Westen können gar nicht so gut arbeiten wie wir. Das sind alles faule Luder. Und dumm sind sie auch. Wenn Sie Zeit haben, schreiben Sie mir bitte. Und grüßen Sie die Frau Doktor und das Kind. Hat sie noch Angst vor Hunden?
Hochachtungsvoll Ihr alter Freund Josef Greschek

Am 8. Januar schreibt Steffi in ihr Tagebuch

Seit gestern bin ich in der Kenya Girls High School Nairobi. Die Uniform (grauer Rock und weiße Bluse) ist scheußlich, die Klassenlehrerin gefällt mir nicht, die Direktorin erst recht nicht, das Mädchen, neben dem ich sitze, finde ich zum Kotzen und sie mich bestimmt auch, dennoch könnte ich den ganzen Tag sin-

gen. Wenn ich singen könnte! Ich wohne nämlich nicht im Internat. Ich bin Dayscholar und komme nachmittags um fünf Uhr nach Hause. Immer, immer, immer. Sonntags muss ich nicht mehr in die Kirche. Ich muss nicht mehr knien, kein weißes Kleid mehr tragen, das mal ein Tischtuch war, und mittags nie mehr Hammelbraten essen, der am Gaumen kleben bleibt. Wenn ich Fieber habe, wird mir Miss Chart kein Rizinusöl hinhalten, meine Mutter wird mich pflegen – leider mit Wadenwickeln (ein deutscher Aberglaube). Sollte Gott nicht anders entscheiden, werde ich mich nie mehr von meinen Eltern trennen. Und von dem Bruder (oder der Schwester), der im März kommen soll, auch nicht. Ich fahre mit dem Bus in die Schule und bin morgens eineinhalb Stunden unterwegs. Der Rückweg dauert genauso lange. Oft bin ich die einzige Europäerin im Bus. Owuor sagt, es sei eine Schande, dass sein Bwana das erlaubt. Ich versuche ihm zu erklären, warum Papa mir kein Auto mit Chauffeur kaufen kann.
Papa und Mama sind immer noch sehr aufgeregt über Greschecks Brief. Sie reden dauernd von Leobschütz, Sohrau, Breslau und Sauerkraut, von Mohnkuchen und von Leuten, von denen ich noch nie gehört habe. Warum reden sie nie von Ol' Joro Orok, Bwana Simba und Toto? Werden sie denn nie begreifen, dass Kenia das schönste Land auf der ganzen Welt ist?
Leider ist es zurzeit in Nairobi so heiß, dass selbst die Kakteen aussehen, als wären sie verdurstet. Von den Rosen und Zitronenbäumen ganz zu schweigen. Mama passt in kein Kleid mehr. Sie sitzt den ganzen Tag in einer Schürze ohne Ärmel unter dem Baum vor unserem Flat und stöhnt, dass sie zu alt zum Kinderkriegen ist. Gestern hat sie gesagt, sie ist selbst zum Streiten zu schwach. »Mach dir keine Sorgen, das kommt wieder«, hat Papa geantwortet, und da hat sie gezeigt, dass sie sich doch noch zanken kann. Und wie! Trotzdem hat ihr Papa einen wunderschönen Fächer gemacht und ihn mit einem Schiff bemalt. Wahrscheinlich hat er es mir zuliebe »Princess Elizabeth« genannt, weil er weiß, dass ich für sie schwärme.

Owuor hat unseren Küchenstuhl mit Bettlaken behängt und schnorrt immer von Mrs Schlachter Eisstückchen für seine Memsahib. Er hilft Mrs S. sogar in ihrem kleinen Garten, obwohl er ja kein Schambaboy ist und zu Hause nie einen Spaten in die Hand genommen hätte. Die Schlachters sind die einzigen im Hove Court, die einen Eisschrank haben. Jeder beneidet sie, aber Mr Schlachter muss Eiswürfel lutschen, weil er sehr herzkrank ist und nicht viel trinken darf. Ich weiß nicht, ob Eiswürfel eine Herzkrankheit lohnen. Seitdem Mama schwanger ist, weiß ich, dass Schwangerschaften beim Menschen zu lange dauern. Natürlich ist es noch schlimmer, ein weiblicher Elefant zu sein. Zweiundzwanzig Monate!

Am 19. Februar kommen ein Päckchen und ein Brief für Steffi von Martin Barret aus Pretoria an

Verehrte Prinzessin Stefanie! Gestern hatte ich eine Panne. Während ich vor mich hinschimpfte, weil ich so ungern Reifen wechsle, wenn ich ein weißes Hemd anhabe, setzte sich ein wunderschöner Eisvogel auf den Autospiegel. So einen hatte ich mein ganzes Leben noch nicht gesehen. Das blaue Gefieder schillerte wie Silber in der Sonne, die Brust hatte die Farbe von Milchkaffee, der kräftige Schnabel glänzte wie polierte Kohle. Ich war verzaubert, wurde sehr redselig und erzählte Mr Blauvogel von Dir. Stell Dir vor: Er kannte Dich. Er hat mir berichtet, dass Du immer die Beste in Deiner Klasse warst, jedes Jahr einen Preis für Deine guten Leistungen bekommen hast und nun auf die High School gekommen bist. Wäre ich in Nairobi, könnten wir das mit Nektar oder einem anderen Göttergetränk feiern und über die alten Zeiten reden. So kann ich Dir nur einen Sack voller Bewunderung schicken – und ein Geschenk, das Dir stets gute Dienste tun möge. Die drei Armreifen sind alle mit den kleinen bunten Glücksperlen bestickt, die besonders gut wirken. Der kleinen gestrickten Puppe mit dem schwarzen Gesicht und dem roten Rock kannst Du jeden Kummer

anvertrauen. Sie ist in Wirklichkeit ein Schutzengel. Ich habe auch so einen. Er hat mich im Krieg zu allen Schlachten begleitet, die ich schlagen musste. Ich bin ja auch gesund zurückgekommen. Jedenfalls fast. Mein Arm ist so gut geheilt, wie ich nicht zu hoffen gewagt habe. Du siehst, ich kann schon wieder Briefe schreiben. Natürlich nur an Menschen, die was Besonderes sind.
Sieh zu, Prinzessin, dass Dein Vater nicht gleich eifersüchtig wird, wenn Du ihm die Armbänder und den Schutzengel zeigst. Er neigt dazu, die Dinge zu schwer zu nehmen. Als junges Mädchen bekam Deine Mutter von einem ihrer Kavaliere einen Teddybären. Dein Vater war furchtbar eifersüchtig und hat dem armen Teddy Dinge gesagt, die kein Bär zu hören kriegen sollte. Ich vermute, Dein Daddy sieht es immer noch ungern, wenn sich ein Mann in seine Herzdame verliebt. Vieles in der Welt bleibt eben so, wie es immer war. Nur leider nie das Wesentliche und Wichtige.
Gibt es denn kein neues Foto von Dir? Ich kann mir vorstellen, dass Du ein sehr hübsches junges Mädchen bist. Mr Blauvogel behauptet das jedenfalls, und mir schien, der Bursche wusste genau, wovon er zwitscherte. Dir und Deinen Eltern sehr herzliche Grüße von einem Mann, der oft an die schönen Tage denkt, die er in Ol' Joro Orok verbracht hat. Und an einen Baum, den er nicht vergessen kann.
Dein auf immer treuer Ritter Martin

In einem Brief, der nach Ol' Joro Orok adressiert ist und am 20. Februar in Nairobi eintrifft, schreibt Herr Fjodor Tschitscherin aus Leningrad (heute St. Petersburg) an Walter Zweig

Sehr geehrter Herr Dr. Zweig! Ich war vor dem Krieg in Tarnopol Lehrer für die deutsche Sprache und habe heute die traurige Pflicht, Sie vom Tod Ihres Vaters und Ihrer Schwester in Kenntnis zu setzen. Ich habe Herrn Max Zweig gut gekannt. Er hatte

Vertrauen zu mir, weil er mit mir Deutsch sprechen konnte. Ich habe versucht, ihm zu helfen, soweit es in meiner Macht stand. Eine Woche vor seinem Tod gab er mir Ihre Adresse. Da wusste ich, dass er wollte, dass ich Ihnen schreibe, falls ihm etwas passieren sollte.

Ihr Vater und Ihre Schwester haben sich nach vielen Gefahren und furchtbaren Entbehrungen nach Tarnopol durchgeschlagen. In der ersten Zeit der deutschen Besatzung gab es für ihn und Frau Liesel noch Hoffnung. Sie konnten sich hier in einem Kellerraum des Schulhauses versteckt halten und wollten bei der ersten Gelegenheit weiter in die Sowjetunion. Dann haben zwei SS-Leute am 17. November 1942 Ihren Vater auf der Straße erschlagen. Er war sofort tot und hat nicht mehr zu leiden brauchen.

Frau Liesel wurde einen Monat später aus dem Schulhaus verschleppt und nach Belzec gebracht. Wir konnten nichts mehr für sie tun und haben nichts mehr von ihr gehört. Es war der dritte Transport nach Belzec. Von dem ist keiner zurückgekommen. Ich weiß nicht, ob Sie wissen, dass Frau Liesel auf der Flucht einen Tschechen geheiratet hat. Herr Erwin Schweiger war Lastwagenfahrer und wurde von der russischen Armee zum Militär gezwungen. So musste er Ihren Vater und Frau Liesel im Stich lassen.

Ihr Vater war sehr stolz auf Sie. Er hat viel von Ihnen gesprochen. Den letzten Brief, den Sie ihm geschrieben haben, hatte er immer in seiner Brusttasche. Wie oft haben wir ihn gelesen und uns vorgestellt, wie gut und sicher Sie und Ihre Familie es auf der Farm haben. Herr Zweig war ein tapferer Mann und hat bis zum Schluss Gott vertraut, dass er Sie wiedersehen wird. Gott sei seiner Seele gnädig. Ich schäme mich für alle Menschen, dass ich so einen Brief schreiben muss, aber ich weiß, dass in Ihrer Religion der Sohn für den Vater am Todestag ein Gebet spricht. Die meisten Ihrer Brüder werden das nicht können. Wenn ich nur wüsste, ob es ein Trost für Sie sein wird,

dass Sie nun das Totengebet sprechen können, wäre mir meine Pflicht, Ihnen diesen Brief zu schreiben, leichter.
Ihr Vater sagte mir immer, Sie hätten ein gütiges Herz. Möge Gott es Ihnen erhalten. Schreiben Sie mir nicht zurück nach Leningrad. Briefe aus dem Ausland führen hier zu Schwierigkeiten. Ich schließe Sie und Ihre Familie in meine Gebete ein. Ihr sehr ergebener Fjodor Tschitscherin

EINTRAG IN STEFFIS TAGEBUCH VOM 21. FEBRUAR

Ich versuche dauernd, mich an meinen Großvater und meine Tante Liesel zu erinnern, aber mein Kopf gibt keine Bilder her. Wenn ich nicht um Mama und das Baby so große Angst hätte, würde ich in meinem ganzen Leben nicht mehr beten. Durch den traurigsten Brief, der uns je erreicht hat, wissen wir jetzt: Wenn es ein Junge wird, wird er Max heißen. Ein Mädchen Liesel. Solange wir noch Hoffnung hatten, dass die beiden noch am Leben sind, hätten wir andere Namen suchen müssen. Bei Juden nennt man Kinder nicht nach lebenden Verwandten. Papa sagt, das ist, als würde man die Lebenden bestehlen.
Ich bin alt genug, zwischen Spaß und Ernst, Fantasie und Wirklichkeit zu unterscheiden. Deshalb habe ich gar nicht erst probiert, Martins sogenanntem Schutzengel zu erzählen, dass der Brief aus Russland uns allen das Herz gebrochen hat. Auch zu Inge habe ich nichts gesagt. Seitdem ich zu Hause wohne und sie im Internat, ist zwischen uns vieles anders geworden. Mir tut das sehr leid. Ihr scheint das nicht viel auszumachen. Sie freut sich über ihre Erfolge beim Hockey und bemüht sich darum, in eine Clique von Mädchen aufgenommen zu werden, die auf einer Privatschule in Limuru waren und die alle ihre Nase recht hoch tragen.

Brief von Walter Zweig an Frau Conrad im Nachbarflat. Überbracht von Owuor am 6. März um 7 Uhr

Liebe Frau Conrad! Ich habe meine Frau gestern um 15 Uhr ins Eskotene-Krankenhaus gebracht. Da waren Sie schon unterwegs in den Horseshoe. Vielleicht haben Sie sich beim Heimkommen gewundert, dass die ganze Nacht bei uns Licht gebrannt hat. Ich wollte nur, dass Sie Bescheid wissen. Ich will Steffi die Schule heute nicht zumuten. Sie ist zu Hause und ich jetzt (4 Uhr morgens) wieder ins Eskotene unterwegs. Es wäre nett, wenn Sie mal nach ihr schauen und Diana Bescheid sagen könnten, sobald sie aus ihrem Delirium erwacht.
Ihr Walter Zweig

Telegramm, aufgegeben in Nairobi am 6. März, 10 Uhr, an Suse Klein, New York

Max Ronald Paul has arrived. Mother and child in best health. Very happy. Jettel, Walter, Steffi

Telegramm an Oscar und Lilly Hahn, Arcadia Farm, Gilgil. 6. März, 10 Uhr 12

Max has arrived. Mother and child in best health. Very happy. Jettel, Walter, Steffi

Am Nachmittag des 6. März schreibt Steffi in ihr Tagebuch

Der glücklichste Tag in meinem Leben. Einen schöneren wird es nie mehr geben. Auch nicht, wenn ich den Nobelpreis für Literatur bekommen sollte. Mein Bruder Max Ronald Paul Zweig ist das schönste Kind auf der Welt. Max heißt er nach Papas Vater, Paul nach dem von Mama (der ist schon lange tot). Auf Ronald hat Mama bestanden. Sie sagt, ihr Sohn braucht auch einen englischen Namen. Das finde ich auch. Natürlich werden wir ihn Max nennen. Darauf wird Papa ja bestehen. Ich kann das verstehen. Nach dem Brief aus Russland erst recht. Papa hat mir das Baby mit den Worten in den Arm gelegt: »Dein Bruder wird für

Dich sorgen, wenn ich nicht mehr da bin. Du wirst das ja nie allein können. Du bist so dumm und anständig wie dein Vater.« Ich finde Papa kein bisschen dumm. Er ist klüger und tüchtiger als viele Leute, die sich alles kaufen können, was ihnen und ihren Frauen in den Sinn kommt. Er ist eben anders. Mich selbst kann ich natürlich nicht beurteilen, aber ganz dumm kann ich nicht sein, wenn ich seit Jahren die Beste in der Klasse bin. Papa würde jetzt sagen: »Unter den Blinden ist der Einäugige König«, aber ich denke immer, er meint das nicht ganz ernst.
Eins weiß ich jedenfalls genau – ich werde nie eifersüchtig auf meinen Bruder sein. Ich habe so lange auf ihn warten müssen und so viel um ihn gebetet, dass Eifersucht die größte Undankbarkeit und eine Riesendummheit wäre.

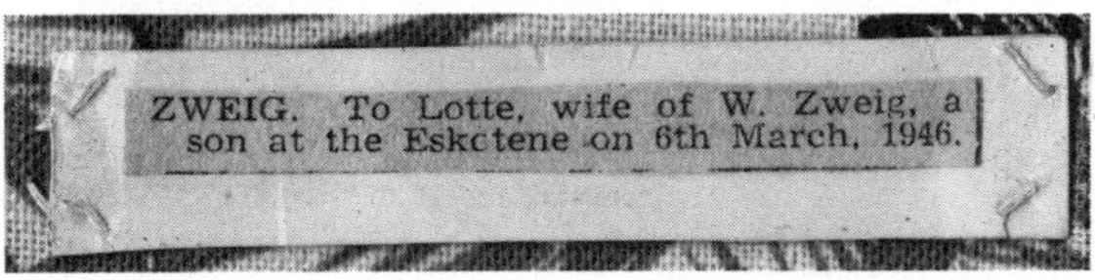
ZWEIG. To Lotte, wife of W. Zweig, a son at the Eskctene on 6th March, 1946.

Ich habe mir auch fest vorgenommen, nicht mehr an Gott zu zweifeln. Auch nicht an Martins Schutzengel. Ich hoffe, die beiden werden mir verzeihen und auch verstehen, dass sie es mir in letzter Zeit ziemlich schwer machten, an sie zu glauben. Mama sagt, dass ich mich auch nachts um Max kümmern darf, wenn er schreit. Sie sagt, sie ist zu alt, um jede Nacht aufzustehen. Sie hat schon als Kind viel Schlaf gebraucht. Papa hat genickt und laut gelacht, und Mama hat ihm das nicht übel genommen. Heute waren meine Eltern zu glücklich, um zu streiten. Bin gespannt, wie lange das anhält.

Anschlag an der Wohnungstür von Diana Wilkins, am Zitronenbaum hinter dem Rosenbeet und am Eingangstor vom Hove Court, 6. März. Original in Englisch

Große Begrüßungsparty. Ab 5 p.m. findet heute zu Ehren von Max Ronald Paul Zweig, geboren am 6. März, 5:15 a.m. im

Nairobi Eskotene Nursing Home, fünf Pfund schwer, eine große Begrüßungsparty im Flat 27 (Diana Wilkins) statt. Schottischer und irischer Whisky, englischer Brandy, französischer Cognac, Gin aus Südafrika und Lager Beer, Sandwiches, Kuchen und Confiserie. Bitte Getränke für die Kinder mitbringen. Ajas und Hunde willkommen. Musik von der Schallplatte. Die Gastgeberin wird den berühmten Schleiertanz der Salome präsentieren.

Anzeige im »East African Standard« Nairobi

Zweig. To Lotte, wife of W. Zweig, a son at the Eskotene on 6th March, 1946

Telegramm von Suse Klein, New York, angekommen in Nairobi am 8. März

Thrilled, overjoyed and thankful. Sue and Mackie

Brief vom 14. März. Walter Zweig, Nairobi, an Oscar Hahn, Gilgil

Mein lieber Oha! Jettel, Steffi und ich waren sehr gerührt, dass Lilly und Du trotz der Überschwemmungen in den vergangenen Tagen die Anstrengung nicht gescheut habt, um zur Briss* zu kommen. Mein Sohn ist zurzeit ausschließlich mit seiner Verdauung beschäftigt. Er erscheint mir nicht reif genug, um sich Gedanken über Freundschaft und Hilfsbereitschaft zu machen, Ihr könnt jedoch sicher sein, er wird eines Tages begreifen, was Oscar und Lilly Hahn für seinen Vater und die gesamte Familie Zweig getan haben. Max hat sowohl die Beschneidung als auch die anschließende Feier bestens überstanden. Ebenfalls die Küsse, Seufzer und Tränen sämtlicher Frauen, denen das Schicksal Kinder und Enkel genommen hat.

---

* Eigentlich Brit Mila, die Beschneidungszeremonie für einen jüdischen Knaben an seinem achten Lebenstag.

Am Tag nach der Briss lernte mein Sohn die Frau kennen, an deren Brust er sich sofort behaglich einrichtete. Chebeti aus dem Stamm der Luo ist nun seine Aja. Owuor brachte sie an. Steffi behauptet, es handelt sich um seine dritte Gattin, er streitet das nicht ab, verweigert jedoch weitere Auskünfte und hat unter Zeugen festgelegt, dass bei allen Differenzen sein Wort zu entscheiden hat. Chebeti hat Augen wie ein Reh, trägt farbenfrohe Kopftücher und enge Kleider, die selbst bei Greisen Männerfantasien auslösen. Sie duftet angenehm nach Gin. Auf Max, der ja der Urenkel und Enkel eines Schnapsdestillateurs ist, scheint das besonders appetitanregend zu wirken. Jettel zeigt sich, wie bei allem Ungewohnten, besorgt. Wenn mich jedoch meine Erinnerung nicht trügt, war es seit jeher so, dass Jünglinge einen Hang zum Hauspersonal hatten. Ich wusste nur nicht, dass das so früh im Leben beginnt. Der Überlieferung nach war ich bereits sechs, als ich das erste Mal in Zweigs Hotel einer Kellnerin in den Hintern kniff.
Weil ich die Stimmung an diesem Abend nicht trüben wollte und das Thema zudem für Jettel ein knallrotes Tuch ist, habe ich Dir nicht erzählen können, dass meine Rückkehr nach Deutschland ein gewaltiges Stück näher gerückt ist. Sie hängt nicht mehr davon ab, ob ich in der Lage bin, das Geld für vier Schiffspassagen aufzubringen. Selbstverständlich bin ich das nicht. King George VI. wird das für mich übernehmen. Captain Carruthers, der, wie ich Dir schon einmal geschrieben habe, im Zivilleben auch Anwalt war und durch seine jüdische Frau Juden im Allgemeinen und mir im Besonderen wohlgesinnt ist, hat mich auf Folgendes aufmerksam gemacht: Die Army entlässt jeden Soldaten in sein Heimatland und kommt auch für die Reisekosten seiner Familie auf. Das Ganze läuft unter dem Begriff Repatriation. Der Captain, Schotte und Englandfeind, ein derzeit vom Himmel beurlaubter Engel und in militärischen Dingen äußerst beschlagen, war mir behilflich, auf Englisch glaubhaft darzulegen, dass Deutschland meine Heimat

ist. Er meint, wir dürften schnell einen positiven Bescheid erhalten.
Du siehst bestimmt ein, dass dies alles nicht das geeignete Thema für eine Briss war. So nach und nach ist es ja bis zum letzten Esel durchgedrungen, dass ich mich mit Rückwanderungsplänen trage. Jeder schnaubt vor Wut, wenn er mich nur sieht. Die Leute hier im Hove Court halten mich ausnahmslos für ein verantwortungsloses Charakterschwein und einen Volksverräter, der keinen Stolz und keine Gesinnung hat, seine unschuldigen Kinder ins Land der Mörder verschleppen will und den man am nächsten Baum aufknüpfen sollte. Ich kämpfe jeden Tag aufs Neue gegen meine Mutlosigkeit an, fühle mich von allen verlassen und frage mich oft, ob ich das alles durchstehen werde. Die Einzigen, die mir noch bedingungslos vertrauen, sind meine Kinder, Owuor und mein Hund.
Bis hoffentlich bald. Es ist immer ein Festtag für uns, wenn Ihr nach Nairobi kommt.
Euer Walter

Anzeige im »Aufbau«, New York, Anfang April

Dr. Walter Zweig und Frau Lotte, geb. Perls (früher Leobschütz), zeigen die Geburt ihres Sohnes **Max Ronald Paul** an. Nairobi, Kenya Colony, 6. März 1946

Am 12. April schreibt Wilhelmine Grünbaum, Shanghai, an Walter Zweig in Nairobi

Sehr geehrter Herr Dr. Zweig! Mich hat es aus dem schönen Mainz hierher verschlagen, und ich habe eine ganz kleine Hoffnung, dass es mir durch Sie gelingen könnte, sehr geehrter Herr Doktor, etwas über das Schicksal meines einzigen Bruders, Moritz Siegfried Grünbaum, zu erfahren. Ich habe das letzte Mal im Januar 1939 von ihm ein Lebenszeichen erhalten. Damals schrieb er mir aus Paris, dass er versuchen wollte, zu seinem Sohn nach Südafrika auszuwandern. Leider habe ich keine Adresse von meinem Neffen in Südafrika, und der weiß ja auch nicht, dass ich noch mit dem letzten Transport nach Shanghai gelangt bin. Nun sind Sie der einzige Mensch, den ich in Afrika kenne. Natürlich wäre es ein Zufall, wenn Sie meinem Bruder begegnet wären. Aber wir, die wir leben, verdanken dies ja alle nur dem Zufall. Ich wünsche Ihnen alles Glück für Ihren Sohn. Möge er in einer besseren Welt leben, als sie uns vergönnt ist. Hochachtungsvoll Ihre Wilhelmine Grünbaum

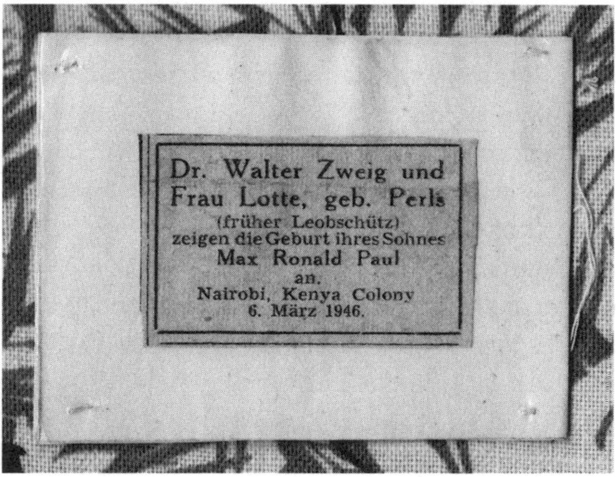
Dr. Walter Zweig und
Frau Lotte, geb. Perls
(früher Leobschütz)
zeigen die Geburt ihres Sohnes
Max Ronald Paul
an.
Nairobi, Kenya Colony
6. März 1946.

Brief von Henry Wells (ehemals Heinrich Wohlgemut) aus Perth in Australien an Walter Zweig, Nairobi

Sehr geehrter Herr Dr. Zweig! Mein Schwager ist 1934 in Dachau ermordet worden und meine Schwester, Frau Emmy Singer, geborene Wohlgemut, danach mit ihren zwei kleinen Kindern nach Ratibor gezogen, wo sie Arbeit in einer Weberei fand. Trotz aller Nachforschungen beim Roten Kreuz hat man ihren Namen und den der Kinder auf keiner Deportationsliste finden können. Ich schreibe an Sie, weil meine Schwester einmal Leobschütz erwähnt hat. Vielleicht sind Sie dem Namen mal begegnet oder stehen mit Juden aus Ratibor in Verbindung, die

überlebt haben. Ich weiß, dass meine Bitte töricht ist, ich bin jedoch noch nicht weit genug, alle Hoffnungen zu begraben. Ihrem neugeborenen Sohn wünsche ich Gottes Segen, vor allem ein Leben ohne Angst.
Hochachtungsvoll Ihr Henry Wells (früher Heinrich Wohlgemut, Vertreter für landwirtschaftlichen Bedarf in Westfalen)

Brief von Max Plaut, Tel Aviv, an seinen Freund Walter Zweig. Eingetroffen in Nairobi am 19. Juni

Mein lieber guter Walter! Wie Dir schildern, was ich empfand, als ich im »Aufbau« von der Geburt Deines Sohnes gelesen habe? Ich kann es immer noch nicht fassen, dass wir endlich zueinander finden. Ich hatte keine Adresse von Dir, bin hier immer nur Leuten begegnet, die mir nicht weiterhelfen konnten, und konnte mir nicht denken, dass »Walter Zweig, Kenia« als Postanschrift ausreichen würde. Deinerseits musst Du viel Schlimmeres angenommen haben. Da wir ja noch im Sommer 1939 miteinander korrespondiert haben, wirst Du Dir ausgerechnet haben, dass ich nicht mehr aus der Hölle herausgekommen war. Um Dir den Grund dafür und den Verlauf der Ereignisse zu erklären, werde ich Dir in den nächsten Tagen noch einmal schreiben. Heute widerstrebt es mir, mich in den Mittelpunkt eines Briefes zu drängen, der geschrieben wird, um wieder einen Max Zweig in dieser Welt willkommen zu heißen.
Das tue ich mit einem jubelnden und dankbaren Herzen, natürlich auch mit großer Trauer. Dass Dein Sohn Max heißt, hat mir die letzte Hoffnung genommen, die ich noch für seinen Großvater hatte. Möge der afrikanische Max so aufrichtig, unerschrocken und glaubenstreu werden wie der aus Sohrau. Ich wünsche Dir sehr, dass es Dir gelingt, mit Deinem Sohn über Deinen Vater zu sprechen, ohne dass der Schmerz Dich zerreißt.
Es war, wie das meiste in meinem Leben in den letzten Jahren, purer Zufall, dass ich den »Aufbau« mit Eurer Anzeige unver-

sehrt in die Hände bekam. Wenn ich endlich die Zeitung ergattert habe, nach der es hier alle deutschen und österreichischen Juden drängt, fehlen meistens die Familienanzeigen. Ach wir Armen, um mit Goethe zu sprechen. Erinnerst Du Dich noch an ihn? Falls ja, sind Deine Bildung und Dein Gedächtnis ungeschoren davongekommen. Ich kann mir jedoch ausrechnen, dass Dir das in Afrika auch nicht mehr nutzt als mir in Palästina meine beiden Doktortitel. Das Land ist voll von deutschen Juden mit Doktortiteln. Sie fallen dadurch auf, dass sie bei fünfunddreißig Grad Hitze Anzug und Krawatte tragen und sich nicht abgewöhnen können, »bei uns zu Hause« zu sagen, wenn sie von Deutschland reden. Meine Auswahl an Krawatten ist mehr als bescheiden, einen Anzug mit Jackett und Hose aus dem gleichen Stoff habe ich nicht, und die Mörder in dem Land, das einst unser Vaterland war, haben dafür gesorgt, dass ich mein Lebtag nicht mehr »bei mir zu Hause« sagen werde, wenn ich von dem Gebiet zwischen Maas und Memel spreche. Ich setze voraus, Du weißt, dass unser Sohrau, für dessen Deutschtum wir unseren letzten Blutstropfen hergeben wollten, nun auf immer polnisch ist.

Ich vermute, weil ich Dich ja seit zweiundvierzig Jahren kenne, dass Du immer noch an Deutschland glaubst. Um Dir zu berichten, auf welchen Irrwegen ich schließlich ins Gelobte Land gelangt bin, müsste ich mindestens zwei Bücher schreiben. Heben wir uns die Details für den nächsten Brief auf, wenn ich weiß, dass Dich dieser hier erreicht hat. Nur so viel: So lange, wie es möglich war, habe ich mich bemüht, den Menschen beizustehen, die Hilfe am dringendsten brauchten. Ab dem Novemberpogrom von 1938 wurde ich immer wieder festgenommen und misshandelt. Schließlich wurde ich von den Nazis zum Leiter des »Jüdischen Religionsverbandes« kommandiert. Der Verband war vom Hamburger Judenreferenten der Staatspolizei zum Nachfolger der Jüdischen Gemeinde Hamburg bestimmt worden. Als es dann auch mit der »Reichsvereinigung«

zu Ende war, wurde ich interniert. Mit Mutter. Vater war da schon tot. Trotz allem, was geschehen ist, widerstrebt es mir zu sagen, »zu seinem Glück«. Nach einigen Monaten wurde Mutter und mir sowie einigen weiteren Personen die Ausreise aus Deutschland gestattet. Im Austausch gegen Auslandsdeutsche, von denen ich nie erfahren habe, weshalb sie wichtig waren. Wir gelangten von Wien mit dem Zug über die Türkei nach Palästina. Ich rätsle noch heute und werde es bis zu meinem letzten Tag tun, weshalb die Nazis sich an ein von ihnen gegebenes Wort gebunden fühlten.
Hier habe ich weder Milch noch Honig gefunden. Schon gar nicht eine Arbeit, für die ich tauge und die mich und die Meinen besser ernähren würde, als es die kurzfristigen Lösungen tun, die mich derzeit über Wasser halten. Trotzdem bin ich glücklich. Mein Glück heißt Ruth. Sie ist bildhübsch, wird meistens für meine Tochter gehalten und gefällt sogar Mutter. Du weißt sicherlich noch, was das heißt. Ruth und ich haben vor Kurzem geheiratet.
Wie hast Du vom Tod Deines Vaters erfahren? Was ist mit Liesel? Meine Hand zittert, wenn ich ihren Namen hinschreibe. Mutter, die ja wahrlich genug an eigenen Schrecken erlebt hat in den letzten Jahren, war den ganzen Tag nicht mehr ansprechbar, als ich ihr die Anzeige im »Aufbau« zeigte. Sie hat abwechselnd »mein Walter« geflüstert und um Deinen Vater geweint. Mir erging es ebenso. Das Bild von Liesel im weißen Kleid, mit blonden Zöpfen und wie sie lacht, weil ihr Bruder in den Teich gefallen ist und das ausgerechnet am Schabbes, werde ich mein Leben lang nicht mehr loswerden. Die zehn Plagen, die die Ägypter trafen, sind nichts gegen einen jüdischen Kopf mit einem guten Gedächtnis.
Wie geht es Jettel, was hat Steffi, die ja so lange ein Einzelkind gewesen ist, zum Bruder gesagt? Ich habe seit gestern so viel an Dich und Zweigs Hotel denken müssen, dass ich nicht anders konnte, als diesen Brief nur an Dich zu richten. Ich hoffe, Jettel

wird das verstehen und mir verzeihen. Drücke sie fest für mich und sage ihr, wie herzlich ich ihr gratuliere. Ist sie immer noch so schön? Ich beneide Euch beide sehr um Euren Sohn. Jedes jüdische Kind, das in dieser Zeit geboren wird, ist der Beweis, dass es Hitler und seinen Schergen zwar gelungen ist, sechs Millionen Juden umzubringen, aber nicht das Judentum. Auch wenn ich weiß, wie es Abraham und Sarah erging, weiß ich nicht, ob mir Kinder vergönnt sein werden. Es wäre schließlich Chuzpe, von Gott zu erwarten, dass er zwei Mal ein Wunder an mir geschehen lässt.
Mutter und ich umarmen Euch innig.
Dein alter Freund Max

Am 20. Juni schreibt Walter an Jettel

Meine geliebte Jettel! Schon gestern Abend beschloss ich, Dich nicht zu wecken, wenn ich aus dem Haus muss. Ich habe mir ausgerechnet, dass Du vor Tagesanbruch nicht in der Stimmung für Geburtstagswünsche sein dürftest, und werde sie heute am späten Nachmittag nachholen. Ich setze voraus, das ist in Deinem Sinne. Captain Carruthers hat mir ab drei Uhr freigegeben. Da geht auch ein Bus vom Camp in die Stadt, sodass ich nicht so lange unterwegs sein dürfte wie sonst.
Die Kette in diesem Kästchen habe ich an dem Tag in Mombasa gekauft, als Du unsere Ehe auflösen wolltest, weil ich aus der Apotheke Sacharin statt Kalktabletten mitbrachte. Sie hat mich an die erinnert, die ich Dir in unserem ersten Leben geschenkt habe, und daran, wie schrecklich Du geweint hast, als sie in Rongai gestohlen wurde. Ich versprach Dir damals, Dir bei erster sich bietender Gelegenheit eine neue zu kaufen. Verzeih mir, dass es so lange gedauert hat, ehe ich mein Versprechen einlösen konnte.
Chebeti hat mir beim Einpacken zugeschaut und war äußerst interessiert. Wir sollten mit vereinten Kräften dafür sorgen, dass die Kette nicht um ihren Giraffenhals zu hängen kommt. Viel-

leicht könntest Du zum Anlass Deines Geburtstags heute auch verstärkt darauf achten, dass Maxens heiß geliebte Aja nicht allzu viel von dem teuren Wodka aus der NAAFI säuft und die Flasche, wie am vorigen Sonntag, mit Wasser auffüllt. Ich bezweifle nämlich, dass die liebe Chebeti sich die Mühe macht, das Wasser vorher abzukochen. Dagegen bin ich sicher, dass Diana Anstoß nimmt, wenn sie Wasser statt Wodka serviert bekommt.
Diesen Brief solltest Du nicht zusammen mit den Briefen verwahren, die wir uns in unserer Jugend schrieben und die wir seit Jahren bei ehelichen Auseinandersetzungen mit dem Feuertod zu bedrohen pflegen. Wer weiß, ob es Steffi immer gelingen wird, die Liebesbriefe ihrer Eltern rechtzeitig zu retten.
Der heutige ist für uns beide wichtig. Er enthält die Versicherung, dass ich Dich trotz aller Auseinandersetzungen während unserer Ehe und trotz des Kriegs, den wir nun seit Wochen führen, genauso liebe wie am ersten Tag unseres gemeinsamen Lebensweges. Schon deswegen verpflichte ich mich, sobald wir in Deutschland sind, so schnell wie möglich für ein Dienstmädchen zu sorgen. Ich weiß, wie wichtig Dir das ist.
Möge es der Frau Doktor gutgehen in ihrem neuen Lebensjahr. Möge sie vor allem begreifen, dass ich mir allzeit der Verantwortung bewusst bin, die ich für meine Familie habe. Glaube mir, Jettel, wir tun das Richtige. Nur manchmal ist das Richtige nicht auf den ersten Blick zu erkennen. Das war schon immer so.
Einen besonders dicken Geburtstagskuss Dein alter Walter

Im August 1946 schreibt Walter Zweig, Nairobi, u. a. an den Justizminister von Gross-Hessen

Herr Justizminister! Mir ist mitgeteilt worden, mein Gesuch um Ernennung zum Richter in der amerikanischen Zone Deutschlands ist an Sie zur weiteren Behandlung überwiesen worden. Daher wende ich mich an Sie, Herr Minister, mit der Bitte, mich zum Richter im Bereich Ihres Ministeriums zu ernennen oder mir ein gleichwertiges Amt zu übertragen.

[…] im August 1937 wurde ich, da ich Jude bin, gem. dem Gesetz vom 30. Juni 1937 (RGBl. I S.717) von der Liste der Rechtsanwälte gelöscht und meines Amtes als Notar enthoben. Urkunden, durch welche die vorstehenden Angaben bestätigt werden, befinden sich in meinem Besitz. Im Interesse einer Beschleunigung wird aber zur Glaubhaftmachung auf das Adressbuch des Deutschen Anwalt-Vereins für das Jahr 1937 Bezug genommen. Die zuständigen amerikanischen Behörden haben mir die Genehmigung meiner Einwanderung in die amerikanische Zone Deutschlands in Aussicht gestellt, wenn ich in der Lage bin,

- eine Bestätigung Ihres Ministeriums beizubringen, in welcher mir Beschäftigung im Richteramt oder in gleichartiger Stellung angeboten wird,
- die Bestätigung des zuständigen Bürgermeisters beizubringen, aus welcher zu ersehen ist, dass Wohnung für mich und meine Familie zur Ausgabe gelangen werden.

Da ich nicht wissen kann, in welcher Stadtgemeinde mir Beschäftigung angeboten werden wird, bitte ich Sie, Herr Minister, mit dem infrage kommenden Bürgermeister verhandeln zu wollen, dass mir die genannte Bestätigung erteilt wird […]

Brief vom 5. September von Steffi an ihren Vater

Lieber Papa! Ich bin es von der Nakuru School so gewohnt, Dir an Deinem Geburtstag zu schreiben, dass ich es jetzt noch so halte, obwohl wir uns ja fast jeden Tag sehen. Gerade dieses Mal habe ich Dir etwas zu schreiben, was nur uns beide angeht: Mach Dir keine Sorgen um mich! Ich habe mir nicht, wie Du gestern gesagt hast, den falschen Vater ausgesucht. Ich habe einen Vater, den ich sehr, sehr liebe. Er tut so viel für mich, als wäre ich ein Junge. Sein ganzes Gehalt hat er für mein Schulgeld hergeben müssen. Ihm verdanke ich mein großes Interesse für Geschichte und dass ich gelernt habe, stolz auf meinen Glauben zu sein, mich aber auch nicht zu schämen, dass ich

eine Deutsche bin. Er hat mir »audiatur et altera pars«* beigebracht, als ich von Latein noch nie etwas gehört hatte. Und da soll ich nicht mit den Augen meines Vaters sehen können und verstehen, dass er wieder in seinem Beruf arbeiten will und dass er das nur in Deutschland kann? Heute zu Deinem Geburtstag verspreche ich Dir mit meinem Pfadfinderehrenwort, Dir keine Vorwürfe zu machen, wenn wir fort aus Kenia gehen. Auch nicht, wenn ich in Deutschland hungern und frieren muss und mich alle Leute auslachen, weil ich so schlecht Deutsch spreche wie Du früher Englisch. Wenn es so weit ist, werde ich an Ruth in der Bibel denken und die Zähne zusammenbeißen. Als Ruth von zu Hause fortmusste, hat sie ja zu ihrer Schwiegermutter gesagt: »Wo du hingehst, da will auch ich hingehen.«
Wenn man liebt, macht einem Verzichten nicht so viel aus wie den Leuten, die nie auf etwas verzichten müssen. Als wir aus Ol' Joro Orok weggingen, habe ich Bwana Simba, Toto, Kamau, Jogona, unser Haus und den Mount Kenya aufgeben müssen. Aber sie sind in mir geblieben. Ich habe alle Bilder im Kopf, ich kann unsere Farm riechen, wann immer ich will. Ich höre die Schambaboys singen und die Affen im Wald schnattern. Sogar das Feuer in unserem Kamin kann ich hören, wenn ich will. Du wirst sehen, in Deutschland wird es mir mit Kenia auch so gehen.
Obwohl Du ja jetzt so viel besser Englisch kannst als in meiner Kindheit, habe ich trotzdem versucht, mich so einfach wie möglich auszudrücken, damit Du genau verstehst, was ich Dir sagen will. Vielleicht kann ich bald so viel Deutsch, dass ich Dir zum nächsten Geburtstag in Deiner Sprache schreiben kann. Ich weiß, das wird Dich mehr freuen, als wenn ich versuche, Dir einen Schal zu stricken (ich kann mir ja noch nicht mal richtig vorstellen, wozu man einen Schal braucht).

---

* *Audiatur et altera pars. Man höre auch die andere Seite.* Ein Grundsatz des altrömischen Rechts.

Bitte, verstecke diesen Brief gut. Ich lese immer wieder, dass man das mit Liebesbriefen tun muss, damit es keinen Ärger gibt. Nimm den allerdicksten Geburtstagkuss, den Du je von mir bekommen hast.
Deine Tochter Steffi

Steffis Tagebucheintrag vom 19. September

Mein 14. Geburtstag. Von Papa meinen ersten Füllfederhalter bekommen. Ich werde nie im Leben einen anderen benutzen. Mama hat mir eine Kette aus Perlen gekauft, die Glück bringt, an die ich ganz fest glaube. Sie passt wunderbar zu den Glücksarmbändern von Martin. Max hat nur für mich gelächelt. Ich glaube, er weiß, dass er das schönste Geschenk ist, das ich je bekommen kann. Diana hat mir drei herrliche Teedosen geschenkt – eine aus England, eine aus China und eine, die ihr Stalin durch einen Reiter in einem weißen Sternenmantel überbringen ließ. Außerdem ein rotes Nachthemd. Leider werde ich es nie anziehen können. Auch nicht, wenn ich einen Busen bekomme. Das Hemd ist so durchsichtig wie Glas. So etwas hätten noch nicht einmal Potiphars Weib oder Mata Hari getragen. Papa ist ganz blass geworden, Mama rot. Gott sei Dank kann Diana keine Gedanken lesen. Wenn sie angetrunken ist, schon gar nicht! Frau Conrad hat mit uns gefrühstückt und den ganzen Chesterkäse aufgegessen, den Mama extra für mich gekauft hat. Dafür brachte sie mir einen Band mit Gedichten von Kipling. Ich war so gerührt, dass ich um ein Haar geweint hätte. Owuor hat die Rosinenbrötchen gebacken, die ich so gern esse, Mama einen Käsekuchen. Wenn es das verdammte Deutschland nicht gäbe, wäre mein vierzehnter Geburtstag der schönste meines Lebens gewesen. So habe ich schon beim Aufwachen daran gedacht, dass ich meinen nächsten Geburtstag ohne Owuor feiern muss. Und ohne Rummler. Ich kann mir auch nicht vorstellen, dass ich Diana nie mehr sehen werde. Oft überlege ich, ob Menschen nur in Büchern an gebrochenem

Herzen sterben. Dann sage ich mir, meine Eltern haben es ja auch aushalten müssen, ihre Heimat und sogar ihre Familie zu verlassen. Wir bleiben wenigstens zusammen.

Mitteilung des Hessischen Justizministers vom 10. Dezember an Walter Zweig in Nairobi

Unter Bezug auf eine Anfrage der Militärregierung teile ich Ihnen mit, dass die Möglichkeit Ihrer Beschäftigung im Großhessischen Justizdienst für Sie gegeben ist.

13
Schau nach vorn, Memsahib kidogo!
Nairobi, Mombasa, London, Frankfurt am Main im Jahr 1947

Am 4. Januar telegrafiert Max Klein aus New York an Schwager und Schwägerin in Nairobi

Raymond has arrived. Mother and child fine. Mackie

Walter und Jettel telegrafieren am 5. Januar zurück

Mazel tov! Bis 120.* Walter, Jettel, Steffi, Max

Am 10. Januar schreibt Jettel aus Nairobi an ihre Schwester Suse

Meine geliebte Schwester, mein lieber Mackie! Wir waren ganz aus dem Häuschen, als Mackies Telegramm mit der wunderbaren Nachricht hier eintraf. Neun Monate kein Wort zu sagen und dann gleich einen Stammhalter! Walter sagt, Ihr habt uns das Ganze einfach nachgemacht. Alles ist genau wie bei uns, doch dass wir nichts von meiner Schwangerschaft geschrieben haben, hatte nach der Enttäuschung mit der Totgeburt im Jahr 1942 immerhin einen guten Grund! Dankt Gott, dass Euch erspart geblieben ist, was ich durchgemacht habe. Dem kleinen Raymond (er ist ja mein erster Neffe) und natürlich seinen Eltern wünschen wir von Herzen alles Gute. Möge er nichts als

* Traditioneller jüdischer Wunsch zum Geburtstag. Er bedeutet: Mögest du (er/sie) 120 Jahre alt werden.

Freude bringen in Euer Leben und nie erleben, was wir haben erleben müssen. Ich drücke Euch alle drei ganz fest und stelle mir dabei vor, wie schön es wäre, wenn die beiden Perls-Schwestern, die überleben durften, einander ihre Söhne zeigen könnten. Aber zwischen uns liegen ja Weltmeere. Ob wir uns je wiedersehen werden?
Mir werden Kopf und Herz von Tag zu Tag schwerer, und ich habe nicht den blassesten Schimmer, wie ich das Ganze überstehen soll. Könnt Ihr Euch überhaupt vorstellen, was es heißt, zum zweiten Mal im Leben eine Heimat aufgeben zu müssen und mit einem kleinen Kind ins Ungewisse zu ziehen? Steffi war bei der Auswanderung aus Breslau doch schon fünf und recht verständig.
Bei uns steht endgültig fest, dass wir am 9. März von Mombasa mit der Almanzora abfahren. Bis Southampton. Die Strapaze dauert drei Wochen. Die Almanzora ist ein Truppentransporter. Mackie wird wissen, was das heißt! Selbst mein Mann, der seit Monaten alles schönredet und ständig versucht, mich für dumm zu verkaufen, macht keine Anstalten, mir weiszumachen, dass ein Truppentransporter auf Kleinkinder eingestellt ist. Wir wissen schon heute, dass ich, Steffi und Max in einer Kabine mit mindestens fünfzehn Personen eingepfercht sein werden. Walter wird mit zweihundert Leuten in einem Mannschaftsraum in einer Hängematte schaukeln. Schrecklich schön, hätte unsere Mutter gesagt.
Max hat einen besonders leichten Schlaf und in seinem ganzen Leben noch keine Nacht durchgeschlafen. Er verlangt abends um elf noch nach seiner Flasche. Unser guter Owuor, von dem wir uns ja auch werden trennen müssen, nennt Max nicht ohne Grund »askari ja osjeku«, das heißt Nachtwächter auf Suaheli. Zum Glück läuft mein Sohn noch nicht. Er ist zufrieden, in seinem Kinderwagen zu sitzen und Schokoladenkekse zu essen. Das ist ein Segen für mich. Ich kann mir gar nicht mehr vorstellen, wie es wäre, ständig einem kleinen Kind hinterherzuren-

Max, elf Monate alt, mit seinem liebsten Spielkameraden im Garten des Hove Court in Nairobi.

nen. Als Steffi zu laufen anfing, hatten wir ja unsere gute Anna, und in Sohrau drängten sich sämtliche Angestellte von Zweigs Hotel danach, mir das Leben zu erleichtern. Reden kann mein Sohn schon eine ganze Menge, allerdings zum Ärger seines Vaters ausschließlich Suaheli. Er sagt noch nicht mal Mama und Papa, dafür kula (essen), lala (schlafen), Aja zu seiner Kinderfrau und Umbua zu unserem Hund. Sich selbst nennt er Toto. Das heißt Kind. Nebbich, die arme Steffi hat jedes Mal wieder Tränen in den Augen, wenn ihr Bruder Toto sagt. Toto hieß der Affe, den sie auf unserer Farm in Ol' Joro Orok zurücklassen musste.

Mit ihren vierzehn Jahren hat unsere Steffi schon mehr mitmachen müssen als die meisten Erwachsenen. Als Siebenjährige in ein Internat zu müssen, ohne ein Wort Englisch zu können, und die Eltern drei Monate lang nicht zu sehen, ist wahrhaftig kein Zuckerschlecken. Man merkt ihr heute noch an, wie unglücklich sie war, doch sie spricht nie davon. Wie sie den Abschied von Kenia überstehen soll, darum soll sich ihr heiß ge-

liebter Vater Sorgen machen. Er tut ihr die ganze Misere an, nicht ich. Trotz allem hält sie bei allen Diskussionen zu Walter und lässt kein böses Wort auf ihn kommen.
Uns allen tut er an, dass er uns in ein Land schleppt, in dem meine ganze Familie umgekommen ist. Und seine! Zudem kann man sogar hier in Afrika ständig lesen, dass in Deutschland bitterste Not und eine schreckliche Kälte herrschen. Es gibt nicht genug Wohnungen in den zerbombten Städten. Die Leute hausen in den Trümmern und erfrieren auf den Straßen, die Krankenhäuser haben weder Ärzte noch Betten, es gibt keine Kohlen und noch nicht mal warmes Wasser. Wirksame Medikamente soll es nur auf dem schwarzen Markt geben. Was immer das heißt!
Ich fürchte, dies ist kein Brief, der zur Geburt eines Kindes geschrieben werden sollte, doch ich hatte das Bedürfnis, meine einzige Schwester und meinen geliebten Schwager umgehend wissen zu lassen, wie sehr mich Euer Glück freut. Sobald ich ein wenig zu mir komme – hoffentlich wird das noch in diesem Leben sein –, melde ich mich wieder.
In großer Liebe Eure Jettel

EINTRAG VOM 25. FEBRUAR IN STEFFIS TAGEBUCH

Ich habe jetzt schon ein Zeugnis bekommen, weil ich doch vor dem Ende des Semesters von der High School abgehe. Es ist das beste Zeugnis, das ich je hatte. Sogar in Turnen und Musik habe ich gute Noten! Miss Goodwin in der Nakuru School wird sich in ihrem Grab umdrehen – falls sie schon gestorben ist. Sie hat mir ja mal einen Tennisball an den Kopf geworfen, weil ich die Melodie von »Rule Britannia« nicht erkannt habe. Papa sagt, so gute Zeugnisse gebe es in Deutschland überhaupt nicht. Noch nicht mal auf einer Dummenschule, um den Kindern Mut zu machen. Mein Vater versteht sich eben besser als jeder andere darauf, einem Menschen den Schneid abzukaufen. Wenn er wüsste, dass ich in den langen Gesprächen mit meinem Bruder von den Deutschen nur als den Hunnen rede, hätte auch er ein Problem!!!

Wohnungsamt der Stadt Frankfurt am Main an das Hessische Justizministerium in Wiesbaden, 4. März 1947

Zuweisung einer Wohnung für Herrn Dr. W. Zweig. In der obigen Angelegenheit wird gebeten, Herrn Dr. Zweig zu veranlassen, den in der Anlage beigefügten Wohnungsbewerbungsbogen an das Frankfurter Wohnungsamt einzureichen, da hier der derzeitige Aufenthalt von Herrn Dr. Z. nicht bekannt ist. Sofort nach Eingang des Bewerbungsbogens werden wir Herrn Dr. Zweig dem Spruchausschuss beim Wohnungsamt für eine geeignete Wohnung vorschlagen.
Einen Antrag auf Zuzug fügen wir ebenfalls in der Anlage bei.

Walter Zweig, Nairobi, an Ministerialrat Dr. Puttfarken in Wiesbaden, Bahnhofstr. 18, am 6. März

Mein lieber Herr Puttfarken, als vor drei Monaten die amerikanischen Behörden mir mitteilten, dass ich »dem Ministerium in Wiesbaden von Person bekannt« wäre, da habe ich auch unter anderem an Sie gedacht als einen, der diese Bekanntschaft ermöglichen könnte.
Ich habe es doch nicht wirklich für möglich gehalten, dass ich wieder mit dem Herrn »Obervormund« zusammentreffen würde. Ich habe mich bereits vor einem Jahr in polnischer Sprache an den Bürgermeister von Leobschütz gewandt und mich nach Ihnen, Kammers, meinem Freund Greschek und einigen anderen erkundigt. Ich habe natürlich keine Antwort bekommen. Und nun soll ich Sie wiedersehen, und Kammers. Nach Kammers habe ich mich übrigens auch noch woanders erkundigt, nämlich bei der Witwe von Dr. Praetorius, deren erster Ehegatte bis vor kurzer Zeit in Kenia gelebt hat. (Mein Freund Greschek hat mich übrigens ausfindig gemacht. Er hat von Thüringen an mich geschrieben.) Na, wir werden uns genug zu erzählen

haben, wenn wir bei einer Tasse guten Kaffees zusammensitzen (und das werden wir).

Also zur Sache: In drei Tagen gehe ich an Bord und fahre nach England. Dort erhalte ich mein Visum und reise gleich weiter. Bis heute Morgen hatte ich die Absicht, nach Köln zu gehen, da mir der OLG-Präsident von Köln mitgeteilt hatte, dass ich im Justizministerium beschäftigt werden würde. Dieser Entschluss ist durch Ihren Brief umgeworfen worden. Jetzt geht es nach Hessen.

Und nun habe ich eine Bitte an Sie: Aus der Bescheinigung des Oberbürgermeisters ist zwar zu ersehen, dass ich eine Wohnung erhalte. Nur, wo werde ich wohnen, wenn ich in Deutschland eintreffe? Können Sie für uns ein Zimmer in einem Hotel oder in einer Familie buchen, damit wir ein Unterkommen haben, wenn wir eintreffen? Seien Sie mir nicht böse, dass ich mich mit einem solchen Anliegen an Sie wende. Aber ich weiß wirklich niemanden, den ich sonst belästigen könnte.

Schreiben Sie mir bitte an die oben genannte Londoner Adresse. Ich werde dann voraussichtlich Ihren Brief vorfinden, wenn ich am 29. März in England eintreffe. In London werde ich mich nur kurze Zeit aufhalten und dann nach Deutschland weiterfahren. Ich gebe Ihnen von London aus telegrafischen Bescheid. Noch einmal vielen, vielen Dank und weiteren Dank im Voraus.

Mit den besten Grüßen an Ihre Gattin, Klaus und alle Kammers sowie alle sonstigen Bekannten (Sie haben mir gar nichts über Malik, Ullman und Hergesell berichtet) bin ich Ihr unveränderter (wenigstens innerlich) Walter Zweig

An ihrem letzten Tag in Nairobi (7. März) schreibt Steffi in Suaheli an Owuor

Owuor, ich weiß, Du kannst nicht lesen, aber meine Hand wollte Dir schreiben. Mein Kopf auch. Glaube mir, was ich Dir gesagt habe, als ich Dir gestern von diesem Brief erzählte. Es

gibt überall Menschen, die lesen können. Sie werden Dir sagen, was ich Dir geschrieben habe. So oft Du willst. Ich hoffe, Du bist zu Memsahib Wilkins gegangen. Ich habe ihr alles über meinen Brief an Dich erzählt.
Du wirst nicht mehr lange in Nairobi sein. Du gehst mit Chebeti und Rummler nach Kisumu, weil Dein Vater, Deine Mutter, Deine Brüder, Deine Schwestern und Deine Freunde dort sind. Und Deine drei Ziegen und die zehn Hühner, die besonders große Eier legen, wenn Du ihnen ihr Futter gibst. Der kluge Owuor weiß, wo er hingehört. Ich weiß das nicht mehr. Ich verliere mein Land, meine Freunde, meine Kraft und mein Herz. Ich verliere aber nicht die Bilder, die in meinem Kopf sind. In Ol' Joro Orok hast Du mir gesagt, ich darf mich nicht umdrehen, wenn ich Kwaheri sage, damit meine Augen alles behalten können, was sie gesehen haben. Das habe ich nie vergessen. Das werde ich nie vergessen. Das will ich nicht vergessen. Der kluge Owuor, der alles weiß, wird immer in meinen Augen bleiben. Der dumme Rummler, der nur weiß, wann er Hunger hat, auch. Bwana Simba und Toto und alle Menschen auf unserer Farm in Ol' Joro Orok sind auch bei mir. Wenn ich Dir und Rummler morgen Kwaheri sage, werde ich nur nach vorn sehen. Meine Augen werden trocken bleiben, auch wenn mich das Salz der Traurigkeit wie Stacheldraht im Hals kratzt.
Keiner kann mir die Bilder aus dem Kopf stehlen. Du wirst immer mein Freund sein. Dir habe ich gesagt, was meine Eltern nie wissen werden. In Ol' Joro Orok haben Du und ich uns einen Stern ausgesucht, der über dem Kirinyaga* war. Ich hoffe, ich kann diesen Stern im Land meines Vaters sehen. Wenn nicht, wird es mich bis zum Tag meines Todes freuen, dass Du

* Kirinyaga ist in der Kikuyusprache die Bezeichnung für den Mount Kenya.

unseren Stern siehst. Danke, Owuor, Du bist sehr lange mein Freund gewesen. Es wird immer so sein.
Deine Memsahib kidogo

Am 25. März lässt Ministerialrat Puttfarken im Hessischen Justizministerium einen Einschreibebrief an den Oberbürgermeister der Stadt Frankfurt mit dem Vermerk »Eilt sehr!« schicken. In dem heisst es u. a.

Wie mir Herr Dr. Zweig mitteilt, befindet er sich bereits auf dem Wege nach Deutschland und wird etwa am 8. April 1947 in Frankfurt/Main mit seiner Frau und seinen beiden Kindern eintreffen.

Ich bitte veranlassen zu wollen, dass für Dr. Zweig eine Wohnung bis zu diesem Zeitpunkt bereitgestellt wird. Sollte dies bis dahin nicht möglich sein, so bitte ich, die Bereitstellung eines Hotelzimmers oder einer entsprechenden anderen Unterkunft zu verfügen. Dr. Zweig trifft am 29. März 1947 in London ein; ich werde ihn bis dahin bescheiden, dass er sich beim Wohnungsamt der Stadt Frankfurt/Main, Lenaustraße 81, einfindet.

Am gleichen Tag schreibt Ministerialrat Puttfarken vom Hessischen Justizministerium an Dr. Walter Zweig, per Adresse London

Auf Ihr Schreiben vom 6. März 1947 erwidere ich, dass Sie als Richter beim Landgericht oder Amtsgericht in Frankfurt/Main Verwendung finden werden.

Ich habe den Oberbürgermeister der Stadt Frankfurt/M. gebeten, für Sie und Ihre Familie eine geeignete Wohnung bis zum 8. April 1947 bereitzustellen. Sollte dies bis dahin nicht möglich sein, wird Ihnen eine entsprechende Unterkunft bis zur endgültigen Bereitstellung einer Wohnung zur Verfügung gestellt werden.

Ich bitte, nicht vor dem 8. April 1947 in Frankfurt/Main einzutreffen. Nach Ihrer Ankunft wollen Sie sich beim Wohnungsamt der Stadt Frankfurt/Main, Lenaustr. 81 – Abteilung Einweisung – melden. Es wird sich empfehlen, dass Sie sich alsbald nach Ihrer Ankunft in Deutschland bei mir melden.

Brief von Walter Zweig an Josef Greschek. Geschrieben am 26. März an Bord der Almanzora

Lieber Freund Greschek! Raten Sie mal, wo ich bin. Auf einem Schiff. Unterwegs nach Deutschland. Den nächsten Brief schreibe ich Ihnen entweder aus Frankfurt/Main oder Wiesbaden. Das wird sich erst endgültig herausstellen, wenn ich in London bin, wo ich aus dem Militärdienst entlassen werde. Das Ganze erscheint so unwirklich, dass ich immer noch zu träumen glaube, wenn ich hier auf Deck in den Himmel starre und darüber grübele, warum und wie Gott sich nach all den Jahren an Walter Zweig erinnert hat.

Mein Gesuch, als Richter in den Justizdienst aufgenommen zu werden, habe ich von Nairobi aus an die zuständigen Behörden in der britischen und amerikanischen Zone gerichtet. Das Gesuch an die Amerikaner ist auf dem Schreibtisch von einem gewissen Dr. Puttfarken gelandet, den Sie ja noch aus Leobschütz kennen werden und der sich natürlich sofort an mich erinnert hat. Er ist jetzt Ministerialrat im Hessischen Justizministerium und konnte glaubhaft bestätigen, dass Dr. Walter Zweig kein Nazi war und sogar jüdisch ist. Das hat den Ausschlag gegeben. Wie sich doch die Zeiten ändern!

Puttfarken ist es in der Nazizeit bestimmt miserabel ergangen. Dass seine Frau überlebt hat, ist eine besondere Gnade des Schicksals. Sie ist ja jüdisch. Sein Sohn Klaus ist im Alter meiner Tochter. Ich war noch zu Hause, als Puttfarken aus dem Justizdienst flog. Solange wir in Leobschütz waren, hat er uns regelmäßig im Asternweg besucht. Allerdings hatte er große Angst, dabei erwischt zu werden. Unsere Anna hat sich schrecklich geärgert, weil er immer erst bei Dunkelheit kam und sie sofort alle Vorhänge zuziehen musste. Haben Sie was

von Anna erfahren können? Ich weiß gar nicht, wo ich sie suchen soll.
Sie sehen, Leobschütz lässt mich nicht los. Wir sind es, die loslassen müssen. Unser Schlesierland ist dahin. Der Traum ist für immer ausgeträumt. Mein Kopf hat das kapiert, mein Magen nicht. Er denkt immerzu an Mohnklöße und an das Heringshäckerle von Ihrer Grete. Ob die im Westen Mohnklöße überhaupt kennen? Nach allem, was Sie mir über die Leute in den Westzonen geschrieben haben, habe ich so meine Zweifel.
Uns vieren geht es so gut, wie es einem auf einem Schiff gehen kann, das so ganz anders ist als im Kino. Im Kino räkeln sich die Passagiere den ganzen Tag in Liegestühlen und werden schon morgens um elf mit heißer Fleischbrühe gefüttert. Bei der Äquatortaufe mit kaltem Champagner. Damit ist auf der Almanzora Essig. Sie ist ein Truppentransporter und bringt britische Soldaten, mich und meine Familie in ihre Heimat zurück. Meine Frau und Steffi teilen die Kabine mit achtzehn Soldatinnen, die alle entschlossen sind, das Leben, das sie bisher versäumt haben, in drei Wochen nachzuholen. In meiner Schlafstatt furzen und schnarchen zweihundert Männer in Hängematten. Solange es warm genug war (bis zur Biskaya), habe ich an Deck auf einer angefressenen Matratze geschlafen, mein Sohn schlief in seinem Kinderwagen neben mir. Dort war es wunderbar still, die Luft immer gut und der Himmel ein Erlebnis. Meine Frau habe ich seit drei Tagen nicht gesehen. Sie ist so seekrank, dass sie die Kabine nicht verlassen kann. Mein Sohn hat zwischen Afrika und Europa seinen ersten Schritt getan und kurz vor Neapel seinen ersten Zahn bekommen. Meine Tochter schleppt ihren Bruder den ganzen Tag herum. Er tanzt ihr heute schon auf der Nase herum. Ich stopfe an Essen in mich hinein, was nur hinein geht. Ich weiß ja, was mich in Deutschland erwartet.
Gestern brachten sie im Radio, dass die Arbeiter in der britischen Zone streiken, weil sie nichts zu essen haben. Bei Hitler

hatten sie genug zu essen (wenigstens am Anfang) und durften nicht streiken. Daraus entnehme ich, dass in der Demokratie jeder die Fresse aufreißen kann, aber dass der Bauch davon nicht voll wird. Wissen Sie, worauf ich mich besonders freue? Auf ein deutsches Kreuzworträtsel. Ich habe seit zehn Jahren keines mehr gesehen. Der Mensch kann in der Fremde alles lernen, aber Kreuzworträtsel kann er nur in seiner Muttersprache lösen.

Wie aufgewühlt ich bei dem Gedanken bin, wieder in meinem Beruf zu arbeiten und nicht mehr Fußabtreter für diejenigen zu sein, die oben stehen, können Sie sich bestimmt vorstellen. Sie haben ja auch erlebt, wie es mir ergangen ist, als die Nazis mir alles genommen haben und um ein Haar das Leben. Komischerweise sind bei mir die körperlichen Erscheinungen heute die gleichen wie damals. Auf dem Weg nach Afrika habe ich jedes Essen ausgekotzt, und auf dem Rückweg kotze ich wieder. Liegt Marke in der britischen Besatzungszone? Werden wir uns in naher Zukunft sehen können, kann man überhaupt von einer Zone in die andere reisen? Ich meine, ohne besondere Papiere? Sie glauben gar nicht, wie es mich drängt, meinen treuesten Freund in die Arme zu schließen. Seit zehn Jahren habe ich mir den Tag unseres Wiedersehens ausgemalt. Wenigstens scheint er jetzt in greifbare Nähe zu rücken. Grüßen Sie Grete herzlichst von mir. Ich melde mich, sobald ich eine feste Adresse habe.

Ihr alter Freund Walter Zweig

Auf der Almanzora schreibt Steffi am 27. März an ihre Freundin Inge in der High School, Nairobi

Liebe Inge! Ich wollte Dir ja mindestens drei Briefe vom Schiff schreiben. Jetzt muss ich mich beeilen, um überhaupt einen zu schaffen. Wir laufen übermorgen in Southampton ein. Es regnet und ist so kalt, wie Du Dir gar nicht vorstellen kannst. Das Schiff schwankt, meine Mutter ist den vierten Tag seekrank,

mein Bruder zahnt und gibt nur Ruhe, wenn ich ihn im Kinderwagen von einem Ende des Schiffs zum anderen schiebe. Mein Vater lacht auch nicht. Mir geht es ebenso. Trotzdem gab es auch Schönes auf der Reise. Im Roten Meer habe ich fliegende Fische gesehen. Wenn sie aus dem Wasser hochsprangen, glänzten sie in der Sonne wie Sterne. Auch den Suezkanal werde ich nie vergessen. Man merkt nicht mehr, dass man auf einem Schiff ist, sieht Autos, Lastwagen und riesige Kamele mit bunten Satteldecken und einem Kopfschmuck, der auch zu einem König passen würde. Die Palmen waren alle viel grüner, höher und schöner als die in Nairobi und Mombasa. Wann immer eine Möwe auftauchte, rezitierte ich für meinen Bruder mein Lieblingsgedicht »Sea Feaver« von John Masefield. Max gefiel es sehr gut, er schlief mit einem Lächeln ein. Mir wurde leider bei Masefield immer wieder klar, wie viel lieber ich in Kenia geblieben wäre.
Der Suezkanal war der Abschied von Afrika. Aden war bereits Asien. Der Tag in Aden war der schönste von allen. Meine Mutter blieb mit Max an Bord, ich ging mit meinem Vater an Land. Wir liefen durch enge Straßen mit winzigen Läden, überall roch es nach Gewürzen, die wir beide nicht kannten, die meine Nase jedoch glücklich machten. Die meisten Männer vor den Geschäften sahen aus wie bei uns die Inder. Viele von ihnen schwenkten kleine goldene Tassen, sobald sie uns entdeckten, schrien sie: »Come in, look. No price, no price!«, und luden uns zum Kaffee ein. Wir kamen uns so reich vor wie der Aga Khan.
Papa sagte auf Deutsch: »Wenn die wüssten, dass wir ganz arme Schlucker sind, die nicht zu ihrem Vergnügen reisen, würden sie uns nur aus Angst um ihre Schuhe nicht in den Hintern treten.« Ich hatte einen Lachanfall wie schon lange nicht mehr! In eines der Geschäfte sind wir dann doch hineingegangen. Ich weiß gar nicht mehr, wie es dazu kam. Der junge Ladenbesitzer, auch er sah aus wie ein Inder, verkaufte Armbänder, Ketten,

silberne Kämme, Haarspangen, die mit bunten Perlen besetzt waren, und kleine Gläser, die in allen Farben funkelten.
Auf der Ladentheke entdeckten mein Vater und ich im gleichen Augenblick eine blaue Sammelbüchse mit einem Magen David. Papa (er war ja in Uniform) fragte: »Was ist denn das?«, obwohl er natürlich genau wusste, was es mit der Büchse auf sich hatte. Der Mann ballte seine Fäuste, verdrehte seine Augen, machte fürchterliche Drohgebärden in Richtung meines Vaters und schrie aufgebracht: »Was stört einen verdammten englischen Soldaten an meiner Büchse?«
»Nichts«, sagte Papa, »denn er ist kein Engländer. Er ist ein Jude aus Deutschland.«
Du kannst Dir nicht vorstellen, was ab diesem Moment los war. Mein Vater wurde umarmt und fast zu Tode gedrückt. Ich auch. Der Mann rief seine Frau. Sie war sehr jung und wunderschön, trug ein langes weißes Kleid mit goldener Stickerei und holte die Kinder in den Laden. Es waren vier, zweimal Zwillinge.
Die Kleineren waren so alt wie mein Bruder. Alle außer den Babys haben so viel schwarzen Kaffee getrunken und klebrige süße Kekse gegessen, dass mir immer noch schwindlig wird, wenn ich daran denke. Später haben wir mit der Familie (es wurden noch ein Großvater, eine Großmutter und zwei Onkel geholt) zusammen Mittag gegessen. Ich weiß nicht, was alles auf den Tisch kam. Ich kann mich nur an Berge von gelbem Reis mit Rosinen erinnern, an eine dicke rote Soße mit Pfefferkörnern und an süßen Pfefferminztee – und dass es mir in meinem ganzen Leben noch nicht so gut geschmeckt hat wie an diesem Tag. Von Aden haben wir natürlich nichts mehr gesehen. Mir kam es vor, als hätte mich die Großmutter gesegnet, aber weil das noch nie einer getan hat, weiß ich es nicht genau. Zum Abschied schenkte mir unser Gastgeber eine wunderschöne silberne Haarspange mit einem roten Stein. Die Spange wird mich für immer an die jüdische Familie von Aden erinnern. Allerdings muss ich mir die Haare wachsen lassen, damit sie

hält. Unser Freund für einen Tag hat nicht erlaubt, dass Papa den Schmuck bezahlt. Es war der erste Fremde, der mir je was geschenkt hat. Ich bin glücklich, dass der Tag von Aden immer nur mir und meinem Vater gehören wird.

In Neapel durften die britischen Soldaten überhaupt nicht an Land gehen. Nur Pompeji war erlaubt. Mein Vater hat gesagt, Pompeji interessiere ihn nicht, er würde in Deutschland noch genug Trümmer zu sehen bekommen. Ich wäre gern gegangen. Schon weil ich auf der Nakuru School bei Mr Townsend im Lateinunterricht so viel Interessantes über Pompeji gehört habe. So aber gingen meine Mutter, Max und ich in Neapel allein an Land. Dummerweise ließen wir den Kinderwagen an Bord. Max, der ganz schön schwer geworden ist, mussten wir die ganze Zeit samt der Tasche mit Windeln, Milchflasche und Keksen durch die Straßen schleppen. Selbst die Katzen haben uns angestarrt. Bald sahen wir aus wie die Kinder Israels auf der Flucht aus Ägypten. Wir fühlten uns auch so. Als wir völlig erschöpft waren und mein Bruder total durchgenässt und quengelig, entdeckten wir die Kutschen mit den herrlichen weißen Pferden.

Die Kutscher trugen schwarze Hüte und feuerrote Samtwesten. Sie lachten und winkten uns zu, als würden sie uns seit Ewigkeiten kennen. Einer der Kutscher konnte recht gut Englisch. Er sagte, er hätte noch nie zwei so schöne Frauen und ein so schönes Kind gesehen und würde uns einen besonders niedrigen Preis machen. Mama war großartig. Ich habe sie sehr bewundert. Sie hat den Mann so geschickt heruntergehandelt, dass er überhaupt nicht merkte, dass sie ihn um den kleinen Finger wickelte.

Die Fahrt war herrlich. Neapel ist wirklich eine wundervolle Stadt und meiner Meinung nach viel größer, bunter und freundlicher als Nairobi. Sogar der Friedhof ist berühmt. Den Vesuv, dem die Menschheit ja Pompeji zu verdanken hat, haben wir auch gesehen. Der Kutscher sagte dauernd »bella, bella« zu Mama und mir – das heißt auf Italienisch schön und nicht

wie in Latein Kriege. Er war ganz vernarrt in unser Baby. Die nasse Windel hing er zum Trocknen an seine Fahnenstange. Max hat kein einziges Mal geweint und zum ersten Mal in seinem Leben Salami gegessen. Wir durften Oliven probieren (schmeckt scheußlich) und von seinem Rotwein trinken (noch scheußlicher). Die Fahrt hat dann doch ein ganzes Stück mehr gekostet, als wir gedacht hatten. Der Kutscher wurde recht energisch, als Mama den Kopf schüttelte, statt ihr Portemonnaie herauszuholen, und er hat kein einziges Mal mehr »bella« gesagt, doch wir ließen uns die Freude nicht verderben.
Das hat mein Vater besorgt, als wir aufs Schiff zurückkamen. Er war außer sich vor Wut, nannte uns dämliche Frauenzimmer und schrie, wir hätten das Geld für eine ganze Woche auf den Kopf gehauen. Wörtlich zitiert! Der Ausdruck »Geld auf den Kopf hauen« ist im Deutschen sehr geläufig. Wir wären, sagte mein Vater, auf den ältesten Trick der Welt reingefallen, Kutscher wären überall dafür bekannt, dass sie Frauen Komplimente machten, um sie um ihren Verstand zu bringen. Wie hätten wir das wissen sollen? In Nairobi hat mir kein Rikschafahrer je ein Kompliment gemacht. Beruhigt hat sich mein Vater erst, als meine Mutter seekrank wurde. Mit mir allein wollte er den Krieg nicht fortsetzen, dennoch ärgere ich mich immer noch, dass er so auf uns losging. Mir macht das nicht so viel aus, aber für eine Ehe ist das nicht gut.
In London werden wir in einem Hospiz wohnen (klingt für mich nach Desinfektionsmitteln und Lebertran), während mein Vater vom Militär entlassen wird. Dann geht es nach Deutschland (noch viel schlimmer). Ich muss mir schon jetzt Mühe geben, meine beiden Heimatsprachen im Kopf zu behalten. Für Englisch habe ich ja meine Gedichte und vielleicht auch mal wieder Bücher. Meine Mutter kann sich noch erinnern, dass man in Deutschland Englisch auf der Schule lernt. Wenn das immer noch so ist, kann ich mir allerdings nicht vorstellen, dass ich viel von so einem Unterricht haben werde. Bestimmt spricht

die Lehrerin so ein Englisch wie die Refugees in Nairobi. Suaheli spreche ich täglich mit mir selbst. Dann stelle ich mir vor, Owuor sei noch da, und ich erzähle ihm genau das, was ich ihm früher erzählt habe. Dich beneide ich sehr. Du hast mit den Menschen aus Afrika nie Freundschaft geschlossen. Dein Herz würde nicht brechen, wenn Du aus Kenia fortmüsstest.
Glaubst Du immer noch, dass ich gern gegangen bin? Das hast Du mir vorgeworfen, als ich Dir zum ersten Mal von der Rückreise nach Deutschland erzählte. Sorry, dass ich darauf zurückkomme. Es hat mich schon lange dazu gedrängt, doch ich hatte vor unserer Abfahrt keine Gelegenheit dazu. Uns wurde auf der Nakuru School ja oft genug eingetrichtert, die Wahrheit nicht zu scheuen und uns selbst treu zu sein (Hamlet).
Grüß Deine Mutter, Deine Tanten, Deine beiden Onkel, Eva und Elizabeth von mir. Ich brauche die Augen gar nicht zu schließen, um Londiani und Eure Farm zu sehen. Den Teich mit den Enten und den Seerosen und die roten Blumen in den braunen Holzkästen am Haus könnte ich malen. Wenn ich malen könnte! Sobald ich die Möglichkeit habe, schreibe ich Dir, was aus den Zweigs geworden ist. Ich hoffe, Du willst es dann noch wissen.
Deine Freundin Steffi

Am 15. April trägt Steffi in ihr Tagebuch ein

Ankunft 9.30 Uhr in Frankfurt am Main. Kamen aus Osnabrück (nichts als Trümmer), wo wir die Nacht in einem Flüchtlingslager verbrachten. Frankfurter Bahnhof total kaputt und dreckig. Heißer als in Nairobi. In den Zügen hocken die Menschen auf den Trittbrettern und Dächern. Ein Staatsanwalt, den meine Eltern noch aus Breslau kannten, holte uns ab. Er lieferte uns im Hotel Monopol gegenüber des Bahnhofs ab und verschwand. Er wusste warum. Das Hotel ist nämlich nur für Amerikaner, für Deutsche ist es seit Kriegsende »off limits«. Eine blonde Frau mit knallroten Lippen und Nägeln wie eine Serval-

katze beim Angriff wollte uns sofort rausschmeißen. Doch weil Mama so bitterlich geweint hat, durften wir uns in einer Ecke auf einen Stuhl setzen – zu zweit mit einem Baby! Später hat die Frau vom Hotel uns einen Becher heißes Wasser gebracht, damit wir die Flasche für Max warm machen konnten. Wir waren so durstig, dass wir uns danach das Wasser geteilt haben. Zum ersten Mal in meinem Leben ist mit klar geworden, wie weh Hunger tut. Mindestens alle Viertelstunde hat die Frau gesagt, wir sollten verschwinden, sonst müsste sie die Militärpolizei holen. Uns kam es sowieso vor, als hätte sie mit einer amerikanischen Behörde wegen uns telefoniert. Jedenfalls sprach sie Englisch (fürchterlicher Akzent, kaum zu verstehen!).
Papa war sechs Stunden auf dem Wohnungsamt. Er musste mit der Straßenbahn hinfahren. Der Staatsanwalt hat ihn wenigstens noch zur Haltestelle gebracht. Als Papa zurückkam, sah er aus, als würde er gleich umfallen. Wir drei saßen da schon in einem amerikanischen Jeep und wurden von einem amerikanischen Captain, der Littman hieß und Mama Jettel nannte, in die Eppsteiner Straße 35 gefahren. Papa konnte noch im letzten Moment in den Wagen klettern und bekam den Mund nicht mehr zu. Der Jeep raste so durch die Straßen mit den kaputten Häusern, dass ich sicher war, wir müssten alle sterben. Max hat gelacht. Die Frau in der Eppsteiner Straße, die Captain Littman durch heftiges Poltern an die Haustür beorderte, geriet außer sich, als sie uns sah. Sie schwenkte das Nudelholz in ihrer Hand wie ein rasender Nandi seine Keule und musste erst von Captain L. gezwungen werden, uns in ihre Wohnung zu lassen. Er hat sie mit seiner Pistole bedroht. Ich dachte, er wollte sie erschießen. Stattdessen hat er Mamas Busen angefasst und Max einen Kaugummi in den Mund gestopft. Papa war immer noch kreidebleich, aber fluchen hat er doch können. Morgen geht er zur Jüdischen Gemeinde. Es soll eine geben. Das hat der Mann vom Wohnungsamt gesagt, der noch nicht einmal ein Zimmer für uns hatte. Ich bin an meinem ersten Tag in Frankfurt einmal

ohnmächtig geworden und das zweite Mal fast. Außerdem hatte ich schlimmes Nasenbluten. Zu meinem großen Erstaunen war Mama sehr besorgt um mich – es war das erste Mal seit der Geburt von Max, dass sie sich erinnerte, dass sie zwei Kinder hat. Obwohl ich schrecklichen Hunger und einen Riesendurst hatte, habe ich mich sehr gefreut.

PS Die Frau von der Eppsteiner Straße war am Ende viel netter, als wir anfangs dachten. Sie holte einen Karton, in dem Max schlafen darf, bis wir ausziehen. Außerdem hat sie ihre Suppe mit uns geteilt (Kraut mit Wasser und viel Salz, schlimmer als alles, was ich in der Nakuru School je essen musste, aber schön heiß). Ihr einziger Sohn ist in Russland gefallen, ihren Mann haben die Deutschen in den letzten Tagen des Krieges gezwungen, Löcher zu graben. Die Leute sollten sich in ihnen verstecken. Er hat sich dabei eine Lungenentzündung geholt und war drei Tage später tot. Ausgerechnet Mama, die alle Deutschen hasst, hat mit der Frau geweint.

Vermerk von Ministerialrat Puttfarken an den Hessischen Justizminister, Wiesbaden, 16. April

Dr. Walter Zweig ist mit seiner Familie am 15. April in Frankfurt/Main eingetroffen und wird seinen Dienst heute antreten. Das Wohnungsamt der Stadt Frankfurt a. M. hatte weder ein Hotelzimmer noch ein möbliertes Zimmer noch eine Wohnung vorbereitet. Die Vorgänge sind angeblich verloren gegangen. Nachdem Dr. Zweig von 10 bis 16 Uhr mit dem Wohnungsamt verhandelt hatte, wurde ihm für seine vierköpfige Familie ein möbliertes Zimmer mit zwei Betten zur Verfügung gestellt, jedoch nur für die Dauer von drei Tagen.
Ich habe am 14. April 1947 den Auftrag des Dr. Zweig für das Landgericht Frankfurt a. M. im Einvernehmen mit dem Landgerichtspräsidenten abgeändert und angeordnet, dass Dr. Zweig am Amtsgericht Frankfurt a. M. Verwendung finden soll, da der

Amtsgerichtspräsident dringend Bedarf hat. Bei der Unterredung waren Landgerichtspräsident und Amtsgerichtspräsident zugegen.

Diensteid von Dr. Walter Zweig als beauftragter Richter, geleistet am 17. April in Frankfurt am Main

Ich schwöre bei Gott dem Allmächtigen, dass ich die Gesetze jederzeit zu niemandes Vorteil, zu niemandes Nachteil, mit Gerechtigkeit und Billigkeit gegenüber jedermann, ohne Rücksicht auf Religion, Rasse, Abstammung oder politische Überzeugung anwenden und handhaben werde; dass ich die deutschen Gesetze und alle Rechtsvorschriften der Militärregierung sowohl ihrem Wortlaut als auch ihrem Sinn nach befolgen werde; und dass ich stets mein Bestes tun werde, um die Gleichheit aller vor dem Gesetz zu wahren. So wahr mir Gott helfe!

Am 23. April schreibt Jettel Zweig, Frankfurt am Main, an ihre Schwester Suse Klein in New York

Meine liebe Suse! Lieber Mackie, lieber kleiner Raymond! Wir sind zwar schon seit dem 15. April hier, haben aber jetzt erst eine feste Adresse, und zwar Jüdisches Altersheim, Gagernstraße 36. Das ist das ehemalige jüdische Krankenhaus. Es dient jetzt als Altersheim, und durch die Vermittlung der Jüdischen Gemeinde sind wir hier untergekommen und hocken zu viert in einem Zimmer. Dass ich Euch überhaupt schreiben kann, ist ein Wunder. Vielleicht erinnert Ihr Euch an Hans Littman aus Breslau. Seiner Familie gehörte das elegante Damenmodengeschäft ganz in unserer Nähe. Das kastanienbraune Kostüm, das ich auf dem Standesamt trug, stammt von dort. Er ist jetzt amerikanischer Captain und hat uns am Tag unserer Ankunft wenigstens ein Dach über dem Kopf verschafft. Sonst hätten wir in den Trümmern hausen müssen, was viele tun. Littman hat auch versprochen, unsere Briefe an Euch weiterzuleiten. Wir haben bisher nicht in Erfahrung bringen können, ob die Post

nach Übersee funktioniert. Sonst funktioniert überhaupt nichts. Elektrischer Strom, Kohle und Wasser sind knapp. Auf die Lebensmittelkarten, die wir erst am vierten Tag nach unserer Ankunft bekamen, gibt es so gut wie nichts. Fleisch, Butter und genug Brot haben nur Leute mit Beziehungen. Wir haben natürlich keine. Wir sind ja noch fremder in Frankfurt, als wir es je in Afrika gewesen sind. Das Mittagessen bekommen wir vom Altersheim, allerdings nur für drei Personen. Der Koch sagt, mit den Lebensmittelmarken für Kleinkinder, wie sie Max hat, kann er nichts anfangen. Das bisschen Brot, das es gibt, ist schwarz, feucht und gallenbitter. Milch bekommen nur Kleinkinder, die Milch ist mit Wasser gepanscht. Ich bin mal gespannt, ob ich je wieder in meinem Leben ein Ei sehe.
In der Gagernstraße sind zum größten Teil Menschen untergebracht, die das KZ Theresienstadt überlebt haben, meistens alte Frauen. Einige sind auch aus Auschwitz zurückgekommen. Ich hoffe immer, auf jemanden zu stoßen, dem Mutter und Käthe begegnet sind, doch dazu war das Lager zu groß. Die alten Frauen freuen sich so über Max, dass ich immer ganz gerührt bin. Er lacht sie alle an. Als ob er wüsste, dass man ihre Kinder und Enkel ermordet hat.
Steffi schleppt ihren Bruder den ganzen Tag durch den Garten. Der zusammenklappbare Sportwagen, den wir in London gekauft haben und auf Walters Namen zu Gericht haben schicken lassen, ist noch nicht angekommen. Wir haben Angst, dass er gestohlen worden ist. Die Leute stehlen wie die Raben und gönnen einander nicht das Schwarze unter dem Fingernagel. Sie jammern Stein und Bein, dass sie ausgebombt wurden und alles verloren haben. Die Flüchtlinge aus dem Osten sind für die hier im Westen das rote Tuch. Wenn ich sage, dass ich jüdisch bin, werden sie ganz blass und fangen sofort an zu erzählen, wie sie versucht haben, ihren jüdischen Nachbarn zu helfen, und wie schrecklich sie das finden, was den Juden geschehen ist. Steffi hat auch schon festgestellt, dass die Leute immerzu

sagen: »Das hat der Führer bestimmt nicht gewusst.« Nur mein Mann hört das nie. Er hat ja immer nur gehört, was er hören wollte.

Walter hat sofort angefangen zu arbeiten. Obwohl es ein ziemlicher Weg vom Altersheim zum Gericht ist und er zu Fuß gehen muss, weil es in Frankfurt nicht genug Straßenbahnen gibt, strahlt er. Wenn ich mich nur mit ihm freuen könnte. Vielleicht geht es mir besser, wenn wir eine eigene Wohnung bekommen, was allerdings Monate dauern kann. Alle sagen, dass es auf dem Wohnungsamt nicht mit rechten Dingen zugeht und man die Beamten bestechen muss. Walter sagt, das kann er als deutscher Richter nicht tun. Von seinem Richtergehalt könnten wir uns auf dem Schwarzen Markt noch kein Pfund Butter kaufen, geschweige denn jemanden schmieren. Steffi ist bereits nach einer Woche die schlechte Ernährung anzumerken. Ich habe Gott sei Dank ja mehr Reserven. Walter sieht trotz seines Strahlens aus wie Braunbier mit Spucke. Frankfurt, das angeblich mal eine der schönsten Städte Deutschlands war, beschreibe ich Euch im nächsten Brief. Alles Trümmer und überall kriegsversehrte junge Menschen auf Krücken. Trostlos. Ich weiß nicht, ob ich meinem Mann je werde verzeihen können, dass er uns hierhergeschleppt hat.

Ihr seht, ich bin nach einer Woche schon so weit, dass ich nur noch klage und mich erst am Schluss des Briefes nach Euch beiden und vor allem nach dem Baby erkundige, doch könnt Ihr mir glauben, dass ich dauernd an Euch denke. Vor allem bin ich froh, dass Ihr keine Angst zu haben braucht, wie Ihr den kleinen Raymond satt kriegt. Max hat die Strapazen der Reise erstaunlich gut überstanden. Er läuft wie ein Wiesel und hat sogar zugenommen. Steffi steckt ihm von dem wenigen, was sie hat, immer noch was zu, obgleich wir ihr das streng verboten haben. Sie ist mir eine große Hilfe. Ich bin froh, dass die Schulen in Frankfurt noch nicht wieder aufgemacht haben. So kann sie sich den ganzen Tag um ihren Bruder kümmern.

Ich kann es gar nicht erwarten, von Euch zu hören. Schon um zu wissen, ob dieser Brief angekommen ist. Verzeiht mir, dass ich so viel klage, aber so schlimm, wie die Verhältnisse hier sind, habe ich sie mir in meinen schwärzesten Stunden nicht vorgestellt. Gebt dem Kleinen einen Kuss von mir.
Eure liebende Schwester, Schwägerin und Tante Jettel

14
DIE NEUDEUTSCHEN ABSONDERLICHKEITEN
Frankfurt im Jahr 1947

AM 20. MAI SCHREIBT OSCAR HAHN AUS DEM AKANIA HOTEL IN MOMBASA AN WALTER ZWEIG IN FRANFURT

Lieber Walter! Ich erhalte aus London Deine Adresse mit der Bitte, Dir ein Paket zu senden. Ich glaube leider nicht, dass mir dies von hier aus möglich sein wird, ich werde mich deswegen morgen genau erkundigen. Wenn nicht, werde ich meinen Bruder in New York dieserhalb beauftragen.

Und nun bist Du in meiner Geburtsstadt Frankfurt, und nach Deiner Adresse zu schließen, im jüdischen Krankenhaus. Du kannst Dir vorstellen, wie neugierig ich auf Deinen Bericht bin. Ich kenne ja sicher noch alle alten Richter und Anwälte. Es würde mich interessieren, soweit sie sich meiner erinnern, wie es ihnen geht. Bitte erkundige Dich besonders nach meinem alten Freund, Schulkameraden und Kollegen Dr. Karl Sturm. Ich hatte ihm vor einiger Zeit geschrieben.

Wie geht es Dir und Deiner Familie? Hoffentlich gut, und Ihr seid zufrieden. Bitte lass mich auch dieserhalb alles wissen. Wenn Du irgendetwas von mir brauchst, unterrichte mich. Uns geht es gut, und wir sind zufrieden. Ich erwarte mit großem Interesse Deine Nachrichten.

Beste Grüße Dein Oha

STEFFI IN IHREM TAGEBUCH VOM 2. JUNI

Es ist heißer als in Nairobi. Mama stöhnt sehr, hat mich trotzdem nach einer Stunde Schlangestehen im Milchgeschäft abgelöst. Es gab nur einen Viertelliter für alle vier. Trotzdem kein schlechter Tag. Seit heute haben wir eine Zeitung. Die »Frankfurter Rundschau«. Sie beliefert rassisch Verfolgte (das sind wir), ohne dass sie auf eine Warteliste müssen. Endlich hört die Sorge um Klosettpapier auf. Schade, dass wir nicht die »Neue Zeitung« bekommen können. Die soll viel weicher sein.

Am 12. Juni schreibt Josef Greschek aus Marke im Harz an Jettel Zweig, Frankfurt

Liebe Frau Doktor! Von Frau Walpurga Schmitt aus Hennerwitz, die in Leobschütz Kundin bei mir war und nun in ein Nachbardorf von Marke eingewiesen wurde, habe ich gehört, dass Fräulein Else Schrell eine Stellung im Haushalt sucht. Sie wohnt seit der Flucht in einem Dorf bei Bernburg und ist dort sehr unglücklich. Sie will so schnell wie möglich in den Westen rübermachen. Ihre Mutter und ihre Schwester Magda hat man nach Bayern gebracht. Nur das Fräulein Else ist auf der Flucht von Oberschlesien in der russischen Zone hängen geblieben. Die Schrells waren reiche und anständige Leute. Sie hatten den größten Hof in ganz Hochkretscham. Jetzt haben sie noch nicht einmal eine gute Erinnerung. Den Vater haben die Polen erschlagen. Ich hab ihn gut gekannt. Er hat bei mir ein Radio gekauft, als die Bauern Radios noch für Teufelszeug gehalten haben. Anschreiben kam bei ihm nie infrage. Er hat für alles bar bezahlt. Genau wie der Herr Doktor.

Auch an das Fräulein Else kann ich mich erinnern. Sie war immer freundlich, gut genährt und stark wie ein Knecht. Ein halbes Schwein hat sie auf ihrem Rücken tragen können, ohne ein einziges Mal abzusetzen. Freundlich wird sie immer noch sein. Vielleicht auch stark. Wenn es auch für unsereinen keine halben Schweine mehr gibt, Holz müssen wir ja alle schleppen. Bestimmt auch in der Großstadt. Ich habe Fräulein Else durch Frau Schmitt Ihre Adresse in Frankfurt schicken lassen. Ich hoffe, das ist Ihnen recht. Sie haben mir ja geschrieben, dass es Ih-

Josef und Grete Greschek kamen zum 50. Geburtstag meines Vaters aus dem Harz.

nen sehr eilig ist mit einem Dienstmädchen. Schade, dass Grete Ihnen nicht helfen kann, wie sie es zu Hause immer getan hat. Wir hamstern schon Mehl und Rüben für Sie, damit Sie was für den Winter haben. Hoffentlich bald auch Kartoffeln. Das hängt von dem Bauern ab, mit dem ich Geschäfte mache. Ich weiß nur noch nicht, wie ich alles nach Frankfurt schaffen soll. Reisen von der britischen Zone in die amerikanische sind ja so schwierig wie früher noch nicht mal eine Fahrt von Leobschütz nach Warschau, aber Gott wird schon etwas einfallen. Er hat Ihre Familie ja auch von Leobschütz nach Afrika gebracht und mich und die Grete von Leobschütz hier nach Marke.
Bestimmt waren die Neger in Afrika nicht so schlecht zu den Flüchtlingen wie die Leute hier im Westen zu uns. Grete hat den Rosenkranz, den sie noch von ihrer Mutter hatte, gegen eine Ziege eingetauscht. Dabei ist die Frau, der die Ziege gehört hat, nicht katholisch. Sie sieht auch nicht aus, als ob sie betet. Doch die Leute hier auf dem Dorf sind so gierig, dass sie auch das nehmen, was sie nicht gebrauchen können. So wie damals

die Leute in Leobschütz, als die Synagoge brannte. Grete hat ganz recht. Wir brauchen Milch dringender als Gott unsere Gebete.
Grüßen Sie den Herrn Doktor und Ihre Kinder. Wir sprechen jeden Tag von Ihnen und freuen uns, dass Sie wieder in Deutschland sind.
Ihr treuer Freund Josef Greschek

EINTRAG IN STEFFIS TAGEBUCH VOM 16. JUNI

Tag der Tränen. Als Papa und Mama heute früh zu der neuen Wohnung in der Nußzeil gingen, war sie besetzt. Von Herrn Hitzerot. Er ist schon am Donnerstag eingezogen. Der Hauswirt hat Papa zugeflüstert, dass H. Papierhändler ist und die Leute vom Wohnungsamt bestochen hat. Papa glaubt das nicht und sagt, das Ganze müsse ein Missverständnis sein. Deutsche Beamte lassen sich nicht bestechen.

BRIEF VON JETTEL ZWEIG, FRANKFURT, AN JOSEF GRESCHEK, MARKE, 19. JUNI

Lieber Herr Greschek! Ich bin Ihnen sehr dankbar, dass Sie sich so eifrig um ein Dienstmädchen für mich bemühen. Wir werden ja sehr bald eine eigene Wohnung bekommen, und Steffi soll in die Schule gehen. Da brauche ich dringend Hilfe. Mein Mann, der ja immer alles genau nimmt, bittet Sie, Fräulein Schrell ausrichten zu lassen, dass Frankfurt nicht in Bayern ist. Damit es keine Enttäuschungen gibt, wenn sie nach Frankfurt kommt und merkt, dass sie ihre Mutter und die Schwester in Bayern nicht so ohne Weiteres besuchen kann. Wir aus dem Osten kennen uns ja im Westen nicht so richtig aus.
Wir hungern sehr und nehmen jede Woche ab. Die Brotmarken reichen nie, auf die Fleischmarken hat es schon zum zweiten Mal Datteln gegeben, im Eipulver ist kein Ei, und die Milch, die sowieso nur die Kleinkinder bekommen, ist immer mit Wasser gepanscht. Wenn es mal Heringe gibt, hat man Angst,

sie zu essen, weil sie nach allem Möglichen stinken, nur nicht nach Fisch. Viele Leute sammeln jetzt Brennnesseln, um Suppe zu kochen und als grünen Salat, aber mein Mann will davon nichts wissen. Er sagt, er ist kein Ochse. Außerdem weiß ich nach zehn Jahren in Afrika nicht mehr, wie eine Brennnessel aussieht.

Wir sind sehr dankbar, dass Sie für uns schon jetzt Wintervorräte sammeln. Hier in der Stadt kommt man ja an nichts, wenn man keine Beziehungen hat. Auch die Leute in Frankfurt beschimpfen die Ostflüchtlinge als Pack und Pollacken. Ich mische mich immer ein, wenn ich so etwas höre. Sie glauben gar nicht, wie schnell die Leute zum Schweigen zu bringen sind, wenn man ihnen die Zähne zeigt. Viele Grüße an Grete und Ihre Ziege. Ich weiß von unserer Farm in Afrika, wie man an seinen Tieren hängt.

In alter Verbundenheit Ihre Jettel Zweig

Steffi am 9. Juli in ihrem Tagebuch

Jetzt haben wir wirklich eine Wohnung. In der David-Stempel-Straße auf der anderen Seite des Mains. Drei Zimmer, Küche und Bad. Zurzeit wohnt noch ein ehemaliger Nazi mit seiner Frau dort, aber er muss bis zum 1. August ausziehen.

Nachtrag am 28. Juli in Steffis Tagebuch

Wir bekommen die neue Wohnung nicht. Der Nazi hat eine Bescheinigung vorgelegt, dass er doch kein Nazi war, und darf bleiben. Er ist Metzger. Jetzt glaubt sogar Papa an Bestechung.

Am 4. August schreibt Steffi ins Tagebuch

War die ganze Woche krank. Bauchkrämpfe und Brechen. Schwere Blinddarmreizung. Damit kann man nicht ins Krankenhaus, weil es zu wenig Betten gibt. Ich war froh. Mama hat mir Umschläge gemacht, und Dr. Goldschmidt kam jeden Tag. Einmal konnte er auch gleich Papa behandeln. Der war im Gericht zusammengebrochen. Unterernährung. Er hat fünfzehn Pfund abgenommen. Mama und ich nur zehn. Wir laufen sonntags immer zum Bahnhof. Da ist eine Waage.

Steffis Tagebucheintrag für den 12. August

Riesenaufregung. Das Dienstmädchen ist da. Sie heißt Else Schrell und stand gestern plötzlich mit einem Koffer vor der Tür. Sie hat eine günstige Gelegenheit genutzt, um über die Zonengrenze zu gehen. Mama war glücklich. Papa nicht. Else wird nämlich in seinem Bett schlafen und er auf dem Balkon. Zum Glück ist es ja so heiß. Jetzt müssen wir das Essen für drei durch fünf teilen. Aber Else hat Zwiebeln mitgebracht. Sie stammt aus Hochkretscham. Das ist ganz in der Nähe von Leobschütz. Die drei haben bis in die Nacht geredet.

Die American Jewish KC Fraternity*, New York, schreibt am 18. August an Dr. Walter Zweig in Frankfurt. Brief aus dem Englischen übersetzt

Lieber Bundesbruder Zweig. Uns liegt Dein Brief vom 26. Juli vor, in dem Du den American Jewish KC Fraternity bittest, Dir Lebensmittelpakete nach Deutschland zu schicken. Da wir uns der Not bewusst sind, die derzeit in Europa und besonders in Deutschland herrscht, werden wir Deiner Bitte trotz der Bedenken, die wir in dieser Angelegenheit haben, nachkommen.
Selbstverständlich unterstützen wir alle unsere Bundesbrüder in Deutschland, aber aus Prinzip nicht solche, die ihre Gastheimat auf eigenen Beschluss verlassen haben und aus freien Stücken nach Deutschland zurückgekehrt sind. Mit Rücksicht auf Deine Frau und Deine beiden Kinder ist jedoch hier beschlossen worden, in Deinem Fall eine Ausnahme zu machen.

---

* Die American Jewish KC Fraternity war in den Vereinigten Staaten die Nachfolgeorganisation des Kartell-Konvents deutscher Studenten jüdischen Glaubens, dem Walter Zweig seit seiner Studentenzeit angehörte.

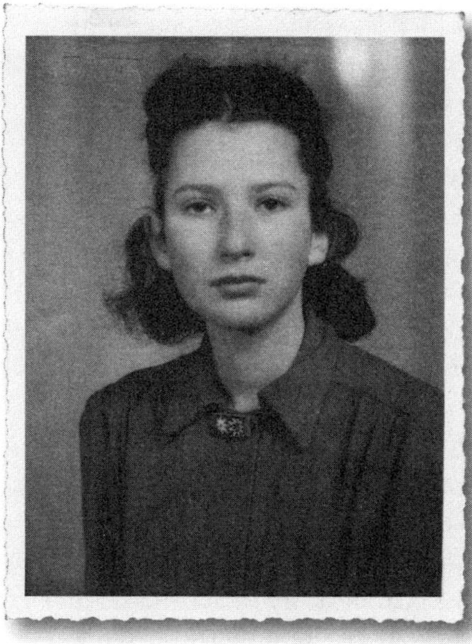

Im Hungerwinter 1947/48 war ich so dünn geworden, dass kein Kleid mehr passte.

Uns geht es ausschließlich darum, Deiner Familie zu helfen. Mit bundesbrüderlichem Gruß (Unterschrift unleserlich)

Brief vom 1. September von Dr. Walter Zweig an den American Jewish KC Fraternity. Geschrieben in Deutsch. Seine Frau sorgte dafür, dass das Schreiben nicht abgeschickt wurde

Verehrte Bundesbrüder! Gestern erhielt ich Euren Brief vom 18. August und stellte mit großer Befriedigung und ebensolcher Erleichterung fest, dass der KC nicht beabsichtigt, meine Frau und meine Kinder in Sippenhaft zu nehmen. Ich gestatte mir trotzdem den Hinweis, dass sowohl meine fünfzehnjährige Tochter als auch mein achtzehn Monate alter Sohn kein Mitspracherecht bei den Entscheidungen ihres Vaters haben. Meine Frau hat sich nur unter heftigem Protest bereit erklärt, nach Deutschland zurückzukehren.

Es erscheint mir allerdings mit den Wertvorstellungen, die mir der KC in meiner Jugend vermittelt hat, nicht vereinbar, Almosen irgendwelcher Art anzunehmen. Auch würde es mir sehr widerstreben, für solche Almosen Dank sagen zu müssen. Mir hat es sowohl unter den Nazis als auch in den Notzeiten meiner Emigration in Kenia stets geholfen, mir meinen Stolz nicht mehr als nötig nehmen zu lassen und mich nicht ausschließlich von materiellen Überlegungen leiten zu lassen. Ich beabsichtige, das auch künftig so zu halten, und bitte Euch also, vom Versenden irgendwelcher Pakete, die die Ernährungslage meiner Familie verbessern könnten, Abstand zu nehmen.
Auch bitte ich darum, mir nicht verschärfend anzukreiden, dass ich diesen Brief in meiner Muttersprache schreibe. Euer in Englisch abgefasster Brief ließ mich vermuten, dass meine Bitte geboten ist. Die Möglichkeit, mich wieder in meiner Muttersprache zu äußern, ohne mich dessen zu schämen oder Diskriminierungen zu befürchten, war für mich ein wesentlicher Grund, in mein Vaterland zurückzukehren.
Mit bundesbrüderlichen Grüßen Walter Zweig, ehemals Rechtsanwalt und Notar in Leobschütz/Oberschlesien

Am 19. September schreibt Steffi in ihrem Tagebuch

Mein 15. Geburtstag. Von Mama ein Armband aus Elefantenhaar, das Glück bringt. Sie hat es in Nairobi gekauft und die ganze Zeit vor mir versteckt. Von Papa »Der Antiquitätenladen«. In Englisch! Ich wusste gar nicht, dass er weiß, was mir Dickens bedeutet und erst recht dieses Buch. Er wollte nicht sagen, wie er an den Schatz gekommen ist, aber als er am Gericht war, hat es Mama mir doch verraten. Er hat das Buch von einem Richter erhalten und dafür seine Tabakration für nächsten Monat hergegeben.
Ich werde diesen Geburtstag und die Liebe meiner Eltern nie vergessen. Schade, dass wir nicht alle zusammen (nur wir vier) ganz allein auf einer Insel wohnen können. Im Naivashasee.

Brief von Steffi an ihre Freundin Inge Sadler in Londiani, Frankfurt, 25. September

Liebe Inge! Dein Brief kam genau zu meinem Geburtstag an. Ich weiß nicht, ob Du Dir vorstellen kannst, wie ich mich gefreut habe. Erstens, dass Du überhaupt an meinen Geburtstag gedacht hast und so ausführlich von Dingen schreibst, die für mich jetzt nur noch Erinnerung sind. Zweitens: Ein Brief in Englisch ist für mich ein Geschenk des Himmels. Ich habe ja nur Englischunterricht in der Schule (mehr darüber unten) und komme mir schon beim Aufwachen wie ein Mensch vor, der seine Sprache verloren hat. Hoffentlich kann ich überhaupt noch gut genug Englisch, um Dir einen vernünftigen Brief zu schreiben. Sonst musst Du denken, dass ich mich in das Refugeekind zurückverwandelt habe, das ich war, als ich auf die Nakuru School kam. Ich habe ja wochenlang nicht gewagt, meinen Mund aufzumachen. Ohne Dich, die mich beschützt hat, wäre ich schon im Alter von sieben Jahren an gebrochenem Herzen gestorben.

Ich bin mir nicht sicher, ob Du mich noch erkennen würdest. Ich war ja immer so dünn, dass mich viele Mädchen »Skinny« statt Steffi nannten, aber jetzt bin ich so mager geworden, dass ich jedes Mal erschrecke, wenn ich mich in einem Spiegel zu sehen bekomme. Zum Glück ist das ganz selten. In dem Zimmer, in dem wir wohnen, gibt es keinen Spiegel. Auch kein Wasserbecken. Klo und Badezimmer sind auf dem Flur. Sie stinken ganz fürchterlich und sind meistens auch besetzt.

Der Rock und die Bluse, die wir auf dem Weg nach Frankfurt in London gekauft haben, schlottern um mich herum. Ebenso meine Strickjacke. Meine einzigen Schuhe kann ich nur reparieren lassen, wenn wir dem Schuster Ledersohlen liefern. Woher? Im Vergleich zu mir ist jede Vogelscheuche eine Schönheit. Der Hunger in Deutschland ist noch schwerer zu ertragen als die Trümmer und die vielen jungen Männer mit nur einem Bein oder einem Arm, die überall herumstehen und betteln.

Auch die Kinder und die Babys, die ja nichts für den Krieg können, haben nicht genug zu essen. Bananen, Orangen oder Schokolade kennen sie schon gar nicht, wenn ihre Eltern (wie die Familie Zweig) nur die Lebensmittelmarken haben und nicht auf dem Schwarzen Markt einkaufen können.
Wenn ich daran denke, wie wir über das Essen in der Schule geschimpft und gejammert haben, schäme ich mich jetzt so, dass mir die Tränen kommen. Das Brot reicht nie, Fleisch gibt es ganz, ganz selten, ebenso wenig Milch, Butter und Zucker. Gemüse, Kartoffeln und Obst kann man schon gar nicht kaufen. Es heißt, die Bauern essen entweder alles selbst oder geben ihre Ernten und die geschlachteten Tiere nur gegen Schmuck, Pelze, Tafelsilber oder Teppiche her. Man hört immer wieder von Bauern, die ihre Ställe mit Teppichen auslegen. Vielleicht ziehen sie auch ihren Kühen Pelzjacken an.
Einen amerikanischen Soldaten (GI) als Freund zu haben, ist die einzige Möglichkeit, um satt zu werden. Viele Mädchen (selbst in unserem Alter) haben einen. Von den GIs bekommen die Frauen und Mädchen Nylons, Zigaretten, Schokolade und Butter. Für amerikanische Zigaretten kannst Du Dir ganz Deutschland kaufen. Hätte ich einen Ami als Freund, könnte ich die ganze Familie ernähren, doch mein Vater würde mich lieber erstechen, als das zuzulassen. Wir lesen gerade so ein Theaterstück in der Schule. Da ersticht ein Vater seine Tochter, um sie davor zu bewahren, dass sie entehrt wird. Der Mann ist zwar Italiener, aber der Dichter ein Deutscher.
Seit vier Wochen gehe ich in die Schule. Das heißt, ich krieche dahin, hole mir Blasen und im Winter sicherlich erfrorene Füße. Ursprünglich sollten wir eine Wohnung ganz in der Nähe der Schule bekommen, das hat jedoch nicht geklappt. Nun muss ich jeden Tag eineinhalb Stunden hinlaufen und genauso lange zurück. Ich habe einfach nicht mehr die Kraft, den Lehrern und meinen Mitschülerinnen in einer anderen Schule zu erzählen, dass ich in Kenia war und weshalb. Meine jetzige

Schule liegt auf der Südseite des Mains, wir wohnen auf der nördlichen, und es gibt in Frankfurt nur noch eine einzige Brücke, und die ist für Fußgänger. Also fährt auch keine Straßenbahn. Wenn ich in der Schule ankomme, bin ich total erledigt. Zum Glück gibt es von den Amerikanern eine Schulspeisung (meistens Nudeln mit Schokoladensoße oder weiße Bohnen oder Mais mit Tomatensoße). Ich esse meinen Teil so gut wie nie und hebe das Essen für Max auf, der sogar die Bohnen isst. Die meisten Mädchen haben ein Stahlgeschirr aus der Militärzeit ihrer Väter. Ich wollte, bei der britischen Army hätten sie so was gehabt. Ich muss immer mit einem Marmeladenglas losziehen und habe auf dem Rückweg die ganze Zeit Angst, dass ich das Essen in meiner Tasche verschütte.
Die Schule selbst macht mir jeden Tag aufs Neue Bauchschmerzen. Ich kann zwar inzwischen leidlich gut Deutsch sprechen, aber Lesen und Schreiben fallen mir schwer. In meinem letzten Aufsatz hatte ich dreiundfünfzig Fehler. So viel rote Tinte auf einen Haufen habe ich in meinem ganzen Leben nicht in einem Heft gesehen. In Mathematik und Physik verstehe ich kein Wort. Bisher kenne ich noch nicht einmal das deutsche Wort für Dreieck oder Beschleunigung. Die Französischlehrerin hält sich die Ohren zu, wenn ich etwas vorlese, und läuft rot an. Am besten gefällt mir der Deutschlehrer. Gerade weil er meiner Meinung nach noch nie etwas von Wordsworth, Robert Browning, Rupert Brooke oder Tennyson gehört hat, scheint er zu verstehen, dass ich weder Schiller noch Goethe kenne (berühmte deutsche Dichter). Die Klassenlehrerin gibt Englisch. Mir wird übel, sobald sie den Mund aufmacht, und ich beneide die Französischlehrerin mit den schlechten Manieren, die sich so ungeniert ihre Ohren zuhält.
Ganz anders als in der Nakuru School, in der man ja neue Schülerinnen so behandelte, als wären sie feindliche Agentinnen, sind meine Mitschülerinnen (es ist eine reine Mädchenschule) sehr höflich zu mir und auch hilfsbereit, für mich je-

doch schwer zu durchschauen. Sie fragen mich immerzu über Afrika aus, wie viele Löwen ich gesehen habe, ob ich je von einer Schlange gebissen wurde und ob die Schwarzen gefährlich seien. Nie fragt mich jemand, wie ich nach Afrika gekommen bin und weshalb meine Familie jetzt zu fünft (ein Dienstmädchen ist seit meinem letzten Brief an Dich dazugekommen) in einem Zimmer im jüdischen Krankenhaus wohnt. Auch dass ich nicht, wie alle anderen, Großeltern, Tanten, Onkel und jede Menge Cousinen und Cousins habe, scheint ihnen bisher noch nicht aufgegangen zu sein.
Ich habe gedacht, nach dem Krieg würden die deutschen Mädchen alle ganz arm und schäbig und traurig aussehen, doch sie sind sehr viel besser angezogen als ich. Ihre Mütter sind sehr geschickt. Sie nähen Kleider aus alten Gardinen und Decken und trennen Zuckersäcke auf, um weiße Kniestrümpfe zu stricken. Die Mädchen scheinen alle vergessen zu haben, dass es je Hitler und einen Krieg gegeben hat. Ständig kichern sie wie Zwölfjährige – meistens über Dinge, über die ich noch nicht einmal lächeln kann. Am meisten stört mich, dass sie bei Examensarbeiten so viel, wie sie nur können, von der Nachbarin abschreiben und sich sogar damit brüsten, wie geschickt sie die Lehrerinnen und Lehrer hintergangen haben. Wir hätten doch eher schlechte Noten und miserable Zeugnisse hingenommen, als ein einziges Mal zu spicken.
Die Lehrerinnen und Lehrer geben sich viel Mühe mit mir. Trotzdem glaube ich, ich bin ihnen nicht koscher. Ich bin doch das einzige jüdische Kind auf der Schule, und sie dürften ja alle wissen, was in Deutschland mit den Juden geschehen ist. Im Theater weiß man das ganz genau. Ich habe ein Stück gesehen, das »Professor Mamlock« heißt. Da wird ein Arzt, der zunächst denkt, mit den Nazis würde es nicht so schlimm werden, wie alle Leute sagen, in den Selbstmord getrieben. Meine Mutter und ich haben um die Wette geweint. Wir beide gehen oft zusammen ins Theater. Das Jüdische Altersheim bekommt die Karten vom Theater

geschenkt, und von den alten Leuten will sie keiner haben. Die waren alle im KZ, viele haben ihre ganze Familie verloren. Jetzt sind sie zu schwach und verzweifelt, um das Heim zu verlassen. Was sollen sie auch in einem deutschen Theater? Sie sind froh, wenn sie im Garten vom Altersheim auf einer Bank sitzen und die Schafe vom Koch beobachten. Ich kann das verstehen.

Für mich sind die Stunden, die ich im Theater verbringe, die schönsten auf der Welt. Da vergesse ich den Hunger, dass ich in Deutschland leben muss und dass ich nicht mehr der Mensch bin, der ich war. Vor Kurzem sah ich ein wunderbares Stück. Es heißt »Nathan der Weise«. Der Autor heißt Lessing und soll sehr berühmt sein. Meine Eltern haben schon von ihm gehört, als sie in die Schule gingen. Lessing behauptet, die Christen, die Juden und die Mohammedaner könnten alle gut miteinander leben, wenn sie nur wollten. Obwohl das ja keiner je versucht hat und schon gar nicht in Deutschland, war das Publikum begeistert. Es hat gar nicht aufgehört zu klatschen. Der Mann, der den Nathan spielte, heißt Otto Rouvel und wurde sehr gefeiert. Ich hatte das Bedürfnis, ihn zu umarmen. So etwas habe ich noch nie erlebt. Übrigens hat Lessing auch das Stück geschrieben, in dem der Vater die Tochter ersticht. Das zeigt mir, dass auch gute Dichter ihre schlechten Tage haben. Und umgekehrt!

Seitdem wir ein Dienstmädchen haben, die abends auf Max aufpassen kann, gehen Mama und ich auch oft ins Kino. Man muss zwar zwei Stunden für Kinokarten anstehen und hat immer Angst, ohnmächtig zu werden, aber meistens lohnt es sich. Viele Filme handeln vom Krieg und vom Schicksal der Juden in Deutschland. In den Filmen »In jenen Tagen« und »Zwischen gestern und morgen« haben Mama und ich unsere Taschentücher nass geweint. Gestern stand allerdings in der Zeitung, die Leute hätten lieber was zum Lachen. Mir geht das nicht so, aber ich habe ja auch als Kind nicht viel gelacht.

Das tut jetzt mein Bruder für mich. Für Max kratzen wir immer noch genug Essen zusammen. Er nimmt ordentlich zu, ist ge-

nauso glücklich, wie er zu Hause war, und spricht viel. Leider nur Deutsch! Am Anfang habe ich mit ihm Englisch und Suaheli geredet, das hat ihn jedoch zu sehr verwirrt. Er hat gar nicht mehr reden wollen. Da habe ich meinen Eltern versprochen, mit meinem Bruder nur Deutsch zu sprechen (mein englischer Akzent stört ihn ja nicht). Letzten Sonntag habe ich allerdings meinen Vater dabei erwischt, dass er seinem Sohn ein Suahelilied vorgesungen hat. Da habe auch ich gelacht. Wenn meine Eltern und ich etwas über andere Leute sagen wollen, reden wir immer Suaheli und freuen uns wie Kinder. Eine Geheimsprache macht wenigstens den Kopf satt.
Grüß Deine Mutter von mir und alle, die mich noch kennen und von jemandem gegrüßt werden wollen, der in Deutschland lebt. Ich habe mir ausgerechnet, dass bei Dir Ferien sind und Du in Londiani sein wirst. Nimm meine Augen dazu, wenn Du Dir Deine Farm anschaust. Zwei Augen reichen einem Menschen nicht, um sich für immer zu merken, was man schön gefunden hat. Heute tut es mir leid, dass ich mir den Nakurusee nicht richtig angeschaut habe. Hier in dieser grauenhaften Hungerstadt mit den vielen Trümmern würde ich ein ganzes Jahr meines Lebens hergeben, um noch einmal den Nakurusee oder den Wald in Ol' Joro Orok zu sehen. Soeben ist mir aufgegangen, dass ich zum ersten Mal seit der Abfahrt von Nairobi jemandem erzählt habe, wie ich fühle. Danke!
In alter Freundschaft Deine Steffi

Am 27. Oktober schreibt Dr. Walter Zweig an das Ehepaar Brede in Frankfurt, Höhenstrasse 50

Sehr geehrter Herr Brede, sehr geehrte Frau Brede!
Von dem Frankfurter Wohnungsamt wurde mir gestern anlässlich meines dortigen Besuchs zugesagt, dass die Wohnung im ersten Stock in Ihrem Anwesen Höhenstraße 50, die derzeit noch von Ihnen bewohnt wird, am 15. November für mich frei gemacht werden soll. Laut Auskunft des zuständigen Beamten

haben Sie vor, zwei Mansardenräume in Ihrem Haus zu beziehen. Auf dem Wohnungsamt wurde dies mit dem Umstand begründet, dass Herr Brede von der Spruchkammer als belastet eingestuft worden ist.
Nach den Erfahrungen der letzten Monate, die meine Familie sehr mitgenommen haben, möchte ich mir die infrage kommende Wohnung zunächst allein ansehen. Als Termin schlage ich Freitag, den 31. Oktober, 16 Uhr, vor. Sollten Ihnen Tag und Zeit nicht passen, wäre es am besten, Sie würden mir persönlich Bescheid geben. Ich bin Richter am hiesigen Amtsgericht und täglich bis 15 Uhr dort erreichbar. Zu meiner Familie gehören außer meiner Frau zwei Kinder (fünfzehn Jahre und neunzehn Monate) und eine Hausangestellte.
Ich habe Verständnis dafür, wenn Sie uns nicht in Ihrem Haus willkommen heißen, hoffe aber trotzdem auf ein erträgliches Zusammenleben.
Hochachtungsvoll Dr. Walter Zweig

BRIEF VOM 1. NOVEMBER VON DR. WALTER ZWEIG AN DAS EHEPAAR BREDE

Sehr geehrter Herr Brede, sehr geehrte Frau Brede! Sie haben mich gestern mit einem von mir weder erwarteten noch erhofften Verständnis empfangen – ganz zu schweigen von der Tasse echten Bohnenkaffees, um die mich meine Frau sehr beneidet hat. Ich habe das Bedürfnis, Sie wissen zu lassen, dass mir der Besuch bei Ihnen gutgetan hat. Seit meiner Ankunft in Frankfurt im April sind mir drei Wohnungen zugewiesen worden, in die ich aus Gründen, die mir bis heute nicht bekannt und die auch nicht durchschaubar sind, nicht einziehen konnte.
Dass Sie hingegen nicht vorhaben, mir im letzten Moment den Bezug der amtlich zugesagten Wohnung in Ihrem Haus zu verwehren, habe ich sofort gespürt. Nach sieben Monaten in einem Zimmer werden wir die drei Zimmer, Küche, Badenische und vor allem die Toilette hoch zu schätzen wissen. Ich hoffe,

wir werden uns in solcher nicht mehr gewohnten Weitläufigkeit nicht verlaufen. Meiner Frau und meiner Tochter möchte ich die Wohnung am nächsten Mittwoch zeigen. Wieder um sechzehn Uhr. Wenn Ihnen der Termin nicht passen sollte, lassen Sie es mich durch eine entsprechende Benachrichtigung am Gericht wissen. Vielleicht erleben wir es beide noch, dass in Deutschland für die Normalverbraucher sowohl das Telefonwesen als auch der unbeschränkte Verbrauch von Strom, Gas und Wasser wieder eingeführt werden.
Zu großem Dank sind wir Ihnen verpflichtet, dass wir zunächst Ihre Möbel, die Heizöfen und den Küchenherd benutzen dürfen. Ich möchte allerdings anregen, dass Sie Möbel, die empfindlich sind oder an denen Sie besonders hängen, vor unserem Einzug entfernen. Mein Sohn hat keinen Respekt vor fremdem Eigentum und zeigt sich in dieser Beziehung als unangenehm verhandlungsresistent. Seien Sie versichert, dass ich mich, sobald es mir möglich sein wird, um eigene Möbel bemühen werde. Ich werte es als ein gutes Omen, dass uns gestern vom Versorgungsamt Bezugsscheine für zwei Kochtöpfe zugesagt wurden.
Bei dieser Gelegenheit möchte ich einen weiteren Punkt klarstellen: Ich bin mir nicht nur als Jurist der Problematik von Spruchkammerentscheidungen bewusst. Es hat seit der ersten Verhandlung viele Fehlurteile gegeben, und es wird leider noch etliche geben, in denen man die Täter von ihrer Schuld freispricht und den »Mitläufern« ihr Schweigen vorwirft. Weil ich nicht davon ausgehen kann, dass ich es gewagt hätte, aktiv Widerstand gegen die Nazis zu leisten, habe ich vor, mir weiterhin selbst ein Bild von den Menschen zu machen, mit denen ich es zu tun habe. Vorurteile sind schon immer Fehlurteile gewesen. Ihr beider Verhalten mir gegenüber ermutigt mich, bei meiner Meinung zu bleiben.
Hochachtungsvoll Dr. Walter Zweig

Zettel mit handgeschriebenen Tauschanzeigen am Schwarzen Brett eines Kolonialwarenladens in der Saalburgallee

- Tausche Herrenanzug (grauer Flanell, Größe 52, ungetragen) gegen Brennholz oder Briketts.
- Biete pelzgefütterte Lederfliegerhaube und echten Hermelinpelzkragen. Suche Zimmerofen mit Rohr.
- Tausche Schifferklavier (Hohner, 48 Bässe), neuwertig, Friedenspreis 180 RM, gegen gut erhaltene Nähmaschine.
- Suche Kinderbett, biete Kartoffeln.
- Übernehme Schreiner- und Weißbinderarbeiten. Bezahlung nur in Fleisch- und Fettmarken.

Zettel an einem Baum in der Habsburger Allee

- Tausche Brautkleid, Gr. 40 (ungetragen), gegen Damenfahrrad. Gute Bereifung und Sattel Bedingung.
- Beinamputierter Kriegsversehrter bietet schwarze Halbschuhe Gr. 42, sucht Wintermantel, Gr. 52. Keine Wehrmachtskleidung.
- Smoking im Bestzustand (Größe 54) gegen Schreibmaschine zu tauschen gesucht. Wahlweise Zinkbadewanne.

Anschlag in einem Fenster in der Höhenstrasse

- Wahrsagerin mit langjähriger Erfahrung. Voraussagen für die Zukunft und Kontaktaufnahme mit vermissten und toten Angehörigen. Akzeptiere Butter, Speck, Tabakwaren, Tafelsilber oder Goldschmuck als Vergütung.

Paket und Brief vom 12. November von Anna Weicht, geb. Kotzlik, vormals Hausangestellte bei der Familie Zweig in Leobschütz, nun Nienburg an der Saale, an Walter und Jettel

Lieber Herr Doktor, liebe Frau Doktor, meine liebe Steffi! Gestern haben wir durch Frau Buchalla gehört, dass Sie in Frankfurt wohnen. Frau Buchalla hat in Hennerwitz oft bei meinen Eltern ausgeholfen und lebt jetzt ganz in unserer Nähe. Sie können sich nicht vorstellen, was bei uns los war. Mein Mann und ich haben die ganze Nacht kein Auge zumachen können. Wir haben ja nicht gewusst, wie wir an Ihre Adresse in Afrika kommen und haben auch nicht gedacht, dass Sie in ein Land wie Deutschland zurückkommen, wo man Ihnen nur Schlechtes getan hat.

Frau B. kennt Herrn Greschek. Sie hat erzählt, die Frau Doktor hat noch ein kleines Kind. Mehr hat sie nicht gewusst. Noch nicht mal, ob Junge oder Mädel und wer in der Nacht zu dem Kind aufsteht wie früher in Leobschütz die Anna. An jedem Geburtstag von Steffi denke ich an sie. Ich weiß, dass sie jetzt fünfzehn ist, aber vorstellen kann ich mir das nicht. Sie war doch noch so klein, als sie hat wegmachen müssen. Ist sie immer noch so schüchtern wie früher? Ist sie so klug geworden, wie wir alle gedacht haben? Und so hübsch? Weiß sie noch, wer die Anna war? Ich kann es nicht abwarten, bis ich alles erfahre. Vielleicht hat Gott meinen Mann und mich nur am Leben gelassen, damit wir uns freuen können, dass die Familie Zweig gerettet wurde.

Bestimmt können Sie sich noch an Hans Weicht erinnern. Er war Schreiner in Leobschütz. Der Herr Doktor hat immer gesagt, halten Sie sich den warm, Anna, Handwerk hat goldenen Boden. Das habe ich getan. Hans und ich haben geheiratet, kurz nachdem Sie von zu Hause weg sind. Ich bin nach dem Asternweg nie mehr in Stellung gegangen. Gott sei Dank hat mein Mann schon als Kind ein schwaches Herz gehabt. Die Wehrmacht hat ihn nur sechs Wochen behalten. Zum Sterben hat das nicht gereicht. Wir kamen schon im Krieg nach Nienburg an der Saale. Unsere Wohnung hat nichts abbekommen und Hans immer Arbeit gehabt. Alles könnte gut sein, wenn wir nicht russische Zone wären. Kinder haben wir leider keine, aber wer weiß, wozu das gut ist bei dem Hunger heute. Der ist hier gewaltig. Trotzdem schicke ich Ihnen ein paar von unseren Zwiebeln aus dem Garten, von mir gesalzenes Wurzelwerk für Suppen und

ein Glas selbst gemachte Erdbeermarmelade. Steffi hat immer so gern meine Erdbeermarmelade gegessen. Nur muss ich sie heute mit Sacharin statt Zucker kochen und ein Verdickungsmittel nehmen. Hoffentlich schmeckt sie trotzdem, und der Herr Doktor sagt nicht, die Anna kann nicht mehr kochen.
Nach dem Herrn Max und dem Fräulein Liesel in Sohrau und der Frau Ina und der Schwester von der Frau Doktor frage ich erst gar nicht. Ich weiß ja, was in Deutschland geschehen ist. Mein Herz klopft sofort, wenn ich daran denke, wie jung unser Fräulein Liesel gewesen ist. Nichts hat sie von ihrem Leben gehabt.
Ich werde Sie besuchen, sobald ich kann. Möglichkeiten gibt es immer, wenn man will. Die Grenze ist nicht so zu, wie die Leute immer denken. Hans und ich drücken ganz fest Ihre Hand.
Ihre treue Anna Weicht, geb. Kotzlik

TAGEBUCHEINTRAGUNG VON STEFFI AM 24. NOVEMBER
Hurra! Doppelte Freude. Ich habe schon den zweiten Tag 39,5 Grad Fieber, träume dauernd von Owuor, Rummler und Toto und darf die ganze Woche nicht in die Schule. Dr. Goldschmidt sagt, ich habe mich beim Umzug überanstrengt. Ich bin dreimal im strömenden Regen von der Gagernstraße in die Höhenstraße gelaufen. Jetzt muss ich liegen. Frau Brede hat uns eine Wärmflasche geliehen. Gestern kam schon das dritte Paket von Suse und Mackie. Außer den üblichen Herrlichkeiten wie Corned Beef, Butter, Kakao, Ahornsirup, Kaffee, Kakao, Puddingpulver und Schokolade gab es für Max einen wunderschönen hellblauen Pullover und ein Stoffbuch, das er nicht zerreißen kann. Ich bekam ein Buch von Betty Smith. Es heißt »A Tree Grows in Brooklyn«. Ich kann gar nicht aufhören zu lesen, lese aber jedes Kapitel zweimal, damit die Freude länger hält. So, wie ich es auf der Farm mit »Little Lord Fauntleroy«* gemacht

* »Der kleine Lord«. Weltberühmtes Kinderbuch von Frances Hodgson Burnett.

habe. Mackie und Suse können gar nicht ahnen, was sie für uns tun. Es ist so wunderbar, wenigstens bei einer Mahlzeit den Hunger zu vergessen.
Else kann zum ersten Mal, seit sie bei uns ist, auch bei Regen und Schnee auf die Straße. Papa hat ihr seine alten Militärstiefel und sein zweites Paar dicke Socken geschenkt. Sie ist so glücklich, dass sie den ganzen Tag »Auf der Lüneburger Heide« und für Max »Hänschen klein« singt.
Kaum sind wir hier in der neuen Wohnung und könnten trotz Hunger glücklich sein, haben die Eltern neuen Streit begonnen. Papa möchte sich gern in der Wohnung als Anwalt niederlassen. Er sagt, er wäre gern Richter, aber nur als Rechtsanwalt ein wirklich freier Mann. Er hätte lange genug Chefs gehabt. Mama sagt, wenn er Rechtsanwalt sei und kein Mensch ihn kennt, hätten wir überhaupt keine Sicherheit und noch nicht mal das Geld, um das bisschen zu kaufen, was es auf die Lebensmittelmarke gibt. Ich kann beide verstehen. Leider. Es strengt an, immer zwischen zwei Stühlen zu sitzen.

Am 17. Dezember schreibt die Jüdische Gemeinde Frankfurt an Dr. Walter Zweig, Höhenstrasse 50

Sehr geehrter Herr Dr. Zweig! Die Israelitische Cultusgemeinde Zürich hat sich aus humanitären Gründen bereit erklärt, von unserer Gemeinde zehn Kinder im Alter von acht bis vierzehn Jahren zu einem Erholungsaufenthalt von drei Monaten einzuladen. Die Reise ist für das Frühjahr 1948 festgesetzt, die Kinder werden in Familien untergebracht. Da es in der Frankfurter Gemeinde bedauerlicherweise nicht genug Kinder in der infrage kommenden Altersgruppe gibt, möchten wir auch Ihre fünfzehnjährige Tochter für diese Reise vorschlagen. Bitte lassen Sie uns möglichst schnell wissen, ob bei Ihnen Interesse besteht. Die Gemeinde in Zürich drängt auf eine schnelle Anmeldung der Kinder.
Mit freundlichen Grüßen Dr. Ewald Altschoff, Vorstand

Am 23. Dezember schreibt der Vorstand der Anwaltskammer in Frankfurt am Main an den Hessischen Landgerichtspräsidenten Frankfurt am Main

In der Anlage überreichen wir den Antrag des derzeitigen Amtsgerichtsrats Dr. Walter Zweig, Ffm, auf Zulassung als Rechtsanwalt beim Landgericht Frankfurt am Main und Ernennung zum Notar in Frankfurt/Main.

Gegen die Zulassung bestehen seitens des Vorstandes der Anwaltskammer keine Bedenken. Dass der Antragsteller bis zum 1. Juli 1946 nicht in Hessen ansässig oder tätig war, steht der Zulassung deshalb nicht entgegen, weil es sich um einen rassisch Verfolgten handelt.

Max L. Cahn (Stellvertr. Vorsitzender)

15
Bilder einer Reise
Frankfurt und Zürich, 1948

Am 1. Januar schreibt Dr. Zweig, Höhenstrasse 50, an Ministerialrat Dr. Puttfarken, Wiesbaden

Lieber Herr Dr. Puttfarken! Dies ist der erste Brief, den ich im Jahr 1948 schreibe. Ich empfinde es als einen besonderen Glücksfall in meinem Leben, dass er an Sie geht. Ohne Sie hätte ich auch Silvester 1947, wie die neun davor, in Kenia verbracht. Zwar mit einem vollen Magen und bei dreißig Grad in der Sonne, aber mit leerem Herzen und dem Heimweh, das ich trotz aller Bemühungen nie überwinden konnte. Diesmal waren der Magen leer und das Herz voll. Auch wenn Hunger, Kälte und Kohlennot uns gewaltig zusetzen (uns ist gerade ein halber Zentner Briketts gestohlen worden), ist mir das lieber.

Das, was Sie für mich getan haben, haben Sie bei jeder unserer Begegnungen als Selbstverständlichkeit und Pflicht deklariert. Bisher ist es mir noch nicht gelungen, Ihnen klarzumachen, dass Sie mich von einem Leben ohne Hoffnung und ohne Selbstachtung erlöst haben. Der Tag, an dem ich in Frankfurt als Richter vereidigt wurde, war für mich die Realisierung eines Traums, den ich zehn Jahre lang geträumt habe. Zu glauben, er könnte wahr werden, wäre mir allerdings als Hybris erschienen. Umso mehr bedrückt mich jetzt der Gedanke, mein soeben in die Tat umgesetzter Entschluss, mich als Anwalt niederzulassen, wäre eine große Enttäuschung für Sie. Sie haben so viele Hoffnungen in den politisch nicht belasteten Mann aus Afrika gesetzt, aus denen nun nichts wird, dass der beschämt den Kopf

senkt. Wenn er schon nicht um Absolution zu bitten wagt, so doch um die Berücksichtigung der Umstände, die zu seiner Tat geführt haben. Bei meiner Rückkehr war ich fest entschlossen, bis zu meiner Pensionierung Richter zu bleiben und dem Staat zu dienen, der mir das möglich gemacht hat. Allerdings wurde mir noch schneller klar, als ich befürchtet hatte, dass ich nicht zum Richter tauge. Ich kann nur Anwalt sein. Verständnis für Menschen zu entwickeln, habe ich im Hotel meines Vaters gelernt, als ich noch meine Milchzähne hatte. Dafür zu sorgen, dass Menschen zu ihrem Recht kommen, wird mir immer Bedürfnis sein. Ein Urteil sprechen zu müssen, ist mir ein Gräuel. Das gilt in meinem Falle sowohl für eine Strafkammer als auch für eine Zivilkammer. Ich sehe immer beide Seiten der Medaille und rechte mit mir selbst, dass ich zu Entscheidungen gedrängt werde, zu denen ich innerlich nicht stehe. Einen solchen Richter kann sich die deutsche Justiz gerade heute nicht leisten. Ebenso wenig wie einen unbelehrbaren Nazi in ihren Reihen.
In dem Euthanasieverfahren gegen den Arzt Dr. Schmitt war ich der Einzige in der Kammer, der gegen die Todesstrafe war. Der Kollege, der den Satz »Pastor hätten Sie werden sollen, Herr Dr. Zweig, nicht Richter« aussprach, hat den Nagel auf den Kopf getroffen. Für mich war der Fall Schmitt dann auch der Tropfen, der das Fass zum Überlaufen brachte. Ich konnte nicht mehr anders, als sämtliche Einwände meiner Frau zu negieren, die sehr nachvollziehbare Ängste hatte, dass wir ohne mein gesichertes Richtergehalt, für das wir uns bekanntlich noch kein Pfund Butter und höchstens drei Schrauben kaufen können, verhungern würden.
Meine Jettel hat sich übrigens schon am ersten Tag mit meiner Anwaltstätigkeit ausgesöhnt. Der Zigarettenhändler, der hier im Haus wohnt, hat mich für meinen Einsatz in seiner Sache mit einem halben Pfund Speck und fünf Schachteln Zigaretten entlohnt. Das Ganze war nur eine juristische Fingerübung. Seine Tochter wollte ihren seit 1941 vermissten Mann für tot erklären

lassen. Seitdem geht es aufwärts. Allerdings ist meine Praxis derzeit noch in unserer soeben bezogenen Dreizimmerwohnung. Mein Sohn, der im März zwei wird, hat viel Spaß an meinen Mandanten. Umgekehrt auch. In den acht Tagen seit meiner Niederlassung hat Max bereits eine alte Fahrradklingel, eine Wollmütze in Vorkriegsqualität und leider auch eine Trommel entgegennehmen können. Außerdem hat er zur Freude meiner Klienten die Wörter Termin und Einspruch in sein Vokabular aufgenommen. Bisher habe ich ihm verschwiegen, dass Amtsgerichtsrat Maas, der mich von Anfang an unter seine Fittiche genommen hat, mich mit einem gewissen Fritz Fafflok bekannt machen will. Er ist Oberschlesier, schon seit einem Jahr in Frankfurt niedergelassen, hat sowohl Büroräume als auch eine Bürokraft und sucht einen Sozius. Laut Ansicht von Maas würden wir beide prächtig zusammenpassen. Was bei Oberschlesiern ja selbstverständlich sein dürfte.
Dass ich ein Zimmer in der Wohnung als Büro requirieren konnte, verdanke ich zum wesentlichen Teil meiner erstaunlichen Hauswirtin. Sie war es, die meiner widerstrebenden Gattin mit Erfolg klarmachte: »Erst kommt die Existenz des Mannes, dann ein Spielzimmer für das Kind.« Beim dritten Versuch, in Frankfurt zu einer Wohnung zu kommen, haben wir das große Los gezogen. Die Vermieter mussten uns wegen politischer Belastung ihre Wohnung überlassen und wohnen jetzt in zwei Mansarden in ihrem eigenen Haus. Wenn alle Nazis so wären wie sie, wäre mir um Deutschlands Zukunft nicht bange. Selbst meine Frau ist beeindruckt. Nicht nur, dass das Ehepaar es ohne ein Wort des Jammerns hinnimmt, dass uns ihre Wohnung und ihre Möbel zugesprochen wurden. Die Frau leiht uns Töpfe, Teller, Besteck, Eimer, Besen und etliche andere Haushaltsgegenstände, von denen wir nach zehn Jahren in Afrika gar nicht mehr wissen, dass es sie gibt. Nie hätte ich gedacht, dass ich Menschen, die von offizieller Seite zu ehemaligen Nazis erklärt worden sind, so dankbar sein würde. Die seltsamen Ge-

schichten, die das Leben schreibt, nehmen also auch jetzt kein Ende.
Von Greschek kommen in regelmäßigen Abständen Päckchen mit Kostbarkeiten wie Zwiebeln, roten Rüben und getrockneten Pilzen. Unser Leobschützer Dienstmädchen Anna, die Sie ja auch noch kennen dürften und die bis zum letzten Tag zu uns gehalten hat, hat sich aus Nienburg an der Saale gemeldet. Zwei Tage später traf ein Brief von Fräulein Elisabeth Kammer ein. Sowohl Anna als auch Fräulein Elisabeth wollen uns hier besuchen. Dass Sie, Ihre Frau und Ihr Sohn das bald tun, wünschen wir uns innig. Wir haben noch Tee aus Afrika. Mit einem aparten Seifengeschmack, weil er sich auf der Überfahrt mit einem geplatzten Päckchen Waschpulver zu vermählen versuchte. Unser jetziges Dienstmädchen (Else Schrell aus Hochkretscham) backt ganz delikate Kekse aus Haferflocken und in öffentlichen Anlagen gepflückten Hagebutten.
Kommen Sie, sobald es Ihnen passt, und bringen Sie so viel Zeit mit, wie man einem Ministerialrat gar nicht abverlangen dürfte. Wir haben so unendlich viel nachzuholen. Für heute erlaube ich mir, zehn Feuersteine beizulegen, die noch aus Afrika stammen. Ich habe mir sagen lassen, man kann nicht nur mit ihnen zündeln, sondern sie auch als Zahlungsmittel einsetzen. Allerdings ist mir das bisher wegen mangelnder kaufmännischer Fähigkeiten nicht gelungen. Für 1948 wünsche ich Ihnen so viel Gutes, wie es in Deutschland leider auf lange Zeit nicht geben wird.
In alter Verbundenheit Ihr dankbarer Walter Zweig

Am 15. Januar trifft ein Brief von Dr. Bertoldo Krebs aus La Paz an Walter Zweig in Frankfurt ein

Lieber Zweig! Aus den kürzlich erhaltenen Mitteilungen der American Jewish KC Fraternity ersehe ich, dass Du Afrika verlassen hast und nach Germany zurückgekehrt bist. Ich wünsche Dir zu diesem Entschluss, den Du ja schon in die Tat umgesetzt

hast, alles Gute und hoffe, dass Du die ehemaligen Nazis ordentlich verdonnern wirst. Da bin ich schon beim Thema angelangt, das das Hauptmotiv dieses Briefes ist. Vor einigen Tagen las ich zufällig in einer Frankfurter Zeitung, dass eine Kinderärztin, Dr. Edith Habicht, Marbachweg 316, die Aufnahme ihrer Praxis ankündigt. Dieses Weibsbild war im Dritten Reich in Görlitz als Kinderärztin niedergelassen und zeichnete sich durch einen saftigen Antisemitismus aus. Sie übernahm nebenamtlich die Leitung der Kinderabteilung des Carolus-Kranken-hauses und verbot mir ausdrücklich, meine Patienten, die ich in dieses Spital eingewiesen hatte, zu besuchen, um mich nach ihrem Befinden zu erkundigen. Sie hat sich offiziell bei der Parteileitung über mich beschwert, als ich ihre Anordnungen ignorierte. Der Vorsitzende des Ärztevereins war dadurch gezwungen, mir die Besuche zu verbieten. Was die H. in der Zeit zwischen 1939 und 1945 in Görlitz getrieben hat, entzieht sich meiner Kenntnis. Ich habe vor, mich bei meinen Vertrauensleuten in Görlitz zu erkundigen. Sie hat es jedenfalls nicht gewagt, zu ihrer alten Wirkungsstätte heimzukehren. Falls Du die Sache amtlich aufgreifen möchtest, wäre ich Dir sehr verbunden.
Nun einiges von mir. Ich kam am berüchtigten 10. November 1938 ins KZ Sachsenhausen, aus dem ich nach drei Wochen entlassen wurde, nachdem mir meine Frau – ich bin seit 1936 verheiratet – ein Visum nach Bolivien besorgt hatte. Ich verließ Görlitz Ende Februar 1939 und begab mich zunächst nach Amsterdam, wo Angehörige meiner Frau wohnten. Wir blieben ein Vierteljahr in Holland und fuhren dann von Antwerpen nach Südamerika, zusammen mit meinem ehemaligen Chef Professor Finkelstein, der einen Ruf nach Chile erhalten hatte. Wir sind in La Paz eine ganze Görlitzer Kolonie, darunter Rechtsanwalt Kunz, der hier ein Garderobengeschäft hat. Ich konnte hier ungestört illegal als Arzt arbeiten und habe seit diesem Jahr meine offizielle Autorisation erhalten. Von Bundesbrüdern sind hier Hans Schrein, Rudolf Priester, Dein Kollege

Eisner (Hindenburg) als Inhaber eines Herrenausstattungssalons, Brann, Lewinsky und Apotheker Dallman.
Ich werde mich sehr freuen, bald von Dir zu hören. Du kannst ja sicher viel über Deine Abenteuer in Kenia berichten. Ich verspreche Dir, mich zu revanchieren und Dir von Bolivien, dem Land der unbegrenzten Unmöglichkeiten, zu erzählen. Als ehemaliger Sanitätschef der Provinz Caupolicán führe ich den Titel Exzellenz, was ich bei der Anrede zu berücksichtigen bitte.
Meine Señora und Señorita Tochter – dreieinhalb Jahre alt – lassen unbekannterweise bestens grüßen.
Mit den herzlichsten Grüßen verbleibe ich Dein Berthold K.

AM 18. JANUAR ANTWORTET WALTER ZWEIG
Exzellenz Bertoldo! Ich bin tief beeindruckt von Deinem Leben und Deiner Karriere. Ich habe es in Kenia nur zum »bloody refugee« gebracht. Zum Schluss allerdings zum Sergeant in der British Army, die mir und der ganzen Familie als Abschiedsgeschenk die Fahrt in die alte, leider sehr fremd gewordene Heimat finanziert hat. Dass Du von Anfang an – wenigstens illegal – in Deinem Beruf arbeiten konntest, bestätigt meine Meinung, dass die Ärzte es in der Emigration besser getroffen haben als wir Juristen. Mir wurde allerdings 1940, als in Kenia viele Ärzte zum Militär eingezogen wurden, eine Stelle als Arzt im Regierungshospital in Nairobi angeboten. Leider musste ich die Krankenhausleitung darauf hinweisen, dass in Germany der Doktortitel nicht der Beweis für das Vorhandensein medizinischer Kenntnisse ist.
Nun zu Deinem Anliegen. Ich rate Dir sowohl als Jurist als auch als Freund davon ab, Dich weiter mit dem Fall der Ärztin aus Görlitz zu beschäftigen. Das würde Dir nur viel Kummer machen und sie nicht jucken. Es ist in Deutschland heute leider so, dass jeder, der Dreck am Stecken hat, mühelos beweisen kann, dass er eine absolut weiße Weste hat, von Anfang an gegen die Nazis war und aktiv Widerstand geleistet hat, indem er

seine jüdischen Freunde nach Kräften unterstützte oder in seinem Keller versteckte. Wir fragen uns immerzu, weshalb so viele von uns umgekommen sind, wenn es so viele mutige Deutsche gab.

Unglaublich vielen Leuten, vor allem, wenn sie über entsprechende Tauschware für erbetene Gefälligkeiten verfügen, gelingt es, bei den Spruchkammern und anderen Ämtern mit eindrucksvollen Bescheinigungen aufzutauchen, die ihre unbefleckte Vergangenheit bekunden. Solche Bescheinigungen nennt man Persilscheine – nach dem bekannten Seifenpulver der Firma Henkel, das ursprünglich ausschließlich zur Säuberung schmutziger Wäsche gedacht war – und nun sowohl von kleinen Nazis, die wirklich nur mitgelaufen sind in der Herde, als auch von denen vorgelegt werden, die in der Hitlerzeit Überzeugungstäter waren und vor nichts zurückgeschreckt sind. Wohl auch nicht vor Mord. Du kannst Dir gar nicht vorstellen, wie viele Leute mir sowohl aus Leobschütz als auch aus Sohrau und Breslau schreiben und um einen solchen Persilschein bitten. Sie leiden ausnahmslos an Gedächtnisschwund im Endstadium. Selbst der Saukerl, der mich in Leobschütz bei der Gestapo wegen Rassenschande mit unserem Dienstmädchen angezeigt hat, konnte sich nicht an die Einzelheiten erinnern und bat mich, ihm zu bescheinigen, wie er »versucht hat, mir zu helfen« (wörtliches Zitat). Leider habe ich nur eine Kopie meines Antwortbriefes an ihn und kann sie Dir also nicht schicken. Kohlepapier ist in diesem Land so knapp wie Butter. Dafür stehen wir in Briefkontakt mit unserem alten Dienstmädchen. Sie wird uns demnächst in Frankfurt besuchen. Ich werde ihr nie entgelten können, was sie für die Familie Zweig getan hat. Sie war es, die nach der Anzeige wegen Rassenschande für mich ausgesagt hat. Ein Wort von ihr hätte genügt, mich ins KZ zu bringen.

Ich bin übrigens nicht mehr Richter, sondern habe mich als Anwalt niedergelassen und hungere nicht mehr ganz so viel wie

vorher. Meine Mandanten zahlen oft in Naturalien. Genau, wie es die Bauern in Leobschütz getan haben. Manchmal ist es eben von Vorteil, wenn die Uhren rückwärts gehen. Wenn ich juristisch etwas für Dich tun kann (ich nehme an, es wird bald ein entsprechendes Gesetz zur Wiedergutmachung nationalsozialistischen Unrechts geben), dann gilt in meiner Praxis immer noch, dass Bundesbrüder kein Honorar zahlen.
Gratuliere zum Fräulein Tochter. Wenn sie gewillt ist, einen Mann zu heiraten, der ein Jahr jünger ist als sie, empfehle ich meinen Sohn Max. Er ist ein großer Charmeur, und soweit ich es heute schon beurteilen kann, wird er sich wahrscheinlich besser im Leben zurechtfinden als sein Vater. Mehr Sorgen macht mir meine fünfzehnjährige Tochter. Es gibt in Deutschland so gut wie keine jüdischen Männer im heiratsfähigen Alter, und wenn ich mir das vergegenwärtige, fühle ich mich schuldig, dass ich hierher zurückgekommen bin. Meine Frau erinnert sich genau an Dich. Du kannst Dir gar nicht vorstellen, wie wir uns über Deinen Brief gefreut haben. Briefe von alten Freunden (sie kommen nun aus aller Welt und von Menschen, von denen wir dachten, sie hätten uns längst vergessen) sind immer noch das Salz in der Suppe unseres Lebens.
Mit bundesbrüderlichem Gruß Walter Zweig

AM 24. FEBRUAR SCHREIBT WALTER ZWEIG AN DR. EWALD ALLSCHOFF, VORSTAND DER JÜDISCHEN GEMEINDE FRANKFURT

Lieber Herr Dr. Allschoff! Für die Frankfurter Kinder, die das Glück haben, in der Schweiz drei Monate lang von der deutschen Not zu genesen, rückt ja der Abreisetermin vom 1. April so nahe, dass ich es nun wage, Sie in dieser Angelegenheit noch einmal zu belästigen.
Meine Tochter Steffi entspricht ja mit ihren fünfzehn Jahren nicht mehr dem Alter, das sich unsere großzügigen Gastgeber für ihr segensreiches Wirken vorstellen. Allerdings ist sie nach einem Jahr in Deutschland so unterernährt und anfällig, dass

man ihr in der Schweiz ihr Alter nachsehen dürfte. Ihren Eltern würde es allerdings eine große Sorge nehmen, wenn sie ihre Tochter in einer Familie wüssten, in der es außer Butter und Bananen auch in irgendeiner Form geistige Anregungen gäbe. Das würde ihr den Gedanken erleichtern, dass sie durch ihren Aufenthalt in Zürich drei Monate Schule versäumt und noch mehr ins Hintertreffen gelangt, als sie es durch unsere Emigration ohnehin ist.

Meine Frau und ich sind besorgt, Steffi könnte einer Familie zugewiesen werden, die in ihr wegen ihres Alters in erster Linie eine preiswerte Arbeitskraft sieht. Ich weiß nicht, ob Sie, verehrter Herr Dr. Allschoff, irgendwelchen Einfluss auf die Verteilung der Frankfurter Kinder nehmen können, aber vielleicht ist es Ihnen doch möglich, für Steffi in der Schweiz eine Gastfamilie mit einem Niveau zu finden, das dem unsrigen entspricht.

Seien Sie versichert, dass es nicht gesellschaftlicher Hochmut ist, der mich zu dieser Bitte veranlasst. Mir widerstrebt es sehr, auf meine Tochter in dieser Form aufmerksam zu machen. Doch wäre ich ein schlechter Vater, wenn ich das Thema nicht wenigstens zur Sprache bringen würde. Naturgemäß wende ich mich dann an den Mann, der bei unserem schweren Anfang in Frankfurt so viel für uns getan hat. Sehen Sie mir meine Vaterliebe nach.

Mit herzlichen Grüßen Ihr Dr. Walter Zweig

Brief von Dr. Zweig an Dr. Nathalie Schöpp, Direktorin der Schillerschule Frankfurt, 2. März

Sehr geehrte Frau Dr. Schöpp! Ich möchte mich noch einmal bedanken, dass Sie sich gestern so viel Zeit für mich genommen haben. Ihr Verständnis für meine Familie und unsere Lage tat mir gut. Seien Sie versichert, dass ich mir den Entschluss nicht leicht gemacht habe, meine Tochter drei Monate aus der Schule zu nehmen, zumal dies zu einem Zeitpunkt geschieht, da sie gerade Fuß zu fassen scheint. Ich habe Ihnen ja erzählt, dass

Steffi in Kenia ihr ganzes Schulleben lang Klassenerste war. Sie verwindet es nur schwer, dass sich in dieser Beziehung auf der Schillerschule alles für sie geändert hat. Durch Umstände, die sie ja nicht zu verantworten hat, machen ihr die Schwierigkeiten, die sie mit ihrer Muttersprache hat, besonders großen Kummer. Hinzu kommen Härten des Lebens, von denen sie in Kenia nicht wusste, dass sie existieren.
Sofort nach dem Gespräch mit Ihnen habe ich Steffi gefragt, weshalb sie nur ein einziges Mal bei der von Ihnen empfohlenen Nachhilfelehrerin war und danach nie mehr. Meine Frau und ich haben ja weder von Ihrer Empfehlung zur Nachhilfe noch von Steffis eigenmächtigem Entschluss erfahren, weitere Besuche bei Fräulein Dr. B. zu verweigern. In dem Gespräch, das ich noch gestern Abend mit meiner Tochter führte, stellte sich Folgendes heraus: Bei Steffis erstem Besuch bei Fräulein Dr. B. hat die von ihr für jede erteilte Deutschstunde ein Brikett und für jede Französischstunde ein Viertel Pfund Bohnenkaffee verlangt. Diese ungewöhnlichen Gebühren hat meine Tochter mit dem Hinweis abgelehnt, sie hätte einen zweijährigen Bruder, für den die Wohnung geheizt werden müsse, die Kohlenzuteilung wäre ohnehin schon zu knapp, Bohnenkaffee seit Wochen keiner im Haus. Fräulein Dr. B. soll daraufhin laut Aussage meiner Tochter in einem Ton, der sie sowohl befremdet als auch sehr geängstigt hat, entgegnet haben: »Wieso? Ihr Juden habt doch schon wieder alles. Euch stopft man es doch vorn und hinten rein.«
Ich habe keine Veranlassung, am Wahrheitsgehalt dieser Aussage zu zweifeln. Steffi hat in ihrem Leben nicht gelogen. Selbst dann nicht, wenn die Unwahrheit aus Gründen des Selbstschutzes strafmildernd gewesen wäre. Auch hat sie sehr früh von ihrem Vater gelernt, sich in jeder Situation zu ihrem Judentum zu bekennen. Es war also für sie undenkbar, noch einmal freiwillig die Wohnung zu betreten, in der ihr eine solche Kränkung widerfahren ist. Dass sie zu Hause nichts von dem Vorfall erzählt

hat, entspricht sowohl ihrem Naturell als auch den Erfahrungen ihrer Kindheit. Meine Tochter hat stets versucht, ihre Probleme ohne Hilfe von Drittpersonen zu bewältigen, und hat es sich in der Emigration früh zum Prinzip gemacht, ihre Eltern nicht mehr zu belasten, als sie es ohnehin waren.
Weil ich davon ausgehe, dass Sie nicht nur an den schulischen Leistungen Ihrer Schülerinnen interessiert sind, sondern auch an deren charakterlicher Entwicklung, bin ich in diesem Brief ungewohnt ausführlich geworden. Die von Ihnen geäußerte Mutmaßung, meine Tochter hätte mich in der Angelegenheit Fräulein Dr. B. vielleicht hintergangen, vermochte ich nicht unwidersprochen zu lassen. Ihre Eltern zu hintergehen, hat meine Tochter nicht gelernt.
Gestatten Sie mir eine abschließende Bemerkung: Ich gehe davon aus, dass Ihnen die politische Vergangenheit von Fräulein Dr. B. bekannt war. Eine Oberstudienrätin, die vor Erreichung des Pensionsalters aus dem Schuldienst entfernt wird, lässt jedenfalls nicht auf aktive Teilnahme am deutschen Widerstand schließen. Mich befremdet der Gedanke, dass Sie einer jüdischen Schülerin Fräulein Dr. B. als geeignete Nachhilfelehrerin vorschlugen.
Wir haben noch nicht die genauen Termine der Schweizer Reise, wissen nur, dass der Beginn auf den 1. April terminiert ist. Auf alle Fälle wird meine Tochter spätestens nach den Sommerferien wieder am Unterricht teilnehmen.
Mit vorzüglicher Hochachtung Dr. Walter Zweig

Am 2. April schreibt Steffi aus Zürich, Restelbergstrasse 6, an ihre Eltern

Meine liebe Mama, mein lieber Papa! Wir sind gestern nur bis zur Grenzstadt Basel gekommen und erst heute weiter nach Zürich gefahren. Ich hoffe, Ihr habt Euch nicht geängstigt, weil mein Brief ja nun einen Tag später als erwartet bei Euch eintreffen wird. Die Fahrt verlief nicht ganz glatt. Unsere Begleiterin

von der Jüdischen Gemeinde (ich weiß immer noch nicht, wie sie heißt) hatte zwei Bananen und drei Äpfel mit, die wir durch sieben geteilt haben. Die zwei kleinsten Kinder, ein achtjähriger Junge und ein neunjähriges Mädchen mit einem furchtbaren Husten, haben erst ein bisschen geschlafen und dann stundenlang nach ihrer Mutter geweint und wahrscheinlich vor Aufregung Fieber bekommen. Ihre Schweizer Gasteltern werden sich wundern! Den Kleinen würde es wahrscheinlich besser tun, zu Hause zu hungern, als in der Schweiz vor Heimweh zu zergehen. Da weiß ich wahrhaftig, wovon ich spreche. Das Heimweh, das ich jahrelang in der Nakuru School hatte, werde ich mein ganzes Leben lang nicht vergessen.
In Basel sollten wir von einer Vertreterin der dortigen Jüdischen Gemeinde abgeholt und zum Zug nach Zürich gebracht werden. Es hat sich jedoch herausgestellt, dass Basel aus zwei Teilen besteht. Einer gehört zu Deutschland, der andere den Schweizern. Im deutschen Teil war für unsere Begleiterin die Reise aus. Sie hatte keine Einreiseerlaubnis in die Schweiz. Wahrscheinlich hat sie gedacht, dass ganz Basel deutsch ist. Der Zollbeamte hat immerzu seinen Kopf geschüttelt. Wie ein Hund mit Ohrenschmerzen. Schließlich hat er die Abteiltür wütend aufgerissen, ihren Reisekorb genommen und auf den Bahnsteig geknallt. Erst hat die Frau geheult, dann weinten sämtliche Kinder. Außer mir. Ich war ja nun die älteste und musste die Verantwortung übernehmen. Bei den Girl Guides hätte ich ein Lob im Logbuch bekommen. Ich habe den Beamten gebeten, bei der Jüdischen Gemeinde in Basel anzurufen, damit uns jemand abholen kommt. Der Mann wollte für das Gespräch dreißig Rappen von mir haben. Ich habe dauernd Lappen verstanden und den Kopf genauso geschüttelt wie er. Er wurde immer wütender und wütender. Angerufen hat er nirgendwo. Zum Glück hat das Mädchen mit dem Husten schließlich ins Abteil gekotzt und dabei wie ein Stier gebrüllt. Da hat er uns alle doch aus dem Zug geholt und nach einiger Zeit in

einen anderen Zug gesetzt. Der zweite Zug ist endlich in den Schweizer Teil von Basel gefahren. Ich bin einfach mit den Kindern ausgestiegen, habe immer wieder Taschen und Koffer gezählt und eine Mordsangst gehabt, dass mir ein Kind auf die Gleise fliegt.
Das Hustenkind war schon ganz blau vom Schreien, sämtliche Leute, die an uns vorbeikamen, guckten beleidigt. Nach ungefähr einer Stunde kam schließlich doch eine Frau von der Jüdischen Gemeinde Basel. Es stellte sich heraus, dass bei denen die Uhren anders gehen als bei uns – dabei sollen die Schweizer Uhren die besten auf der Welt sein! Die Frau mit der falsch gehenden Uhr hatte ein riesengroßes Auto und hat uns nacheinander in verschiedenen Häusern abgeliefert. Ich habe in einem sehr eleganten Haus übernachtet und zum Abendessen Tomatensuppe, zwei Spiegeleier und eine Art von Bratkartoffeln bekommen, die aneinander klebten und ziemlich verbrannt aussahen, aber wunderbar geschmeckt haben. Dazu gab es Karotten und Rosenkohl, hinterher Schokoladenpudding, Kuchen und Kakao. Mein Magen war im Paradies, aber mein Herz konnte nicht vergessen, dass es riesengroße Sehnsucht nach meinen Eltern und meinem Bruder hatte. Die Frau, die mir das Essen brachte und mein Zimmer zeigte (hellblaue Bettlaken, ganz weiche Handtücher und ein Stück nagelneue Seife) war so nett zu mir, wie in Frankfurt noch nie jemand gewesen ist. Am nächsten Morgen habe ich erfahren, dass das nicht die Dame des Hauses war. Die war abends im Theater und hatte morgens Kopfschmerzen. Die nette Frau war das Dienstmädchen. Sie hat mich zum Zug gebracht und mir für die Reise nach Zürich eine ganze Tafel Schokolade mitgegeben. Ich habe immer noch nicht gewagt, sie aufzumachen. Das ist wie in einem schönen Traum. Man hat dauernd Angst, aufzuwachen und alles kaputt zu machen.

Fortsetzung des Briefs am 3. April

Ihr könnt Euch nicht vorstellen, wie sauber die Schweizer Züge sind. Kein Fenster ist mit Pappe verklebt, alle sind frisch geputzt, auf dem Boden kein Staubkorn, in den Toiletten richtiges Klopapier. Ich hab mir gleich welches eingesteckt für Notfälle. Die kleinen Tische im Abteil kann man wegklappen, die Sitze sind weich. Ich sah eine Frau eine Banane essen. Die Schale hat sie in ihre Handtasche gesteckt. Kein Mensch reist auf den Trittbrettern, niemand liegt auf den Dächern. Ich konnte in einen Speisewagen gucken. Die Menschen saßen an gedeckten Tischen, wie im Kino. Die Servietten waren gefaltet und sahen wie Schiffe aus. Die Kaffeekannen waren aus Silber, das Besteck glänzte, an jedem Platz standen zwei Gläser mit Stiel. Es war alles so schön, dass ich um ein Haar geweint hätte.

Meine Gastgeberin in Zürich heißt Margot Guggenheim. Sie ist hochelegant, trug ein wunderschönes gelbes Kleid mit schwarzen Punkten, weiße Handschuhe und einen weißen Hut. Sie hat mich am Bahnhof in Zürich abgeholt. Mich wundert jetzt noch, wie sie mich überhaupt erkannt hat. Ihr war nämlich gesagt worden, sie bekomme ein neunjähriges Mädchen. Das wäre das Hustenkind gewesen. Ich glaube, Frau Guggenheim war ziemlich enttäuscht, dass ich schon so alt bin, doch sie gab sich Mühe, das nicht allzu sehr zu zeigen und hat nur gesagt: »Wir wollten doch ein Kind zum Liebhaben.« Ich hätte am liebsten gesagt, ich werde mir Mühe geben zu schrumpfen. Schade, dass mir immer so gescheite Antworten einfallen, wenn es zu spät ist, sie zu gebrauchen.

Vielleicht gewöhnt sich Frau G. an mich. Mir scheint sie sehr nett zu sein. Sie hat sofort gesagt, ich darf Euch so oft schreiben, wie ich will, sie könnte sich die Briefmarken leisten. Mir scheint, die Guggenheims können sich noch ganz andere Dinge als Briefmarken leisten. Ihre Wohnung sieht aus wie ein Schloss und riecht wie der schöne Garten von Hahns in Gilgil. Überall Blumen in großen, bunt bemalten Porzellanvasen, an jeder

Wand Bilder aus echtem Öl, in Schränken aus dunklem Holz Bücher mit roten oder grünen Ledereinbänden. Kleine Figuren aus Glas, Gold oder Silber stehen auf kleinen Tischen und in den Regalen. In der Küche gibt es zwei Eisschränke. Allerdings nicht, weil Guggenheims so reich sind, sondern weil der Haushalt koscher ist. Zum Mittagessen gab es Fisch in einer gelben Tunke, winzige Kartoffeln mit Petersilie und ein Rhabarberkompott, das so sauer war, dass ich mir alle Mühe geben musste, das Gesicht nicht zu verziehen.

Heute Abend gab es zum Schabbes Fisch, Fleisch und Huhn und einen Kuchen, in dem mindestens sechs Eier gewesen sein müssen. Frau Guggenheim wollte mir direkt nach dem Auspacken die Broche* für Brot und Wein beibringen und schien erstaunt, als ich ihr erzählte, dass ich beide schon mit acht Jahren gekonnt habe. Ob sie gedacht hat, dass ich nicht jüdisch bin? Oder total verblödet? Oder dass wir in Deutschland den Schabbes nicht halten, weil wir nicht an Barches kommen und keine Kerzen kaufen können? Sie hat mich ja auch gefragt, ob wir uns zu Hause waschen können. Dass wir nur Kernseife haben und nie genug heißes Wasser, um zu baden, habe ich ihr lieber nicht verraten. Sonst hätte sie mich vielleicht sofort abgeschrubbt. Wie bei Dickens die Waisenkinder, die plötzlich bei reichen Leuten landen.

Herr Guggenheim ist auch Anwalt. Er heißt George und hat mir sofort gefallen. Ich glaube, ich ihm auch. Das war allerdings Zufall und für mich ein Riesenglück. Er fragte mich nach meinen Lieblingsdichtern. Weil ich nicht wollte, dass er mich so dumm anglotzt wie damals der Deutschlehrer in der Schillerschule, als ich bei der gleichen Frage Wordsworth und Robert Browning sagte, habe ich Gottfried Keller und Conrad Ferdinand Meyer genannt. Die lesen wir ja gerade in der Schule. Ich

---

* Broche (Schreibweise der deutschen Juden), Segensspruch oder Gebet für Speisen und Getränke.

Kaffeestunde mit den Schweizer Gasteltern: George Guggenheim, hinter mir (mit Kopftuch) seine Frau, eine Freundin der Familie und deren Tochter.

finde sie ziemlich langweilig und hielt sie immer für Deutsche. Stellt Euch vor, sowohl Gottfried Keller als auch Conrad Ferdinand Meyer sind Schweizer. Herr Guggenheim war ganz begeistert. Besonders, als ich dann von Keller »Trinkt, o Augen, was die Wimper hält, von dem goldenen Überfluss der Welt!« zitierte. Komisch ist nur, dass er und seine Frau ein so seltsames Deutsch reden. Ich habe mehr Mühe, sie zu verstehen, als ein Engländer einen Refugee. Bei Akademikern finde ich das recht merkwürdig.

Ich muss jetzt Schluss machen. Sonst bekommen Guggenheims mit, dass ich so Heimweh habe. Vergesst nicht, dass Ihr mir versprochen habt, alles aufzuschreiben, was Max tut und sagt. Ich verspreche Euch, so viel zu essen, wie ich bekomme, und so viel zuzunehmen wie möglich. Morgen (Sonntag) wollen mir Guggenheims einen See zeigen. Er soll sehr berühmt sein. Spätestens übermorgen schreibe ich wieder. Ich hoffe, ich bin dann nicht mehr so aufgeregt. Einen dicken Kuss für Max und ganz viele Küsse für Euch

Eure Steffi

Eintrag in Steffis Tagebuch vom 4. April

Ich bin wirklich froh, dass ich mein Tagebuch dabeihabe. Mein Kopf würde sonst platzen. Es gibt so viel, an das ich mich mein ganzes Leben erinnern will. Guggenheims sind mit mir zum See gelaufen. Weit und anstrengend. Doch der Weg hat sich gelohnt. Der Nakurusee kann trotz der Flamingos und der vielen anderen bunten Vögel nicht mit dem Zürichsee konkurrieren. In der Sonne war das Wasser so blau wie der Himmel. Es gab Schwäne, die aussahen wie die in den Märchenbüchern, und wenn man genau hinschaute, sogar Goldfische. Es war das erste Mal in meinem Leben, dass ich einen Goldfisch sah. Ich habe sofort gespürt, dass er mir Glück bringen wird. Von den herrlichen weißen Schiffen auf dem See wehten viele bunte Fahnen. Von den Decks winkten elegant angezogene Menschen, manchmal auch die Offiziere in ihren schönen Uniformen. Ich musste an unsere Reise auf der Almanzora denken und war traurig, dass meine Eltern und mein Bruder nun, wo alles so ganz anders ist, nicht bei mir waren. Guggenheims hatten Brot für die Schwäne, Enten und Möwen mitgebracht, ich bekam ein grün-rosa Eis, das an einem Holzstiel festgemacht war. Es war das erste Eis, das ich seit dem Horseshoe in Nairobi gegessen habe. Ich hatte ganz vergessen, wie gut Eis schmeckt. Jetzt weiß ich, was es bedeutet, wenn es heißt, ein Mensch hat vor Glück geweint. Den Holzstiel von meinem Eis hebe ich auf, obwohl ich ihn nicht gebrauchen kann.

Ich musste mir immer wieder klarmachen, dass die Häuser, Straßenbahnen und Menschen, die ich sah, wirklich existierten. Nirgendwo Trümmer oder Löcher in den Straßen. Nirgendwo lag Schutt. Selbst kleine Kinder hatten Schuhe, Jacken und Mützen an, die neu aussahen, die Frauen waren so elegant, dass ich sie anstarrte, als hätte ich noch nie einen Menschen gesehen. Auch die Männer (bunte Krawatten und helle Hüte) gefielen mir. Die Straßenbahnen sind so sauber, dass sie glänzen, ebenso die vielen Autos auf den Straßen. Überall wachsen Blumen und nirgendwo Gemüse, jedes Geschäft ist ein neues Schlaraffenland. In den Cafés gibt es Kuchen, Kekse und Torten in allen Farben und Sandwiches aus Weißbrot, die mit Kirschen oder Ananasstückchen dekoriert sind. Selbst wenn ich satt bin, läuft mir hier dauernd das Wasser im Mund zusammen.

Bei einem Juwelier in der Bahnhofstraße lagen so viele goldene Uhren, Ketten und Armbänder im Fenster, dass ich ganz sicher war, ich würde mir alles nur einbilden. In einem Spielzeugladen saß ein Puppenjunge, der ungefähr so groß war wie Max, in einem roten Auto mit weißen Rädern. Ich habe mir dauernd überlegt, ob die Schweizer nicht Angst haben, all die Pracht könnte auf einen Schlag vorbei sein. Herr Guggenheim hat mir erklärt, dass die Schweiz seit dem 16. Jahrhundert keinen Krieg mehr geführt habe. Das ist für mich der beste Beweis, dass auch die Leute sehr klug sein können, die kein richtiges Deutsch sprechen. In einem Teil der Schweiz wird sogar nur Französisch gesprochen. Gott sei Dank bin ich nicht dort gelandet. Die Mutter von Herrn Guggenheim wohnt in Lugano (auch an einem See). Da sprechen sie Italienisch. Ich finde Menschen sympathisch, die mehr als eine Sprache sprechen. Owuor konnte Luo, Suaheli und so viel Deutsch, dass er »Ich hab mein Herz in Heidelberg verloren« singen konnte. Und genug Latein für »Gaudeamus igitur«.

Als mir Herr Guggenheim zum dritten Mal sagte, ich dürfe die Bilder in der Wohnung nicht anfassen, habe ich ihm dann doch erklärt, dass ich gar nicht auf die Idee kommen würde, das zu tun. »So schöne Bilder habe ich in meinem ganzen Leben noch nicht gesehen«, sagte ich. Das schien ihn sehr zu freuen, und er hat mir alles über seine Bilder erzählt. Sie sind alle von ganz berühmten Malern. »Keine Kopien«, sagte er zweimal hintereinander. Er hat jedes einzelne Bild in einem der vielen Bücher gesucht, die auf den Regalen stehen, und es mir gezeigt. Wir haben uns über Bilder unterhalten, als wären sie Menschen.

Zweieinhalb Stunden lang saßen wir auf der Couch (aus hellbraunem Leder!) und lasen in den Büchern.
Es ist sehr schwer, sich die vielen Namen zu merken, denn kein einziges Bild in der Wohnung stammt von einem deutschen Maler, und ich tue mich ja so schwer mit Französisch. Auguste Renoir habe ich mir doch behalten. Von ihm ist nämlich das allerschönste Bild hier: eine hellblaue Vase mit wunderschönen Blumen. Mir war es, als könnte ich sie riechen. Maurice Utrillo habe ich mir auch gemerkt. Der war zwar Franzose, aber er hat einen italienischen Namen. Herr Guggenheim hat mich darauf aufmerksam gemacht, wie gut Utrillo Schnee malen kann, auf dem die Sonne scheint. Ich hätte nie gedacht, dass es mir solche Freude machen könnte, über Kunst zu sprechen. Den Kunstlehrer in der Schillerschule kann ich ja nicht ausstehen und er mich erst recht nicht. Morgen schreibe ich den Eltern alles über die Bilder von Guggenheims.
Ich glaube, ich bin in der Schweiz verzaubert worden. Ich komme mir vor wie ein neuer Mensch. Allerdings mit dem alten Heimweh. Die Tafel Schokolade aus Basel habe ich immer noch. Ich werde sie Max mitbringen, wenn ich nach Hause komme. Ich bekomme ja hier so viel zu essen (sogar Orangen und Bananen), dass es eine Sünde wäre, die Schokolade für mich zu behalten.
Ich kann schon ein bisschen Italienisch. Vom Dienstmädchen. Sie ist sehr nett zu mir, jung und schön, heißt Assunta, ist Italienerin und hat in zwei Jahren nicht ein einziges Wort Deutsch gelernt. So würde es mir gehen, wenn ich in Tokio oder in Moskau lande. Morgen nimmt mich Frau Guggenheim zum Einkaufen mit. Sie sagt, es gibt hier Geschäfte ohne Verkäuferinnen. Man nimmt sich die Ware, die man haben will, tut alles in einen Korb und zahlt dann für sämtliche Sachen an der Kasse. Manchmal holt sie auch Eier, Butter, Gemüse und Obst von einem großen Lastwagen. Der Fahrer schwenkt immer eine Kuhglocke, damit die Leute wissen, dass er da ist. Ich kann mir

das alles gar nicht vorstellen, aber Frau G. sieht nicht aus, als ob sie Witze macht. Ich bin sehr gespannt.

Am 15. April schreibt Jettel an ihre Tochter in Zürich

Meine liebe Steffi! Über Deinen Brief vom 11. haben wir uns wieder sehr gefreut. Papa lässt sogar seine Mandanten im Stich, wenn Post von Dir eintrifft. Unser Briefträger, Herr Becker, bringt Deine Briefe immer persönlich in den ersten Stock und wirft sie nicht in den Hausbriefkasten wie die übrige Post. Er sagt, ein Brief aus der Schweiz sei für ihn ein Stück Frieden und Honig für sein Herz. Er bekommt immer die Briefmarke.

Papa hat sehr viel zu tun und ist dauernd unterwegs von der Höhenstraße zum Gericht. Als Richter brauchte er ja den Weg nur zweimal täglich zu gehen, aber er wollte es ja so. Allerdings muss ich zugeben, dass manches doch besser geworden ist, seitdem er sich als Anwalt niedergelassen hat. Am Montag brachte ein Mandant vier Eier mit. Von einer Frau, die dauernd von ihrem Mann verprügelt wird und die sich scheiden lassen will, hat es schon zwei Mal ein Glas Erdnussbutter gegeben. Sie arbeitet bei den Amerikanern und klaut offenbar wie ein Rabe. Selbst Erdnussbutter, die ja nur Max schmeckt, hilft uns. Zurzeit gibt es auf die Marken noch nicht mal das, was den Normalverbrauchern zusteht. Frau Heckel hat mir Kartoffeln und Kirschen versprochen, wenn sie welche hat. Allerdings macht sie ihren Gemüseladen gar nicht mehr auf. Da lässt sich gut versprechen. Neulich hieß es, die Amerikaner hätten aus Rache für den Krieg die Milch für die Kleinkinder vergiftet. Alle hatten Angst, den Kindern Milch zu geben. Ich auch. Aber Du kennst ja Deinen Vater. Um zu beweisen, dass das Ganze nur ein Gerücht ist, hat er sich auf den Küchentisch gestellt und ein halbes Glas Milch auf einen Schlag hinuntergestürzt. Dann hat er sich den Bauch gehalten und so gestöhnt, dass man es noch auf der Straße hören konnte. Else ist in Tränen ausgebrochen und war stundenlang nicht mehr zu beruhigen. Sie ist eben

noch nicht lang genug bei uns, um Papas Scherze zu durchschauen. Ich bin ja seit siebzehn Jahren mit ihm verheiratet.
Er macht sich Sorgen, weil Du so sehr von den schönen Bildern von Guggenheims schwärmst. Er sieht Dich schon Kunstgeschichte studieren oder einen Maler heiraten. Ich glaube, für ihn wäre beides gleich schlimm. Du solltest ihn in Deinem nächsten Brief beruhigen und ihn vielleicht erinnern, dass Du als Kind nie freiwillig einen Buntstift angerührt hast.
Max geht es prächtig. Er ist schon wieder gewachsen und redet den ganzen Tag. Wir zeigen ihm jeden Morgen das Foto von Dir, und er sagt sofort »Tutti«. Also wird er Dich auch erkennen, wenn Du nach Hause kommst. Ich wollt, es wäre schon so weit. Wir vermissen Dich beide. Else auch. Ich soll Dir von ihr ausrichten, dass sie nie mehr mit Dir spazieren geht, wenn Du nicht mindestens zehn Pfund zunimmst. Papa schreibt Dir am Wochenende. Hoffentlich wird nicht, wie letzten Sonntag, wieder ein Mandant verhaftet und braucht sofort einen Anwalt. Da ist er mitten beim Abendbrot weggestürzt. Grüß Guggenheims von uns. Papa will ihnen schreiben und sich für alles bedanken, was sie für Dich tun.
Es drücken Dich sehr, sehr fest Deine Mama und Max

Am 16. April notiert Steffi in ihrem Tagebuch

Als ich heute Abend ins Bett ging, hing Utrillos Bild von der stillen Straße im glitzernden Schnee, das bisher im Esszimmer war und mir gleich am ersten Tag so gut gefallen hat, in meinem Zimmer. Papa hätte mich bestimmt ein hysterisches Frauenzimmer genannt. Ich stand vor dem Bild und habe geweint.

16
Zweimal Sonntag

Frankfurt, Zürich und Lugano, Sommer 1948

In ihrem Tagebuch schreibt Steffi am 30. April

Herr Guggenheim ist mit dem Direktor einer Mädchenoberschule befreundet. Der hat zugestimmt, mich in seiner Schule aufzunehmen, auch wenn es nur für zwei Monate ist. Ich kann nicht beurteilen, ob das ein Segen für mich werden könnte oder ob ich mal wieder eine Niete gezogen habe, doch ich habe auf alle Fälle so getan, als würde ich mich freuen. Zwar mache ich mir nicht viel aus Gleichaltrigen, doch leuchtet es mir ein, dass ich nicht immer nur mit älteren Leuten zusammen sein sollte. Jedenfalls kann es mir nicht schaden, etwas zu lernen. Am Ende sogar Dinge, die ich in Frankfurt gebrauchen kann. Vielleicht gar so viel Französisch, dass sich die empfindliche Mademoiselle nicht mehr die Ohren zuhalten muss, wenn ich den Mund aufmache. Auch meinem Deutsch dürfte die Schule gut bekommen.

Die Schule leiht mir die Bücher, die ich in der Zeit brauche, in der ich dort bin. Das gefällt mir. In Frankfurt ist noch keiner auf die Idee gekommen, dass die Familie Zweig nicht mit ihrer Bibliothek in die Emigration nach Afrika geflohen ist. Schon die Aufforderung des Lehrers, für die nächste Stunde den Wilhelm Tell von zu Hause mitzubringen oder ihn bei Verwandten oder Freunden auszuleihen, hat mich in Verlegenheit gebracht. Erstens haben wir weder Verwandte noch Freunde in Deutschland, und zweitens hatte ich keinen blassen Schimmer, wer dieser Herr Tell ist.

In der Zürcher Schule muss ich keine Hausaufgaben machen. Weil ich doch ein schwaches, ausgehungertes Kind aus Deutschland bin, das im Schlaraffenland wieder zu Kräften kommen soll und Schonung braucht. Fünf Pfund habe ich ja bereits zugenommen. Wenn das in dem Tempo weitergeht, passen mir meine beiden Röcke und mein einziges Kleid nicht mehr. Vielleicht bekomme ich dann die abgelegten Sachen der dicken Assunta verpasst.

Die Schule geht am Dienstag los. Sie liegt im unteren Teil der Stadt. Frau Guggenheim ist den Weg mit mir zweimal abgelaufen. Sie scheint gemerkt zu haben, dass ich mich leicht verirre. Morgens soll ich die Straßenbahn nehmen, damit ich pünktlich in der Schule bin. Mittags, wenn es ganz steil bergauf geht, muss ich leider zu Fuß gehen. Frau Guggenheim sagt, es mache ihr nichts aus, mit dem Mittagessen auf mich zu warten. Für das Geld, das sie nicht für meine Straßenbahnkarten ausgibt, kann sie bestimmt jede Menge Rhabarber kaufen. Den gibt es immer noch zum Nachtisch, obwohl in allen Obstläden wunderbare Erdbeeren und herrliche Kirschen herumstehen. Immer, wenn Assunta die Rhabarberschüssel auf den Tisch stellt, wird mir klar, dass auch reiche Leute gern sparen.

Zum Glück sparen Guggenheims nicht an den Dingen, die mir am meisten Freude machen und die ich mein ganzes Leben lang nicht vergessen werde. Seitdem ich hier bin, waren wir schon zweimal im Museum und einmal auf einer Vernissage. Das Wort habe ich erst hier gelernt. Im Kunsthaus habe ich mich wieder einmal in einen Maler verliebt. Er heißt Johann Heinrich Füssli, ist 1741 in Zürich geboren und 1825 in England gestorben. Er hat Titania in dem Moment gemalt, als sie den groben Handwerker Bottom mit Blumen bekränzt und küsst. Puck hat ihm ja einen Eselskopf übergestülpt, während er schlief, damit sich Titania lächerlich macht.

Die Feen waren mit auf dem Bild. Guggenheims waren platt, dass ich jede Fee beim Namen kenne. Ich hatte wahrhaftig nicht

vor, mich wichtig zu machen, aber plötzlich begann ich, den schönen Monolog von Oberon aufzusagen, als er Puck losschickt, um das verzauberte Liebeskraut zu suchen. Guggenheims sprechen beide gut Englisch und haben sehr aufmerksam zugehört. Ich habe ihnen erzählt, dass der »Sommernachtstraum« mein Lieblingsstück von Shakespeare ist und dass ich in der Nakuru School freiwillig viele Stellen auswendig gelernt habe. Jetzt habe ich eine Postkarte von Füsslis herrlichem Bild. Ich werde mich also in Frankfurt, sooft ich will, mit Titania und ihren Feen unterhalten können.
Von dem kleinen Kind, das meine Gastgeber lieb haben und verwöhnen wollten, ist keine Rede mehr. Stattdessen von Bekannten in Luzern, die ihr Pflegekind nach Deutschland zurückschicken mussten, weil es nur geheult und gehustet hat. Ich hoffe, ich habe nicht gegrinst. Wahrscheinlich hat mich Owuor als kleines Mädchen mit seiner Schadenfreude angesteckt!

AM 1. MAI SCHREIBT JETTEL ZWEIG, FRANKFURT, AN IHRE SCHWESTER UND IHREN SCHWAGER IN NEW YORK

Meine liebe Suse, mein lieber Mackie! Walter und ich sind immer noch ganz durcheinander. Euer Brief kam genau an Mackies Geburtstag hier an. Wir hatten noch morgens von ihm gesprochen. Ich war gerade beim Zahnarzt gewesen (Wurzelbehandlung, besonders schmerzhaft) und traf unseren Briefträger, als ich in der Höhenstraße aus der Straßenbahn stieg. Er interessiert sich immer für die Post, die wir aus dem Ausland bekommen, und hat mir schon von Weitem zugerufen, dass Ihr geschrieben habt. Ich wollte das gar nicht glauben. Euer Paket mit der Postkarte für Max (mehr davon am Schluss) ist ja erst vor fünf Tagen hier eingetroffen.
Obwohl der neue Brief ja an uns beide gerichtet war, hatte ihn Walter aufgerissen. Wie immer! Es war gerade zwölf Uhr Mittag. Sonst macht er immer Praxis bis eins. Nun saß er in der Küche, starrte auf Euren Brief und hatte einen hochroten Kopf

und Tränen in den Augen. Die Luft war zum Schneiden. Der Aschenbecher, den unsere Else mindestens dreimal am Tag auswäscht, lief über. Die letzte Zigarette qualmte noch. Eines Tages brennt er uns noch die ganze Wohnung ab.

In der Diele stand ein ratloser Mann. Er traute sich nicht ins Wohnzimmer, wo Walter seine Mandanten empfängt. Im Schlafzimmer machte mein lieber Sohn mit seiner Trommel einen solchen Höllenlärm, dass jedem Hören und Sehen vergehen musste. Nur sein Vater hat nichts gehört. Else, die ja auf das Kind aufpassen soll, wenn ich nicht da bin, war mit dem eklig feuchten Maisbrot beschäftigt, für das sie sich beim Bäcker die Beine in den Bauch gestanden hatte. Das Zeug lässt sich kaum schneiden, und wir vertragen es alle nicht.

Natürlich habe ich einen Riesenschreck bekommen. Ich hatte Angst, Steffi wäre was passiert. Mein Herz schlug wie ein Hammer in meinem Körper, und mir wurde prompt übel. Steffi ist ja immer noch in der Schweiz. Sie erlebt dort so viel, dass ich oft denke, so ein empfindliches Mädchen, wie sie ist, muss ja bei den vielen neuen Eindrücken total meschugge werden. Ihre Gastgeber haben offenbar auch noch nicht bemerkt, dass unsere Tochter keinen Orientierungssinn hat. Ich musste ihr auf der Farm immer einen von unseren Hunden mitgeben, damit sie nachts vom Klo zurück ins Haus fand.

Guggenheims lassen Steffi sogar allein Straßenbahn fahren. Scheinbar haben die Schweizer gute Nerven. Walter und ich stellen uns oft vor, was unserer Tochter in einer Stadt wie Zürich alles zustoßen kann. Sie ist viel zu scheu, um fremde Menschen um Hilfe zu bitten. Ihre Schüchternheit hat sich leider noch verschlimmert, seitdem wir aus Kenia weg sind. Außerdem schreibt sie in jedem Brief, dass die Schweizer so schwer zu verstehen seien und ein ganz anderes Deutsch redeten als wir. Da wird sie schon gar nicht wagen, fremde Leute anzusprechen.

All das ging mir durch den Kopf, als ich Walter auf dem Küchenhocker sitzen sah. Natürlich bin ich in Tränen ausgebro-

chen. Mit meinen Nerven steht es schon lange nicht mehr zum Besten. Wenigstens da ist mein Mann zu sich gekommen. Erst hat er mich an sich gedrückt, was mich total verwirrt hat, und dann auf einen Stuhl gesetzt. Ohne ein Wort zu sagen, hielt er mir Euren Brief hin.
Obwohl ich ja schon nach den ersten fünf Zeilen gemerkt habe, dass bei Euch nichts Schlimmes passiert ist und genau das Gegenteil der Fall ist, konnte ich nicht mehr aufhören zu weinen. Auch jetzt, am dritten Tag, kann ich nicht fassen, dass wir uns noch in diesem Jahr wiedersehen sollen, und immerzu frage ich mich, weshalb Glück genauso schwer zu ertragen ist wie Leid. Walter geht es wie mir.
Wir sind überhaupt nicht auf die Idee gekommen, dass Ihr von Amerika nach Deutschland reisen könnt. Wir würden es nur unter großen Schwierigkeiten nach Köln oder Hamburg schaffen. Unser guter Greschek, der uns schon dreimal in Frankfurt besucht hat, war jedes Mal aus der britischen Zone über zwei Tage unterwegs. Allerdings habe ich bei all den Sorgen, die wir hier mit Essen, Heizung, Strom, Wasser und Kleidung haben, nicht mitbekommen, dass Mackie wieder in seinem alten Beruf arbeitet und Ihr dadurch billiger als andere Leute reisen könnt. In Deutschland vergisst man ja komplett, dass Menschen überhaupt auf Reisen gehen, wenn sie nicht müssen.
Natürlich kenne ich das Reisebüro Cooks von früher. Du bist wirklich um Deinen Mann zu beneiden, Suse. Von einem Juristen hat man als Frau nicht gerade viel. Allenfalls könnte ich eine Beleidigungsklage führen, ohne Anwaltsgebühren zahlen zu müssen, aber mein Mann, der ja selbst bei ganz üblen Charakterschweinen noch was Gutes zu entdecken meint, würde nie erlauben, dass ich jemanden verklage.
Es passt besonders gut, dass Ihr erst im September reisen wollt. Da ist Steffi, so Gott will, auf alle Fälle aus Zürich zurück, und meistens ist September ein angenehmer Monat mit schönem Wetter. Es ist nicht mehr heiß und noch nicht kalt. Außerdem

war der September für die Familie Zweig immer etwas Besonderes. Walter und Steffi haben Geburtstag, und die hohen jüdischen Feiertage sind fast immer im September. Die Gottesdienste in dem bescheidenen Raum, der heute in Frankfurt als Synagoge dient, besonders die Totenfeier zu Jom Kippur, sind sehr bewegend. Ich bin auf meine alten Tage nicht fromm geworden, doch tut es mir gut, an Mutter und Käthe in der Gemeinschaft von Menschen zu denken, die das Gleiche durchgemacht haben wie ich.

Unsere Wohnung besteht zwar nur aus drei Zimmern, und die sind nicht gerade groß, aber es wird keine Schwierigkeiten machen, Euch bei uns unterzubringen. Unsere Hauswirtin hat für alles eine Lösung. Ohne sie wäre ich in Frankfurt längst in der Klapsmühle gelandet. Und samt meiner Familie verhungert! Sie kocht aus steinharten Brotkrusten eine Brotsuppe, die sogar schmeckt, und aus Brennnesseln Suppe. Sie hat uns angeboten, dass Else und Walter in den beiden Mansarden im Haus schlafen können. Wenn Ihr den kleinen Raymond nicht mitbringt, kann ich das natürlich verstehen. Reisen mit kleinen Kindern sind, weiß Gott, die reinste Strapaze, und der größte Teil der Quälerei bleibt an uns Müttern hängen. Trotzdem tut mir der Gedanke weh, dass ich meinen einzigen Neffen nicht kennenlernen soll und meine Kinder nicht ihren einzigen Vetter. Überlegt Euch das Ganze noch einmal. Für unsere Kinder, die keine Großeltern mehr haben, zählt ja jeder Verwandte, der ihnen geblieben ist, doppelt.

Ihr solltet jetzt schon damit beginnen, uns Mehl zu schicken, damit ich für Euch Brot backen kann. (Brotbacken habe ich ja auf unserer Farm gelernt.) Wenn Ihr für Euren Besuch Kaffee schickt, können wir ihn in die Lebensmittel eintauschen, die wir dann brauchen werden. Es wäre mir schrecklich unangenehm, wenn ich meine einzige Schwester und ihre Familie nicht anständig bewirten könnte. Für das Baby müsst Ihr alles mitbringen, was Ihr braucht. Für Kinder gibt es Milch nur auf Marken,

1949: Wiedersehen mit den Verwandten aus Amerika. Mackie Klein (links), ich, Suse, Jettel, Walter und die beiden Vettern Raymond und Max.

und für die Zeit, in der ihr da seid, habt ihr keinen Anspruch auf Lebensmittelkarten. Die Leute munkeln dauernd von einer Währungsreform, die kommt. Danach soll die Versorgungslage sich bessern. Wer das glaubt, dem ist nicht zu helfen.

Vor lauter Aufregung hätte ich fast vergessen, für Euer letztes Paket zu danken. Alles war wieder einmal wunderbar. Max ist begeistert von Corned Beef und dem Rührei, das ich ihm aus dem Eipulver mache. Seine Postkarte lässt er sich jeden Morgen zeigen. Die vielen bunten Luftballons gefallen ihm so gut. Nebbich, er hat noch nie einen Luftballon in natura gesehen!

Ihr könnt Euch überhaupt nicht vorstellen, wie oft Ihr uns vor dem Verhungern rettet. Und vor der Verzweiflung. Den Kaffee aus Amerika trinken wir nur am Sonntag, in der Woche gibt es Muckefuck. Der ist eine Strafe Gottes, die ich meinem ärgsten Feind nicht wünsche. Die Bluse und die Unterhosen habe ich für Steffis Geburtstag beiseitegelegt. Ihr eifersüchtiger Vater war vollkommen aus dem Häuschen, als ich ihm zeigte, dass auf jedem der sieben Schlüpfer ein anderer Wochentag steht. Nun

lässt er bei Euch anfragen, ob man in Amerika täglich die Unterwäsche wechselt und Männer ihre Frauen als Kalender verwenden. Ich weiß nicht, wie ich es bis September aushalten soll.
Für heute drückt Euch alle drei ganz innig Eure Jettel

Zusatz von Walter
Meine geliebten Lieben! Selbst wenn mir Gott persönlich gesagt hätte, er würde dafür sorgen, dass ich noch einmal in meinem Leben meine Schwägerin und meinen Schwager sehe, ich hätte es ihm nicht geglaubt. An das amerikanische Wunder werde ich allerdings erst glauben, wenn Ihr leibhaftig vor mir steht. Schon die Vorstellung, dass ich sagen kann, »meine Familie aus New York kommt uns besuchen«, ist derzeit mehr Glück, als ich ertragen kann.
Natürlich wohnt Ihr hier. Alles andere wäre eine Kränkung und eine sündhafte Verschwendung der gemeinsamen Zeit, die uns zur Verfügung steht. Es gibt im Übrigen keine Hotels in Frankfurt. Ich weiß nicht, ob Euch diejenigen, die für die Besatzungstruppen beschlagnahmt sind, offen stehen. Erkundigt Euch, ob Ihr im PX einkaufen dürft, während Ihr hier seid. Einem Bundesbruder aus London ist das gelungen. Er war schon zweimal hier, überschüttet Max jedes Mal mit Schokolade und Eiscreme und verwöhnt meine Frau mit Nylonstrümpfen. Meine Tochter kennt er noch nicht. Das letzte Mal hat er uns im PX zum Frühstück einladen können. Mein Sohn durfte sich endlich mal überfressen, und sein Vater hat zum ersten Mal, seitdem er aus der Army entlassen wurde, drei Spiegeleier auf einem Teller gesehen.
Mir würde es sehr leidtun, wenn Ihr Raymond nicht mitbringt. Natürlich ist das Reisen mit einem so kleinen Kind kein Zuckerschlecken, aber es wäre mehr, als Jettel und ich zehn Jahre lang zu träumen wagten, den Sohn von Suse und Max Klein aus New York kennenzulernen und Euch Max Zweig den Zweiten aus Nairobi vorzustellen. Es sind solche Momente, die uns wissen lassen, weshalb wir überlebt haben.

Unsere Else hat übrigens einen prächtigen Busen. An dem wird der kleine Raymond begreifen, wozu Gott das Weib erschaffen hat. Und hört um Himmels willen auf, Euch Gedanken zu machen, was Ihr den »poor relations« in Frankfurt mitbringen könnt. Mit einer Stange Chesterfield kann man ganz Deutschland aufkaufen. Besonders die deutschen Frauen. Sie schminken sich wieder, rauchen auf der Straße und sollen laut allgemein herrschender Lehre sehr billig und willig sein.
Es grüßt Euch in Hochstimmung Euer alter Walter

In ihrem Brief vom 17. Mai schreibt Steffi aus Zürich an ihre Eltern in Frankfurt

Meine liebe Mama, mein lieber Papa! Jetzt gehe ich schon zwei Wochen in die Schule und komme erst heute dazu, Euch zu berichten, was ich alles erlebe. Sobald man eine Schule betritt (egal, in welchem Teil der Welt), muss man ständig Dinge tun, die man eigentlich nicht tun will. Doch ich beklage mich nicht. Schließlich habe ich in Zürich keine Angst, dass ich ein schlechtes Zeugnis nach Hause bringe (für die kurze Zeit, die ich hier bin, bekomme ich keine Noten) oder dass meine Eltern, die nur gute Zeugnisse von mir gewöhnt waren, enttäuscht sind.
Die Mädchen haben mich weder mit Jubel noch Missfallen bedacht, als mich die Klassenlehrerin vorstellte. Sie haben getan, als wäre ich nicht da. Das Ganze hat mich an die Nakuru School erinnert. Da haben sich ja neue Schülerinnen auch erst bewähren müssen, ehe man von ihnen Notiz nahm. Bei mir hat das bekanntlich besonders lange gedauert, und ein Kind wie die anderen bin ich nie geworden. Wenn man auf einer englischen Schule sowohl deutsch als auch jüdisch ist, hat man überhaupt keine Chance, von den anderen Kindern akzeptiert zu werden. Ob die Schweizer Mädchen wissen, dass ich jüdisch bin, weiß ich nicht. Niemand hat mich nach meiner Religion gefragt. In der Schweiz reicht es im Jahr 1948 vollauf, Deutsche zu sein. Deutsche sind hier noch viel unbeliebter als bei den Englän-

dern in Kenia die Buren. Herr Guggenheim, der weiß, wie sehr ich mich für Geschichte interessiere, hat mir allerdings erzählt, dass das während des Krieges absolut nicht so war. Da hat die Schweiz sogar Juden, denen es gelungen war, bis an die Schweizer Grenze zu flüchten, wieder zurück nach Deutschland geschickt, obgleich feststand, dass sie ins KZ kommen würden. Ihr glaubt gar nicht, wie ich es genieße, dass Herr Guggenheim mich wie eine Erwachsene behandelt. Er ist der erste Mann, der das tut.

Weil in der Schule keiner mehr als unbedingt nötig mit mir redet, komme ich nie dazu zu erklären, dass meine Familie aus Deutschland auswandern musste, dass meine Großeltern und zwei Tanten von den Deutschen ermordet worden sind und dass mein Vater Soldat in der britischen Army gewesen ist. Andererseits kann ich auch gut verstehen, dass die Mädchen mich nicht mögen. In jeder Deutschstunde (sie heißt hier anders als in Deutschland, ist aber das Gleiche) lässt mich der Lehrer entweder vorlesen oder ein Gedicht vortragen. Er sagt, meine Mitschülerinnen sollen endlich mal lupenreines Hochdeutsch zu hören bekommen. Mich geniert das furchtbar. Ich komme mir vor wie eine Hochstaplerin und frage mich dauernd, ob ich den armen Kerl nicht auf meinen englischen Akzent aufmerksam machen müsste, wenn er ihn schon nicht von selbst heraushört.

Gestern habe ich beim Kaffeetrinken von der ganzen Sache erzählt. Alle haben sich schiefgelacht. Die Mutter von Herrn Guggenheim, die gerade zu Besuch ist, hat sich gar nicht mehr einkriegen können. Sie hat gesagt, dem Lehrer geschehe es ganz recht, wenn er einem deutschen Mädchen nur deshalb auf den Leim gehe, weil es schöne Augen habe. Ich bin ganz rot geworden. Bisher hat sich noch nie jemand für meine Augen interessiert.

Frau Guggenheim (die junge, muss ich jetzt sagen, weil die andere auch Guggenheim heißt) hat nicht viel Gefühl für Sprache. Sie will immer, dass ich in den Geschäften »Grüezi« sage und nicht »guten Morgen«, damit ich nicht als Deutsche auffalle. Ich soll auch »Fränkli« sagen statt Franken, »Hüsli« zu einem Haus und »Rösti« statt Bratkartoffeln, doch ich habe versucht, ihr zu erklären, weshalb das nie klappen würde. Sobald ich den Mund aufmache, würden die Menschen doch sofort merken, dass ich keine Schweizerin bin.

Ich habe Frau Guggenheim von Kenia erzählt und dass mir mein Vater schon als kleines Mädchen beigebracht hat, zu dem zu stehen, was ich bin. Deshalb sind wir ja in Kenia auch Deutsche geblieben, als sich so viele Leute haben naturalisieren lassen und sich englische Familiennamen ausgesucht haben, die absolut nicht zu ihrem fürchterlichen deutschen Akzent passten. »Du hast einen besonderen Vater«, sagte Frau Guggenheim. Um ihr auch eine Freude zu machen, habe ich beim Bäcker dann doch »Grüezi« gesagt. Prompt fing der ganze Laden an zu kichern. Mir war das kein bisschen peinlich, ihr schon.

In der Schule lacht niemand. Selbst in der Pause starren die Mädchen in ihre Schulbücher, als müssten sie gleich ins Examen. So etwas habe ich noch nie erlebt. Das Lernen wird in der Schweiz noch viel ernster genommen als in Deutschland, und dort nimmt man ja alles schon so verdammt ernst, dass ich mir immerzu vorkomme, als würde ich nicht dazugehören. Die Hoffnung, mein Französisch zu verbessern, habe ich schon am ersten Tag begraben. Die meisten meiner neuen Mitschülerinnen sprechen fließend Französisch. Als ich das erste Mal etwas vorlesen musste, haben sie mich genauso erstaunt angestarrt wie die Lehrerin in der Schillerschule, die es nicht in ihren verdammten Kopf hineinbekommt, dass Engländer kein Französisch sprechen können. Der Zürcher Deutschlehrer nimmt übrigens noch aus einem zweiten Grund von mir Notiz: Die Klasse liest gerade Goethes »Egmont«, und er hat sofort gemerkt, dass mich das Stück fasziniert. Um den »Egmont« im Theater zu sehen, würde ich freiwillig auch dann trockenes Brot

essen, wenn es in Deutschland wieder Butter und Marmelade geben sollte.
Jetzt genug von der Schule. Ich muss ja noch etwas zurückbehalten, damit ich in Frankfurt was zu erzählen habe. Zu Pfingsten ist etwas ganz Wunderbares passiert. Die Mutter von Herrn Guggenheim hat mir nicht nur zwei wunderschöne Kleiderstoffe geschenkt (der eine ist blau-weiß kariert, der zweite weinrot), sie hat mich für ein Wochenende zu sich eingeladen. Sie wohnt in Lugano. Das ist auf der anderen Seite der Alpen und fast schon Italien. Dort sollen Palmen wachsen und auch Blumen wie bei uns in Nairobi, beispielsweise Hibiskus, Bougainvillea, Passionsblumen und Kakteen. Ich kann mir das alles gar nicht vorstellen. Ich freue mich doch schon, wenn ich eine Rose sehe, und würde wahrscheinlich beim Anblick einer Passionsblume nur noch Suaheli reden. Jambo Bwana, Jambo Memsahib. Jambo Bwana kidogo. Ihr seht, ich bin jetzt schon vollkommen aus dem Häuschen. In Lugano sprechen die Leute Italienisch. Was Sprachen betrifft, ist in der Schweiz eben alles möglich.
Die Kleider aus dem Stoff von Frau Guggenheim senior soll mir Assunta machen. Ich bin bester Hoffnung, dass sie schön werden, denn Assunta war nicht immer Dienstmädchen. Sie ist in Napoli (Neapel) zu Hause und war dort Schneiderin, verdient jedoch in der Schweiz viel mehr als in Italien. Das alles weiß ich von Frau Guggenheim. Assunta kann ja kein Deutsch. Trotzdem habe ich ihr mithilfe einer Landkarte und vielen Gesten klarmachen können, dass ich mit meiner Mutter und meinem kleinen Bruder in Neapel gewesen bin und wie schön es war. Assunta war so glücklich, wie ich es wäre, wenn ich jemanden treffen würde, der Ol' Joro Orok kennt. Oder Owuor. Menschen sind seltsam. Sobald von ihrer Heimat die Rede ist, haben sie nur noch ein Herz und keinen Kopf.
Ich schreibe mehr über meine neuen Kleider, wenn sie fertig sind. Ihr könnt Euch denken, wie aufgeregt ich bei dem Gedan-

ken bin, gleich zwei Kleider im New Look zu bekommen. Denkt bloß nicht, dass ich nicht ganz große Sehnsucht nach Frankfurt und Euch habe, weil ich hier so viel Schönes erlebe und so gutes Essen bekomme. Ein voller Magen ist wunderbar, doch weder Bananen noch Vanilleeis können mein Heimweh stillen. Ich bekomme Herzklopfen, sobald ich an Euch denke, und immerzu quälen mich Gewissensbisse, weil ich satt bin und Ihr nicht.
Habt Ihr in Frankfurt eigentlich mitbekommen, dass auch die Juden jetzt eine Heimat haben? Palästina heißt nun Israel und der erste Staatspräsident Chaim Weizmann. Wir haben lange darüber gesprochen und uns gefreut. Allerdings war es mir peinlich, dass ich so wenig von der ganzen Sache wusste. Ich habe immer noch nicht heraus, ob das neue Israel das alte Gelobte Land ist, das Moses vierzig Jahre lang gesucht hat.
Was ich aber genau weiß: Ich freue mich auf jeden Eurer Briefe genauso wie früher in der Nakuru School. Wisst Ihr noch, wie ich immer geschrieben habe: »The lake is nearly full«? Es scheint mir Ewigkeiten her und war doch erst vor zehn Jahren.
Tausend Küsse Eure Steffi

AM 23. MAI SCHREIBT WALTER ZWEIG NACH ZÜRICH
Geliebte, einzige Tochter! Ich erhebe Einspruch! Rechtsanwalt Guggenheim ist nicht der erste Mann, der Dich wie eine Erwachsene behandelt. Ich tue das seit dem 12. August 1942. Du warst noch keine zehn Jahre alt, und ich musste Dir beibringen, dass Dein Bruder tot zur Welt gekommen war. Du hast nicht geweint. Du hast mich so fest gedrückt, als müsstest Du mich trösten und nicht ich Dich. Deine Tapferkeit und Dein Mitgefühl haben mich tief beeindruckt. Ich habe nie vergessen, wie stolz ich auf Dich war.
Genauso stolz war ich, als ich Deinen Brief las. Er hat mir wieder einmal bestätigt, dass meine Tochter gelernt hat, Nein zu sagen, wenn ihr das Ja gegen den Strich geht. Allerdings hat sie auch

jahrelange Übung in Zivilcourage. Es muss schwer für Dich gewesen sein, nie dazuzugehören, und doch bist Du Dir stets treu geblieben. Dass Du Dich nun nicht mit fremder Zunge lächerlich machen magst, um Dich als Schweizerin zu tarnen, ehrt Dich. Ich bin ein hochzufriedener und glücklicher Vater. Wie oft wurde mir in Kenia von unseren Schicksalsgenossen vorgeworfen, dass ich mit meiner Tochter nur Deutsch gesprochen habe und mich noch nicht mal um ihretwillen naturalisieren lassen wollte.
Es war auch damals eine Herausforderung, gegen den Strom zu schwimmen, doch will man in den Spiegel schauen, ohne sich zu schämen, muss man genau das tun. Oder den Spiegel verkaufen. In düsteren Stunden grüble ich, ob es in Deutschland überhaupt noch Spiegel in den Wohnungen gibt.
Glaube ja nicht, dass nur Du Sehnsucht hast. Seitdem Du weg bist, bin ich nur ein halber Mensch, aber Du hast die drei Monate in der Schweiz gebraucht, und Liebe fordert seit jeher Verzicht. Heute früh übte ich Verzicht im Kleinen. Wir hatten für unser Sonntagsfrühstück nur ein einziges Ei und haben darum gelost. Ich habe gewonnen, den Gewinn aber an Deine Mutter abgetreten, weil sie so traurig geschaut hat. Jetzt ist es schon fünf Uhr nachmittags, wir haben uns noch kein einziges Mal gezankt, und beim Mittagessen hat sie mir eine halbe Kartoffel geschenkt. Wenn das kein Ei wert war!
Dein Brief hat mir wieder einmal klargemacht, dass es im Leben trotz aller Gegenbeweise eine ausgleichende Gerechtigkeit gibt. Leider dauert es meistens so lange, bis die sich zeigt, dass die ursprünglichen Ansprüche verjährt sind. Ich hatte als Student einmal eine Einladung von wohlhabenden Freunden meines Vaters, die ihre Ferien in Locarno verbrachten, aber mein Fräulein Braut hat vehement gegen die auf vier Tage angesetzte Trennung protestiert. Wie immer hat sie sich durchsetzen können. Wir gingen stattdessen an der Oder spazieren, es hat Bindfäden geregnet, wir holten uns beide einen Schnupfen und gaben keinen Pfifferling auf die Liebe. Nun darf meine Tochter

ins Tessin. Sie wird mir berichten, was mir damals entgangen ist, und ich werde mich mit ihr freuen. Genieße die Zeit. Carpe diem, wie wir Lateiner sagen.
In Liebe Dein stolzer Vater

Am 14. Juni schreibt Steffi in ihr Tagebuch

Heute bin ich aus Lugano zurückgekommen. Es war wie im Märchen, ich bin immer noch ganz durcheinander. Alles war bunt, aufregend und geheimnisvoll. Die Menschen waren so heiter und freundlich wie in Afrika. Jetzt kenne ich ein zweites Wort für Glück: Tessin.
Die alte Frau Guggenheim und ich gingen in Gassen mit dicken Mauern und tanzenden Schatten spazieren. Von den Häusern hingen feuerrote, weiße und violette Blumen. Wenn die Menschen sprachen, war es mir, als würden sie singen und ich könnte Italienisch. Ich habe mir ständig gewünscht, die Zeit würde stillstehen. Eine Sonne wie in Lugano habe ich seit Ol' Joro Orok nicht erlebt. Alles war sauber. Die Katzen, die in den offenen Fenstern saßen oder sich in der Sonne putzten, sahen aus wie frisch gebadet. Die Hunde erst recht. Mir fiel ein, dass ich so gut wie keinen Hund mehr gesehen habe, seitdem ich mich von Rummler trennen musste.
Vor vielen Geschäften standen riesige Kisten mit Obst und Gemüse. An den Zitronen hingen noch Blätter. Ich war unvorsichtig, roch an einer Zitrone, und schon kamen mir die Tränen. Bis zu diesem Moment habe ich nicht gewusst, dass man Vergangenheit riechen kann. Natürlich bin ich fürchterlich erschrocken. Die Zitrone war allerdings nur der Anfang meiner großen Nasenreise. In einem Gewürzladen, in dem Frau Guggenheim roten Pfeffer kaufte, roch ich am Currypulver und konnte mich nicht mehr wehren: Ich stand mit Owuor in der Markthalle in Nairobi. Wir kauften Mangos, eine riesige Bananenstaude und einen Perlengürtel. Danach schlugen die Erinnerungen wie ein wütender Blitz auf mich ein, aber ich hatte keine Angst. Es ist

etwas Wunderbares, in die Welt zurückzureisen, in der man glücklich gewesen ist.
Von Frau Guggenheims Balkon kann man den Luganer See und die Berge sehen. Von Weitem wirken die Segelschiffe wie weiße Riesenvögel, die Ruderboote ganz klein. Ich hatte noch nicht einmal Zeit, mich in den Arm zu zwicken, um herauszukriegen, ob ich wirklich ich bin. Da habe ich schon an den Naivashasee gedacht und wie Papa, Mama und ich mit Martin in einem kleinen Boot zwischen den Pflanzen und Fischen gerudert sind und die Vögel so schön waren wie nirgendwo sonst auf der Welt.
In dem Moment, in dem der See von Lugano und der Naivashasee zusammenwuchsen, fasste ich einen wichtigen Entschluss: Wenn ich wieder zu Hause bin, werde ich Papa endlich erzählen, dass ich jeden Brief von Martin lese, obwohl er sie alle vor mir versteckt (einschließlich die an mich). Ich werde Martin nie vergessen, auch wenn mein Vater seine Briefe in einem Aktenstück versteckt, auf dem »Anträge auf Bezugsscheine« steht. Eigentlich dürfte ich Papa gar nicht verzeihen, dass er so etwas tut, aber ich kann ihm einfach nicht böse sein. Ausgerechnet in Lugano ist mir das aufgegangen.
Am Ufer wachsen tatsächlich Palmen, schöne, grüne, hohe. Wenn der Wind in ihren Blättern spielt, sehen sie aus, als würden sie tanzen. In der Sonne leuchteten die Mohnblumen rot wie Buschfeuer in der Nacht. Die Welt war so schön, wie sie nie mehr für mich sein wird. Jede Blume hatte ein anderes Gesicht. Einige sprachen Suaheli. Ich sah einen weißen Schmetterling auf eine Kamelie fliegen und wagte kaum zu atmen, weil ich Angst hatte, ich würde aufwachen, und alles wäre nur ein Traum. Wie bei Alice im Wunderland. Irgendwann habe ich gemerkt, dass Renoir mir seine Augen geliehen hatte. Ich hoffe, er fordert sie nicht zurück, wenn ihm aufgeht, dass ich nicht malen kann und Worte brauche, um Schönheit festzuhalten.
Nachmittags haben Frau Guggenheim und ich in einem Café mit großen gelben Sonnenschirmen Eis in allen Farben geges-

sen. Da sie selbst Kinder hat, weiß sie, dass Kinder lieber Eis essen als Rhabarber. Besonders, wenn sie aus Deutschland kommen und vergessen haben, dass Eis nach Erdbeeren, Vanille und Seligkeit schmeckt. Meine wunderbare Gastgeberin hat auch sofort verstanden, dass ich zwar erwachsen bin, aber nicht mein Magen.

Da Assunta zwei Tage vor meiner Abfahrt zu ihrer kranken Schwester nach Neapel musste, hat mir Frau Guggenheim (die junge) die beiden Kleiderstoffe mit nach Lugano gegeben. Frau Guggenheim (die alte) ist noch am Freitag mit mir zu ihrer italienischen Schneiderin gegangen. Die hat mir in zwei Tagen zwei Kleider genäht. Total New Look. Als wir in ihren Laden kamen, nannte sie mich »Ragazza«. Als ich das neue weinrote Kleid anzog, das einen Rock hat, der mir bis zu den Knöcheln geht, sagte sie »Signorina« zu mir. Auch das Kleid aus dem blau-weiß karierten Stoff ist noch moderner als modern. Der Rock ist so weit, dass er bei jedem Schritt schwingt. Wie bei einer Tänzerin. Das Oberteil liegt so eng an, dass selbst kurzsichtige Leute merken müssen, dass ich einen Busen bekommen habe. Ich bin gespannt, ob mir in Frankfurt endlich ein Mann nachpfeift, wenn ich eins von meinen neuen Kleidern anhabe.

Am letzten Abend haben wir auf dem Balkon gesessen und zugeschaut, wie die Lichter auf dem See und in den Bergen funkelten. In einer kleinen Glaslampe brannte eine Kerze und zauberte mit Licht. Ich hatte das Gefühl, ich würde Frau Guggenheim schon mein ganzes Leben kennen. Warum rede ich so viel lieber mit alten Menschen als mit jungen? Ich erzählte Frau G. von Nairobi, von meiner Freundin Diana und wie wir zusammen im Baum gesessen haben. Ehe wir ins Bett gingen, sagte ich ihr, wie leid es mir tue, dass ich nicht die richtigen Worte finden könne, um ihr für die einmalige Zeit im Tessin zu danken, doch sie sagte, ich hätte bereits die richtigen Worte gefunden. Trotzdem werde ich ihr schreiben. In der Nakuru School haben wir alle Bread-and-Butter-Letters schreiben müssen, da war ich erst acht Jahre alt. Vielleicht gestehe ich ihr sogar, dass mir mein Leben lang die Tränen kommen werden, wenn ich ans Tessin denke. Ich habe gemerkt, sie weiß über Tränen gut Bescheid. Tränen bedeuten ja ebenso Glück wie Trauer.

Am 24. Juni schreibt Jettel an ihre Tochter in Zürich

Meine liebe Steffi! Es tut mir leid, dass ich mich nicht sofort für Deinen Brief bedankt habe, doch hier ist diese Woche sehr viel passiert. Ich bin ständig auf Trab. Du hast mir einen besonders schönen Geburtstagsbrief geschrieben. Ich habe sofort das kleine Stoffbild gesucht, das Du mir 1943 zu meinem fünfunddreißigsten Geburtstag gestickt hast, und war so gerührt wie damals. Ausgerechnet an meinem Geburtstag hat es hier eine Währungsreform gegeben. Die Stimmung war natürlich dahin. Du kannst Dir nicht vorstellen, wie sehr sich das Leben auf einen Schlag verändert hat. Wir haben unseren Augen nicht getraut, als wir am Montag auf die Straße gingen. Plötzlich gibt es beim Fleischer Wurst, beim Bäcker wunderbare weiße Brötchen, und nebenan bei Frau Heckel, die so freundlich ist wie noch nie, stehen Kisten mit Obst und Gemüse. In der Stadt sind die Geschäfte noch voller. Es gibt Kleider, Hüte, Babysachen, Töpfe, Teller, Glühbirnen, Nähgarn, Möbel, Lampen und alles, was Du Dir nur vorstellen kannst. Selbst Kaffee kann man kaufen. Aber nun haben wir kein Geld mehr, um irgendetwas zu kaufen. Das alte Geld wurde ungültig, und jeder bekam nur vierzig Mark Kopfgeld. Wir wissen nicht, wie es weitergehen soll.
Für Dich haben wir leider gar kein Kopfgeld bekommen, obwohl wir sagten, dass Du sehr bald wieder hier sein wirst. Wir wissen nicht einmal, wie wir das Gehalt für Else aufbringen sollen. Sie hat gesagt, sie verzichtet auf ihren Lohn, bis sich die Lage beruhigt habe, weil sie ja bei uns zu essen bekommt und frei wohnt, aber Du kennst ja Deinen Vater. So etwas würde er nie machen. Lieber verhungert er, als dass er eine Mark Schulden macht. Er war schon als junger Mann so.

Dafür haben wir endlich Telefon. Anwälte werden neuerdings bevorzugt behandelt. Ein Stück Erdbeertorte mit Sahne, wie ich es gestern in der Bäckerei gesehen habe, wäre mir wesentlich lieber. Wozu brauchen wir Telefon? Wenn die anderen keins haben, kann man doch mit keinem telefonieren. Das Wetter ist erbärmlich. Es hört gar nicht mehr auf zu regnen. Die Leute sagen alle, dass das von den Atombomben kommt.
Auf Deine neuen Kleider bin ich gespannt. Auf Dich erst recht. Ich kann mir gar nicht vorstellen, dass Du in den drei Monaten zehn Pfund zugenommen hast. Wir zählen die Tage, bis wir uns wiedersehen, und erzählen Max dauernd, dass seine Schwester zurückkommt, aber natürlich versteht er das nicht. Else erlaubt nicht, dass ich die Rosinen aus dem letzten Paket von Suse anrühre, bis Du wieder hier bist, obwohl Papa ihr gesagt hat, dass die ganze Schweiz nur aus Rosinen besteht.
Eine feste Umarmung und einen dicken Kuss
Deine Dich liebende Mutter

Für den 6. Juli steht in Steffis Tagebuch
Ich habe schon auf der Reise versucht, mich wieder an Trümmer, deutsche Züge, deutsche Menschen und deutsche Stimmen zu gewöhnen. Leicht war das wahrhaftig nicht. Um zehn Uhr abends kam ich in Frankfurt an. Mama und Papa haben mich vom Bahnhof abgeholt. Ich hatte vergessen, dass meine Eltern so dünn sind und so grau im Gesicht, und bin entsetzlich erschrocken, als ich sie sah. Hoffentlich haben sie nichts bemerkt. Zum Glück war der Bahnhof so dunkel, dass man so gut wie nichts sehen konnte. Max schlief schon, als ich in die Wohnung kam. Ich habe ihn erst heute früh gesehen. Er ist gewachsen und redet wie ein Erwachsener. Einen Moment erschien er mir gar fremd, und ich wurde richtig verlegen. Als er aber den großen bunten Ball entdeckte, den ich mir von Guggenheims als Abschiedsgeschenk gewünscht hatte, und er ihn prompt in Frau Bredes Vertiko kickte, habe ich ihn wiedererkannt.

Für die Heimreise bekam ich einen Korb mit, den ich erst in der Bahn auspacken sollte. Ich habe bis nach Basel gewartet. Zwischen Käsebroten, zwei Tafeln Schokolade und dem Früchtebrot, das ich so gern esse, lagen ein Buch über Utrillo und ein Album mit sämtlichen Fotos von den Bildern, die bei Guggenheims hängen. Schon als ich das erste Bild anschaute, wurde mir klar, dass ich endlich eine Heimat gefunden habe, die mir keiner nehmen kann.

Nachtrag

Ab dem 20. Juni 1948 sorgte die Deutsche Mark dafür, dass das Wort Hunger in null Komma nichts aus dem Vokabular der Deutschen verschwand. Es wurde gerührt, gebacken und gefuttert, es gab wieder echten Bohnenkaffee und Eierlikör, Schüsseln voller Schlagsahne und Tortenberge. Jeden Samstag wurde in den Haushalten gebacken. Punkt neun brachte Jettel das Kuchenblech zum Bäcker. Dort bekam ihr Hefeteig die gleichmäßige Wärme, die ein Hefeteig braucht, und sie konnte den nachbarlichen Plausch genießen, den sie in Ol' Joro Orok so vermisst hatte. Die Frauen im Viertel freuten sich sehr, wenn sie »Frau Doktor« sahen. Die Anrede war Jettel so selbstverständlich wie in den Leobschützer Tagen. Eine, die in Afrika gewesen war und so anschaulich davon zu erzählen wusste, dass die Hausfrauen das Heimgehen vergaßen, war eine Sensation. Die Nachbarn sprachen mich noch lange nach dem Tod meiner Mutter auf die Gespräche über Afrika an.

Der Witz »Ich bin mein ganzes Leben noch nicht von Kalorien satt geworden« geriet aus der Mode. Der Männerbauch wurde wieder Statussymbol, Frauen mit kräftigen Hüften entsprachen dem gängigen Schönheitsideal. Auf das Wort »Liebe geht durch den Magen« war wieder Verlass. Bei Familie Zweig aus dem Schlesierland kam unter Anleitung der Hauswirtin die erste Grüne Soße auf den Tisch. Meine Eltern schauten stumm auf ihre Teller. Beim Thema Essen waren sie sich so einig wie schon lange nicht mehr: Die Frankfurter könnten keinen anständigen

Kartoffelsalat machen und erst recht nicht mit Mohn umgehen. Wellwurst und Krakauer wurden ausschließlich bei einem schlesischen Metzger geholt. Der erste Gast nach der Währungsreform war ein Richter aus Breslau. Er war mit einer Frankfurterin verheiratet, schnalzte nach dem ersten Bissen mit der Zunge und sagte nach dem zweiten: »So muss Kartoffelsalat schmecken, Hella. Lass Dir das Rezept geben.« Es war ein stolzer Moment für die Hausfrau. Sie vergaß, wie sie sich gesträubt hatte, nach Deutschland zurückzukehren, und gab dem Charmeur einen Kuss. Der bildete den Auftakt einer tiefen Freundschaft. Statt Brot und Wurstzipfel teilten wir nun Erlebnisse, Hoffnungen, Erwartung und Freude. Sonntags liefen wir nicht mehr zur Waage am Hauptbahnhof. Der kneifende Rockbund und Vaters zu enge Hose zeigten an, dass es mit der überlebenswichtigen Gewichtszunahme klappte. Donnerstags stand der Mann mit dem »Lesezirkel« vor der Tür. Wir hätten eher auf Essen und die schöne Seife verzichtet, die es wieder zu kaufen gab, als auf die Illustrierten mit ihren Berichten, Bildern und Geschichten. Die ganze Welt kam ins Haus. Selbst von Kenia war gelegentlich die Rede. Else lernte, Ol' Joro Orok zu sagen und Owuors Namen richtig auszusprechen.

Samstags war Kinotag. Der Film »Nachtwache« konfrontierte mich zum ersten Mal mit dem Wort von der inneren Heimatlosigkeit; ich verliebte mich, wie ganz Westdeutschland, in Dieter Borsche und Luise Ullrich. Mein Vater verliebte sich in den Film »Der dritte Mann« – hauptsächlich wegen des Zitherspiels von Anton Karas. 1950 jubelten wir Sonja Ziemann und Rudolf Prack im »Schwarzwaldmädel« und dem geschmeidigen Curt Goetz in »Frauenarzt Dr. Prätorius« zu. Meine Eltern waren einen Kinoabend lang fröhlich wie einst im Breslauer Mai. Jenny Jugo, die sie auch in Afrika nicht hatten vergessen können, spielte die Hauptrolle in Helmut Käutners »Königskinder«. Bei mir witterten sowohl Vater als auch Mutter eine ehegefährdende Anlage zum Blaustrumpf. Ich begeisterte mich für »Orphée«

von Jean Cocteau und danach für Jean Renoirs opulenten Indienfilm »Der Strom«, der mich zurück in die Tropenwelt führte, in der ich mein Herz zurückgelassen hatte.
Weil ich immer noch Englisch als meine Muttersprache empfand, stillte ich meinen nie nachlassenden Lesehunger vorwiegend im Amerikahaus. Dort fand ich nicht nur die Klassiker, mit denen ich aufgewachsen war und die mich geprägt hatten, sondern auch die neuesten Bücher von Graham Greene und Ernest Hemingway. Es gab Zeitungen aus aller Welt, Hochglanzillustrierte, das heiß geliebte »Geographical Magazine« und den »Reader's Digest«. Ich lernte auch die Autoren kennen, denen ich bald darauf im Theater begegnete: Tennessee Williams und Thornton Wilder. Von Wilder gab es in Frankfurt eine von mir bis heute nicht vergessene Aufführung von »Unsere kleine Stadt« mit Fritz Rémond in der Rolle des Erzählers.
Mein Bedürfnis nach Büchern musste ich mit der Pflicht verschmelzen, den kleinen Bruder zu hüten. Max, damals vier Jahre alt, hat wesentlich mehr Zeit vor Buchregalen und im Frankfurter Städel als auf Schaukel und Wippe im benachbarten Günthersburgpark verbracht. Verargt hat er mir das nie, auch nicht, als es Mode wurde, andere für die eigenen Unzulänglichkeiten verantwortlich zu machen. Im Amerikahaus gab es eine kindernärrische Bibliothekarin, die den vorlauten Frankfurter Buben aus Nairobi mit amerikanischen Donuts vollstopfte. Im Städel lernte er, die Bilder von Albrecht Dürer zu erkennen. Da damals die Geschäftswelt Wert auf das Flair von Bildung legte, hingen in vielen Buchläden, Apotheken und Schreibwarenhandlungen Kopien von Dürers Hasen oder seiner »Betenden Hände«. Max lief immer als Erstes auf die Bilder zu, jubelte: »Dürer!«, genoss das Staunen seines fassungslosen Publikums und kassierte beglückt die winzigen Sahnebonbons, die die Geschäftsleute für die Kinder der Kundschaft bereithielten. Im Städel, wohin mich Max fast so oft begleitete wie andere Kinder ihre Mutter zum Milchmann, war die grausige »Blendung Simsons« von Rembrandt

sein Lieblingsbild. Für meinen Favoriten, Claude Monets »Mittagessen«, zeigte er nicht einmal peripheres Interesse.

Frieden mit der Muttersprache, die mir so früh abhandengekommen war, schloss ich, als 1950 die ersten ro-ro-ro-Taschenbücher herauskamen. Mein Vater schlug mir selten einen Wunsch ab, doch er verweigerte mir ein regelmäßiges Taschengeld mit der Begründung, er würde ja die Kosten für Logis, Essen und Kleidung tragen. Als ich den dritten Tag von den billigen Buchschätzen schwärmte, legte er mir seufzend zwanzig Mark unter den Suppenteller. Ich kaufte die ersten vier Taschenbücher – Hans Falladas »Kleiner Mann – was nun?«, Graham Greenes »Am Abgrund des Lebens«, Kiplings »Dschungelbuch« und Tucholskys »Schloss Gripsholm«. Über Tucholsky referierte ich so anhaltend, als hätte ich ihn entdeckt. Es verschlug mir die Sprache, als mein Vater sagte, er hätte Tucholsky schon in den Zwanzigerjahren gelesen. »Er hat in der ›Weltbühne‹ weiß Gott noch über anderes geschrieben als über die Liebe zu dritt«, meinte er. Ich war umso verblüffter, weil ich, typische Vertreterin der naiven, verklemmten Generation, von der berühmten Ménage-à-trois nichts gemerkt hatte. Meiner Mutter machte, als ich ihr meine neuen Buchherrlichkeiten vorführte, die unerwartete Begegnung mit Fallada zu schaffen: »Kleiner Mann – was nun?« hatten meine Eltern gemeinsam gelesen, als ich unterwegs war in eine Welt, die auf nichts Gutes mehr hoffen ließ.

Im September 1949 leuchtete jeder Stern am Himmel nur für uns: Mackie, Suse und der kleine Raymond, alle drei fortan im Zweig'schen Sprachgebrauch nur noch »die Amis«, kamen nach Frankfurt, ein Jahr später als geplant und umso ungeduldiger erwartet. Deutsche durften damals noch nicht zum Flughafen. Mein Vater und ich holten die Einzigen der Familie, die außer uns den Mördern entkommen waren, am Hauptbahnhof ab.

Das Flugzeug hatte sich verspätet, Auskünfte gab es keine. Wir saßen vier Stunden auf einer Bank, der im Hungerwinter die Lehne gestohlen worden war. Die Wunden des Bahnhofsgebäudes bluteten noch. Es war ein warmer Abend, unsere Herzen so überhitzt wie die Fantasie, die Augen unruhig. Wir starrten ins Leere und ängstigten uns, die Freude könnte uns zerreißen, wir klammerten uns aneinander und suchten vergebens nach Worten. Als der Bus die Besucher aus Amerika am Hauptbahnhof freigab, lagen sich die beiden Schwager im Arm und konnten sich nicht mehr voneinander lösen. Ich sehe sie heute noch weinen und höre meinen Vater sagen: »Mackie, Mackie, dass ich das noch erlebe.« Die beiden Schwestern fanden schneller in die Realität als die Männer. Noch am Abend des Wiedersehens nahmen sie den alten Kinderstreit wieder auf, wer das Lieblingskind ihrer Mutter gewesen sei. Die beiden Cousins hatten es nicht eilig, Freundschaft miteinander zu schließen. Weil der zweijährige Vetter aus New York sich nicht mit Worten durchsetzen konnte, pflegte er den dreijährigen Cousin aus Nairobi zu beißen. Dem wiederum war es als Gastgeber untersagt worden, sich zu wehren.

Maxens Schwester, die sich heute noch mit Fremden schwertut, hatte nicht vergessen, dass sie ein Jahrzehnt lang um das Wiedersehen mit den Verwandten aus Amerika gebetet hatte. Mackie, Suse und der energische Sohn, der meinen Vater »Papa« nannte, waren mir nicht eine Minute fremd. Dass »die Amis« dank Mackies Position bei Cooks uns regelmäßig besuchen konnten, war für meine Eltern das Glück ihrer letzten Lebensjahre.

Max und mir führte jeder Besuch vor Augen, dass auch wir Familie hatten. Als Deutsche wieder reisen konnten, besuchten mein Bruder und ich unsere »Amis« in Kalifornien, wir trafen uns in Madeira, Luxemburg, London und Paris. Meine Tante, die nach Mackies Tod seine Reisebesessenheit zu einem Teil ihres Lebens machte, habe ich zuletzt im Orient Express gesehen. Die kleine Strecke von London nach Southampton reiste sie mit meinem Bruder und mir gemeinsam. Sie sagte, es fiele ihr schwer, Deutsch zu sprechen, doch sie sprach nur von Breslau

und gebrauchte die schlesischen Ausdrücke, die ich seit dem Tod meiner Mutter nicht mehr gehört hatte.
1951 machte mein Vater das Versprechen wahr, das er vier Jahre zuvor Frau Brede gegeben hatte, als sie und ihr Mann für uns ihre Wohnung in der Höhenstraße hatten räumen müssen. Er kaufte das Haus in der Rothschildallee 9. Es lag in Steinwurfnähe der alten Wohnung, war vom Krieg gezeichnet, hatte kein Dach mehr und nur noch zwei statt vier Stockwerke. Im Vorgarten stand ein trotziger Fliederbaum, der vom Sterben nichts wissen wollte und bis heute blüht. Der jüdische Hausbesitzer war 1936 gestorben, seine Witwe war in Theresienstadt ermordet worden und das Haus nach dem Krieg an die Jewish Restitution Successor Organization gegangen. Diese Organisation verwaltete herrenloses jüdisches Vermögen und verkaufte meinem Vater, der als Jurist für sie tätig war, das Haus. Er ließ es wieder aufbauen – zu einem großen Teil mithilfe von Handwerkern, die er als Anwalt vertreten hatte und die bei ihm ihre Schulden abarbeiten sollten, doch hatten sie nicht die gleichen Vorstellungen von Verpflichtungen wie der Mann, dem sie verpflichtet waren. Mit ihrem Charme, selbst gebackenem Kuchen und kistenweise Bier hat meine Mutter die zögernden, trödelnden Handwerker Tag für Tag aufs Neue zur Arbeit überredet. »Frau Doktor« verstand sich meisterhaft darauf, Menschen sowohl am Kragen als auch an der Ehre zu packen.
Damals lebten meistens zwei Mietparteien in jeder Wohnung – der Hauptmieter und der ihm vom Wohnungsamt zugewiesene Flüchtling oder Ausgebombte. Es gab viel Streit und selten einen Kompromiss. Die Kinder gerieten zwischen alle Stühle. Dem neuen Hauswirt wurde viel erzählt, das er sich zu glauben weigerte. Der Mieter im Parterre hängte das Schild »Betteln und Hausieren verboten« an die Haustür. Mein Vater hängte es wieder ab und sagte: »Ich hab' auch betteln müssen.«
Wir zogen in die Wohnung im dritten Stock. Der einzige Luxus, den sich mein Vater leistete, waren Hocker in jeder Etage,

um sich beim Treppensteigen auszuruhen, und ein geschlossener Wintergarten statt des üblichen offenen Balkons. Als das erste Foto ins Album geklebt wurde, schrieb ich »Mein Vaterhaus« unter das Bild. So wie es mein Vater unter das Foto von Zweigs Hotel getan hatte.
Das Haus in der Rothschildallee 9 und ich sind heute so unzertrennlich wie der Mensch und sein Schatten. Ich habe das Haus zur Hauptdarstellerin von vier Büchern gemacht, in denen ich das Schicksal einer jüdischen Familie von 1900 bis 1952 schildere. Im Esszimmer stehen immer noch die Möbel der Eltern, secondhand gekauft, weil mein Vater seit Afrika nicht mehr vom Sparen lassen konnte. Mein heutiges Arbeitszimmer war das Kinderzimmer meines Bruders, in der Küche steht ein Büfett aus den Fünfzigerjahren und verliert jede Woche eine andere Schraube, am Schrank in meinem Schlafzimmer steht vom Einzug her noch »Tochterzimmer«. Die Vergangenheit sitzt mit am Esstisch – nicht geladen, doch auch von meinem Partner so warmherzig empfangen, als hätte er schon in Ol' Joro Orok mit mir unter der großen Dornakazie am Rande der Flachsfelder gesessen.
Im Jahr des Umzugs machte die ungeliebte Schule Schluss mit mir und ich mit ihr. Unsere Wege trennten sich in der Unterprima wegen einer Fünf in Mathematik und einer in Chemie. Obwohl mir zu Hause keiner einen Vorwurf machte, habe ich die Verschleppung meiner Zukunft lange nicht verwunden. Ich wechselte von der Schillerschule, die mir Selbstvertrauen und Mut genommen hatte, in die freundliche Herderschule am Frankfurter Zoo. Dort traf ich auf Lehrer und Mitschülerinnen, die mich spüren ließen, dass sie sich für mein Schicksal interessierten. Besonders spürte ich diese Menschlichkeit bei der Chemielehrerin Frau Dr. Else Strasburger. Ihr Mitgefühl für das, was ich erlebt hatte, ging so weit, dass sie mir auf dem Kulanzweg im Abitur ausreichende Kenntnisse in Chemie bescheinigte. Somit hat sie mir das Abitur überhaupt erst ermög-

licht. Später wurde sie Direktorin der Schillerschule, an der ich gescheitert war. Wir blieben bis zu ihrem Tod in bereichernder Verbindung.

Mein Vater ermutigte mich nur mit halbem Herzen zum Studium. Von Jura, das mich interessierte, riet er mir mit der aberwitzigen Begründung ab, die Männer hätten Angst vor Juristinnen. Sie würden als zu klug gelten und nicht als besonders gebärfreudig. Die paar jungen jüdischen Mädchen, die es im Nachkriegsdeutschland gab, wurden in den Fünfzigern von besorgten Eltern meistens unmittelbar nach der Schule nach England oder Amerika geschickt. Angeblich einer guten Ausbildung wegen. Tatsächlich, um in Ländern, in denen es eine große Auswahl an jüdischen Heiratskandidaten gab, einen Ehemann zu finden. Ich war aber zu entschlossen, mich nicht mehr freiwillig von meinen Eltern und meinem Bruder zu trennen, um das Ausland als Ausweg aus der Ehelosigkeit überhaupt zu erwägen. In einer der vielen hitzigen Diskussionen um das leidige Thema wurde ich ungewohnt keck. Ich erinnerte meinen Vater daran, dass ich gar nicht nach Deutschland hatte kommen wollen. Meine Eltern versprachen, meine Wünsche zu respektieren. Fortan wurde die Suche nach einem Schwiegersohn auf Deutschland, Straßburg und Luxemburg beschränkt. Dr. Max Plaut, Vaters Jugendfreund aus Sohrau, lud mich und Max nach Bremen ein, wo er nach seiner Rückkehr aus Israel mit Frau und kleiner Tochter lebte. Es hieß, die Kinder der vierten Generation sollten einander kennenlernen. Schon im Zug verriet mir mein fünfjähriger Bruder den eigentlichen Zweck der Reise. »Du bekommst einen Mann«, wusste der geübte Lauscher an jeder Wand. Der Abend mit dem Bewerber in Bremen war eine solche Katastrophe, dass ich mich danach weigerte, weitere Kandidaten zu besichtigen oder mich besichtigen zu lassen.

Max nahm an meiner Zukunft regen Anteil. In der Synagoge versprach er einem Mann, der aus Chicago zu Besuch war: »Sie können meine Schwester heiraten.« Die Geschichte wurde ein

Dauererfolg. Mir war sie Anlass zu einem Ja, das mein Leben bis heute bestimmt. Ich willigte ein, Volontärin bei der »Jüdischen Allgemeinen Wochenzeitung« in Düsseldorf zu werden. Mein Vater kannte den Herausgeber Karl Marx. Der wiederum suchte eine jüdische Volontärin und warb um mich mit so unwiderstehlicher Engelszunge, dass ich mich bereits als Nachfolgerin von Egon Erwin Kisch sah, dem rasenden Reporter, dessen Arbeiten ich gerade für mich entdeckt hatte. Ebenso entscheidend für meinen Entschluss, nach Düsseldorf zu gehen, war der Umstand, dass mein Vater hinter mein bestgehütetes Geheimnis gekommen war: Ich hatte mich in einen Mann verliebt, der mir weisgemacht hatte, ihm erginge es ebenso, er wäre ein steinreicher Fabrikbesitzer und mache Millionenumsätze mit einer von ihm entwickelten Penicillinzahnpaste. Schon am ersten Abend schenkte er mir eine Tube als Liebeslohn. Dass er zwanzig Jahre älter war als ich, verheiratet, zweifacher Vater und in Konkurs, erfuhr ich erst durch meinen Vater. Der hatte einen Privatdetektiv bemüht und binnen einer Woche alles erfahren, was ein besorgter Vater wissen muss, um seine Tochter vor der blindesten Torheit ihres Lebens zu schützen. In Düsseldorf war meine Sehnsucht nach den Eltern und dem Bruder genauso bedrückend wie das Heimweh in der Nakuru School, der ich meine nie überwundene Angst vor Trennungen verdanke. Ich fuhr jeden zweiten Freitag nach Hause, sonntags so spät wie möglich aus Frankfurt ab und zählte an den übrigen Tagen die Stunden, die mich von der nächsten Fahrkarte trennten. Trotzdem machte mir der Beruf Freude. Journalismus war für mich Liebe auf den ersten Blick. Zudem geschah ein Mirakel, das ich mir nie habe erklären können. Die Schwierigkeiten, die ich mit der deutschen Sprache gehabt hatte, verschwanden, als hätte es sie nie gegeben. Die Korrekturfahnen, die ich zu lesen hatte, waren ein besserer Lehrmeister als alle Deutschlehrer. Die Redaktion war zu klein für Rivalitäten, niemand wachte eifersüchtig über das eigene Ressort. Ich durfte sofort schreiben und tat es mit Lust, schrieb Buchrezensionen, Nekrologe, Gratulationen für Berühmte, die ich erst durch meine Artikel kennenlernte, schrieb meine erste Theaterkritik, las ab da Alfred Kerr und Julius Bab, die berühmten Kritiker, die in den Zwanzigern das deutsche Theater begleitet hatten. Die Redaktion bekam zwei Freikarten für jede Premiere im Düsseldorfer Schauspielhaus, eine fiel immer an mich. Gustaf Gründgens, selbst Düsseldorfer, war Generalintendant und stand so oft auf der Bühne wie danach nie mehr. Wenn ich an ihn denke, betritt allerdings nicht Mephisto die Bretter. Mit dem Lorbeerkranz auf dem kahlen Kopf erscheint Lukull, der Feinschmecker, der sich für den Krieg, den er zu führen hat, nicht interessiert und stattdessen die Kirsche nach Rom bringt. Das Stück ist mir nie wieder begegnet und ein Schauspieler wie Gründgens schon gar nicht.

1954 erlitt mein Vater den ersten Herzanfall von vielen, nur wenig später eine Lungenembolie nach einer Leistenbruchoperation. Ich fuhr sofort nach Hause, wagte aber auf ärztlichen Rat drei Tage lang nicht, meinen Vater zu besuchen. Er sollte nicht merken, dass er in Todesgefahr gewesen war, wusste jedoch Bescheid. Als ich mich schließlich an sein Bett wagte, schüttelte er den Kopf und sagte »Memsahib rongo«. Rongo ist auf Suaheli das Wort für Lüge.

In den folgenden zwei Wochen verbrachten wir viele Stunden im Garten der Frankfurter Universitätsklinik, wir redeten die alten Zeiten herbei und genierten uns nur, als es zum ersten Mal geschah. Weil die Rosen dufteten wie die vor dem Haus in Ol' Joro Orok, gingen wir auf Safari. Wir sprachen Suaheli und lachten mit Owuor. Mir wurde endgültig klar, dass meines Vaters afrikanische Träume sich im neuen Deutschland nicht realisiert hatten. Wir beschlossen, nicht mehr daran zu denken, dass er kein gesunder Mann mehr war, doch einander anzulügen, hatten wir nie gelernt. Er bat mich, meiner Mutter und Max beizustehen, sollte ihm etwas zustoßen. Ich bat ihn, keine Aktionen mehr zu starten, um mich zu verheiraten. Ich hielt mein Versprechen, er nicht.

Am 4. Juli 1954, an einem Tag, der so vielen im Gedächtnis blieb, streckte der Tod seine Hand auch nach mir aus. In einem Stadtteil von Köln (Bocklemünd), in dem sich nach Auskunft der Einheimischen Fuchs und Hase gute Nacht sagten, lief ich auf einer Straße ohne Verkehr in einen Motorroller. Ich hatte für die Zeitung von einer Gedenksteinenthüllung auf dem alten jüdischen Friedhof berichten sollen, also nicht nach Frankfurt fahren können, war missgelaunt und unkonzentriert.

Der Fahrer des Motorrollers tauchte drei Tage später in der Klinik auf, forderte Schadensersatz für die Jacke, die er sich beim Sturz vom Roller zerrissen hatte, und wurde von Rechtsanwalt Dr. Zweig persönlich aus der Krankenstube seiner Tochter geworfen. Die hatte einen doppelten Beckenbruch, einen Nierenriss und noch weitere lebensbedrohliche Verletzungen. In dem katholischen Krankenhaus, in das ich eingeliefert und in dem ich gerettet wurde, gab es noch jene Menschlichkeit, von der heute nur sehr betagte Menschen wissen.

Den sich aufopfernden Ärzten und Schwestern von Köln verdanke ich mein Leben. Ebenso Helmut Rahn, der in Bern mit seinem Siegestor Deutschland zur Weltmeisterschaft schoss. Als ich aus dem Nebenzimmer den Anfang der Rundfunkübertragung hörte, die laut genug war, den gesamten Flur zu versorgen, kam mir der Gedanke, mein Überleben von einem deutschen Sieg abhängig zu machen. Der Rest ist Fußballgeschichte. Helmut Rahn schoss das entscheidende dritte Tor. Ich dankte Gott für meine Rettung und Schwester Eulalia für Morphium. Erst zwei Tage später erzählte mir Max, dass meine Überlebenschancen miserabel gewesen waren. Auf einen deutschen Sieg hatte so gut wie keiner gehofft, der Gegner Ungarn war haushoher Favorit gewesen. Seitdem interessiere ich mich für Fußball. Abergläubisch bin ich geblieben. Aberglaube ist bei mir ein Erbe von Mutter, Großmutter, Owuor und den Märchen aus

Irland, die ich als Kind verschlungen habe. Schwarze Katzen, die Unglück verkünden, trage ich von der falschen auf die richtige Straßenseite. Obwohl mein Rücken achtzig Jahre auf dem Buckel hat, hebe ich jede Stecknadel auf, die auf der Straße liegt. Das bringt, wie jedes englische Kind weiß, Glück.

Ich lag sieben Wochen im Krankenhaus. Die ersten fünf Wochen besuchten mich meine Mutter und Max täglich. Sie wohnten in meinem Zimmer in Düsseldorf. Um ihn für entgangenes Ferienvergnügen zu entschädigen, hatte der Vater Max einen Kran geschenkt. Mit dem beförderte er das Essen in den Mund seiner Schwester, die ärztlichen Befehl hatte, flach zu liegen und sich nicht zu bewegen. Mein Vater war in Sorge, ich könnte noch an seinem 50. Geburtstag im Krankenhaus liegen, doch am 5. September waren wir dank ärztlicher Kunst und meinem beharrlichen Flehen zu viert zu Hause. Die Feier war ein wohltuender und auch fröhlicher Beweis, dass meine Eltern in Frankfurt Bekannte, Freunde, Gleichgesinnte und Wegbegleiter gefunden hatten.

Das große Wohnzimmer war zu klein. Die Schlesier wurden gesondert eingeladen. Für sie gab es Mohnkuchen, Eierhäckerle, ordentlichen Kartoffelsalat mit Hering, heiße Debatten über schlesisches Himmelreich, Bier und Schnaps und viele Tränen. Josef und Grete Greschek waren gekommen, Anna, die Treue, aus der Ostzone war auch da. Für jeden neu eingetroffenen Gast musste mein Bruder das von mir verfasste Geburtstagsgedicht aufsagen. Alle meinten, wir wären außergewöhnliche Kinder.

Fünf Jahre später traf die Familie Zweig der erste Schlag, den mein Vater uns je tat. Am 9. Januar 1959 starb er im Frankfurter Heilig-Geist-Hospital. Als die Schwester ihm das Frühstück brachte, saß er am Fenster, vor sich den Füllfederhalter und ein nur zur Hälfte gelöstes Kreuzworträtsel. Es war ein gnadenvoller Tod für einen Mann, der alles, was ihm möglich gewesen war, für seine Familie getan hatte. Auf dem Haus in der Rothschildallee lag keine Hypothek, meine Mutter war gut versorgt, wir Kinder auf sehr eigentümliche Art seelisch gestählt. Der Galgenhumor, der es nie zuließ, dass mein Vater verzweifelte, hatte den Epilog geschrieben. Denn unmittelbar nach seiner Lungenembolie hatte er begonnen, Grabreden für seine Beerdigung zu entwerfen und laut vorzutragen. Die Mahnung meiner Mutter, ein solch früher Umgang mit dem Tod würde einem achtjährigen Jungen schaden, tat er als Weiberquatsch ab. Sein makabres Spiel ließ er sich von keinem nehmen. Jeder, sagte er, hätte das Recht auf einen schlechten Geschmack. Die Pointe der grotesken Geschichte hätte ihn bestimmt gefreut.

Bei der Beerdigung blieben die Freunde, der Sozius, der Vertreter der Anwaltskammer, der Vorstand der Jüdischen Gemeinde Frankfurt, dem er jahrelang angehört hatte, der Sprecher für die Oberschlesier, ja selbst der Rabbiner in ihren Nekrologen vielfach wörtlich bei dem Konzept, das mein Vater entworfen hatte. Zunächst gelang es Max und mir noch, tapfer unsere Belustigung herunterzuschlucken. Als aber der Sprecher der oberschlesischen Landsmannschaft sagte: »Er war immer einer von uns«, kicherten wir in unsere nassen Taschentücher. Ausgerechnet bei der Rede vom Rabbiner verloren wir die Beherrschung. Wie von meinem Vater vorausgeahnt, sagte er: »Er ist immer seinem Glauben treu geblieben.« Dr. Manasse, der bei der Hochzeit meiner Eltern gewesen war, reiste aus Hamburg an. In der überfüllten Trauerhalle erzählte er, wie er uns in Rongai besucht hatte und das Huhn, das mein Vater nicht hatte schlachten dürfen, unmittelbar tot vor Owuor zusammengebrochen war. Diese Rede war von meinem Vater nicht geprobt worden. Ich kann heute noch nicht mit trockenen Augen daran denken. Aus Hamburg kam auch Dr. Max Plaut. Er brachte dem dreizehnjährigen Sohn seines Jugendfreundes das Kaddischgebet bei, das im Judentum der Sohn für seine Eltern zu sprechen hat. Es war einer der kältesten Tage, die ich je in Frankfurt erlebt habe. Ich holte mir eine Lungenentzündung und kehrte nicht mehr nach Düsseldorf zurück. Karl Marx ließ mich nicht gern gehen, doch er hatte Verständnis für meine Sorgen um Mutter und Bruder; der Teilnahmsvolle half mir zu einem Neuanfang, den ich ohne äußeren Anlass nicht gewagt hätte. Marx war gut bekannt mit Udo Bintz, dem Herausgeber der »Offenbach-Post« und der »Abendpost«, und er sorgte dafür, dass mir Bintz die Chance gab, die ich brauchte. Am 1. Mai 1959 begann ich als Feuilletonredakteurin der Frankfurter »Abendpost«.

Die Redaktion war in Offenbach. In der Stadt, die den Frankfurtern im besten Fall als Ziel von saudummen Witzen dient und der ich bis heute mit sehr warmem Herzen verbunden bin, verbrachte ich meine besten und glücklichsten Berufsjahre. Ich war die einzige Frau in der Redaktion, doch es war die Zeit, in der Frauen Männerkomplimente nicht mit kränkenden Avancen verwechselten. Von den Kollegen war ein jeder eine Persönlichkeit. Einige waren nicht nur äußerlich vom Krieg blessiert, und jeder hatte wesentlich mehr Bildung, als man gemeinhin Boulevardjournalisten zutraut. Die berufsnotwendige Neugierde wahrte bei der »Abendpost« immer Geschmack; sie artete nie in Menschenverachtung aus. Mit dem Chefredakteur kam ich zu gut aus, aber da es damals nicht Brauch war, Privates publik zu machen, störten sich auch die nicht an der guten Beziehung zwischen Chefredaktion und Feuilleton, die die Wahrheit witterten. Ich wusste, dass seine Weste nicht rein war und wie sehr und aufrichtig er an seiner Vergangenheit litt. Wieder war ich meinem Vater dankbar, dass er mich beizeiten lehrte, beide Seiten einer Medaille zu betrachten, ehe ich verurteilte.

Meinem unmittelbaren Vorgesetzten verdanke ich alles, was ich erreichte. Er ließ mich vom ersten Tag an die Kritiken schreiben, für die er zuständig war. Die Premieren der Privattheater überließ er mir frohen Herzens. Er tat sich schwer mit dem Leichten, das ich am Theater so liebe. Dass ich am Schauspielhaus Zürich die Uraufführung von Bert Brechts »Puntila« gesehen hatte und noch zehn Jahre später davon schwärmte, qualifizierte mich in seinen Augen ausreichend, um die Brecht-Aufführungen in

Frankfurt zu besprechen. Mit dem Frankfurter Generalintendanten Harry Buckwitz, der sämtliche Barrieren stürmen musste, um in Frankfurt Brecht überhaupt aufführen zu können, verband mich Persönliches. Buckwitz hatte lange in Tanganjika gelebt. Als »Ein Mund voll Erde« herauskam, mein erstes Afrikabuch, schrieb er mir einen Brief, wie ihn nur Afrikasüchtige zu schreiben vermögen.

Obwohl meine Mutter täglich klagte, dass sie allein frühstücken musste (die »Abendpost« wurde nachts hergestellt, und ich kam erst um drei Uhr morgens nach Hause), schätzte sie meinen Beruf. Sie begleitete mich zu jeder Theaterpremiere, besonders gern zu solchen außerhalb Frankfurts und am allerliebsten nach Baden-Baden. Sie war stolzer auf mich, als ich es je erwartet hatte, bei der kleinsten Auseinandersetzung drohte sie: »Das sage ich meiner Tochter, sie ist bei der ›Abendpost‹ und wird einen Artikel über Sie schreiben.« Am allerstolzesten war sie, als ich anlässlich der Premiere des Films »Die Kanonen von Navarone« vom Verleih nach Nizza eingeladen wurde und dort im berühmten Hotel Negresco wohnte. Einen unvergesslichen Tag lang war Gregory Peck der Gastgeber. Er wohnte mit seiner Familie im schönen Cap Ferrat in einer Prachtvilla mit Swimmingpool und Palmen. Unter jeder stand ein weiß livrierter Kellner mit einem Champagnerkübel. Mir war sofort klar, dass mir das keiner abnehmen würde, dem ich davon erzählte.

Dass der große Hollywoodstar die vier Journalisten, die mit von der Partie waren, kaum beachtete und sich ausschließlich mit mir unterhielt, war aus seiner Sicht sehr verständlich. Junge Frauen gefielen ihm nachweislich besser als reife Männer, und ich war die Einzige der deutschen Besucherdelegation, die Englisch sprach. Das Foto, das Gregory Peck mit Sonnenbrille und mich sehr verlegen zeigt, durfte lange nicht ins Album, denn es musste für meine Mutter allzeit greifbar sein, um die Erfolge der Tochter schwarz auf weiß zu dokumentieren. Sie hat noch mitbekommen, dass jedes Weihnachten ein Telegramm mit

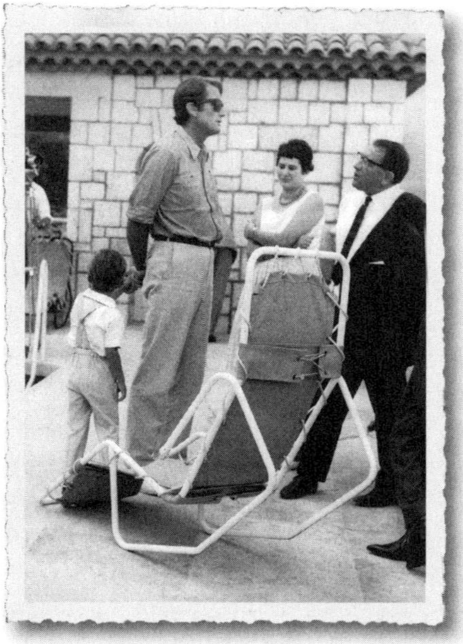

Cap Ferrat 1962: Besuch bei Hollywoodstar Gregory Peck. Er war ebenso charmant wie in seinen Filmen.

dem Text »Merry Christmas, Gregory« in der Rothschildallee eintraf. Dass dafür sein Pressebüro zuständig war und nicht er, hat sie mir nie geglaubt.

Am meisten beeindruckt von meinem Werdegang waren Leute, die mich als verängstigtes Refugeekind erlebt hatten. Else Conrad, sehr krank, aber immer noch so eindrucksvoll dominant wie in Nairobi, war noch dank der Bemühungen meines Vaters in einem Altersheim in Hanau untergekommen. Bis zu ihrem Tod hat meine Mutter sie jede Woche besucht. Aus Kenia zurück war auch Lilly Hahn, nun auch verwitwet, aber so lebensfroh und attraktiv wie auf ihrer Farm in Gilgil. Sie hatte eine kleine Wohnung in Frankfurt. Die Freundschaft der afrikanischen Tage blühte wieder auf; Lilly und meine Mutter gingen ins Kino, trafen sich im Café Kranzler, schwelgten in Erinnerungen und verwechselten immer öfter die guten mit den bösen.

Am 1. Mai 1963, es war ein ungewöhnlich strahlender Tag, der den Sommer vorwegnahm, wanderten die beiden im Taunus. Abends um sieben sagte meine Mutter zu mir: »Die Lilly übertreibts wirklich. Sich in ihrem Alter keine Ruhe zu gönnen, ist verrückt. Eines Tages fällt sie noch tot um.«
Das war das Letzte, was meine Mutter sagte, ehe sie am Küchentisch zusammenbrach. Erst mein Bruder, der zehn Minuten später nach Hause kam, erkannte, dass sie tot war. Genau wie mein Vater war Jettel Zweig nur 54 Jahre alt geworden. Wie ihr Mann hatte sie nicht nachholen können, was Todesangst, Emigration, die Trauer um die ermordete Familie und der harte Neuanfang in der fremd gewordenen Heimat ihr genommen hatten. Ich habe ihr nie gesagt, dass mir schon als Dreizehnjährige bewusst gewesen war, wie schwierig die Ehe mit meinem geliebten Vater gewesen sein muss. Mein Schweigen habe ich mir nie verzeihen können.
Mein Bruder war siebzehn, als ich für ihn Vater, Mutter, Vormund und einzige Vertraute wurde. In der Praxis war das längst geschehen. In den vier Jahren nach dem Tod unseres Vaters war Max mit allen Sorgen, Verärgerungen und Wünschen zu mir gekommen, ohne dass es seine Mutter wissen durfte. Nun konnte er mich mit gutem Gewissen an seinem Leben beteiligen – und fand einen unverhofften Bundesgenossen. Er kannte, weil meine Mutter genauso gegen die Verbindung war, wie mein Vater es gewesen wäre, meinen Lebenspartner kaum. René, dreißig Jahre älter als ich, in Wiesbaden wohnend, hatte das Männerverständnis für einen Siebzehnjährigen, das Max suchte. Als er unmittelbar nach seinem Führerschein meinen Wagen gegen eine Mauer fuhr, war es René, der mich überredete, Max ein eigenes Auto zu kaufen. Mein Bruder hat ihm das nie vergessen. Mir hat er die ungewöhnliche Belohnung für zu forsches Fahren gedankt, indem er auf die Auszeit verzichtete, die damals nach dem Abitur als persönlichkeitsstärkend für junge, unentschlossene Menschen in Mode kam. Er hielt sich so kurz wie

Mein geliebter Bruder Max. Genau wie seine Eltern wurde er nur vierundfünfzig Jahre alt. Er starb am 5. Januar 1999.

möglich mit dem Jurastudium auf. Es war ein guter Tag für uns beide, als Max Zweig sich als Rechtsanwalt niederließ und kurz darauf das Notariat erhielt.

In den vierzig Jahren, in denen wir unser Leben teilten, ohne dass wir einen gemeinsamen Wohnsitz hatten, hat René kein einziges Mal moniert, dass mein Bruder in meinem Herzen die erste Geige spielte, dass ich mit keinem so lachen konnte wie mit Max, dass bei uns immer der eine wusste, was der andere dachte. René verachtete die Eifersucht und die Eifersüchtigen. Max musste ohne solche menschliche Größe auskommen. Weder seine erste Frau noch die zweite hatten Verständnis für die ungewöhnlich tiefe Beziehung zwischen Bruder und Schwester, die der frühe Tod der Eltern noch enger aneinandergeschmiedet hatte. Das Buch »Der Traum vom Paradies«, in dem ich dieses Thema behandelt habe, hat Max nur bis zum vierten Kapitel erlebt. Jedes Wort hat er mit Wonne genossen.

Meine Eltern bekamen nur meine journalistischen Anfänge und keines meiner Bücher mit, René lediglich »Ein Mund voll Erde«. Max erlebte zwar meine ersten drei Romane, aber weder die Verfilmung von »Nirgendwo in Afrika« noch den Oscar, auf den er so stolz gewesen wäre wie meine Mutter auf meinen Besuch bei Gregory Peck. Suse, die einzige Tante, die mir geblieben war, wurde alt genug, um »Nirgendwo in Afrika« zu lesen. Morgens um vier rief sie an. Sie weinte in San Francisco und ich in Frankfurt. Onkel Mackie war schon tot, Cousin Raymond kann kein Deutsch.

Siebenundzwanzig Jahre leitete ich das Feuilleton der Frankfurter »Abendpost-Nachtausgabe«, schrieb Theaterkritiken, Kolumnen und Glossen, interviewte Prominente und solche, die sich dafür hielten, war beim Schreiben immer glücklich und als Redakteurin selten. Trotzdem gab ich meinem Verlangen nach Freiheit nicht nach. Die Entbehrungen meiner Kindheit duldeten es nicht, dass ich freiwillig meine Sicherheit aufgab.

Die Entscheidung wurde für mich getroffen. Der Societätsverlag stellte die Herausgabe der »Abendpost-Nachtausgabe« ein. Nun war ich niemandem mehr verpflichtet, hatte endlich die Zeit, die ich mir immer gewünscht hatte, wusste nicht, wie sie zu vertreiben war, und war so rat- und kopflos wie alle Menschen, die keinen Wunsch mehr haben. 1994 meldete sich Fortuna zu Wort. In Amsterdam wurde »Ein Mund voll Erde« als bestes Jugendbuch des Jahres ausgezeichnet. In der Feierstunde mit einer Laudatio, die verständlicherweise in der Landessprache war und die ich nicht verstand, wurde mir auf einen Schlag klar, dass ich mir selbst einen üblen Streich gespielt hatte. Ich hatte von meinem Vater und der Liebe zu Afrika in einem Jugendbuch erzählt. Die Gattung zwingt zu einer Kürze und Simplifizierung, die mir nicht liegen. Alle meine sieben Kinderbücher eignen sich besser für Erwachsene als für Kinder. Wie auch soll ein Kind, das so früh kein Kind mehr war, Bücher für Kinder schreiben können?

Zweigs Hotel in Sohrau: Von links mein Großvater Max, mein Vater Walter, mein Bruder Max, Neffe Walter und Großneffe Max, geb. 2007.

Unmittelbar nach der Rückkehr aus Amsterdam begann ich mit »Nirgendwo in Afrika«. Max war dagegen. »Du bist zu alt, um Enttäuschungen zu ertragen«, sagte er mit der charmanten Offenheit, die bei ihm väterliches Erbteil war. »Du wirst es nicht aushalten, wenn du keinen Verlag findest.«

»Wenn ich es nicht wenigstens versuche, bin ich jetzt schon tot«, erkannte ich. Der erste Verlag, dem ich »Nirgendwo in Afrika« anbot, hat nach zehn Tagen zugesagt, meinen autobiografischen Roman, der ein Bestseller wurde, zu bringen. Seitdem sind von mir siebzehn Bücher bei Langen*Müller* erschienen. Nach jedem sage ich: »Das war mein letztes«, doch ich war nie eine, die sich selbst beim Wort nimmt.

Familie stand für mich immer an erster Stelle. Die Kinder, die mir versagt blieben, wären mir allzeit wichtiger als meine Karriere gewesen. Dass der Sohn meines Bruders Walter heißt wie

mein Vater und dass sein Sohn Max den Namen meines Bruders hat, bedeutet mir Glück. Tradition wiegt schwer im Leben derer, die zu früh haben hergeben müssen.
Am meisten Freude hat mir »Nirgendwo in Afrika« gemacht, weil Buch und Film die alten Spuren wieder freigaben. Aus New York schrieb Ruth Weyl, 95 Jahre alt, aber noch voller Erinnerungen an ihr Boardinghouse in Nairobi und an meine kapriziöse, gutherzige Mutter. In einer Kinopremiere in London stellte sich eine Frau vor, die ich beim dritten Satz als eine entlarvte, die in Londiani gelebt hatte. Es war Inge Sadlers jüngere Cousine. Sie war gekommen, um mir auszurichten, dass Inge eine lang geplante Reise hatte antreten müssen. Seitdem habe ich Inge, heute Urgroßmutter, in London besucht, und sie ist mit Cousine Eva, die auch auf der Nakuru School war, nach Frankfurt gekommen. Jede Begegnung war, jeder Brief ist ein Stück Gemeinsamkeit, auf die die Vergänglichkeit keine Ansprüche geltend machen kann. Viele Menschen schreiben mir, sie seien, wie ich, immer noch in Afrika zu Hause. Auf mich trifft das nicht zu. Für mich ist Afrika nur Erinnerung, das Paradies mit den verwehten Spuren und der zerrissenen Nabelschnur. Owuor, dem ich nicht schreiben konnte, weil er nie lesen gelernt hatte, war der Erste, den ich aufgeben musste. Dreimal bin ich nach Kenia gereist, gesucht habe ich ihn nie. Er war es, der mir beibrachte, loszulassen, ohne zu rechten.
Dass ich ein zweites Mal würde lieben können, kam mir nach Renés Tod nicht in den Sinn. Es ist geschehen. Diesmal ist der Mann, mit dem ich das Leben teile, dreizehn Jahre jünger als ich. Wolfgang und ich kennen uns seit seiner Studienzeit. Wir müssen einander nicht die Wunden erklären, die das Schicksal uns schlug. Vergangenheit heißt für uns auch Gegenwart. Es geschieht nie, dass der eine an der Liebe des anderen zweifelt. Seit Wolfgang abends die Wohnungstür abschließt und morgens den Wecker abstellt, schaue ich ohne Melancholie in den Spiegel und nie in den Kalender. In meinem Alter kann das nur ein Wunder sein.

Werkverzeichnis Stefanie Zweig

Lesen Sie weiter

Nirgendwo in Afrika
978-3-453-81129-4

Irgendwo in
Deutschland
978-3-453-81130-0

Nur die Liebe bleibt
978-3-453-40516-5

Und das Glück
ist anderswo
978-3-453-81126-3

Doch die Träume
blieben in Afrika
978-3-453-81122-0

Karibu heißt
willkommen
978-3-453-40734-3

Wiedersehen mit Afrika
978-3-453-40920-0

Vivian
Ein Mund voll Erde
978-3-453-40919-4

Das Haus in der
Rothschildallee
978-3-453-40617-9

Die Kinder der
Rothschildallee
978-3-453-40778-7

Heimkehr in die
Rothschildallee
978-3-453-40916-3

Neubeginn in der
Rothschildallee
978-3-453-40921-7

Der Traum vom
Paradies
978-3-453-40646-9

Katze fürs Leben
978-3-453-81131-7

Nirgendwo war Heimat
978-3-453-41097-8

Leseprobe aus dem Roman »Neubeginn in der Rothschildallee«

von Stefanie Zweig

Ein Sonntag wie kein anderer
September 1948

»Unser erster Sonntag daheim«, sagte Betsy Sternberg. »Gibt's dafür ein Gebet, Fritz?«

»Bestimmt«, mutmaßte ihr Schwiegersohn. »Oder glaubst du, Moses hat sich nach vierzig Jahren Wüstenwanderung und dem ganzen Zores mit den Kindern Israels und dem Goldenen Kalb schweigend über den Honigtopf im Gelobten Land hergemacht?«

»Moses hat das Gelobte Land doch nie erreicht«, erinnerte ihn seine Tochter. »Ich war außer mir, als ich davon erfuhr.«

»Stimmt, Moses durfte sein Paradies nur aus der Ferne sehen. Aber uns hat Gott zurückgeführt«, entschied Betsy. Sie strich die blauweiß karierte Tischdecke glatt, die Anna, ihre geliebte Ziehtochter, zur Wiedereinweihung der alten Wohnung im eigenen Haus aus Küchenhandtüchern und Kissenbezügen genäht hatte. »Wenn mir einer gesagt hätte, ich würde wieder hier sitzen, mit meinem Schwiegersohn und meiner Enkeltochter Fanny über das Gelobte Land reden, echten Bohnenkaffee trinken und zum Fenster rausschauen und unseren alten Kirschbaum sehen, ich hätte kein Wort geglaubt. Betsy Sternberg schaut zu keinem Fenster mehr raus, hätte ich gesagt. Sie ist auf dem Transport in ihr zweites Leben gestorben.

Ob Orpheus auch so durcheinander war wie ich, als er aus der Unterwelt zurückkehrte? Und was hat Odysseus gesagt, als er nach zwanzig Jahren wieder vor seiner Penelope stand?«

»Wer hat von meinem Tellerchen gegessen?«, fabulierte Fanny. »Quatsch, das waren ja Schneewittchens Zwerge.«

»Bist ein ganz Braver, hat er gesagt«, lächelte Fritz. »Papi hat dir einen großen Kalbsknochen mitgebracht. Wenn sich ein Ehemann mit einem schlechten Gewissen zu seinem Hund herabbeugen kann, ist das schon die halbe Miete. Um den Hund hab' ich Odysseus immer beneidet.«

»Ihr hattet doch nie einen Hund«, wunderte sich Betsy.

»Stimmt. Aber ich hab ihm trotzdem alles erzählt, bei der kleinsten Schwindelei hat er mit dem Schwanz gewackelt.«

»Deine Fantasie möchte ich haben.«

»Ich auch. Ich habe immer gefunden, Fantasie ist der zuverlässigste Fluchthelfer. Als ich mir heute beim Rasieren im Spiegel begegnete, brauchte ich allerdings keine Fantasie. Nur ein gutes Gedächtnis für das, was mich in meinem ersten Leben bewegt hat. Ich kam mir nämlich wie Rip van Winkle vor. Der entstammt einer Kurzgeschichte des Amerikaners Washington Irving und ist ein Bauer mit schlichtem Gemüt und einem Hang zur Flasche. Zur englischen Kolonialzeit gönnt er sich in seinem heimatlichen Bergdorf eine Mütze Schlaf und wacht erst nach zwanzig Jahren wieder auf. Da ist er Bürger der Vereinigten Staaten von Amerika, hat einen ellenlangen, eisgrauen Bart und versteht die Welt nicht mehr. Sein zänkisches Weib, das ihm das Leben zur Hölle gemacht hat, ist gestorben. Alle Leute und sämtliche Hunde, die er gekannt hat, sind ebenfalls verschwunden. Der arme Tropf gerät vollkommen in Panik. Zu allem Übel sagt er auch noch ›Gott segne den König‹. Da halten ihn sämtliche Dorfbewohner für einen Verräter und beschuldigen ihn der Spionage.«

»So ging es lange in meinen Albträumen zu«, seufzte Fanny.
»Wem erzählst du das! Als ich in Holland untergetaucht war und keiner wissen durfte, dass ich jüdisch und aus Deutschland war, hatte ich immer Angst, man würde mich als Spion verhaften. Wie oft habe ich mir vorgestellt, ich liege mit hohem Fieber im Krankenhaus und rede im Delirium Deutsch, und die Krankenschwestern holen die SS. Oder ich spreche ein hebräisches Gebet. Wie ich mich kenne, bestimmt das falsche. Mutter hat sich ständig geärgert, dass ich den Segensspruch für das Brot mit dem für den Wein verwechselt habe. Noch als Achtjähriger. Und zu den hohen Feiertagen.«
Betsy strich Fritz über den Kopf. Es war eine leichte, flüchtige Geste. »Verzeihung«, sagte sie, denn sie hatte sich angewöhnt, bei ihrem Schwiegersohn Mütterlichkeit und Mitgefühl als versehentliche Berührungen zu tarnen. »Ich habe auch dauernd das Gefühl, dass ich in die falsche Zeit geraten bin. Vorhin habe ich mir einen Moment vorgestellt, ich müsste für Tante Jettchens Papagei die Weißbrotbrocken schneiden. Die hat er sonntags immer bekommen, wenn er lange genug ›Franzbrot und Rotwein‹ krächzte. Die Kinder konnten sich nicht satt hören, und Johann Isidor hat jedes Mal gedroht: ›Das Viech kommt in die Pfanne.‹ Tantchen war zu Tode beleidigt. Nur Vicky konnte sie trösten. Sie war ja Jettchens Liebling.«
»Schade, dass ich nicht dabei war«, sagte Fanny. »Es muss schön gewesen sein, damals mit vier Kindern.«
»Fünf, als Alice kam. Na ja, sie hat nie gleichzeitig mit Otto am Tisch gesessen. Mein ältestes Kind und mein jüngstes haben einander nie gesehen.«
Betsy rieb ihre Augen am Ärmel trocken. »Schon wieder erkältet«, stellte sie fest. »Da tränen meine Augen immer. Tut so, als wäre ich gar nicht da. Schaut euch lieber gut um. Wir wissen ja, dass das Gute nicht lange währt. Lasst es euch schmecken,

ehe wir aufwachen und der liebe Gott uns Deppen nennt, weil wir wieder einmal auf unsere Träume reingefallen sind.«

»Wann?«, fragte Fanny. »Wann sind wir auf unsere Träume reingefallen?«

»Immer, Kind. Immer wieder. Bis es zu spät war. ›Von hier bringt uns keiner mehr weg‹, hat dein Großvater gesagt, als wir in dieses Haus eingezogen sind. Das war am 27. Januar 1900. Genau an Kaisers Geburtstag. Die Sonne hat gestrahlt, die Bäume waren alle weiß und der Himmel stahlblau, und ich hab gedacht, schöner kann das Leben nie mehr werden. Otto war damals noch unser einziges Kind, aber ich war bereits mit den Zwillingen schwanger. Otto war vier Jahre alt und durfte zur Feier des Einzugs zum ersten Mal seinen neuen Matrosenanzug anziehen. Er platzte vor Stolz. Selbst in der Wohnung ist er mit seiner Mütze rumgerannt. ›Gneisenau‹ stand drauf. Mein Gott, warum kann ich meine Erinnerungen nicht in einen Sack stopfen und den Sack im Main versenken? Es ist zum Heulen. Und genau das wird gleich geschehen.«

»Wir fallen nie mehr auf nichts rein«, beruhigte Fanny ihre Großmutter. Sie klopfte mit dem Kaffeelöffel gegen die Tasse. »Versprochen. Nie mehr auf nichts.«

»Das, meine Tochter, war eine doppelte Verneinung. In diesem Fall bedeutet sie, dass wir immer noch bereit sind, auf alles reinzufallen. Lass dir dein Schulgeld wiedergeben, Fräuleinchen. Das hätten wir früher gesagt. Da musste man für Bildung nämlich bezahlen – und nicht zu knapp. Lernt ihr denn gar nichts mehr in der Schule?«

»Doch! Dass Bismarck ein ganz bedeutender Mann war, der heute von den Leuten schrecklich verkannt wird. Wenn das gute Fräulein Dr. Bernau uns das erklärt, wird sie allerdings mäuschenleise. Mich wundert's, dass sie beim Sprechen nicht die Hand vor den Mund hält. Deutlich wird die Bernauerin erst, wenn sie gegen das Schminken wettert. Mädchen aus gutem Hause schminken sich nicht, müsst ihr wissen, und Seidenstrümpfe brauchen sie erst recht nicht.«

»Das haben wir schon gehabt. ›Die deutsche Frau schminkt sich nicht‹, hieß es bei den Nazis. Hat sich übrigens kaum eine dran gehalten.«

»Meine ungeliebte Klassenlehrerin kann sich eben nicht von der guten alten Zeit trennen. Eine vor den vier Waltrauds in der Klasse hat mir erzählt, dass Fräulein Bernau bei den Nazis eine ganz Fanatische gewesen sei. Sie kam nie ohne ihr Parteiabzeichen in die Schule, selbst im Luftschutzkeller hat sie noch auf dem Hitlergruß bestanden. Und man brauchte nur zu sagen: ›Ich musste was für den BDM erledigen und konnte meine Hausaufgaben nicht machen‹, und schon hat Führers treueste Jungfer gütig genickt. Für Dr. Ilsetrude Bernau war der BDM wichtiger als Bildung. So wird mir jedenfalls immer wieder berichtet. Ich glaube, Madam weiß das alles selbst nicht mehr. Sie hat auf der ganzen Linie auf Toleranz umgeschaltet.«

»Und wie macht sich das bemerkbar? Behauptet sie etwa, Juden und Radfahrer seien auch Menschen?«

»So weit geht sie dann doch nicht«, kicherte Fanny. »Aber sie hält große Stücke auf Onkel Toms Hütte und hat in ihrer Jugend wohl für Josephine Baker geschwärmt. In jeder Deutschstunde fleht sie uns förmlich an, ins Theater zu gehen. Im Börsensaal spielen sie gerade den Nathan. Es ist hochaktuell, wie Lessing ausgedrückt hat, was wir heute alle fühlen«, ahmte Fanny ihre Lehrerin nach. »›Das muss jeden von uns zur Menschlichkeit anspornen‹. Schnief! Schnief! Heil! Aus reinem Daffke habe ich ihr nicht erzählt, dass ich bereits zweimal im Theater war. Schon wegen Otto Rouvel, der den Nathan so spielt, dass es mir wirklich ans Herz geht.«

»Außerdem hast du dich in den jungen Tempelherrn verliebt. Gib's nur zu, Tochter.«

»Weiß Gott nicht. Doch der ganze Saal bricht in schallendes Gelächter aus, wenn er sagt: ›Ich habe Fleisch wohl lange nicht gegessen: Allein was tut's? Die Datteln sind ja reif.‹ Das ist wirklich zum Schießen. Ich weiß noch genau, wie wir für die Fleischmarken Datteln bekamen und Hans und Anna so getan haben, als hätten sie ihr Leben lang darauf gewartet, eine Dattel zu kosten.«

»Noch mehr verwundert mich, dass du den Text auswendig kennst. Wie kommt's? Ich dachte, alles, was mit der Schule zu tun hat, hängt meiner Tochter zum Hals raus.«

»Meterweit. Doch der Nathan ist die große Ausnahme. Selbst die Schule kann ihn mir nicht verleiden. Kennst du denn die Ringparabel?«

»Ja«, sagte Fritz. »Die Botschaft hörte ich schon früh, allein mir ging der Glaube flöten.«

Er erschrak, als er merkte, dass seine Hände zitterten. Für einen Moment, der ihm eine Ewigkeit war, kniff er die Augen zu, doch das Leben war ohne Erbarmen und zog den Vorhang auf. Fannys Mutter hatte davon geträumt, die Recha zu spielen. Beim ersten Rendezvous hatte sie Fritz davon erzählt. Sie hatten im Café Rumpelmayer am Fenster gesessen und sich vorgenommen, zusammen ins Schumann-Theater zu gehen und im Sommer sonntags im Wiesbadener Kurhaus Ananastörtchen zu essen. Fritz hatte französisches Käsegebäck und Rosé vom Kaiserstuhl bestellt und Victoria so getan, als kenne sie sich mit Weinen aus und würde für ihr Leben gern backen. Er sah ihr burgunderrotes, tief ausgeschnittenes Kleid mit den großen weißen Perlmuttknöpfen. Auf dem Revers glänzte eine goldene Schmetterlingsbrosche mit Rubinen und Smaragden auf den Flügeln. »Sie werden

die schönste Tochter, die Nathan je gehabt hat, Fräulein Victoria«, hörte sich Fritz sagen.
»Ist was mit dir?«, fragte Betsy.
»Was soll mit mir sein?«
»Mit Menschen, die Gegenfragen stellen, ist meistens was. Besonders, wenn sie von einem Moment zum anderen so blass werden wie du eben.«
»Fanny, mich dünkt, deine Großmutter sieht zu viel.«
»Viel«, sagte Fanny, »aber nicht zu viel.«
Der Tageskalender, geschickt und liebevoll von ihr aus Papierresten gebastelt und für jeden Tag mit Zeichnungen, Zitaten aus der Literatur, Sprichwörtern und Weisheiten aus dem Alten Testament versehen, zeigte den 26. September. Für den Tag zuvor hatte Fanny das Lessingwort »Kein Mensch muss müssen« gewählt. Sie hielt ihrem Vater das abgerissene Kalenderblatt hin. »Hat er extra für uns geschrieben«, sagte sie. »Habe ich gleich bemerkt, als ich's zum ersten Mal las.«
»Nebbich«, widersprach Fritz. »Meister Lessing hätte besser mit mir geredet, ehe er mit seinem Nathan begann. Jeder Mensch muss müssen.«
Die Sonne tauchte den Wintergarten in jenes herbstgoldene Licht, an das sich Betsy selbst in der Hölle von Theresienstadt hatte erinnern müssen. Die großen Fenster des kleinen Raums hatten die Bomben, die die beiden oberen Stockwerke des Hauses zerstört hatten, ohne einen Sprung überstanden. Auch der Kirschbaum im Hinterhof hatte die Feuersbrunst überlebt.
»Eine Rose blüht auch, wenn niemand zuschaut«, sinnierte Betsy. »Und ein Baum schert sich nicht um die Zeit, in der er lebt. Unserer schon gar nicht.«
Auf der mit Efeu bewachsenen Mauer, die das Haus Rothschildallee 9 von den Häusern in der Martin-Luther-Straße trennte, hockten Amseln und Blaumeisen. Tauben saßen auf

Schornsteinen, die furchtlosen auf den Wäschegestellen vor den Küchenfenstern. Laut zwitscherten die Spatzen.

»›Die Vögel singen auch für die Juden‹, hat Johann Isidor gesagt. Das war an einem der letzten Tage in dieser Wohnung. Ich sehe noch, wie er in der Küche stand, in den Kirschbaum starrte und den Kopf schüttelte.«

»Um bei den Kirschen zu bleiben«, sagte Fritz. Sein Lächeln war ohne Fröhlichkeit. »Ich wette, ein gewisser Theo Berghammer erzählt jetzt überall und jedem, dass mit den Juden nicht gut Kirschen essen ist.«

»Hauptsache«, fand Betsy, »es gelingt uns irgendwann, nicht mehr an ihn zu denken. Wenn es bei uns Kirschauflauf gab, war er nicht wegzuschlagen. Josepha hat sich immer grün geärgert und gesagt, der Bub soll sich daheim satt essen.«

Theo Berghammer, im Haus Rothschildallee 9 aufgewachsen, war in der Zeit der großen Illusion Otto Sternbergs einziger Freund gewesen. Otto war als Achtzehnjähriger im Ersten Weltkrieg gefallen, Theo unmittelbar darauf schwer verwundet worden. Die Hoffnungen, die ihm auf Wohlstand und Achtung geblieben waren, setzte er ab 1933 in die Nazis – und musste das bitter büßen. Im August 1948 hatte nämlich Landgerichtsrat Dr. Friedrich Feuereisen nach zähen Verhandlungen mit einem Richter, dessen Rechtsempfinden seinem Berufsstand keine Ehre machte, sowohl die Wohnung im ersten Stock als auch das Haus Rothschildallee 9 endgültig für seine Schwiegermutter Betsy Sternberg zurückerkämpft. Trotz Theos wiederholten Eingaben und einem Versuch, den zuständigen Beamten auf dem Wohnungsamt mit einem silbernen Fischbesteck für zwölf Personen zu bestechen, das er 1940 bei der Ersteigerung von geraubtem jüdischem Vermögen ergattert hatte, musste die Familie Berghammer die Wohnung im ersten Stock räumen. Es war die, in der Sternbergs achtunddreißig Jahre gewohnt hatten und die sie binnen einer Frist von vierundzwanzig Stunden hatten räumen müssen. Zwei Tage darauf wurde das verdiente Parteimitglied Theo Berghammer dort eingewiesen.

Nach Deutschlands Niederlage, die er auch als seine persönliche empfand, verließ Theo endgültig die Fortune der Konjunkturritter. Er hatte fest damit gerechnet, nie wieder einem Mitglied der Familie Sternberg zu begegnen. Seine nach dem Einmarsch der Amerikaner verängstigte Frau pflegte er mit der immer gleichen Hoffnung zu beruhigen:

»Die, die nicht rausgekommen sind, können gar nicht anders als tot sein. Und Erwin, Clara und die Tochter, die sich nach Palästina verkrümelt haben, sind viel zu weit ab vom Schuss, um sich mit dem Haus und unserer Wohnung zu beschäftigen.«

»Nächstes Jahr«, träumte sich Betsy zurück in ihre alte Hausfrauenvergangenheit, »wecke ich die Sauerkirschen im August ein. Josepha hat immer gesagt: ›Mitte August, oder das Vogelpack schlägt zu.‹ Einmal hat ihr Erwin sogar eine Vogelscheuche gebaut mit einem Tiroler Hut und einem Besen in der Hand, aber die Vögel haben sich nicht stören lassen. Josepha war außer sich. Wenn ich mich bloß erinnern könnte, wie viele Zimtstangen sie pro Glas genommen hat.«

»Wer weiß«, sagte Fritz, »ob es bis dahin wieder Zimtstangen gibt. Von Einweckgläsern und Gummiringen gar nicht zu reden. Wenn ich du wäre, würde ich lieber auf Rhabarber setzen. Der braucht keinen Zimt. Der hat immer gleich scheußlich geschmeckt.«

»Du bist ein ganz ungläubiger Thomas«, schimpfte Betsy.

»Der Allmächtige hat doch an uns ganz andere Wunder geschehen lassen, als uns mit Gummiringen für Einweckgläser zu beliefern. Du hast natürlich auch deine Hand im Spiel gehabt.

Und wie! Kennst du überhaupt meinen geliebten Schwiegersohn? Der ist unglaublich tüchtig, der lässt sich von keinem den Schneid abkaufen.«

»Die gute Laune, wenn ihm einer dumm kommt, schon gar nicht«, machte Fanny mit. Sie schlug ihrem Vater auf die Schulter. »Der erträgt sogar seine unausstehliche Tochter, ohne aus der Fassung zu geraten.«

»Schade«, fuhr Betsy fort, »dass er so entsetzlich bescheiden ist. Er will partout nicht wahrhaben, was er für seine Schwiegermutter getan hat. Ohne dich hätte ich noch nicht einmal einen Nagel zurückbekommen, Fritz, geschweige denn das ganze Haus. Mein Haus. Nein, unser Haus. Alles ist in so unwahrscheinlich kurzer Zeit geschehen, dass ich mich immer noch jeden Morgen zwicken muss, ehe ich wirklich glaube, dass ich am Leben bin. Von den Leuten, die ich nach der Befreiung im jüdischen Altersheim kennengelernt habe, höre ich ganz andere Geschichten, wenn es darum geht, wieder an das zu kommen, was die Nazis ihnen geraubt haben. Der alte Herr Grün, der drei KZs überlebt hat und der trotzdem nach vorn schaute, als ich ihm zum ersten Mal begegnete, ist zu einem kleinen grauen Männchen mit todtraurigen Augen geschrumpft. Er hatte in Frankfurt drei Geschäfte, genau wie wir. Und jetzt bekommt er nichts als dumme Briefe von den Ämtern und nie einen Menschen zu sehen, der zuständig ist.«

»Warte nur, bis ich mich als Anwalt niederlassen kann. Das sind ja gerade die Mandanten, mit denen ich rechne und die ich vertreten will. Ich fühle mich Menschen verpflichtet, die unser Schicksal teilen. Ich könnte als Anwalt nicht mehr genug Interesse für Eierdiebe und kleine Urkundenfälscher aufbringen; von Leuten, die sich scheiden lassen wollen, gar nicht zu reden. Scheidungen hielt ich immer für Sünde. Als Richter kann ich ja nichts für sie tun.«

»Lenk ausnahmsweise mal nicht vom Thema ab, Fritz. Ich will dir wenigstens einmal in Ruhe für das danken dürfen, was du für uns alle getan hast. Aber bei dem Wort ›Danke‹ tust du ja immer gleich so, als hättest du mir nur die Kohlen aus dem Keller geholt.«

»Fürs Selbstverständliche dankt man nicht.«

»Wer in aller Welt hat dir denn das weisgemacht?«

»Mein Vater, als er mir erklärt hat, was bei den Juden ein Gewohnheitsrecht ist. Mutter war stinkwütend. ›An einem Dankeschön ist noch keiner erstickt‹, hat sie gesagt.«

»Recht hat sie gehabt«, nickte Betsy. »Aber was ist heute noch selbstverständlich? Wahrhaftig nicht, dass ich mit euch in unserem alten Esszimmer sitze und in den Wintergarten starre und mir von der guten Märchenfee einreden lasse, ich wäre nie weg gewesen.«

Lesen Sie weiter in:
»Neubeginn in der Rothschildallee«
von Stefanie Zweig